云南省高校科技创新团队支持计划资助

儒家文化

影响下的东亚经济圈

杨 虹 著

人民出版社

责任编辑:陈寒节

责任校对:湖 催

图书在版编目(CIP)数据

儒家文化影响下的东亚经济圈/杨虹 著.

—北京:人民出版社,2011.9

ISBN 978-7-01-009906-4

Ⅰ.①儒…　Ⅱ.①杨…　Ⅲ.①区域经济一体化-研究

-东亚　Ⅳ.①F114.46

中国版本图书馆 CIP 数据核字(2011)第 087474 号

儒家文化影响下的东亚经济圈

RUJIA WENHUA YINGXIANGXIA DE DONGYA JINGJIQUAN

杨 虹 著

人 民 出 版 社 出版发行

(100706　北京朝阳门内大街 166 号)

北京市文林印务有限公司印刷　新华书店经销

2011 年 9 月第 1 版　2011 年 9 月第 1 次印刷

开本:710 毫米×1000 毫米　1/16　印张:23.75

字数:352 千字　印数:0,001-2,200 册

ISBN 978-7-01-009906-4　定价:46.00 元

邮购地址:100706　北京朝阳门内大街 166 号

人民东方图书销售中心　电话:(010)65250042　65289539

《云南民族大学学术文库》
总　序

云南民族大学党委书记、教授、博导　甄朝党

云南民族大学校　　长、教授、博导　张英杰

云南民族大学是一所培养包括汉族在内的各民族高级专门人才的综合性大学,是云南省省属重点大学,是国家民委和云南省人民政府共建的全国重点民族院校。学校始建于 1951 年 8 月,受到毛泽东、周恩来、邓小平、江泽民、胡锦涛等几代党和国家领导人的亲切关怀而创立和不断发展,被党和国家特别是云南省委、省政府以及全省各族人民寄予厚望。几代民族大学师生不负重托,励精图治,经过近 60 年的建设尤其是最近几年的创新发展,云南民族大学已经成为我国重要的民族高层次人才培养基地、民族问题研究基地、民族文化传承基地和国家对外开放与交流的重要窗口,在国家高等教育体系中占有重要地位,并享有较高的国际声誉。

云南民族大学是一所学科门类较为齐全、办学层次较为丰富、办学形式多样、师资力量雄厚、学校规模较大、特色鲜明、优势突出的综合性大学。目前拥有 1 个联合培养博士点,50 个一级、二级学科硕士学位点和专业硕士学位点,60 个本科专业,涵盖哲学、经济学、法学、教育学、文学、历史学、理学、工学和管理学 9 大学科门类。学校 1979 年开始招收培养研究生,2003 年被教育部批准与中国人民大学联合招收培养社会学博士研究生,2009 年被确定为国家立项建设的新增博士学位授予单位。国家级、省部级特色专业、重点学科、重点实验室、研究基地,国家级和省部级科研项目立项数、获

奖数等衡量高校办学质量和水平的重要指标持续增长。民族学、社会学、经济学、管理学、民族语言文化、民族药资源化学、东南亚南亚语言文化等特色学科实力显著增强,在国内外的影响力不断扩大。学校科学合理的人才培养体系和科学研究体系得到较好形成和健全完善,特色得以不断彰显,优势得以不断突出,影响力得以不断扩大,地位与水平得以不断提升,学校改革、建设、发展不断取得重大突破,学科建设、师资队伍建设、校区建设、党的建设等工作不断取得标志性成就,通过人才培养、科学研究、服务社会、传承文明,为国家特别是西南边境民族地区发挥作用、做出贡献的力度越来越大。

云南民族大学高度重视科学研究,形成了深厚的学术积淀和优良的学术传统。长期以来,学校围绕经济社会发展和学科建设需要,大力开展科学研究,产出大量学术创新成果,提出一些原创性理论和观点,得到党委政府的肯定和学术界的好评。早在 20 世纪 50 年代,以著名民族学家马曜教授为代表的一批学者就从云南边疆民族地区实际出发,提出"直接过渡民族"理论,得到党和国家高层领导刘少奇、周恩来、李维汉等的充分肯定并采纳,直接转化为指导民族工作的方针政策,为顺利完成边疆民族地区社会主义改造、维护边疆民族地区团结稳定和持续发展发挥了重要作用,做出了突出贡献。汪宁生教授是我国解放后较早从事民族考古学研究并取得突出成就的专家,为民族考古学中国化做出重要贡献,他的研究成果被国内外学术界广泛引用。最近几年,我校专家主持完成的国家社会科学基金项目数量多,成果质量高,结项成果中有 3 项由全国哲学社会科学规划办公室刊发《成果要报》报送党和国家高层领导,发挥了资政作用。主要由我校专家完成的国家民委《民族问题五种丛书》云南部分、云南民族文化史丛书等都是民族研究中的基本文献,为解决民族问题和深化学术研究提供了有力支持。此外,还有不少论著成为我国现代学术中具有代表性的成果。

改革开放 30 多年来,我国迅速崛起,成为国际影响力越来越大的国家。国家的崛起为高等教育发展创造了机遇,也对高等教育提出了更高的要求。2009 年,胡锦涛总书记考察云南,提出要把云南建成我国面向西南开放的重要桥头堡的指导思想。云南省委、省政府作出把云南建成绿色经济强省、民族文化强省和我国面向西南开放重要桥头堡的战略部署。作为负有特殊责任和使命的高校,云南民族大学将根据国家和区域发展战略,进一步强化人才培养、科学研究、社会服务和文化传承的功能,围绕把学校建成"国内一流、国际知名的高水平民族大学"的战略目标,进一步加大学科建设力度,培育和建设一批国内省内领先的学科;进一步加强人才队伍建设,全面提高教师队伍整体水平;进一步深化教育教学改革,提高教育国际化水平和人才培养质量;进一步抓好科技创新,提高学术水平和学术地位,把云南民族大学建设成为立足云南、面向全国、辐射东南亚南亚的高水平民族大学,为我国经济社会发展特别是云南边疆民族地区经济社会发展做出更大贡献。

学科建设是高等学校龙头性、核心性、基础性的建设工程,科学研究是高等学校的基本职能与重要任务。为更好地促进学校科学研究工作、加强学科建设、推进学术创新,学校党委和行政决定编辑出版《云南民族大学学术文库》。

这套文库将体现科学研究为经济社会发展服务的特点。经济社会需要是学术研究的动力,也是科研成果的价值得以实现的途径。当前,我国和我省处于快速发展时期,经济社会发展中有许多问题需要高校研究,提出解决思路和办法,供党委政府和社会各界参考和采择,为发展提供智力支持。我们必须增强科学研究的现实性、针对性,加强学术研究与经济社会发展的联系,才能充分发挥科学研究的社会作用,提高高校对经济社会发展的影响力和贡献度,并在这一过程中实现自己的价值,提升高校的学术地位和社会地位。云南民族大学过去有这方面的成功经验,我们相信,随着文库的陆续出版,学校致力于为边疆民族地区经济社会发展服务、促进民族团结进步、社会和谐稳定的优良传统将进一步得到弘扬,学校作为社会思想库与政府智库的作用将进一步得到巩固和增强。

这套文库将与我校学科建设紧密结合,体现学术积累和文化创造的特点,突出我校学科特色和优势,为进一步增强学科实力服务。我校2009年被确定为国家立项建设的新增博士学位授予单位,这是对我校办学实力和水平的肯定,也为学校发展提供了重要机遇,同时还对学校建设发展提出了更高要求。博士生教育是高校人才培养的最高层次,它要求有高水平的师资和高水平的科学研究能力和研究成果支持。学科建设是培养高层次人才的重要基础,我们将按照国家和云南省关于新增博士学位授予单位立项建设的要求,遵循"以学科建设为龙头,人才队伍建设为关键,以创新打造特色,以特色强化优势,以优势谋求发展"的思路,大力促进民族学、社会学、应用经济学、中国语言文学、公共管理学等博士授权与支撑学科的建设与发展,并将这些学科产出的优秀成果体现在这套学术文库中,并用这些重点与特色优势学科的建设发展更好地带动全校各类学科的建设与发展,努力使全校学科建设体现出战略规划、立体布局、突出重点、统筹兼顾、全面发展、产出成果的态势与格局,用高水平的学科促进高水平的大学建设。

这套文库将体现良好的学术品格和学术规范。科学研究的目的是探寻真理,创新知识,完善社会,促进人类进步。这就要求研究者必需有健全的主体精神和科学的研究方法。我们倡导实事求是的研究态度,文库作者要以为国家负责、为社会负责、为公众负责、为学术负责的高度责任感,严谨治学,追求真理,保证科研成果的精神品质。要谨守学术道德,加强学术自律,按照学术界公认的学术规范开展研究,撰写著作,提高学术质量,为学术研究的实质性进步做出不懈努力。只有这样,才能做出有思想深度、学术创见和社会影响的成果,也才能让科学研究真正发挥作用。

我们相信,在社会各界和专家学者们的关心支持及全校教学科研人员的共同努力下,《云南民族大学学术文库》一定能成为反映我校学科建设成果的重要平台和展示我校科学研究成果的精品库,一定能成为我校知识创新、文明创造、服务社会宝贵的精神财富。我们的文库建设肯定会存在一些问题或不足,恳请各位领导、各位专家和广大读者不吝批评指正,以帮助我们将文库编辑出版工作做得更好。

二〇〇九年国庆于春城昆明

序

　　杨虹博士希望我为她的这本书《儒家文化影响下的东亚经济圈》写个序，我痛快地答应了，因为我觉得有这个义务，因为她曾经希望做我的博士后学生，只是因为年龄规定的原因，没有能如愿。

　　然而，当我看了她的全书提纲和书稿之后，又觉得写起来不那么容易，因为，她把东亚的经济发展与文化圈联系起来，这不是我的长项，尤其是有些文化方面的深奥道理，我不太懂。不过既然答应了，还是要履约的。对于书稿本身我难以加以评价，那就只好按我的一些认识写出一些有关东亚经济发展的看法，算是一个对本书的开篇引读吧。

　　应该说，近代东亚地区经济的现代化发展是从日本的明治维新开始的。日本采取脱亚入欧的政策，通过向工业化的西方学习，引进西方的先进技术和经济管理经验，实现了工业的快速起飞，开启了现代化的进程。然而，东亚地区这个现代化的先行者在发展强大之后走向了军国主义的道路，实行了对外扩张、侵略和殖民的政策。这样，日本的现代化不仅没有引领其他国家跟进，也因为它自己成为战败国而中断进程。

　　二次世界大战后，出于冷战的需要，美国在对日本的军阀政治进行了改造之后，大力支持日本的经济重建和恢复。日本靠美国的支持，在一个稳定的国际环境下，着力发展经济，很快走出战败的阴影，走上新的经济起飞之路。从上个世纪60年代，日本实现了20多年的高速经济增长，发展起了具有竞争力的制造业，成为仅在美国之后的世界第二大经济体，人均国民收入一度接近最发达的美国。

日本实行的政府主导型赶超战略取得了成功,日本的经验震惊了发达的美国和欧洲,也成为许多亚洲后起发展中国家和地区学习的榜样。日本在推动东亚现代化经济起飞方面起到了积极的作用,"四小龙"以及东南亚国家利用日本的投资、技术快速跟进,形成了地区发展的链条,这被誉为前领后跟的"雁行模式"。二战以后,作为一个地区,形成了这样的群体性经济快速发展,还是令人瞩目的,较比世界其他地区,东亚地区经济发展的这种成功被世界银行赞誉为发展的"奇迹"。东亚经济发展成功的经验主要是:积极地开放政策,大力利用国际市场,参与国际经济体系,实行出口导向战略和有效的政府管理。

上个世纪90年代起,日本经济开始陷入停滞,东盟通过积极推动本区的开放获得新的发展机遇,尤其是中国,经济实现了迅速崛起,由此,雁形方阵被打乱了,在市场开放环境下,形成了新的区域生产网络。正是这个网络成为支持东亚地区经济增长的新的巨大平台。尽管发生了1997年的亚洲金融危机,但是,这个平台并没有坍塌,在经过几年的调整以后,东亚地区的经济又获得了新的快速发展。一方面,东亚成为世界经济中最具有活力的地区,吸引着世界的眼球。另一方面,这个地区的经济合作开始取得令人可喜的进展,以东盟为核心的各种经济合作机制相继建立起来,尤其是后起的大国印度经济发展进程加快,且加入了东亚合作的进程。在此情况下,东亚经济的发展出现了新的结构,考虑到中国和印度的巨大规模和潜力,许多人把21世纪称之为"亚洲世纪"。

令人始料不及的是,2007年开始的美国次贷危机很快在世界范围内发酵,引发了世界性的金融危机,接着又引发了世界性的经济危机,尤其是受金融危机最严重的发达国家的经济,美国、欧洲等都陷入衰退。这场危机对东亚经济产生了巨大的影响,其中,最主要的是作为东亚出口主要市场的美国、欧洲需求大幅度下降,从而导致东亚出口锐减,进而导致经济增速放缓。鉴于这场危机对美国、欧洲经济的影响是深刻的,不是短时间就可以迅速恢复的,因此,靠出口拉动的东亚经济增长也面临巨大的压力。

危机发生后,各国都采取了积极的应对措施,其中,最主要的措施是刺激内需，以减少因外需下降对经济所造成的消退作用。这些措施产生了显著的效果，一个凸显的标志是东亚经济保持了较高的增长速度。

但是，危机也使过去一个时期世界经济发展的内在弊端暴露出来，这就是结构失衡，即发达市场的需求主要靠虚拟信贷扩张制造，而高速增长的东亚经济主要靠出口扩张。显然，一旦虚拟的信贷基础坍塌，则东亚出口的这部机器的高速运转就会出问题。而这场危机所正是这个原因和这个结果。不难理解，危机爆发后，有关解决这种结构性失衡的议题就被提了出来。

尽管各方在有关经济发展结构性失衡的根源上认识上存在歧见，但这场危机的确促使东亚国家进行深刻的反思：长期靠外需增长拉动经济增长是不行的，区域生产网络的扩张主要靠外需拉动支撑会因为外部需求的锐减而终止。

因此，东亚地区的经济要想获得长期、稳定的发展动力，必须开拓内需增长的阀门，把内需这部机器发动起来。其实，这样做不仅仅是由于外部压力的结果，也是内在发展的需要。因为经济发展的终极目的是不断改善人们的生活水平，让人民富裕起来。

那么，如何才能使内需这部机器转动起来呢？这主要靠两个方面的动力：一是各国经济发展的调整，即改变以往那种过度依赖出口部门的增长来拉动整个经济增长的政策，通过改善整体经济发展的环境，提高公众的收入和生活水平，实现经济社会发展均衡的政策，来构建新的经济发展活力和动力；二是要靠近一步加强地区的合作，发展更加开放的国际和区域市场，改善整个地区发展的基础，来创建新的区域经济发展环境和条件，增大区内的经济社会发展动力。

在这两个方面，东亚国家可做的事情还很多，尽管许多问题已经被认识到，有些也正在被纳入政策制定的范畴，但是，看来决心还是不大，尤其是在危机冲击过后外部市场一些需求的恢复缓解了要进行改革与调整的压力，于是，乐观的气氛又增长起来。

从未来可持续发展的角度来认识，东亚必须进行发展方式的转型，构建内在的发展动力机制。东亚大多数国家的经济还处于发展中阶段，未来主要的任务还是加快发展经济,尽可能快地改善人们的生活,作为发展中经济,有着巨大的发展潜力,也有着不断增长的内在需求能量,这是东亚地区经济发展的动力源,关键是如何把发展与创新有机地结合起来,逐步建立起新的发展方式。

其实,就可持续发展而言,还有一个更大的挑战,这就是改变传统的赶超模式,创建新的经济发展模式。像中国、印度这样的大国,如果继续沿袭赶超西方工业化的发展模式,是走不下去的,也就是说,是不可持续的。资源供给,能源供给,环境生态平衡,气候变化等等所显现出来的问题已经对这种不可持续性发出了警示。当然,走新的路子,不是放弃发展。放弃改善和提升人们的生活,要人们过穷日子,苦日子,而是要改变传统的赶超模式,创建新的方式,树立新的富裕观,新的好日子衡量标准,即新的幸福指数。

这是一条艰辛的探索之路,不是短期可以实现的,也不是哪一个国家可以单独实现的,需要长期的努力,需要整个国际社会共同的努力,包括正在发展的发展中国家,也包括已经发展起来的发达国家,也就是说要大家共同承担责任。

因此,东亚经济社会发展面临的挑战不是仅仅局限于东亚地区,而是整个国际社会的。早在上个世纪70年代初,面对世界性能源危机,有识之士就发出呼吁,走节能经济之路;80年代生态危机的凸显给人类发出的警告更为清晰,于是,国际社会提出了走可持续发展道路的议题,从上个世纪90年代开始的有关气候变化的行动议程则更进一步增大了转变生产方式的压力。这些都是东亚经济未来发展需要面对和需要采取决然行动的。从这个意义上说,东亚经济以往发展的成功并不代表着其未来发展的定式。如果东亚地区能够在走出一条新的发展道路上获得成功,那是对人类的巨大贡献。

东亚有着这种取得成功的基础吗?应该有信心。有些人试图从东方文化的角度来找出答案。人们发现,东亚文化,尤其是影响很广的儒家文化,一向提倡和谐,倡导天人合一,注重节俭、勤劳,按照这样的思想指导,创建新的发展观和制定新的发展政策,会有利于东亚国家走出一条新的发展道路。当然,这些思想如何与现代社会相融合,它们能否在改造西方现有方式上发挥主导性的作用,这还要在实践中观察,在实践中检验。

世界的发展没有走到末日,人类有着无穷的创造力。因此,尽管面临着各种严峻的挑战,人类只有通过艰辛的努力去创造,转危为安。老子云:执古之道,以御今之有,能知古始,是谓道纪。人类需要总结过去,面向未来,才可以行之有道。

中国社会科学院学部委员

国际研究学部主任

中国亚太学会会长

张蕴岭

2010-9-30 于北京寓所

目 录

《云南民族大学学术文库》总序 ……………………………………… 1

序 ……………………………………………………………………… 1

第一章 儒家文化对东亚经济圈的影响 ……………………………… 1

　　第1节 东亚经济圈的概念与特征 …………………………………… 1

　　第2节 东亚在世界经济中的地位 ………………………………… 11

　　第3节 东亚地区儒家文化圈 ……………………………………… 22

　　第4节 东亚地区的新权威主义 …………………………………… 32

　　第5节 东亚地区的经济民族主义 ………………………………… 40

第二章 东亚地区文化趋同与多层次贸易体系 …………………… 50

　　第1节 东亚经济崛起的客观因素 ………………………………… 50

　　第2节 东亚经济发展的模式与特点 ……………………………… 57

　　第3节 东亚地区的经济格局 ……………………………………… 68

　　第4节 东亚的家族企业、雇佣关系和社会保障 ………………… 83

　　第5节 东亚贸易与投资的地区化 ……………………………… 106

第三章 经济全球化与东亚经济圈的区域特征 ………………… 111

　　第1节 东亚经济圈里的经济体 ………………………………… 111

　　第2节 东亚区域经济一体化的新形式 ………………………… 118

　　第3节 东亚崛起对世界经济和政治格局的影响 ……………… 127

　　第4节 西方主要国家战略重心的转移 ………………………… 136

　　第5节 中国在东亚经济圈中重要地位的确立 ………………… 139

第四章 儒家文化和东亚经济发展模式之间的关系 …………… 149

　　第1节 儒家文化与产业政策 …………………………………… 149

　　第2节 儒家文化与金融制度 …………………………………… 154

第3节 儒家文化与家族企业制度 ……………………………… 162

第4节 儒家文化与贸易制度 …………………………………… 170

第5节 东亚经济发展的本土化模式 …………………………… 179

第五章 东亚经济发展模式与经济增长 …………………………… 188

第1节 产业政策与经济增长 …………………………………… 188

第2节 金融制度与经济增长 …………………………………… 196

第3节 企业制度与经济增长 …………………………………… 204

第4节 贸易制度与经济增长 …………………………………… 212

第5节 东亚经济模式的多样性 ………………………………… 221

第六章 金融危机后东亚经济发展模式的转变 ………………… 232

第1节 政府主导的经济增长模式与经济可持续发展 ………… 232

第2节 产业政策与经济的可持续发展 ………………………… 242

第3节 金融制度与经济的可持续发展 ………………………… 253

第4节 企业制度与经济的可持续发展 ………………………… 261

第5节 贸易制度与经济的可持续发展 ………………………… 266

第七章 东亚经济圈主要经济体的地位及作用 ………………… 277

第1节 中国在东亚中的地位及作用 …………………………… 277

第2节 日本在东亚中的地位及作用 …………………………… 284

第3节 韩国在东亚中的地位及作用 …………………………… 292

第4节 东盟在东亚中的地位及作用 …………………………… 299

第5节 印、澳在东亚中的地位及作用 ………………………… 307

第八章 东亚经济模式对中国经济发展的启示 ………………… 316

第1节 政府在经济发展中的作用的界定 ……………………… 316

第2节 现行金融制度的调整与安排 …………………………… 323

第3节 提升贸易结构促进经济增长 …………………………… 332

第4节 中小企业的可持续发展前景 …………………………… 341

第5节 产业政策的合理制定与实施 …………………………… 351

参考文献 …………………………………………………………… 360

第一章 儒家文化对东亚经济圈的影响

第一节 东亚经济圈的概念与特征

自 20 世纪 90 年代以来,世界经济一体化与区域集团化的进程明显加快,这一趋势在东亚地区体现得尤为明显。东亚位于亚洲东部,太平洋西侧,它处于亚洲太平洋地区。

亚太地区的概念,狭义上讲,指的是西太平洋地区,主要包括东亚的中国、日本、韩国、俄罗斯远东地区和东南亚的东盟 10 国,有时还包括延伸到大洋洲的澳大利亚和新西兰。广义上讲,亚太地区还包括整个环太平洋地区,连北美自由贸易区(NAFTA)也包含在其中。亚太地区地域辽阔,众多国家政治制度各不相同。但是,该地区在自然和经济方面具有丰富的多样性,它既有经济实力排名世界第一和第二的美国、日本,也有最大的发展中国家——中国;亚洲“四小龙”自 20 世纪 80 年代创造了经济发展奇迹,时至今日,仍颇具发展活力;日本、韩国和美国西海岸是这个地区重要的技术策源地;俄罗斯远东地区、加拿大和澳大利亚则蕴藏着丰富的自然资源;中国、印度、巴西等国正快速走上工业化发展之路,极具经济发展潜力,是被世界称之为“金砖四国”(BRICS)的主要成员。

有经济学家预测,未来世界的经济中心将由传统的欧洲、北美东部转移到亚太地区。然而,该地区的各个经济体之间却存在着经济发展、经济体制、文化背景、民族利益等方面的较大差距,而且各个经济体之间的关系错综复杂。一句话,亚太地区的异质性大于同质性。因此,在这个地区要建立起一个统一的经济大市场十分困难。尽管如此,在亚太地区范围内,建立若干个地缘关系比较密切的次区域经济合作区既具有可能性,也具有发展的必然性①。近些年来,亚太地区国家为适应经济发展趋势的要求,正在通过区域经济整合,建立地域优势,以此来促进区域内国家的共同发展和共同繁荣,一个地域性的大市场正在或即将在亚太地区建立起来。

随着东亚新兴经济体(NIEs)的崛起,东亚各国与地区经济的高速增长,以及相互间贸易与投资的扩大,在东亚地区逐渐形成了一个地区性的经济圈,并且这一经济圈正在向它的周边地区及外延地区扩展,引起的关注也越来越多。

一、东亚经济圈的概念

(一)东亚的地理界定

作为一个地理概念,"东亚"的地域概念是宽泛的,因此无法固定东亚一词的内涵,因为这是一个超时空的概念。至今,学术界对如何从地理上界定东亚,还没有一个明确、一致的概念,但大致有以下几种看法。

首先,大多数人认为,一般意义上的东亚,就是我们通常所说的亚洲太平洋地区。按照世界银行的界定,东亚地区包括中国、日本、韩国、中国台湾和中国香港以及东南亚国家联盟的 10 个成员国和新独立的东南亚国家东帝汶。

其次,比较多的学者认为,所谓"东亚",泛指东北亚和东南亚两个区域的总和。"东北亚",按照一般惯例应该包括中国、日本、韩国、朝鲜、蒙古以及俄罗斯的远东地区,而"东南亚"则包括东盟 10 国:文莱、柬埔寨、印度尼西亚、老挝、马来西亚、缅甸、菲律宾、新加坡、泰国与越南,"东亚作为一个地理概念,一般是指东北亚 5 国东南亚 10 国"。东帝汶虽然是地理意义上的东南亚国家,但由于它尚未加入东盟,在地区政治、经济等方面对东南亚

---

① 李力:《东亚经济圈》,《世界经济》1991 - 05 - 31。

的认同度都很低,因此目前还不宜列入东亚国家的行列。持此观点的学者为数较多,中国社会科学院学部委员、原亚太研究所所长张蕴岭教授是此观点的主要代表。

第三,部分学者主张将东亚划分成核心国家和外围国家两个部分。所谓"核心国家"是指全部东南亚国家以及中国、朝鲜、韩国和日本,而"外围国家"则包括俄罗斯、蒙古和美国以及澳大利亚、新西兰和印度①。他们认为这是既符合当今东亚地区的实际情况,又能为东亚国家所接受的提法。

从战略层面、政治经济层面和文化影响层面上来看,美国凭借世界唯一超级大国的综合实力,以及在亚洲长期以来的苦心经营和战略部署,在东亚地区事务中已经占据了举足轻重的地位,并且能够在东亚的经济、军事和地区安全等方面发挥其决定性的影响作用。毫无疑问,美国是东亚政治经济方程式上最重要的国家之一。所以从国际关系视角来审视"东亚"概念时,还应当把美国等因素考虑在内。

(二)东亚经济圈的界定

何谓"经济圈"?

"经济圈"是从"圈"字派生出来的经济学用语。汉字中的"圈"有各种含义,一般是指一种有形或无形的状态或范围。"经济圈"是一个新的提法,起于何时不得而知。不过,如果从历史渊源方面来考察,大概可以追溯到18世纪英国产业革命时期的"圈地运动"。作为资本主义原始积累的一种方式,英国资产阶级为修建工厂将农民的土地圈而夺之。此后,英国工业迅速发展,与殖民地开展贸易,逐渐形成一个类似经济圈的势力范围,这也可以说是经济圈的起源。当然,这个概念与现在的"经济圈"不可同日而语,"圈"与经济活动联系在一起,也许是从那时开始的。

日本学术界经常使用"经济圈"的提法,而中国内地、韩国、中国香港和中国台湾的学者一般称其为"经济区"。其实二者并没有本质的区别,只是

---

① 金熙德:《10 + 3 下的东亚经济新格局》,《中国改革》2002 年第 12 期。

习惯不同而已,严格说来,"圈"的含义比"区"更为宽泛一些,没有一条太明显的边界线①。"经济圈"与上述具有文化及社会特征的各种"圈"概念不同,它是以国际或区域经济合作形态为特征的状态或范围。也就是说,"经济圈"是区域经济合作的一种形态。它是"超越本国的经济范围而形成的经济空间"②。所谓经济空间,指的是开展经济活动的空间,这种经济空间本来是在以本国经济为基础的地区形成的,否则国界便失去了意义,而国界一旦失去意义,国家也就不能成立了。所以,只要以国家的存在为前提,经济空间也就要以本国经济即国民、国家范围内的经济活动为基础。当然,在这种情况下,也会允许经济活动跨越国界而进行,但是这种经济活动只不过是一种交易,不同于本国经济内部的经济活动,而且其规模也不会太大,因此,它只是本国内部经济活动的一种补充。于是,国家为了把这类交易活动作为贸易置于国家的管理之下,就要制定关税之类的相关规定,以区别在本国经济内部自由进行的经济活动。

20世纪80年代以来,世界经济一体化和区域化成为时代的一大潮流。一般认为,现在的世界已经或正在构成三大经济圈,即以北美自由贸易区(NAFTA)为中心的"北美自由贸易圈"、以欧洲经济同盟(EU)为中心的"欧洲经济圈"和"东亚经济圈"。

还有些学者认为,现代世界经济是日、欧、美"三极资本主义"或曰"三极结构",即"作为亚太资本主义的日本资本主义"、"作为欧洲大西洋资本主义的EU资本主义"和"作为美洲大陆(北美加中南美)资本主义的美国资本主义"。而未来这"三极"再加上"中华经济圈"则有可能形成"四大经济圈"。③

1. 东亚经济圈构想的提出

"东亚经济圈"构想的提出,引起了世人的关注。"东亚"实际上是一个较含糊的地理概念。这里所指的"东亚",已经超越了原属于东亚地区的中

---

① 金弘汎:《中国经济圈》,共同放送出版社1995年版,第5页。
② 姥名保彦:《环日本海地区的经济与社会》,明石出版社1995年版,第36页。
③ [日]中川信义编:《亚洲·北美经济圈与新工业化》,东京大学出版会1994年版,第1页。

日韩等国。"东亚经济圈"的范围,不仅包括了东盟10国的东南亚国家,也可包括南亚次大陆的印度和巴基斯坦等国。因此,"东亚经济圈"其实也就是"亚洲经济圈",或者是不包括美国的"亚太经济圈"。①

"东亚经济圈"构想不是最近才有的,它最早被提出的时间可以追溯到上个世纪90年代初。1990年12月,马来西亚前总理马哈蒂尔(Datuk Seri Mahathir Bin Mohamad)在乌拉圭举行的关税及贸易总协定(GAIW)会议决裂之后,便已提出东盟应该和其他东亚国家一道,建立"东亚经济集团"(EAEG)和"东亚经济共同体"(EAEC)和,以对付北美自由贸易区和欧共体的贸易保护主义的挑战。由于马哈蒂尔倡议的这个构想只包括东盟和中日韩,不包括美国以及大洋洲的澳大利亚和新西兰,因此,遭到了以美国为首的西方国家的极力反对和抵制。与此同时,在东盟成员国内部,基本上还是持保留态度。后来,为了缓和美国的压力,东盟国家同意把此构想改为"东亚经济论坛"(East Asia Economic Forum),也有称之为"东亚经济协议体"(EAEC)。中国基本上支持此"论坛",不过,由于那时中国的经济实力比较有限,发挥不了大的作用。况且,在美国的压力下,韩国始终举棋不定,日本更是裹足不前,不敢明显表态。即使在东盟内部,也各自为政,议论纷纭,不能同心协力地推进。因此,此构想基本上是名存实亡,没有任何显著进展。1991年3月,马哈蒂尔又在印度尼西亚巴厘岛召开的东盟经济前景研讨会上重申了建立东亚经济集团的倡议,明确了这个经济集团的成员组成:包括马来西亚、泰国、菲律宾、新加坡、文莱、印度尼西亚等东盟成员国和中国、日本、韩国、中国台湾、中国香港、越南、柬埔寨、老挝等国家和地区。因此,在1992年新加坡东盟峰会期间,马哈蒂尔对倡议做出修改,建议成立"东亚经济组织",以取代"东亚经济集团",要求东盟首脑会议讨论建立东亚经济组织的问题。由于美国的反对,东盟其他成员国对成立"东亚经济组织"并不太热心,新加坡峰会决定将"东亚经济组织"降格为"东亚经济核心论坛"(East Asia Economic Caucus,EAEC),并例行公事般地进行了简单的

---

① 林华生:《东亚经济圈》,世界知识出版社2005年版。

讨论。

由此看来,有关建立"东亚经济圈"的诸多建议,从一开始进展就不太顺利。后来,随着东盟组织的扩大和中、日、韩三国的积极推动,中、日、韩与东盟的合作才逐步走向制度化,有了"东盟＋3"(10＋3)和"东盟＋1"(10＋1)这样的合作机制,东亚合作也才有了实质性的进展。

2. 东亚经济圈的定义

"东亚经济圈"不仅仅只是一个地理概念上的区域经济集团,实际上它包含的范围早已超越了原属于东亚地区的中、日、韩等国。它不但包括了东盟10国的东南亚国家,将来也可能包括南亚的印度和巴基斯坦等国。因此,"东亚经济圈"其实也就是"亚洲经济圈",或者是不包括美国等国在内的"亚太经济圈"。

据有些学者的研究观点,他们认为东亚经济圈是一个泛东亚的概念,它的范围可以包括北起前苏联的远东地区,南至印度支那半岛,中间含有处于黄海、东海及南海之内的诸多亚洲国家。根据地缘关系,以上海为分界点,上海以北地区可以组成东北亚经济共同体,上海以南(包括上海经济区)可以形成东南亚经济共同体。这样就形成一个半月牙状的经济圈,这个圈内包含有两个经济共同体,即所谓的一圈二体。[1]

20世纪80年代以后,"东亚经济圈"的形式、性质、范围和内容等都发生了根本性变化,逐渐形成新的意义上的区域经济圈。东亚经济圈以区域内、区域外企业的直接资本投资为基础,形成扩展与支撑,立足于通过贸易投资和货币"三位一体化"的合作,加强圈内经济合作,促进经济发展,最终目的是实现"太平洋共同体"的大目标。[2]

---

① 李力:《东亚经济圈》,《世界经济》1991－05－31。
② ［日］山崎恭平:《东盟组织规模的扩大,东亚经济圈完全可以扩大到邻近的印度支那地区和缅甸》,摘自其文"东亚经济圈的形成与扩大",《贸易振兴会信息》1996年11月号。

二、东亚经济圈的特征

(一)东亚经济圈的模式特征

1.东亚经济圈是在经济发展水平差距比较大的国家、地区之间形成的经济圈,具有多元性的特征。一般情况下,区域经济圈是在比较容易进行经济联合的、生产力发展水平相当的国家之间成立的,但是在东亚地区,国家之间的生产力发展水平参差不齐,在很长一段时间内算盘与电子计算机并存,农耕技术与高新科技并存;加之这里还有最贫穷的人口和地区,也有最富裕的人口和地区,这就给经济圈内各个国家在经济联合方面造成了一定的困难,同时也给东亚经济圈注入了差异性的优势。

2.东亚经济圈没有官方的制度框架和约束,是一种自然形成的经济圈,它不仅比东盟组织、东盟自由贸易区,而且比欧盟和北美自由贸易区更具有灵活性,它可以根据东亚地区各国(地区)的多元性与经济发展水平差距,而缓慢地进行经济合作和扩展合作关系。

3.东亚经济圈的原动力是直接投资和贸易,特别是通过直接投资实现的要素流动为最重要因素。以欧洲经济同盟为核心的欧洲区域一体化有两个基础,即20世纪两次世界大战为教训形成的"不战"决心以及以永久和平为目的的"可以适当放弃主权"的政治意识。东亚经济圈的发展与东亚区域一体化却主要是出于市场机制和经济规律的考虑。

4.东亚经济圈各国之间具有经济互补性,为东亚经济圈的建设开辟了广阔的前景。从东北亚经济圈来看,日本和韩国的优势在于资本输出、技术转让;俄罗斯的优势是丰富的自然资源;而我国则有着大量的剩余劳动力,既可满足日、韩对原材料的需求,又可满足俄罗斯引进劳务的需要。从东南亚经济圈分析,我国人口众多、市场广大、经济潜力巨大,与台港澳地区及菲律宾、新加坡、马来西亚和印度尼西亚等进行经济合作的话,能很好地发挥金融、航运功能,促进贸易、旅游业、加工产业和劳动密集型产业发展。

（二）东亚经济圈的发展特征

1.东亚经济圈的发展不是由特定的某个国家主导，而是由多国共同推进的。现在中国－东盟自由贸易区（CAFTA）建立、日本－东盟自由贸易条约（JAFTA）构想、韩国－东盟自由贸易条约（KAFTA）构想、印度－东盟自由贸易条约（IAFTA）构想等既相辅相成，又互相排挤，即属于一种既合作又竞争的态势。在东亚经济圈的发展过程中，中国、日本、韩国、印度四国尤其是中日两国，立足于求同存异，互相都作出了必要的让步，尽量避免倾轧，共同推进经济圈的发展。

2.东盟是构筑东亚经济圈的中枢力量。1967年8月8日，印度尼西亚、泰国、菲律宾、新加坡、马来西亚五国外长在曼谷举行会议，会后发表《东南亚国家联盟成立宣言》（即曼谷宣言），正式宣告东南亚国家联盟成立。从东盟成立至今的几十年间，基本上形成了一个机制，构成了一个有机组织，在政治、经济、外交、军事等国际事务的参与上，都已经形成了一股举足轻重和不可忽视的力量。因此，东盟在构筑东亚经济圈的过程中，作为一个集合体，毫无疑问可以形成一股中枢力量。但是，东盟10个成员国同床异梦，并不是铁板一块。

3.东亚经济圈倡导全面的可持续发展，中国应该做出更大的贡献。不仅在贸易和投资领域，而且在粮食、安全、环境、能源和金融等广泛的领域，中国与东亚的其他国家都存在着协作的可能。在环境领域，中国、日本、韩国需要进行紧密合作，形成信赖关系，这是东亚经济圈未来可持续发展的基础之一。随着东亚地区成为世界最大石油纯进口区域，中日韩三国可以利用经验和技术，对东亚地区能源安全和供给保障做出贡献。亚洲金融危机结束后，泰国提出的东亚"债券市场"构想，也为建立未来的东亚货币圈打下了基础。中日韩三国应该积极推进这一政策，结合本地区外汇储备丰富的优势，为最终创建类似欧元的亚洲地区货币——"亚元"做出贡献。

三、构建东亚经济圈的优势

当前的世界经济环境背景之下，经济的全球化及区域一体化是大势所趋,加之频发的国际金融危机的影响,加强地区内国与国之间的经济合作已是必然的趋势。在东亚地区建设经济圈,具有可行的优势条件,具体表现在以下三方面[①]:

(一)东亚地区人多地广、综合经济实力较强

东亚地区各国的总面积幅员广阔,人口众多。东盟 10 国和中日韩三国的土地面积与人口总和,其规模远比欧盟要大得多,这就有着巨大的消费及需求市场空间。在东亚地区,有日本这样的发达国家、亚洲"四小龙"(中国台湾、韩国、新加坡、中国香港)、极具发展潜力的中国和亚洲"四小虎"(泰国、菲律宾、印度尼西亚、马来西亚),综合经济实力较强。这些国家和地区在世界竞争力排行榜上都比较靠前,一旦这些地区联合起来,其经济实力是十分强大的。

(二)具有广泛的双边和多边合作基础

长久以来,由于东亚区域内各经济体的经济互补性较强,东亚地区具有广泛的双边和多边合作基础。从各经济体的贸易往来方面看,相互间均有直接或间接的双边贸易往来;从金融投资方面看,东亚地区各经济体由于资金和技术互补性强,相互间的投资合作也比较多。

(三)经济增长较快,贸易网发达。

东亚地区的经济从 20 世纪 60 年代后期至 90 年代后期,经历了长时间的持续高速增长,取得了引人注目的成绩,创造了"东亚奇迹"。东亚地区的外汇储备也较多,并且增长迅猛,业已成为当今世界拥有外汇储备最多的地区。目前,中国、日本、韩国、东盟 10 国和中国港澳台地区累计外汇储备,约占全球总外汇储备(黄金储备未计算在内)的 50%。[②]

---

① 陈永:《构建东亚经济圈的优势和困难问题分析》,《经济问题探索》2001 – 02 – 01。
② http://www.qikan.com.cn/Article/nafc/nafc200001/nafc20000113.html,2010 年 10 月下载与昆明。

四、东亚经济圈的发展障碍

虽然东亚地区诸多的有利条件可以对构建东亚经济圈形成推动作用，区域内各经济体之间的贸易和经济往来也呈现出上升的态势，但一个真正意义上的东亚区域性经济圈还没有在该地区建立起来。现阶段构建东亚经济圈还存在一定的障碍和困难，原因主要有以下几个方面：①

首先，东亚地区内各经济体在政治制度上存在着明显的不同。如中国、越南等国是典型的社会主义制度国家，日本、韩国、新加坡、马来西亚、菲律宾、泰国、印度尼西亚等国是资本主义制度国家，而中国的香港和澳门地区则是实行"一国两制"的地区。

其次，东亚地区内各经济体在经济体制上存在着很大的差异。如日本、韩国、新加坡、香港等是市场经济体制，中国、越南等国虽然已经实行了经济体制改革，但完全的市场经济体制还没有最终建立起来，仍然还处在转型期。另外，泰国、马来西亚、印度尼西亚、菲律宾等国也还没有实行真正的市场经济体制。

再次，东亚地区内各经济体在文化上存在着较大的差异。从宗教信仰来看，泰国为佛教，菲律宾为天主教，印尼、马来西亚为伊斯兰教，新加坡则为多种宗教信仰并存。从语言情况来看，东亚地区拥有多种语言，如汉语、日语、韩语、马来语、印尼语、泰语、越语、缅语等。

最后，东亚地区内各经济体经济发展水平差异较大，参差不齐，经济一体化程度不高。日本是世界上仅次于美国的经济强国，属于第一层次；韩国、新加坡和中国台湾、中国香港是新兴工业化国家和地区，属于第二层次；中国大陆和大多数东南亚国家属于发展中国家，属于第三层次。这表明东亚地区各经济体之间的经济发展水平与经济结构相差悬殊。

由于以上制约因素的存在，东亚地区要想构建一个将涉及经济和政体等诸多因素统一起来的经济圈，其难度是可想而知的。但也应看到，只要东

① 许跃辉、陈春：《构建东亚经济圈的可行性与前景分析》，《上海商业职业技术学院学报》2002－08－15。

亚地区内部的各经济体坚持改革开放和经济结构调整,提高自身的经济实力,从大局出发,化解相互间的各种内外矛盾和障碍,特别是随着"10+3"框架的机制化以及经济体之间自由贸易区的不断组建,东亚地区合作的制度化正日益加强。试想一下,如果没有制度化作为体制的保证,东亚地区的一体化进程很可能只会停留在功能合作的水平上。当然,在东亚地区的合作进程中,尤其在现阶段,制度化不能超越舒适度。换言之,制度化是在所有成员舒适度得以保证的前提下的制度化,而不是相反。①

东亚区域合作的兴起,既是东亚地区经济发展的需要,也是东亚主体意识发展的必然结果。由于亚洲地区的多元性、复杂性以及与其他地区联系的广泛性,今后亚洲区域合作不可能只有一两个统一的渠道,而仍将会是多领域、多层次、多渠道同时发展②。目前,东亚区域合作的主要内容是经济领域,并向着地区安全领域延展。从长期看,包括经济、安全、社会文化诸多领域在内的东亚共同体才是东亚区域合作的主要目标。未来东亚共同体的建设应该基于东亚各国的共同利益,而功能型合作则应是合作的主要方式。东亚共同体已经成为一个理念共识,但是,它的内涵具有宽容的架构,它可能主要不是指一种制度安排,而是一种价值理念,表现为"强理念、弱制度",这个理念首先就是要寻求"和平共处",这是根据东亚自身的情况找到的最合适的方式③。总之,未来的东亚经济将更加充满活力,也更加具有竞争力,必将再次创造新一轮的"东亚奇迹"。

第二节 东亚在世界经济中的地位

随着二战的结束,东亚地区的经济和政治快速发展起来。从20世纪50年代末至60年代初,在短短十年的时间里,以日本和"四小龙"为代表的东亚地区不仅摆脱了贫困,而且实现了经济的腾飞,创造了举世瞩目的"东亚

---

① 朱立群、王帆主编:《东亚地区合作与中美关系》,世界知识出版社2006年版,第8页。
② 翟昆:《释疑中国的地区合作战略》,《东方早报》2007年1月16日第23版。
③ 张蕴岭:《如何认识东亚区域合作的发展》,《当代亚太》2005年第8期,第3页。

奇迹"。从 20 世纪 80 年代中期开始,东亚地区的一些经济体加快了民主政治的建设步伐,顺利实现了民主化的政治转型,形成了轰动一时的"政治奇迹",在世界上产生了广泛的影响,成为 20 世纪后期全球性的"第三波"民主化的重要组成部分①。东亚作为一个整体找到了具有自我的发展动力和方式,加之东亚文化也开始展现出原先深藏不露的巨大优势,东亚的"自信心日益增长"。自 20 世纪 90 年代中期以来,在经济全球化和区域经济一体化浪潮的推动下,东亚的区域合作蓬勃发展,在刚刚过去的十余年时间里,已经在经济、金融、环境、能源、气象、安全等诸多领域取得了卓有成效的进展。

一、东亚在世界经济中的地位

随着时间的推移,进入 21 世纪以后,东亚经济并不是昙花一现般"虚幻的"经济,而是一直保持着它持续高速增长的势头,成为新的世界经济增长中心。目前,东亚地区经过长期快速的发展,地区内部之间的经济联系与往来已经相当密切,这就为东亚区域合作组织形式的建立提供了坚实的基础。东亚经济在世界经济天平上的分量日益加重,在世界经济中的地位也愈显得重要。

(一)东亚成为推动世界经济增长的引擎

东亚经济的持续高速增长,不但创造了所谓的"东亚奇迹",而且一举奠定了其在世界经济格局中的重要地位。日本经过战后的重建与第二次现代化,迅速崛起成为东亚地区的超级经济大国;中国大陆通过改革开放也一举成为世界上最大的经济实体之一;以"四小龙"为代表的新兴工业化经济体异军突起;"四小虎"经济的起飞,加之南亚次大陆的印度在 20 世纪的最后十年也开始走向经济复兴,亚洲经济在世界经济格局中的地位迅速攀升。世界银行 2000 年 4 月初发表的《全球金融发展》(Global Development Fi-

---

① 亨廷顿:《第三波——20 世纪后期民主化浪潮》,刘军宁译,上海三联书店 1998 年版,第 22—23 页。

nance 2000)报告称,从 2002 年至 2008 年,发展中国家国内生产总值年均增长率可达 5%,东亚地区高达 6.3%。在 2001 年初,亚洲东部的中、日、印三国的国民生产总值已经超过了 6 万亿美元,超过了西欧的英、法、德、意四个主要国家的国民生产总值之和,足以证明东亚经济业已成为世界经济中举足轻重的一部分。

(二)东亚成为全球贸易的主要市场

随着东亚地区成为世界经济最具活力和增长最快的地区,东亚地区内部各主要经济体之间的贸易往来已经相当可观,区域内贸易已经占到各自对外贸易的相当份额。东亚地区的经济繁荣有一个明显的例证,那就是出口的强劲增长势头,有以下数据为证:[1]

1. 中国和东盟之间的贸易。2005 年 1 月至 11 月,中国对东盟的贸易额达 1172.4 亿美元,同比增长 23.5%。其中,中国出口 498.3 亿美元,进口 674.1 亿美元,同比分别增长 31.1% 和 18.4%。东盟继续成为中国的第五大贸易伙伴,第五大出口市场和第四大进口来源地。

2. 日本和东盟之间的贸易。2002 年,日本对外贸易总额达 7500 亿美元,其中发生在日本和东盟之间的有 1070 亿美元,占总额的 14.2%。所占份额仅次于对美国的 23.4%,高于对欧盟的 13.9% 和对中国的 13.5%。东盟是日本的第二大贸易伙伴。2001 年,东盟对外贸易总额 5620 亿美元,其中有 1133 亿美元,发生在与日本的贸易交往中,占对外贸易总额 5620 亿美元的 20.2%。日本是东盟的第二大贸易伙伴。

3. 中国、日本、韩国之间的贸易。2005 年,中日贸易额达 1893 亿美元,中韩贸易额达 1000 亿美元,日韩贸易额达 720 亿美元。中国已经取代美国成为日本最大的贸易伙伴,而日本也在继欧盟和美国之后,成为中国的第三大贸易伙伴。毫无疑问,东亚已成为全球贸易的主要市场。

---

① 郭定平主编:《东亚共同体建设》,复旦大学出版社 2008 年版,第 95 页。

（三）东亚成为全球投资的热点地区

今天的东亚地区汇聚了全球主要的上升中的经济力量。自上个世纪80 年代以来,东亚地区的经济增长速度远远高于包括西欧在内的世界其他地区。特别值得一提的是,东亚区域内相互投资的加强为东亚区域合作组织形式的建立提供了保障。东盟与中国、东盟与日本、东盟与韩国之间的相互投资力度都在不断加强,这些金融方面的切实合作,不仅加强了东盟与中日韩三国之间经济、贸易和金融的往来,而且这一系列的举措还有助于增强亚洲在世界经济中的整体实力。

1989 至 1992 年,美国对东亚地区直接投资增幅近 60%,东亚地区在美国对外直接投资中已占 1/3 左右。1993 年,美国对东亚的直接投资增加了16%,大大高于对其他地区投资的增长速度。据世界银行报告,1990 至1994 年,东亚的外来投资增长近 4 倍。1993 年,亚洲吸收的外资占世界总额的 40%,是 1991 年的 2 倍。1994 年亚洲引进外资高达 670 亿美元,领先于世界其他地区[1]。美国商务部网站刊登的一份估计称:"到 1995 年底,仅中国就可能超过美国而成为全球头号外国投资的地区"。[2]

（四）东亚引领了世界性的产业再分工

20 世纪冷战时期,东亚地区的国际地位在西方发达国家主导的世界经济体系中,只是发达国家的原料、能源、初级产品、廉价劳工供应地,以及是发达国家制成品的倾销地。如今,尽管美国、英国、德国等发达国家仍主要垄断着世界范围内信息产业、金融产业、资本品的生产,日本仍在高技术含量产品的生产领域占据着绝对优势,东亚的其他经济体仍在主要从事着劳动密集型产品的生产。但是,东亚在世界产业链中的这种不利地位已经并正在发生改变。随着东亚各经济体产业结构的调整和专业化水平的提高,

---

① 陈特安:《东亚在世界经济中的地位和作用》,《世界经济》1995 – 12 – 10。
② [美]《新兴大市场》,《美国商业》杂志 1995 年 8 月。http://www.ia.ita.doc.gov/download/nme – sep – rates/nme – sep – rates – cmts – 10 – 15 – 2004 – index.html.

产业结构互补性的增强,通过高新技术的发展促进产业结构的优化和升级已是东亚主要国家和地区产业调整的共同目标①。这些无一不在推动着东亚与西方世界之间的以垂直分工为主的产业结构体系发生转变,一种为以水平分工为主的分工状态正在逐渐形成。

此外,东亚各经济体的对外贸易盈余总额在全球名列前茅。经济高速增长的东亚地区,目前已经成为带动世界经济增长的主要动力。作为世界主要商品市场和投资场所,东亚在世界经济中的地位日益突出。东亚作为一个地区逐步发展出特有的经济、政治、安全、社会和文化的共生关系,形成了越来越多的共享利益,因此,东亚合作有着东亚区域主义的内在基础②。东亚的区域合作进程从经济合作开始,逐步发展到政治对话及社会文化交流,通过一系列实质性的合作建立起了各国之间的信任,发展起了制度性的机制,维护了东亚地区的稳定与安全。在东亚各国的共同努力下,"10＋3"框架逐渐完善,东亚的区域合作已经有了比较具体的运作原则和发展方向。

二、东亚经济发展的特色

东亚崛起的奇迹是"太平洋时代"得以走进21世纪的最主要动力和基础。但是,东亚经济崛起并成为世界新的经济增长中心并非偶然,而是与东亚经济发展的独特性紧密相连的。

从20世纪60年代日本经济的高速增长,到70年代"四小龙"的崛起,再到80年代"四小虎"的起飞,直至90年代以来中国经济的飞速增长……东亚经济正是这样不断增添新的活力,形成链条式的发展结构。而且,随着这种"链条"式活力的增添,还会进一步拉长。这一方式保持并且不断增添着东亚经济的活力,使其经济增长具有可持续性。③

除了以上经济方面的飞速发展,上个世纪80年代中后期以来,在国际及地区政治经济环境不断变化的背景下,东亚地区的各个经济体自身也在

---

① 李文:《东亚的崛起与全球化即'西化'时代的终结》,《当代亚太》2003－01－25。
② 张蕴岭:《探求东亚的区域主义》,《当代亚太》2004年第12期,第3页。
③ 陈特安:《东亚在世界经济中的地位和作用》,《世界经济》1995－12－10。

变化,而且这种变化的速度之快、规模之大、程度之深,都是举世瞩目的。自上世纪 80 年代中后期以来,东亚各国经济社会的发展大体上经过了两个发展阶段:

20 世纪 90 年代以前,东亚地区形成了以垂直分工与水平分工交叉重叠为特征,以日本为领头雁、"四小龙"、东盟、中国急起直追的"雁型模式"。在日本经济的带领下,东亚各国的经济步入了起飞阶段。在经历了将近十年的发展,各国的经济社会发展水平有了巨大的提升。经济社会面貌的改变,唤起了各国对曾经创造过辉煌文明的自信,同时也增强了应对未来挑战的勇气[①]。

20 世纪 90 年代,日本在其泡沫经济崩溃之后,它对东亚经济的带动作用大大降低。东亚地区各经济体纷纷意识到自己的经济结构必须重新做出调整,产业结构的升级换代势在必行。尽管这一调整过程是艰辛而又漫长的,但是,各经济体付出的巨大努力也换来了卓著的成效。自此,东亚地区经济的发展从起飞阶段转入成熟阶段。

在这个时期,中国改革开放的国策和经济的发展态势在东亚地区特别值得关注。自 20 世纪 80 年代末党中央作出改革开放的战略决策后,中国经济实现了持续、快速、稳定的发展,综合国力显著增强。苏联解体后,世界范围内的社会主义阵营遭受了巨大挫折,"社会主义将向何处去"成为摆在我国领导集体面前的一个大问题。经过冷静的思考,中国领导人认为,"(社会发展的)判断的标准,应该主要看是否有利于发展社会主义社会的生产力,是否有利于增强社会主义国家的综合国力,是否有利于提高人民的生活水平","社会主义的本质,是解放生产力,发展生产力,消灭剥削,消除两极分化,最终达到共同富裕"[②]。在此认识指导下,党的"十四大"作出了建立社会主义市场经济的重大抉择。之后,东亚地区的另外一个社会主义国家——越南也紧随中国开始了经济的市场化改革。

中国作为东亚地区最大的发展中国家,它自身的改革以及综合国力与

---

① 袁明:《从亚洲价值观谈起》,《世界知识》2000 年第 20 期。
② 《邓小平文选》第 3 卷,人民出版社 1993 年版,第 172、173 页。

影响力的增强,不仅为整个东亚地区经济社会的发展带来前所未有的生机与活力,也为东亚与其他地区之间国际关系的转变提供了推动力。

在东亚各国的发展史上,有着长达两千多年的友好交往历史,但相互合作的历史屈指可数。朝贡(Tribute)体系解体后,更多的时候,国与国之间的关系表现出的是战乱与纷争,而不是友好合作。从这个角度看,合作的理念与政策取向似乎从来就不是东亚国家的选择。

1997年底东南亚经济危机突然爆发,并迅速波及全世界,这使得东亚区域内的各国意识到当今世界国与国之间的利益联系得是那么的紧密,区域内的每一个经济体的发展与稳定都不是仅凭单打独斗就能够完成的,各经济体利益的有效维护与实现需要依靠地区合作的加强。因此,东亚各国在各自的改革与发展过程中,相互合作的理念与政策取向也在不断地增强。

在经济发展模式上,东亚地区形成了自己特有的、强调政府与市场协调相互的"东亚模式"。在资本构成上,东亚地区并没有采取鼓励高消费的哈罗德-多马经济增长模型(Harrod-Domar Model)①,它重视储蓄率和外来投资,该地区人民勤俭节约的美德使东亚地区的储蓄率很高。东亚依靠提高人的素质加快经济发展,在发展过程中格外注重教育和科技的作用。在东亚地区,长期以来生产投资与智力投资都被放在同等重要的地位。东亚地区的政治稳定是经济持续高速发展的重要因素。并且,东亚已形成了数以亿计的"中产阶层",消费需求增长迅速,市场存在巨大的潜力,为经济发展提供了长久的动力②。

由此可见,东亚区域的合作与发展是内因与外因作用的结果,它与国际及地区局势的发展,与东亚地区本身的调整与改革是密不可分的。

---

① 该增长模型是以凯恩斯的有效需求不足理论为基础,考察一个国家在长时期内的国民收入和就业的稳定均衡增长所需条件的理论。哈罗德—多马经济增长模型反映了资本主义扩大再生产过程中一些表面的联系,单就物质资料的生产和再生产过程来看,该模型对社会主义经济计划工作具有参考价值。

② 陈特安:《东亚在世界经济中的地位和作用》,《世界经济》1995-12-10。

三、东亚经济崛起的影响

近代东亚的区域主义产生于 19 世纪的日本,表现为一种"亚洲人的亚洲"理念。明治维新后的日本开始强大,希望以区域合作来对抗西方列强的强势,从而保卫和扩大自己的利益。同时,中国的一些仁人志士也曾提出以东亚合作来抵御西方列强的殖民扩张,把中国从列强瓜分的灾难中解救出来。孙中山在 20 世纪初就提出了"大亚洲主义",他扬弃了当时流行于日本的亚细亚主义的消极与反动内容,阐述了关于亚洲国家联合起来共同抵御外来侵略的思想。东亚各国反殖民主义的民族解放斗争等都对世界近代史产生了深远的影响。但是,这些事件的影响主要是地区性的,而二战以后东亚在经济上的崛起,才使东亚自近代以来在真正意义上对世界产生全球性影响,并导致人类历史的重大变革[1]。

一直以来,西方都是世界的中心,东亚则受着西方的主导和支配,处于世界的边缘。不管是 19 世纪西方国家对东亚的殖民统治,还是《巴黎和约》(Peace Treaty of Paris)后的"监护",甚至是二战后对东亚事务的干涉,东亚都是被支配的一方。东亚地区经济的崛起改变了东西方力量的对比,使东亚在国际政治中的地位获得明显提高。20 世纪 90 年代初,冷战的结束为东亚的地区合作开辟了道路,东亚各经济体的发展也为东亚地区的合作提供了可能。当代的东亚区域主义与历史上的不一样,它主要是建立在东亚经济腾飞的基础之上。此外,经济上不断强大的中国在世界舞台上和许多国际事务处理上所起到的作用举足轻重;日本加快了从经济大国走向政治大国的步伐;东盟也在努力成为多极化国际政治格局中的一极。东亚在国际政治领域对西方诸多方面的抗衡无处不在,这就对西方霸权构成必不可少的制约和限制,从而有力地推动了政治全球化和国际政治秩序朝着更加公平合理的方向发展[2]。

东亚经济的崛起为科学技术的繁荣提供了坚实雄厚的经济基础。近代

---

① 李文:《东亚的崛起与全球化即"西化"时代的终结》,《当代亚太》2003 – 01 – 25。
② 李文:《东亚的崛起与全球化即"西化"时代的终结》,《当代亚太》2003 – 01 – 25。

以来,人类在科学技术方面的重大贡献基本上都是由西方人做出的,在重大的科学发现、技术发明和管理模式上,东亚基本上都是扮演旁观者的角色,大都是从西方学来或是在西方的基础上加以改进的。随着东亚经济崛起,东亚在科学技术方面不断引进和创新,东亚与西方正在日益走出弱势对强势的格局,日益形成平等互利对话的格局。以日本为例,科研经费在 GDP 中所占的比例不断增加。1998 年东亚金融危机后,韩国也加强了科研基础建设,政府与财团用于研究和开发的经费投入每年增加 14.5%。[①]

尽管到 20 世纪中叶,西方的意识形态和价值观几乎主导了整个世界。但是,得益于各国有意识的保留本土文化,东亚在现代化道路上形成了与西方有所不同的发展模式。如今伴随着经济的崛起,大量具有东亚知识版权和发明专利的新思想、新观念、新学说、新主义、新知识、新科技相继问世,大量具有东亚特色的宗教、道德、审美、生活方式等文化观念和意识形态在新的形势下展现出来,并融入以数字化电子生产、分配与交换信号为基础的现代文化体系中,日益成为知识经济发展的重要源泉,创造出巨大的经济效益,并对人类社会产生了重大影响。

随着经济的崛起,东亚已经并将持续成为当今世界最具活力的地区。看到东亚地区各经济体崛起的势头日益强健,西方各国纷纷调整自己的战略,把它们的海外投资重点和贸易重心逐步转向东亚地区。为求在 21 世纪的世界经济发展中心区占据有利的地位,对于东亚以至亚洲市场的夺取,已成为世界各大跨国公司制定经营战略的重点。澳大利亚和新西兰融入东亚经济已是定局,甚至美国的对外贸易重心也已从欧洲转向亚洲和太平洋地区。亚洲已成为美国最大的贸易伙伴,美国对亚太地区的直接投资迅速增长。经济态势的发展,让西欧各国也看好东亚的巨大潜力,纷纷调整其亚洲政策,制定"进军"亚洲的战略。

1994 年 7 月,欧洲经济同盟也在比利时首都布鲁塞尔通过了题为《走向亚洲的新战略》文件中,确立了欧盟未来的贸易取向将以经济蓬勃发展的

---

① 李文:《东亚的崛起与全球化即"西化"时代的终结》,《当代亚太》2003 - 01 - 25。

亚洲为主。一份被称为"欧亚:强化伙伴战略框架"的文件指出,欧盟这项新的亚洲政策是根据世界新的战略变化,着眼于双方在未来十年发展关系而制定的。文件认为,欧盟近年来在国际舞台上的作用在不断加强,因而,欧亚关系也要适应欧盟在国际关系中不断变化的地位。为此,欧盟将在六个方面进行努力:加强欧盟同亚洲在政治和安全方面的磋商,发展双方的经贸关系和投资,有效地减少亚洲地区的贫困,推动亚洲地区的民主、良政和法制国家建设,与亚洲主要伙伴国建立世界性的联盟关系,促进欧盟与亚洲国家的相互了解①。这是欧盟在1994年首次通过一项亚洲政策之后第二次调整欧盟的亚洲政策,旨在加强欧盟和亚洲诸国的关系,加强欧盟在亚洲地区的存在。

四、东亚经济崛起下的中国

近代以前,中国凭借自己的实力通过"朝贡贸易"②和"册封体系"③构建了以自己为中心的"华夷秩序"④,可以这样说,那时的东亚主要是指以中国为中心的"华夷秩序"。到了近代,中国由于国力衰落和列强的入侵,"华夷秩序"逐渐解体,中国不仅遭受了西方列强的欺凌,而且还成为了新兴东亚强国——日本侵略的目标。至此,东亚的主导权逐渐转向西方列强和日本。1949年新中国成立后,由于当时的东亚分属东西方两大阵营,双方陷

---

① 人民网:http://www.people.com.cn/GB/historic/0904/4704.html,《人民日报》2003年9月3日。

② 就是中国政府与海外诸国官方的进贡和回赐关系。唐代以前,国家富强,很多国家前来寻求同中国建立友好关系。仅南北朝梁武帝统治时期,南海诸国通使的就有九国之多。这些国家使节来朝贡,货物由朝廷处置,广州祗负责过镜和接送任务。在唐朝之前,这种朝贡贸易占主导地位。

③ 是自公元前3世纪开始,直到19世纪末期,存在于东亚、东南亚和中亚地区的,以中国中原帝国为主要核心的等级制网状政治秩序体系。常与条约体系、殖民体系并称,是世界主要国际关系模式之一。

④ 是在古代世界的社会条件下产生的一个有理念、有原则和有着自身一套比较完备体制的国家关系体系。中国在其中自然起了某种主导作用。"华夷秩序"所倡导的,是以中华帝国为中心的垂直型国际关系体系。在这一秩序中,所有所谓"夷狄"国家对中国的关系,应是一种以臣事君和以小事大的关系,一种对高度发达的中华文明怀有"向化"之心、"慕圣德而率来",以至终于被"导以礼义、变其夷习"的关系;中华帝国对各国则是抚取万邦,一视同仁,导以礼义、变其"夷"习。无疑,这是儒家学说在处理中华帝国对外关系所能构建的理念原则和理想框架。

入冷战,不可能对东亚地区有什么安排和构想。

自 20 世纪 80 年代,中国实行改革开放的基本国策,对国际社会的交往逐渐增多,联系也不断加强。随着印支问题的解决,东亚地区的分裂状态基本结束,从此,东亚地区各经济体全部迈入东亚地区发展的新阶段。改革开放与现代化建设已经使中国的国家实力得到令世人惊叹的增长,随着东亚经济崛起的进程,中国成为了一股可以发挥巨大影响力的力量。与此同时,中国逐渐融入国际分工体系和世界经济中,借助加入世界贸易组织的契机,中国的区域合作倾向不断加强,区域合作的战略逐渐明晰。21 世纪开元的时候,中国的经济总量按汇率计算已超过一万亿美元,居世界第七位;若按世界银行提供的购买力评价计算,则已经达到四万亿或五万亿美元,为美国的一半。随着综合国力的增强和地缘政治环境的好转以及地缘政治优势的突显,中国的地区及国际影响力正在稳步上升。在东亚地区,中国影响力已从传统的政治安全领域扩展至经济领域,总体势头直逼美国。中国在东亚地区所具有的首屈一指的地位几乎是不可动摇的。当然,中国在发展经济的过程中也存在一些制约经济增长的"瓶颈",诸如基础设施不足、高科技人才缺乏等等。中国经济的发展,如同东亚经济的崛起,虽然其强劲增长是无可争辩的事实,但是,也应当关注基础设施的完善,注重高素质人才的培养。在经济发展过程中,中国应该将通过劳动力和资本高投入实现高增长的机制,转变为主要依靠技术革新而提高生产效率的集约型机制,这样才能实现增长机制的转换。事实表明,包括中国在内的东亚经济有着广阔的持续、快速增长的前景。在今后相当长的一段时间内,东亚经济的增长率仍将走在世界的前列。

中国一向重视与周边国家保持着友好的关系,拥有一个和平稳定的周边关系是我国不断向前发展的重要外部环境。显而易见,无论从经济、政治还是文化等方面来看,东亚地区的诸多经济体都是中国最为重要的周边。在区域一体化成为全球趋势的时代背景下,作为亚洲大国的中国绝对不会漠视东亚的一体化。作为东亚地区重要的一员,中国一方面具有较强的、稳固的经济实力,拥有突出的军事力量;另一方面,也具有一定的地缘政治条件,特别是拥有一定的地缘政治优势和充分发挥这一优势的地缘政治环境,在国际社会中具有较大的影响力,能在全球和地区事务中发挥重要的作用。中国无疑是21世纪东亚地区的经济核心,亦是世界主要力量极中不可或缺的重要一极。从这个意义上说,21世纪国际关系与国际经济的焦点将会聚集在亚太地区,尤其是会反映在美国与中国之间的关系上,亚太地区将会是21世纪国际政治与经济角逐的战略中心地带。

第三节 东亚地区儒家文化圈的形成与发展

价值观是文化的具体表现形式,又是文化的核心内容。东亚价值观是指东亚地区所特有的文化传统以及建立在这种文化传统基础之上的对价值进行判断的基本观点。东亚价值观的主要特征是重家庭、重社会、重人伦。东亚价值观不仅是个文化概念,同时也是个地缘政治概念。

从对世界历史影响最深远的文化来说,学术界基本上一致公认,在世界范围内的文化主要有以下文化圈:基督教－天主教文化圈、伊斯兰文化圈、儒家文化圈和佛教文化圈。欧洲、美洲、澳洲等地是基督教－天主教社会的主要分布区;亚洲西部、南部和北非等地为伊斯兰社会的主要分布区;缅甸、泰国、老挝等东南亚国家为小乘佛教的主要分布区;中国、日本、韩国、越南和新加坡等国则为儒家文化的主要分布区,其中,新加坡的情况还比较特殊,其文化的多元性特征十分明显。而印度虽然是佛教的发源地,却主要属于印度教文化圈。目前,在东亚地区形成的以儒家文化为中心的儒家文化圈,日益引起广大学者的关注。

一、东亚儒家文化圈的概念与内涵

东亚地区是儒家文化圈、印度文化圈和伊斯兰文化圈的交汇融合之地。在长期的历史发展进程中,三大文化互相影响,并且相互间都包含了其他文化的因子。事实上,东亚这三大文化之间的共同点超过了它们与西方文化之间的相同点。

(一)儒家文化圈的定义

所谓"文化圈",一般是指由主要文化特质和传统相同或相近、功能相互关联的多个文化丛相连接而构成的有机文化体系①。中国文化的内涵博大精深,说它以儒教为主体,毫无疑义。儒学在中国产生、形成以后,随着文明的传播,在地域和空间上向日本、韩国、越南等周边国家和地区扩展。中国周边的国家和地区在接受中国儒家文化时,根据需要有所取舍,与自身固有的传统文化思想相结合,形成了与中国儒学不同的、兼具本民族特色的儒学,诸如日本儒学、韩国儒学、越南儒学等,它们都在本国的文化史上呈现出自己独特的发展轨迹。尽管传播到日本、韩国、越南等国的儒学发展形成为五彩斑斓的各国儒学,但抛去"源"与"流"的问题,客观上以儒家文化为基本内容的文化圈被承认,这个与中国儒学源流相关的东亚各国所形成的文化复合体,被学界称为"儒家文化圈"。②

(二)东亚儒家文化圈内涵

古代的东亚地区,是一个相互沟通良好的区域,文化背景相差不大,所以在政治文化等方面,彼此可以从事各种交流。儒学虽然在中国被体系化,但在东亚各地流传,以儒家思想为代表的中华文明,因其先进性及普适性,在东亚及东南亚逐步形成了以儒家文化为核心,包括中国、日本、朝鲜、韩国和新加坡等国在内的"儒家文化圈"。儒家文化作为"辐射文化"不断传播,产生了广泛而深远的影响。儒家文化在东亚地区各国作为一个共有的存在,促进了东亚各国社会、政治、经济等的发展。我们把东亚这个在地理上、文化上以儒家文化为核心的共同体,称为"东亚儒家文化圈"。

---

① 于福建:《儒家文化教育传统对"儒家文化圈"的影响》,《教育研究》2005 年第 4 期。
② 高明士:《东亚文化圈的形成与发展:儒家思想篇》,华东师范大学出版社。

二、东亚儒家文化圈的形成和发展

(一)东亚儒家文化的特征及分布地区

1.儒家文化作为一种社会意识形态,在传播与演变过程中,潜移默化地影响着东亚儒家文化圈的政治、经济、法律体制,并通过影响人们的行为方式、价值观念来影响社会生活。儒家的核心价值观是仁、义、礼、智、信、忠、孝、廉、耻、节,儒家社会的基本文化特征有以下几点:

(1)以人伦道德构建儒家社会;

(2)注重家庭;

(3)注重知识;

(4)敬天、奉祖;

(5)主要关心现世世界,而不是鬼神来世。

2.作为伟大的教育家、思想家,儒家文化的创始人孔子提倡仁爱,崇尚礼义,主张以德治国,以民为本,以后经过两千多年的发展,儒家文化逐渐演变成渊源流长、博大精深的浩繁体系,在向东亚及东南亚一些国家的传播过程中,成为东方传统文化的重要一支,对人类文明产生过重大影响。

东亚儒家文化圈的主要分布地区有中国内地、中国香港、中国澳门、中国台湾、朝鲜、韩国、日本、越南、新加坡等地,儒家的价值观渗透于东亚地区经济、政治、文化生活的各个方面。它包括以下几个重要方面:

一是"以人为本"的道德取向。东方文化与价值体系是以人为本的文化与价值系统,它注重个人道德的修养,并把人的价值实现寄托于道德的完善上。

二是对"集体价值"的认同。"社会、国家比个人重要","国家之本在于家庭"。这些都是儒家价值观的重要内容之一,从中我们也可以体会到东亚价值观之所以存在泛道德倾向,追根朔源,还是因为重视"集体"的缘故,这一点在日本社会表现得淋漓尽致。

三是"和合"精神的倡导。自秦汉以来,中国文化就倡导"和合"精神,

"天人合一"更是中华文化的基本精神,"中庸"与"和谐"则是儒家追求的最高价值原则。和合就能达到和谐,而和谐就能达到团结。它不仅是中国文化思想的普遍性原理,而且也是朝鲜半岛和日本列岛文化思想的普遍性原理之一。

(二)东亚儒家文化圈的形成和发展

儒家学说初步形成于中国春秋时期,约公元前 500 年前后,创始人为孔子。后来经孟子、荀子等人的发展,渐趋成熟。中国进入儒家社会,则是在汉武帝采纳董仲舒"独尊儒术"的建议后,儒家学说成为国家信仰。伴随儒家学说传播到朝鲜、日本、越南等地区,并在这些地区发展成为官方学说,儒家思想的影响也深入到在儒家社会人们的日常生活。

纵观古代东亚,汉字、儒学、律令(法制)、科技(特指医学、算学、天文、立法、阴阳学等)、佛教(尤其是佛学)五要素在东亚地区是共通的,是东亚文化圈形成和发展的关键。以隋唐时代最为典型的中国古代的政治制度为例,诸如均田制、租庸调制(经济领域)、三省制、科举制(政治领域)、府兵制、卫府制(军事领域)等都对东方儒家文化圈的形成和发展具有重要影响。

中国东临沧海,北连大漠,西为喜马拉雅山和帕米尔高原所阻,加之中印地隔于喜马拉雅山脉,文化交流只能通过一些使节和旅行者来进行。所以,受地理因素的影响,儒家文化思想在亚洲大陆的传播方向主要是位居于中国东部及东南部的几个邻近国家。

东亚经济之所以能够高速的发展,除了各国具有的一些特殊性以外,它也有其共性或普遍性的东西,那就是中国古代先民的儒家思想对东亚经济发展所做出的贡献:[1]

(1)儒家思想在古代朝鲜的传播。儒家思想最先传播的地区是位于今天朝鲜半岛的高句丽、百济和新罗等诸侯国,时间大约在公元 1 世纪左右。

---

[1] 支建强:《儒家思想与东亚经济发展》,《甘肃理论学刊》1996 – 04 – 20。

当今,韩国不仅拥有儒教学会、儒教文化研究所等机构,而且在成均馆大学等多所大学里还设有专门研究儒教的学科。韩国80%的人信奉儒教或受过儒教的熏陶。亚洲金融风暴过后,韩国挖掘儒教的精髓,提出"文化立国"的国策。儒学外传的一千多年来,首推东亚地区的韩国受儒学影响最深。

(2)儒家思想在日本的传播。中国的儒家思想在公元5世纪时随着频繁的中日民间贸易往来和民间文化交流的增多而逐渐传入日本。公元6世纪中叶时,中国的佛教也传入了日本。8世纪时儒学在日本开始盛兴起来,日本最古老的典籍《古事记》,就是在中国的儒家思想影响下诞生的。江户初期,朱子学说曾一度被日本奉为官学,长期占居官方意识形态的主导地位。在当代,日本的儒学已经融入日本人的思维方式、行为情感及生活方式之中,成为日本民族性的重要组成部分。

(3)儒家文化在越南的传播。越南自建立了独立的封建国家后,从中国传入的佛教一直占据主要地位,到公元14世纪前后,儒学取代了佛教处于统治地位。越南阮朝建立后,更是独尊儒术,使儒家文化在越南达到了空前的繁荣阶段。越南儒、释、道三教合一或三教融合的色彩比中国浓厚得多,越南人称之为"三教同源"。

(4)儒家文化在东南亚的新加坡、泰国、马来西亚和印度尼西亚等国的传播。儒家文化在东南亚各国的传播主要是通过移民的方式传入的,其影响也主要局限于华人社会中。据有关资料统计表明,东南亚各国现有华人200多万,约占总人口的5%。大量华人移民的涌入,带去了中国儒家的传统文化与思想,对当地的经济发展起到了一定的影响作用。

21世纪的东亚各国需要彼此和谐相处,而共同的文化传统和价值观念又将为东亚一体化的发展提供深厚的文化底蕴。历史上的"东亚文化圈"与今天东亚各国之间所形成的密切的经济联系以及地缘政治关系是未来东亚一体化的基础①。

---

① 孟凡东:《论东亚区域化进程的文化因素》,载《社会学家》(增刊)2005年5月,第87页。

三、儒家文化圈对东亚经济发展的影响

东亚地区各国都拥有自己灿烂的文化,自古至今东亚的各民族之间文化交流密切,经济上互通有无,形成了一个联系较为紧密的整体。东亚地区社会与经济的繁荣和发展,不是孤立地实现的,它是由东亚各国共同参与缔造的。总体上来看,东亚属于儒家文化区。东亚各国(地区)的社会文化历史上就深受儒家文化的影响,现在仍属于儒家文化主导的文化圈,中国、日本和韩国的社会文化也属于典型的儒家文化。儒家文化的伦理观念、道德规范、个人修养等,经过东亚各国的改造、吸收和同化,已成为东亚各国维护国家统一、稳定社会秩序、改善社会风气、协调人际关系以及增强国家凝聚力的精神支柱,也成为促使东亚各国经济高速发展的重要因素。儒家文化在东亚各国现代社会发展的进程中具有很大的促进作用,它促使国家权力的正确干预和导向可以有效地促进经济的发展。

儒家思想可以按道、学、政、行四个主要内容来划分:

"道"是儒家的理念系统。儒家的"道"主要是指个人的行为方式,孔子认为在所有行为之中,治理国家是人类社会中最重要的行为,治国平天下之道就成为了儒者之道的核心内容。修身是治国的前提,儒家的"道"落到实处,它的关键点就是人之道。儒家讲求人性本善,人人皆可成为尧舜。所以,要成为君子还是小人,完全取决于自身。

"学"是儒家的学问系统。儒家非常注重学习,认为学习一定要抓住一个目标不放,要博学、慎问、慎思、思辨、笃行。儒家主张人应该通过学习来彻底地改变自身,从而使自己由愚而明、由弱而强。儒家还非常强调预学习于兴趣之中,"知之者不如好之者,好之者不如乐之者"。

"政"是儒家的管理系统。儒家认为如果没有一套政府机构来管理国家,让每个人都放任自流,那就是纯自然的状态。而纯自然的状态就是动物界,不是人类社会。因此,只有实行有效的管理,才能把人和动物区别开来。儒家强调只有在差别当中才能构成一个和谐的统一体,认为天下不能一人独任,要君相分工明确,才是治道之要诀。此外,还需要"为政以德",为民

表率,用良好的德行来治理国家。

"行"是儒家的规范系统。君臣父子、三纲五常、忠孝仁义是儒家内在的道德要求,而儒家外在的行为规范就是"礼"。礼要得到遵守,首先要被制定出来。礼要合情合理,才好被人们遵守。以礼治国、以礼事神,都要恰到好处,不能过分,也不能达不到要求,这就是儒家的中庸之道,即正确行礼之德。

儒家文化是一种入世的思想,是实用主义的哲学。它所关注的是社会与人,是一种引导人们如何积极地去解决人类所面临的社会与人生问题的哲学。在儒家学说中,超越世界的"道"和现实世界的人伦之间是一种不即不离的关系①。儒家文化的中心倾注于人类的社会生活,极少关注非人类的现象,儒家只研究"事"(Affairs),而不研究"物"(Things),它不去探究带有普遍意义的法则和规律。基于儒家文化的影响,东亚各国(地区)的文化呈现出许多共同的偏向,主要是社会和谐,由家族产生的集团主义,重视教育,尊重权威,它不仅影响了东亚各国人民的心理和行为,也产生了具有东亚特色的政治文化。

(一) 儒家文化影响下形成的政治机制是推动经济发展的前提

儒家文化在东亚的广泛传播,使得东亚儒家文化圈的影响延伸到东亚地区社会与经济的各个层面。事实上,它已成为一种可以转化为社会政治、经济和文化的精神源泉。东亚地区各国在儒家思想影响下,大部分都实行"开明极权主义"体制,强调统一、和谐、稳定、务实,在用中央政府的"有形之手"控制工会等民间组织和其他非执政党派组织发展的同时,又大力提倡国家的法制建设,使政府基本上做到了廉洁、高效和相对的政治稳定。尊崇以"和为贵"的儒家思想,提倡人和;在社会道德方面则积极倡导和谐与稳定,注重各种组织之间以及家庭关系的融洽。试图通过创造一个内协外争的良好环境,促进本国经济的发展。

---

① 余英时:《士与中国文化》,上海人民出版社 1987 年版自序,第 7 页。

(二)儒家文化影响下的尚贤、重教、树人、勤俭是推动经济发展的动力

尚贤、重教、树人与克勤克俭是儒家思想的精华,也是儒家思想的主要观点、方法。东亚国家(地区)在 20 世纪 60、70 年代的经济启动时期,就大幅度增加了对国民教育的投入,日本和新加坡对科研的投入一直保持较高的水平。东亚国家(地区)在各自的发展过程中都非常重视教育和科技的投入。同时,东亚各国还不失时机地对其教育和科研体制进行改革,高度重视对人力资本的投资,从而顺利走上以人力资本为依托型的经济发展道路。此外,受儒家思想的熏陶和影响,东亚各国的人民大都有吃苦耐劳、克勤克俭的传统和创新精神,这种传统的精神与科学合理的管理方式相结合就产生了先进的生产力,使得东亚各国(地区)的企业能够保持持续稳定、高效的发展,产生出驱动整个国家或地区经济高速稳定发展的动力。

(三)儒家文化影响下形成的强烈的群体合作精神是推动经济发展的基础

东亚各国(地区),长期以来在儒家文化思想的影响下,大都形成了以家族为核心的、具有集团主义传统的强烈的群体意识。在群体意识的驱动下,人们为了维护所在国家或集体的利益,宁可牺牲自我也要去拼搏。儒家思想在很大程度上形成了一股强劲的凝聚力或动力,影响着东亚各国(地区)人民的思维方式、价值取向、行为规则和经济社会发展的模式。

儒家文化的基本原理、道德观念和政治思想都具有鲜明的特殊主义色彩。它认可现有的权威和秩序,强调国家和集体利益优先,重视家族关系,以及依靠文职官僚治国安邦的传统,成为东亚"发展型国家"实现政府主导下的经济增长的合法性源泉和组织资源[1]。儒家文化中关于光宗耀祖、荫及子孙的观念以及对教育的重视,为二战后东亚的国家(地区)发展经济提供了动力和条件。东亚地区威权主义体制的确立和发展,成为导致东亚保守的儒家文化朝着有利于现代化方向转变的关键。儒家文化在东亚地区的

---

① 李文:《东亚社会变革》,世界知识出版社 2003 年版,第 112 页。

归宿在于它随着现代化、产业化的深入发展,逐渐演进为更为普遍主义的东亚地区特有的文化。

四、东亚儒家文化圈的不利因素

正确对待儒家文化,是当代东亚发展面临的重要课题之一。儒家文化在东亚地区经济腾飞中所起的作用当然是有目共睹、不容否认的。儒家文化的有利因素、积极作用我们应该发挥,但同时,也应该清醒地认识到东亚儒家文化圈的不足之处。儒家文化对现代经济发展的不利影响,可粗略地归纳为以下几个方面:

(一)儒家文化在思维方式上具有因循守旧、墨守成规的传统

自西学东渐开始,东亚地区传统的儒家文化排斥西方文明,反对发展的理念,其原因在于旧体制的支撑和支配。与皇权结构相互支持的官学制度形成了传统儒学的制度化,这种皇权化的政治结构对儒家文化的直接支持,一方面增强了儒家文化的生存能力,但另一方面却也有效地压制了儒学之外任何文化变革的因素,使儒家文化自身无法随着社会的发展而发展。无力成为现代化的自然文化基础,是儒家文化最大的局限[1]。

因此,在多数时候,儒家文化只是一个发展体制可资利用的工具和手段,它的真实价值在于有的发展可以借这个"旧瓶装新酒"。东亚地区要发展,在借鉴儒家文化建构现代经济伦理的同时,还必须摒弃因循守旧、墨守陈规的传统,要不断创新。只有这样,传统儒家文化中活力不足的弊端才会得到弥补,东亚儒家文化圈的积极影响才能得到发挥。

(二)儒家文化存在重视群体利益和义务、忽视个人利益和权利的倾向

罗荣渠教授曾精辟地指出:"凡是旧制度解体不够彻底的地方,传统儒学中消极因素也就保存得愈多,对现代化的负面影响也就较大。只有在旧

---

① 　王玲玲:《试论东北亚儒家文化圈中企业伦理的特点》,《武汉大学学报》2005 年 3 月第 58 卷第 2 期。

制度解体比较彻底的地方,传统儒学中包含的实践理性的东西才可能被解放出来,自新的条件下推陈出新,发挥作用。"①

在现实的经济社会中,东亚发展体制的确立将儒家文化中的腐朽化为了神奇。传统儒家思想中伦理的核心是"齐家、治国、平天下",它认为世界是自然创造的,生生不息并具有内在和谐性,依照天命确定的秩序能够调节一切社会秩序的混乱,而这种秩序就是建立在血缘关系上的伦理纲常。因此,儒家文化认可现有秩序和权威,强调长幼尊卑、礼义廉耻;它还格外强调社会或国家的利益高于个体利益,提倡个人的奉献和牺牲精神。儒家文化重视群体利益忽视个人利益,重视义务轻视权利的特征,对个人重视的缺乏,极易导致对个性价值的否认。

在儒家文化社会架构中,横向的社会组织不发达,个人绝对离不开家庭和带有家族色彩的上位组织——企业或国家,个人没有选择的自由,在一般情况下,只能服从长者和上司。在新的历史条件下,随着社会越来越趋向于多元化的发展,儒家文化应在重视群体和谐的同时,也应该对个体给予充分的尊重,从而才能培养出丰富个性和创造性集于一身的个体,使得整个社会的素质得以提高。

(三)儒家文化在经济发展中存在家族伦理模式的缺陷

儒家文化是以社会最小组织的"家"为根基的文化,由于君臣父子、三纲五常、忠孝仁义等儒家内在的道德要求,儒家文化格外强调等级秩序。因此,分层集权的家长制在本质上排斥以平等为基础的、具有广泛参与性的、分权的民主制度。儒家文化影响下的东亚,盛行家族伦理模式,企业经营管理过分偏重于一个人的权威和对这种权威的顺从,偏重于家长个人的作用和价值实现,排斥民主决策导致独裁统治,直接威胁到企业的发展和前途。

伴随着现代化和产业化进程向纵深的发展,东亚地区的"发展型"需要民主化,东亚地区的家族企业需要向经理制企业的方向发展,东亚地区儒家

---

① 罗荣渠:《现代化新论续篇》,北京大学出版社1997年版,第89页。

文化中的特殊主义因子也需要向普遍主义方向演进。东亚地区的发展有必要建立平等分权的民主制度,发展、提升为在规范和契约基础上广义的普遍性的信任关系,从而使东亚经济能够在更加平等的环境下,通过竞争获得发展。

从世界范围看,东西方存在着很大的文化差异,东亚社会以儒家文化为主要文化背景,有着其独特的儒家文化氛围,而西方社会则是以基督教为主要文化背景和文化氛围的。客观地看待每一种文化,就会发现其实它们都有其存在的价值依据及其合理性,也自有其在文化空间上的稳定性。现代市场经济和产业化有足够的弹性和基督教以外的其他文化兼容,尽管其具体过程无法预测。在人们的实践活动越来越具有全球性、世界性的今天,东亚地区的发展应充分利用东亚儒家文化圈所形成的有利影响,同时吸收西方文化中可以弥补儒家文化之不足的素养,创造出一个和谐健康的发展态势。

第四节 东亚地区的新权威主义

从古至今,权威对领导者来说,有着非常重要的作用,因为它是领导者实施统驭的必备条件。恩格斯曾在《论权威》中就强调了权威的重要性,它认为没有权威就不可能有任何一致的行动[1]。"权威主义"又称"威权主义"(Authoritarianism),并不是一个界定得很清楚的概念,人们往往把权威主义和极权主义混为一谈。在西方社会科学术语里,通常把政治制度分成三大类别:民主政体、权威主义和极权主义[2]。"新权威主义"一词是由上海师范大学历史学教授萧功秦1986年在研究中国早期现代化过程时提出的一个历史术语[3]。这一术语后来被用于描述第三世界特别是东亚和拉美地区政

---

[1] 《马克思恩格斯选集》第二卷,第551—554页。
[2] 《亨廷顿谈权威主义》,载《世界经济导报》1989年3月27日。
[3] 刘军、李林编:《新权威主义——对改革理论纲领的论争》,北京经济学院出版社1989年版,第62—63页。

治体制的特征,它被看作是从旧权威主义向自由民主阶段迈进的必经阶段。

一、东亚地区新权威主义概述

(一)新权威主义的定义

学者们通常认为新权威主义脱胎于旧权威主义,一般用于描述二战以后东亚地区新兴经济体的政治运行模式。新权威主义是在后发展国家的旧体制走向解体或蜕变,而新型的民主政体又无法运作的历史条件下,由具有现代化意识与导向的政治强人或组织力量建立起来的权威政治。一方面,新权威主义的权威政治具有明确的现代化变革导向,不同于传统专制政治;另一方面,新权威主义具有强制性、高度组织化的行政军事力量与权威意志,作为其稳定社会秩序、推行其现代化方针的基础,它又不同于民主政体。

新权威主义的主要理论基础是:现代化需要稳定的政治秩序,稳定的政治秩序离不开有效的政治权威,政治权威的建立则有赖于统治集团或某个领袖人物的圆熟的政治谋略和政治技巧。20 世纪六七十年代,东亚地区的韩国、新加坡、印度尼西亚、中国台湾等国家和地区,在政治体制上纷纷选择了新权威主义。20 世纪 80 年代后期,新权威主义在中国作为一个政治思潮也发展了起来。一时间,新权威主义在东亚地区得到了广泛发展。

新权威主义在发展中国家,特别在东亚地区是一种由旧权威体制向民主政治体制过渡的必经阶段,它是不发达国家早期现代化进程中出现的一种特殊的政治形态,具有一定的合理性。

(二)新权威主义的产生背景

新权威主义在某个国家(地区)的存在与产生是同这个国家(地区)自身传统的政治体制、经济结构、国际背景、社会、历史、文化等因素密不可分的,其中经济因素是最为核心的因素。同时,新权威主义也是一个国家(地区)在其经济出现危机的时候,政治主体通常会选择的结果。所有这一切都表明新权威主义的存在有一定的必然性和普遍性。韩国等东亚国家(地区)在二战以后通过专家治国,促使本国经济腾飞,并在此基础上进行民主化的发展策略,这种做法对多数面临着同样问题的东亚国家是有一定示范作用的。政治民主化必须以经济市场化为前提,而经济市场化只能在集权下才可以加速发展,新权威主义正是政府权威和集权的需要。

二、新权威主义政权的结构分析

新权威主义政权主要依靠强制、镇压、说服以及推动经济增长来获得政权的支撑,专制权力在其中占据了主导地位。军队与技术官僚的结合为新权威主义政权提供了较为坚实的治理基础和保障,使政权的有效性得到了提升。尽管新权威主义政权具有有限多元的特征,在决策体制上讲求理性化、专家化决策,在政府官员的遴选方面具有一定的开放性,但是,它毕竟是以专制权力为主导的政权,专制结构是支持政权的主要工具。

(一)新权威主义政权的专制结构

新权威主义政权的建立需要两个基本过程:第一是消除旧制度或对旧制度进行维修、调整,建立新的制度体系;第二是构成政权统治联盟的政治精英重视处理它在第一个过程中遇到的问题并考虑政权的维系和发展。统观东亚各个新权威主义国家,其专制结构主要由行政首脑、军队、技术官僚和执政党组成。

1. 行政首脑

行政首脑在新权威主义政权中具有十分重要的地位。东亚新权威主义国家的正式制度,比如宪法等法律制度化,通常规定总统或总理享有很大的权力,在形式上通常以一党制为主要的制度形态。除了制度规定的权力外,行政首脑还行使着国家紧急状态下的处置权,可以要求修宪甚至取消宪法或以行政命令来治理国家。行政首脑巩固自己权力的主要方式是与军队结成"生死"联盟。

2. 军队

除新加坡外,几乎在所有的东亚新权威主义国家中,军队都可以算得上是一股具有决定性的力量。军队独占军事实力,能最大限度地使用暴力,在政治权力资源的配置中往往作为最有效、最终的工具而成为一种重要的政治力量。新权威主义政权的领导者一旦借助军队,使军队按照政治的逻辑进行制度建构,那么军队便会成为这些政权进行统治的最有力的工具。

3. 官僚

在现代社会中,官僚体制的系统化、规范化是提高治理效率、增强政治体系、处理复杂问题的关键,它可以把复杂的政治问题分解化、具体化。在维持政权和一些国家的经济发展过程中,新权威主义政权中的官僚发挥了关键性的作用,尤其在东亚地区的经济发展过程中是促成"东亚奇迹"的一个重要变量。

4. 执政党

政党是人类社会发展到现代社会阶段的产物,东亚各国的政党也是如此。著名的印度国大党、新加坡的人民行动党就是起源于民族独立运动;韩国的共和党则试图将民主与社会改革结合起来从而组织民众进行政治参与。在大多数东亚国家中,国家对社会生活的控制不是通过官僚就是通过政党,或者通过官僚与政党的结合。

(二)新权威主义政权的同意结构

在新权威主义看来,同意结构始终次要、边缘的地位。但是,新权威主义政权没有完全取消同意结构,因为同意结构作为社会普遍意志的反映,在一定程度上可以作用于新权威主义的政治体系,并影响政治过程。新权威主义的同意结构包括代议结构、利益集团、公共舆论和社会运动等[1]。

1. 代议机构

新权威主义政权的政治组织形式一般是以一党制为主,议会作为代议机构并不占据重要位置。在新权威主义政权结构中,议会的角色通常被视为总统或行政机构的附属机构。一般情况下,新权威主义政权的议会很少

---

[1] 徐秦法:《社会发展中的权力变迁》,《法制与社会》2008 – 12 – 15。

举行会议;在极少数例外情况下,有些国家的议会偶尔会突破惯例行使宪法赋予的权力而对总统、行政机构或军队提交的法案进行否决。

2. 利益集团

利益集团又称作利益群体,是社会政治生活中的一个重要组成部分,它们使用各种途径和方法向政府施加影响,其存在的价值就在于通过利益集团及其活动来影响政府的政策与决策。制度变迁中的利益集团现象是市场经济发展到一定阶段的产物,也是民主政治建设的必然。在新权威主义政权中,政治团体、利益集团往往寻求诸如强制手段、经济权力、技术专长等体制外途径的方式来达到掌握、影响政治权力的目的。这使得这些国家的政治竞争具有很大的不确定性。

3. 公共舆论和社会运动

在新权威主义国家,公共舆论和社会运动都是表达民意的一种普遍方式,主要借助大众传媒、罢工、示威、游行、集会甚至是暴力行动来表达人们对社会公共问题的关注和态度,表达社会要求。

三、东亚新权威主义的特征

东亚的新权威主义是有别于开明专制的非西方外源型国家现代化过程中的一种政治模式选择。由于每个国家在现代化初始阶段都面临发展经济、健全法制、整合社会、维持社会稳定等诸多任务,才不约而同地选择了这种政权形式。新权威主义具有如下特征:

(一)新权威主义的选择源于东亚各国的发展需要

一是各国在经济发展上要与世界经济的市场化主流趋同。东亚国家在政治上凭借庞大而有效的官僚体制及强有力的军事力量,作为自上而下地进行铁腕统治的基础,在意识形态上新权威主义政治往往借助于传统的价值体系与符号,作为凝聚全社会成员的精神支撑点。二是东亚各国对西方先进的科技、文化实行开放政策。①

（二）东亚新权威主义政治环境相对稳定

二战以后东亚各国建立起来的新政权,面临着政权巩固与经济发展的双重考验。在战后经济大萧条的背景下,东亚各国一直致力于巩固政权、发展经济。相对来说,东亚各国在这方面取得了较大成绩,东亚各国的政治环境相对稳定,经济持续稳定增长。即使在 20 世纪 80 年代后期、90 年代初期,东亚国家开始实行政治改革,由权威主义向民主政治过渡后,大多数国家的政治权力的分解仍是在国家体制内部进行的,政府几乎把所有的社会力量都纳入到"国家合作主义"的框架之中,借此缓解了社会与国家之间对立的紧张状态。可见,东亚新权威主义的政治环境一直都是相对稳定的。在东亚的新权威主义国家,以军人、官僚、行政首脑为代表的威权力量对国家的干预是全方位的,包括维持社会秩序、推动经济发展、镇压国内敌对势力、化解社会危机、平息社会动乱等。

（三）东亚新权威主义采取专家治国或精英统治的政治策略

在东亚新权威主义国家中,尽管整个政治体系的制度化水平低下,但像革命制度党、人民行动党这样的执政党,其制度化水平却是相当高的,具有专家或精英的特质。它们有选择地组织民众的政治参与,并将其纳入党的组织框架内,在国家与社会之间谨慎地构建一种协调机制,在一定程度上发挥着利益传递、聚合、表达的作用。必须指出的是,新权威主义国家在政治上实行一党制,但在程序和规范上,对总统或总理采取固定任期和相对固定的权限,所有主要的法案必须经议会同意才能通过。这样一来,威权政治同时也受到了一定程度的限制。

（四）新权威主义实行政治与经济的二元分立

东亚各国的新权威主义有以下两大特征:政治上,政府控制公共领域

---

① 《"新权威主义"论争简介》,《光明日报》1989 年 3 月 17 日。

（包括政权与公共舆论），但开放私人领域，允许个人经济自由，甚至一定的政治自由、言论自由，即所谓的"威权为体，民主为用"；经济上，推行市场经济制度，但政府对市场经济的渗透程度较深，倡导经济优先，政府在加强市场立法的同时，多用政策性规定来纠正市场不足。可以这样说，东亚的新权威主义是建立在社会内部政治系统与经济系统彼此独立的二元化结构上，政治上的集权并不影响，而且有时还有助于经济系统的开放性和自由化。政治集权对于经济市场化、自由化的意义在于依赖中央权威"从经济生活中拉出政治干预的有形之手"，以有形之手培育无形之手。

（五）新权威主义倡导反腐倡廉、依法治国

反腐倡廉是东亚新权威主义的一项政治传统。比如在日本和新加坡，国民富有爱国精神和奉献精神，人们对是非、善恶、美丑有明晰的判断和高度的自觉、自尊和自律，使得那些贪污腐败的人难以在社会中立足。国家意识的创建与培育、宗教文化的继承和创新以及领袖人物与知识阶层的率先垂范，是廉政文化建设的重要环节。法制方面，中国有着悠久的法制文明和丰富多彩的法律文化，历史上的中华法系作为东亚文明的典范更是对中国周边国家，尤其是东亚国家产生了深远的影响。在东亚模式下，依法治国不仅具有国家价值，而且能够成为治国方略，同时，还具有超国家价值，可以在超国家和次国家层面实现社会的安定有序、公正和谐，能够成为治世之方略。在一体化的东亚合作中，法制建设也是一项不可或缺的重要内容。

四、新权威主义的协调机制

新权威主义政权的协调机制有多种形式，表现如下：

（一）建立以执政党为核心的政治结构

除新加坡外，大多数新权威主义政权的执政党是以准国家机关的形式出现的，发挥着组织、传达、实施政策的功能，很少在利益表达过程中起到作用。新加坡的人民行动党正是充分发挥其执政党的功能，凭借其强大的组

织体系,把同意结构中的民众、利益集团等纳入本党的体系框架内,设立专门的利益综合机构。

(二)建立合作主义的政治架构

合作主义的政治架构要求政权扶持、建立少数垄断性社团组织并将其纳入国家权威结构中,然后由国家授予这些社团以合法的身份,并提供给它们政治活动空间。实际上,合作主义的政治架构是通过垄断性社团将多元化的利益传达渠道合并为有限的几种,通过这些社团进行自我管制而将集中后的社会利益传达至政治权威中心,并在政策中反映出来。

(三)代议机关行使部分立法权力,成为政治生活中的权力一极

当然,在东亚的新权威主义国家,恢复立法机关的部分权力并使之运作正常化,目的并非是让立法机关摆脱行政的控制而趋于三权分立,而是有限度地扩大国家意志的社会基础。

(四)增加政治参与的渠道,向民主过渡

这一举措包括允许反对党、社团组织的存在,允许利益集团在政治生活中发挥作用,开放舆论。这一举措是政权在面临巨大压力下不得已而为之,目的是实施有限的民主,待条件成熟时再逐步过渡到完全民主。20世纪80年代以来,新加坡的政治变迁就是这方面最好的例子。

五、新权威主义的缺陷

尽管对东亚各国的现代化发展及改革发挥了极大的作用,不可否认,新权威主义还是有许多不足之处。首先,其对政治现代化的分析更多的是着眼于短期的宏观分析。新权威主义强调集权,但它并未指出集权和分权之间的张力该如何处置,也未指出国家应如何通过政策性引导,积极培育市民社会这一现代政治的监督力量。新权威主义者的认识是基于后发型现代化国家的政治发展规律以及对各国在现代化道路上的反思而形成的,是一种

理性的认识,但是同时也否认了"民主派"对民主化的要求。

在"新权威主义"高涨时,其反对的声音也十分强烈。可将反驳与分析归纳为:一是把民主混同于无政府的动乱,把民主权威和集权权威混淆不分,是个严重错误。二是否认了实践民主的重要性。

站在今天的高度,结合东亚各国尤其是中国的改革之路,有必要对新权威主义进行客观的评价。新权威主义的出现的确对东亚国家缓解经济危机、社会动荡、政局不稳带来了一些希望,特别是在一段时间内,在某些国家取得了经济上令人瞩目的"奇迹",一度被其他发展中国家视为政治发展的目标模式。但是,新权威主义政权并不是一种稳态政权,而是在某段历史时期出现的过渡性政权,特别是为了应付经济、社会和政治危机的需要,因而带有过渡政权所具有的性质、特性及其发展逻辑。其中最主要的是:新权威主义政权与社会力量之间代理关系的非规范化往往会导致新权威主义政权的结构存在致命的缺陷。随着社会变迁中社会问题的缓解、经济形势的好转带来的社会资源分配格局的变化和社会阶层的变化,这种缺陷往往会发展为政治危机,因此,各国政府都需要注意这个问题。?

第五节　东亚地区的经济民族主义

全球化是一个渐进的历史过程,也是不可逆转的历史潮流。如何应对全球化的负面影响,是世界上所有国家面临的极为重大的问题。在这种情况下,以发展经济为取向,强调本民族经济权益的经济民族主义在全球发展起来。研究东亚地区的经济民族主义,对于东亚各国经济发展是十分必要的。

一、东亚经济民族主义的概念

(一)经济民族主义的概念

"经济民族主义"(Economic Nationalism)并无确切含义,在理论和实践应用上都很不一致。作为是一种有着广泛影响力的思潮,它反映了国家或政府在面对外来冲击时的复杂心态,也是国家和市场两种不同逻辑发生冲突的表现。"经济民族主义主张的实施,在不同国家,不同政府,甚至同一个国家内,都有很大差异"①。对于它的概念,更是有多种理解。

政治经济学上的经济民族主义,基本上是强调国家干预或经济导向的重要性,在早期被称之为"重商主义",也称"经济国家主义"。当代西方最著名的学者之一,美国的国际政治经济学家罗伯特·吉尔平(Robert Gilpin)在其名著《国际关系政治经济学》(The Political Economy of International Relations)中,对"经济民族主义"的定义为:"用高度概括的话来说,经济民族主义或如最初所称的重商主义是由近代政治家的社会实践发展而来,主张政治是重于经济的第一位因素,经济民族主义是国家建设的最基本信条,它主张市场要服从国家利益,政治因素确定或至少应该决定经济因素"②罗伯特·吉尔平著作中的观点把经济民族主义与经济自由主义、马克思主义对立了起来。

另一种理解是发展中国家在20世经五六十年代倡导的一种经济独立的政治主张,拉美国家最早接受了这一概念。美国经济学博士肖夏娜·B.塔纳(Shohana B. Tanar)在其著作《拉丁美洲的经济民族主义——对经济独立的探索》中认为,"经济民族主义是指一个国家的这样一种愿望:在世界经济体制范围内掌握本国的经济命运,以及本国领土范围内行使主权,决定谁可以开发自然资源,谁可以参与各经济部门的活动"③。被视为国际左派理论健将、美国纽约大学宾汉顿分校教授詹姆斯·佩特拉斯(James Petras)的看法与其相似,他认为:经济民族主义是"某一政治制度对其地理疆界范围内的经济资源的开发,实行国家或私人控制的过程。它是国内资源由本

---

① Shoshana B. Taneer, Economic Nationalism in Latin America——The Quest for Economic Indepedennce, Proeger Publisher, 1976, pp. 27 – 28.

② 罗伯特·吉尔平(Robert Gilpin), The Political Economy of International Relations, Princeton University Press, 1987, pp. 33 – 34.

③ 陈峰君:《论东亚经济民族主义》,《国际政治研究》1996 – 05 – 15。

国经济控制取代外国或多国经济控制的过程"。①

还有人认为经济民族主义特指东亚国家或地区发展经济的指导思想和政治路线。在东亚,日本首相吉田茂就提出并倡导"经济民族主义",韩国前总统朴正熙也提出了"经济爱国主义"。也有学者将东亚早期的民族主义称之为"抑制型民族主义",这种以"民族主义"维系国民意识的政治路线转变为"开发型民族主义"始于 20 世纪 70 年代中期,这种"开发型民族主义"实际上就是东亚经济民族主义。

综合以上学者们的各种见解,从现实来看,除了由主权国家的现实条件决定外,经济民族主义的出现往往还与一国的经济发展水平、国家战略、历史文化传统等有关。东亚经济民族主义就是把发展经济、实现现代化并赶超先进发达国家作为全国全民的核心任务,充分发挥国家和政府在经济建设中的杠杆作用,力图使之与市场经济有机融合为一体。在思想领域中利用东方儒家文化中有利于经济发展的积极因素,激发人民的爱国热情和民族精神。简言之,经济民族主义倡导"经济兴国"②。

东亚地区的经济民族主义是一个综合型概念,它既是一个经济概念,又是一个政治概念,同时还是一个文化概念。它与其他地区的各类民族主义不同,与西方倡导的经济民族主义也有差异。西方的经济民族主义,正如德国著名政治经济学家马克斯·韦伯(Max Weber)所言,是"新教伦理";而东亚地区的经济民族主义则倡导"儒教伦理",并以此为思想基础,影响着东亚经济的发展。

二、东亚经济民族主义的起因

全球化成为当前世界经济发展的一个趋势,在全球化进程中,经济民族主义是全球化的孪生物。并不是只有东亚国家尤其是中国这样的发展中国家才会出现保护民族产业的经济民族主义,这个词也频繁地出现在西方发

---

① James Patras, Latin American from Dependence to Revolution, New York, John WILY & SONS, 1973, p. 197.

② 陈峰君:《当代亚太政治与经济析论》,北京大学出版社 1999 年版,第 267 页。

达国家的媒体上。从美国到欧洲,从拉美到亚洲,以反外国并购、国有化为特征的经济保护主义力量正在不断凝聚,似乎成为反经济全球化的一股逆流。分析东亚地区的经济民族主义,其成因可归纳为以下几点:

(一)东亚地区经济发展水平、国家战略、历史文化传统的影响

相对于世界经济发展水平来说,东亚地区经济发展水平并不在高水平上。民族主义的大旗在国际交往中很容易被经济实力相对薄弱的一方举起,以防止本国贸易条件的恶化和抵御外来的冲击。东亚地区的经济民族主义有着非常深厚的经济条件和传统基础。自从独立以来,各国都受到后发展中国家所普遍存在的各种制约条件的束缚,如物质和资金资本的短缺、人力资本的不足、技术基础的薄弱,以及传统观念和社会政治结构的束缚等。在全球化浪潮的冲击下,经济民族主义的保护是必然选择。

(二)全球化经济体系下经济收益不平衡冲击巨大

不合理的国际经济旧秩序仍然残留,国际分工仍有垂直分工的特征,因此,科技因素在国际分工中的作用大大加强。各发达资本主义国家大力发展制造业和服务业,特别是高技术产业,广大的东亚地区仍然是初级产品的主要产地。这种经济收益的巨大差异,使东亚地区国家经济发展面临极为严峻的挑战,经济安全受到极大威胁。于是,高举经济民族主义大旗,制定符合本国根本利益的经济战略,致力于发展本国民族工业,就成为东亚地区应对残酷经济处境的关键策略。

(三)国际经济竞争日趋激烈,全球掀起新一轮并购浪潮

2008 年上半年全球并购交易共约 1.58 万起,并购金额共约 1.93 万亿美元,创下半年内并购交易额的历史纪录。在新的经济形势下,东亚地区国家关键产业受到冲击,甚至被并购,出现大量诸如知识产权等方面的问题,引发国家的经济忧虑。于是,各国加大了对外资收购本国企业的特定限制,对本国的国际品牌、重点行业和弱势产业实施保护。同时还着力培育优势

产业和新的经济增长点,力争在国际竞争中占据主动。

三、东亚经济民族主义的要义

二战结束初期,东亚的大部分国家(地区)面临着经济基础薄弱、自然资源贫乏、土地面积狭小、人口稠密、遭受战争重创等一系列不利于国家发展的因素,当时的国际舆论普遍认为,东亚地区是"属于世界上利益、意识形态和相互对抗最具有危险性的地区"①。

东亚的国家和地区在这样严峻的形势下,有以下可能的几种选择供政府重建和发展国计民生:

(1)重新沉沦下去,或者依靠外国的援助,使自己的国家和民族永远处于边缘或半边缘的依附地位,正如殖民地时期一样的状况。

(2)先军事后经济,或者重新走上军事民族主义——军国主义的老路,正如日本在二战前提出的那种所谓"强兵富国"的侵略扩张之路。

(3)先政治后经济,或者先统一后发展的"政治民族主义"之路,正如韩国 20 世纪 50 年代所奉行的道路。

(4)先经济后其他,这是一条以经济建设为中心的发展道路,被人们称作"经济立国"或"经济强国"的路线。

在东亚地区走进 21 世纪的今天,回过头来反思地区内各经济体走过的坎坷发展历程,我们会发现以上所提到的前三种选择都行不通,只有第四种选择才是东亚地区经济向前发展的最佳方案。

美国经济学家罗伯特·吉尔平(Robert Gilpin)曾写道:"经济民族主义认为,国家应在经济发展中起重要作用的观点基本上还是正确的。为了发展工业,有时为了保护工业的发展并促进农业的有效发展,需要一个强大的国家政权"②。这种国家政权在经济领域中的作用表现为政府对经济的干

---

① 罗荣渠:《深入探讨东亚现代化进程中的新经验》,《中国社会科学辑刊》1995 年春季号,第172 页。

② 罗伯特·吉尔平(Robert Gilpin),The Political Economy of International Relations,Princeton University Press,1987,p.62.

预,相对于亚当·斯密(Adam Smith)所说的"无形之手"而言,就是所谓的"有形之手"。随着世界经济与贸易的不断发展,现代东亚各国在宏观调控、组织制度、管理形式上使用"有形之手"的频率越来越强,对于那些市场体系发展不良、资金匮乏、技术水平低下的后发展国家,它所发挥的作用被证明也是非常有效的。

迄今为止,竞争性的市场是人类社会与经济发展史上有效的生产与分配的最佳方式。日本带动下的东亚地区新兴工业化经济体(NIEs)腾飞的奇迹及其共同成功的经验表明:政府与市场是一个国家经济主体运转的两个轮子,相互配合,缺一不可。当今世界的经济运行方式,既没有绝对的市场经济,也没有绝对的国家控制,无论哪种政治体制下的国家在管理经济运行时,都要同时使用"无形之手"与"有形之手",只不过有所侧重而已。

东亚地区给世界其他地区的国家展示的是一种将市场的"无形之手"与政府的"有形之手"有机融合在一起的、典型而又成功的经验。

四、东亚地区经济民族主义的利弊分析

(一)东亚地区经济民族主义的积极影响

东亚地区的经济民族主义并不像 19 世纪德国经济学家弗里德里希·李斯特(Friedrich List)的历史生产力理论、英国经济学家约翰·梅纳德·凯恩斯(John Maynard Keynes)的超贸易保护理论那样富有侵略性,在强调相对收益的同时,它并不排斥竞争。东亚地区的经济民族主义为国家建设的大目标(或国家的整体利益)服务,把发展经济、实现国家现代化并赶超先进发达国家作为全民全国的核心任务,即所谓的"经济优先主义"。主要通过国家干预与市场经济结合,充分发挥国家(政府)在经济建设中的作用。而且,东亚地区的经济民族主义充分利用传统文化中积淀的有利因素,激发人们的爱国热情和民族精神。所以,东亚经济民族主义是一种"经济兴国战略"。

东亚地区的后发国家在经济全球化过程中面临着双重困境:一方面,如

果完全不参与全球化进程、闭关自守会丧失同广阔市场相互交往的一切好处,面临被淘汰的命运;另一方面,如果不考虑经济发展水平过于急切地参与这一不公平的进程,则有被消灭的可能。在这一情形下,经济民族主义某种程度上的阻挡,具有保护弱势民族企业的功效,为国家经济结构调整赢得宝贵的时间,从而起到保护国家经济安全的作用。

(二)东亚地区经济民族主义的负面影响

尽管经济民族主义可以使一国在对外开放中保持足够的清醒和警惕,但是它毕竟是一枚硬币的两面。运用国家强制性权力广泛地干预经济事务、限制企业的自由和权利,必然会导致国家权力的膨胀,限制经济增长的基本动力——企业家精神的发展,人们的创造性也会受到抑制。同时,由于市场受到权力的干预,资源也无法达到有效的配置。

经济民族主义的发展过度,必然会影响外资进入的积极性,延缓经济发展的进程。另外,还会影响到本国的对外投资:出于对经济民族主义保护的报复,实行经济民族主义的国家的国内企业前往国外投资也将会受到相应的限制。最后,经济民族主义还会影响到潜在的经济合作和政治互信。不同国家有不同的比较优势,经济合作会带来相应的效益互补,而且,国家之间经济合作既是政治互信增强的结果,反过来也会影响到政治互信。

五、东亚地区经济民族主义的科学发展

既然经济民族主义是一把双刃剑,东亚地区在经济全球化进程中,采用经济民族主义及发展经济,保护本国经济安全,必须是科学的发展经济民族主义,在适度的基础上充分发挥经济民族主义的作用。

(一)东亚经济民族主义坚持经济优先主义

在东亚地区,"经济优先主义"最早是由日本前首相吉田茂(Shigeru Yoshida)提出来的,后来韩国副总统张勉①和总统朴正熙又提出"经济发展主义"或"经济第一主义",其目的都是把经济发展放在国家各项工作的首位。这一主张是东亚国家和地区经济建设的最高原则,也是东亚成功的第一要素。战后的东亚国家和地区经济基础薄弱、自然资源贫乏、人口稠密、遭受战争破坏,东亚国家和地区通过自己的实践,终于走上以经济建设为中心,实行"先经济后其他"的经济发展主义道路,即所谓的"经济立国"或"经济强国"之路②。

纵观东亚各国,始终把发展生产力作为国家最优先考虑的奋斗目标,确立了经济发展第一、生产力发展第一的指导路线。改革开放以来,中国也确立了以经济建设为中心的政治路线,正是因为工作重心的转移,中国在现代化的道路上才会不断进步,才有了今日所取得的成就。新加坡和韩国,也正是因为奉行经济第一主义路线,生产力才得以迅速发展,成为东亚新兴经济体成员。再看日本,自吉田茂政府以来的历届政府都一直奉行其"先富国、后强兵"和"重经济、轻军备"的"经济优先主义"国策,才很快实现了经济崛起的目标。

(二) 东亚经济民族主义坚持国家干预和市场经济的结合

经济民族主义强调国家在经济、社会生活中的重要地位。随着世界经济的发展,不仅现代资本主义国家愈来愈加强了计划和宏观调控,东亚地区尤其是东亚新兴工业化国家,也十分注重"有形之手"的作用。而且,东亚地区的经济民族主义认识到政府与市场是一个国家经济运转的两大车轮,缺一不可,将国家干预和市场经济合理、有机、巧妙地结合起来。

在实现国家干预与市场经济的有机结合方面,东亚各国又各有不同的特点。日本和韩国是典型的"政府主导型的市场经济",日本的特点是"高

---

① 张勉(1899 年 8 月 28 日—1966 年 6 月 4 日),韩国政治家。张勉在 1950—1952 年和 1960—1961 年曾两次任韩国总理;1956—1960 年任韩国最后一任副总统,之后,韩国副总统的职位被废除。

② 陈峰君:《论东亚经济民族主义》,《国际政治研究》1996 年第 2 期。

度组织化和有效的行政介入、官民结合"①；韩国特点是国家力量与市场力量高度融合，政府凭借国家力量制定经济计划，建立发展目标和发展方向，并有效地运用各种资源，从而推动经济走向高速成长"②。新加坡则被认为是"介于国家控制和市场经济之间的典范"，政府对经济生活的干预和介入程度虽然比韩国和中国台湾地区稍逊一筹，但比港英政府要高得多。另外，中国台湾当局则"特别强调当局的经济计划、经济政策和公有企业的应有作用"③。

（三）东亚经济民族主义倡导儒家传统文化

世界各国都存在着追求本民族国家富强与兴盛的愿望，并且这种愿望是推动本民族国家经济发展的强大精神力量。换言之，从文化意识形态的角度来看，这就是经济民族主义的表现，是任何一个东方或西方主权国家都应该具有的基本素质。然而，东亚国家（地区）经济民族主义与其他地区的经济民族主义相比，却具有特殊的内涵。

东亚国家的经济民族主义尊崇儒家文化传统。在儒家文化中，伦理的核心内容是"忠孝仁爱礼义廉耻"，"忠孝"排在首位，它是东方人特有的一种美德，不忠不孝者非仁义之徒。一般来说，日本人更看重"忠"，中国人更看重"孝"，但忠孝不可分，二者基本上是一致的。归根结底，无论是"忠"还是"孝"，核心思想都在强调为了国家和民族的利益，个人可以奉献一切。

儒家文化中的忠孝观在东亚地区各国现代化的进程中，具有巨大的凝聚力和向心力，使社会和集体统一意志、统一思想、统一步调和统一行动，社会成员能够竭尽全力为国家和集体效力，甚至不惜牺牲个人的生命。④ 东亚经济圈内各经济体还共有其他一些相同的民族性格和精神，也就是儒家文化传统中的那些伦理价值和行为准则，诸如长幼尊卑、礼义廉耻、勤奋节

---

① 韩志强：《战后日本市场经济管理体制》，《世界经济与政治》1994 年第 4 期，第 12 页。
② 任晓：《韩国经济发展的政治分析》，上海人民出版社 1995 年版，第 157 页。
③ 魏粤：《台湾迈向市场经济之路》，上海三联书店出版 1993 年版，第 130 页。
④ 陈峰君：《论东亚经济民族主义》，《国际政治研究》1996 - 05 - 15。

俭,中庸和谐、不畏艰难、吃苦耐劳、学而优则仕等等。东亚经济奇迹的发生固然有很多因素促成,但是,上述这些极具东亚特色的民族性格与精神却时时体现在社会价值体系,以及用以维护和实现价值体系的制度之中,这一切都有助于东亚地区的现代化进程。

　　然而,儒家传统文化中的某些观念也阻碍着东亚地区的经济一体化向纵深发展,对宗法等级、个人崇拜、因循守旧、复古盲从等儒家文化中的糟粕应该予以消除和摒弃。此外,东亚经济民族主义并不排斥源于其他地区的文化传统,而是汲取其他类型文化中的精华,整合之后,为东亚所用。总之,"21 世纪不会是东方文明的复归,而将是东方文明与西方文明重新整合的世纪"。①

---

① 罗荣渠:《现代化新论》,北京大学出版社 1993 年版,第 231 页。

第二章 东亚地区文化趋同与多层次贸易体系

第一节 东亚经济崛起的客观因素

最近几十年来,东亚已经成为世界上经济发展最快的地区。20 世纪下半叶以来,东亚区域内自北向南出现了一个又一个的"经济奇迹"。无疑,东亚经济的崛起吸引了全球范围内越来越多的关注。考察东亚经济崛起的过程,探究其崛起的内外因素,无疑会对东亚地区长远而又持续的发展产生深远的影响。

一、东亚经济崛起的表现

自 20 世纪 60 年代以来,东亚的经济一直保持着高速发展的态势,其发展速度高居世界第一。中国内地、日本、韩国、中国台湾、中国香港、新加坡、马来西亚、文莱、泰国和印度尼西亚等国家和地区先后实现了经济腾飞。在全球 15 个经济高速发展的国家和地区中,有 12 个就集中在东亚地区。从上世纪至本世纪,伴随着世界经济的周期性增长,东亚经济的崛起亦表现出明显的周期节奏。从全球经济发展的周期性增长规律来看,东亚经济崛起有两个方面值得关注:

(一)20 世纪东亚多次创造奇迹

首先创造奇迹的是 20 世纪 60 年代的日本,它率先从一个受战争重创的战败国一举跻身世界先进工业国行列。在 1960 - 1970 年的 10 年间,日本的平均经济增长率高达 10.9%,创造了世界纪录,成为仅次于美国的世界第二大经济强国。接着是亚洲"四小龙"的出现,它们在 70 年代创造了第二个奇迹。1970～1980 年间,"四小龙"成为"新兴工业化经济"的楷模。进入 80 年代后,"四小虎"紧追"四小龙"发展外向型经济,创造了东亚的第三个经济奇迹。90 年代,世界的目光又转到了东亚最大的国家——中国身上。中国自改革开放以来,经济持续高涨,大大提高了东亚地区的平均经济增长率,把东亚的经济发展推向新的高潮,使得整个东亚地区在向工业化和现代化迈进的道路上取得长足的发展。

(二)21 世纪东亚继续领跑世界经济

2001 年世界经济经过轻度调整后,2002 年步入新一轮周期的增长中,2003 年增长势头进一步强化,2004 年创下高增长纪录。世界经济的新一轮增长,为出口导向型的东亚经济提供了新的发展机遇。在新一轮的全球经济增长中,东亚大国——中国经济继续保持超高增长,并与美国一道成为全球经济增长的两大支柱。全球第二大经济体的日本经济出现良好势头,2004 年 GDP 增长率比前 10 年间平均增长率提升 1.7 个百分点。与此同时,其他东亚国家和地区继续保持快速增长的态势。综合各方面的表现,可以说东亚经济继续领跑世界经济,再度成为全球经济最具活力、增长最快的地区。

二、东亚经济增长的特点

(一)东亚经济保持持续性高增长,较高的经济效益是持续经济增长的动力。1982～1992 年,东亚地区的国内生产总值翻了一番。从世界经济增长与发展的关系可以看到,一些国家只是暂时的经济增长率较高,但东亚却保持了近 30 年的持续高速增长的记录。从 1965 年到 1990 年,东亚人均国民生产总值每年增长 5.5%,而世界其他地区最快的只有 2.5%。东亚地区的要素生产率增长速度大致相同,并且也大大高于世界平均水平。

自 20 世纪 90 年代以来,随着世界经济增长速度的放慢,东亚地区率先崛起的一些国家和地区的经济增长速度也开始放慢,而一些原来比较落后的国家抓住机遇,奋力赶超,追上和超过了日本和"四小龙"的经济增长速度。例如,泰国、马来西亚、印尼以及中国内地的经济增长率都已超过了日本和"四小龙",东亚地区形成了一个万马奔腾、齐头并进的经济增长势头。

(二)东亚经济的持续增长具有很强的动力。东亚各国在赶超发达国家的过程中,坚持不懈地实行工业化,从以第一产业为主的经济转向以第二产业为主,制造业增长一直保持强劲的势头。东亚地区比较充分地利用了各国和地区处在工业化的不同阶段,工业的产业结构形成不同的层次所带来的机遇,迅速从较低级的产业向较高级的产业发展,逐步实现了全面的工业化。

东亚的工业化主要是出口带动型的,东亚国家和地区先后成为制成品世界市场的主要竞争者,这大大提高了东亚经济的开放程度。而且,东亚地区的基础设施发展得也很快,各个国家和地区都在把巨额资金投入到基础设施建设之中,从而进一步推动了互补性工业化进程,加快了产业结构的转移。目前,发达国家的产业结构调整遇到很大困难,在制造业从劳动密集型向技术密集型转变的过程中,出现了工业退化现象。东亚则充分利用了这一机遇,大力发展起本国工业。

三、东亚经济崛起的客观因素

东亚经济的快速增长,不仅表现为增长速度高,而且还有着不同于世界其他国家和地区的特点,那就是其高速增长是持续的。东亚的持续、高速增长有着自身的主客观因素。其中客观因素主要有如下几个方面:

(一)东亚自身的良好条件

1. 东亚得天独厚的地理位置

东亚处于太平洋西岸,欧亚大陆的东端,有着广袤的大陆腹地和开阔海域。日本与中国的台湾、香港、澳门等都属于东亚地区的海岛国家和地区,中国大陆和韩国等则有着绵延的海岸线,这种开放性的地理位置为发展开放性的经济、贸易创造了良好的条件。可以说,东亚各国独特的地理优势,为本地区的经贸发展做出了重大贡献。

2. 东亚丰富的各类资源

东亚地区人口众多,有着丰富的廉价劳动力。制造业工人的工资只及欧美发达国家工资水平的十几分之一,而且许多国家和地区的劳动力素质都比较高,因而生产成本低,产品竞争力强。东亚地区是世界上最大的市场之一,市场广阔,潜力巨大。对市场巨大潜力的挖掘,必然会带动经济的持续高速发展。东亚不同国家(地区)各有优势,尤其是在矿产资源、自然资源、工农业产品的原材料等方面,各有优势。而且,东亚各国产业结构形成梯形层次,互补性强,由此可以形成内部经济的良性循环,保证东亚经济的稳定发展。

3. 东亚相对稳定的政治环境

政治稳定是经济发展的前提。东亚地区虽然存在诸如中国钓鱼岛、韩国独岛、朝鲜半岛南北对立、日本北方四岛领土归属之争等问题,但都没有对东亚地区大局的稳定构成影响,无论是整个地区还是各国国内,政治上基本处于稳定状态。这便为经济高速持续发展提供了良好的环境。

(二)东方文化的积极影响

亚洲是人类文明的重要发源地之一,这里有着五千多年的文明史,长期处于儒家文化、佛教文化、道家文化和伊斯兰文化等多种文化的影响之下。东方文化,特别是传统的儒家文化博大精深,绵延不绝,在东亚地区延续久远而影响广泛,东亚地区人民的尊儒、崇儒之风盛行。由于东亚各国(地区)的社会文化在历史上就深受儒家文化的影响,直至今日,仍然属于儒家文化主导的经济圈。东亚地区出现的工业资本主义与儒家文化中的传统理念也有着千丝万缕的联系,例如东亚的国家(地区)一直保持着很高的积累率和居民储蓄率,温和极权主义式的企业运行体制,威武不能屈的自力更生的治国之策等等,都深受儒家文化中"大同"理念的影响。

东亚不管是社会主义的中国、还是资本主义的日本、韩国,经济和政治的一体化都不同程度地存在着经济的计划性和国家对经济领域的干预性。这种政治经济的高度融合以及国家对经济的干预和调控,从一方面讲是儒家遗风之留存,可能会引起专制、国家垄断和政治强权、经济不民主,但是另一方面,经济的计划性以及国家对经济生活的强烈参与欲望,使国家更多地把自己的利益同经济的发展、经济水平的提高融合在一起。东亚各国的人民,深受儒家"忠君"、"共荣"思想的影响,对政治经济一体化的反感比西方国家的人民要少,因而东亚国家和地区的经济发展更具平稳性。[①]

尽管东亚文化呈现出多样性,由于儒家文化思想长期而广泛的影响,本质上却明显存在着共同价值观——亚洲价值,即:[②]国家先于社会,社会先于个人;国之本在于家;国家、国家、社会要尊重个人;和谐比冲突更能维持社会秩序;种族和睦与宗教和睦。这些价值观原则实际上都是源于儒家思想的精髓。

中国在过去两千多年的历史发展进程中,一直以儒家文化传统为主。自德川时代起,日本人的价值观念就受到儒家文化的影响,虽然从明治维新以后来自于西方的价值观念强烈地冲击了儒家思想,但是在日本国民中仍有很深的儒家文化历史积淀。早在公元一世纪后期,儒家文化就传入了朝鲜半岛,对大韩民族的社会生活产生了重大影响。虽然19世纪下半叶进入朝鲜半岛的西方价值观念刺激了半岛人民个性的发展,使得后来的韩国传统的儒家价值观及伦理观发生了一些变化,但是,韩国社会的儒家文化色彩依旧较为浓厚。东盟各国的文化虽然呈现出多样性,但是在他们的社会生活中勤劳节俭、重视教育、崇尚权威等儒家文化特征依然很明显。因此,可以把中国、日本、韩国和东盟划归到儒家文化圈的范围之内,这就决定了东亚地区实施一体化的文化可行性。

(三)战后世界经济因素的影响

20世纪70年代后世界经济开始向多极化方向发展,美国逐步丧失了

---

① 马行空:《东亚的崛起与中国的腾飞》,《上海经济研究》1993－02－20。
② 《新加坡政府白皮书》,1991年,Singapore Government Online,http://www.gov.sg/

世界经济的霸主地位,资本主义世界形成美国、西欧、日本三大经济中心,而新兴工业化国家和地区也相继出现。80年代以来,三大区域经济集团加快发展,欧洲共同体发展到欧洲联盟,北美自由贸易区成立,亚太经济合作组织以多样化为前提,多形式、多结构并行,在促进地区经济贸易合作方面发挥着日益重要的作用。世界经济的多样化和多极化,区域经济一体化和新技术的推广,都为东亚经济的发展提供了机遇。而20世纪70年代,西方发达国家的经济低迷,也给东亚经济圈的兴起提供了前所未有的契机。

同时,我们要清醒地认识到东亚各国也存在着国内市场狭小,国际分工地位不利,资本短缺,储蓄不足等弱势。它们一方面要从发达国家进口资本品和引进技术,提高产业水平;另一方面又要将资本品与国内廉价生产要素相结合,向发达国家输出廉价制成品,从而提高收入,完成积累,并满足进一步投资的需要。自20世纪60年代末到90年代初,那时的国际经济与贸易环境刚好满足了东亚各国发展经济的需求。东亚国家与地区鉴于当时客观存在的经济与贸易环境建立起"大进大出"的贸易格局,大力实施出口导向型贸易战略,积极参与国际分工,实现了产业升级和高速增长,从而促进了东亚经济的迅速崛起。

(四)二战后国际政治因素的影响

第二次世界大战以后,世界政治格局不断演变,雅尔塔体制下的两大阵营形成并对峙着,使得两极政治格局成为世界政治的主导。冷战结束后,两极格局终结,世界进入格局转换的新时期。冷战后世界政治多极化在曲折中发展,国际形势总体和平、缓和、稳定,局部战乱、紧张、动荡,各国深入调整国家间关系,经济因素的影响力在不断增长。在这种形势下,经济的发展水平,往往可以决定一国的国际地位。随着国际形势的变化,和平与发展成为当今时代的主题,建立包括政治、经济、文化和安全等内容的公正、合理的国际新秩序成为时代的要求。世界和平是促进发展的前提条件,各国的共同发展是保持世界和平的重要基础。所以,顺应世界政治形势的发展潮流,在相对和平的国际形势下,经济发展成为全球的关键所在。东亚就是在这一政治环境下迅速发展起来的。

（五）美国经济援助的积极作用

二战结束以后，美国作为最大的受益者。它以朝鲜战争、越南战争为"契机"，以经济援助、军事援助等形式向日本、韩国和中国台湾进行生产能力转移，亲美的东亚国家和地区刚刚起步的工业化为美国扩展自己的全球市场提供了机会。进入 20 世纪 60 年代后，国际政治格局发生巨大变化，世界进入大动荡、大改组时期，政治多极化的趋势开始出现，不结盟运动的兴起和第三世界的崛起，使美国充分认识到"要同化独立的主权国家，光搞掠夺是不行的，还需要贷款和投资"。为与苏联争夺战略空间，美国通过对外经济援助来拉拢发展中国家。

到 1968 年 6 月底，美国对外援助总额为 1335 亿美元，其中对发展中国家的援助总额是 775 亿美元，占对外援助总额的 58%，其中约 583 亿美元是经济援助，占发展中国家受援总额的 75%。日本经济在美国援助的支持下很快得到了恢复，并迅速转向了"出口导向"。20 世纪 60 年代末期，日本已经恢复了自己的生产能力并且开始向外输出。由于文化上的亲和性和地缘上的临近，与"能力输出"和进一步的成本降低相适应，这种分包网络从日本国内进一步扩展到了东亚其他国家地区，从而最终导致了东亚梯形分工体制的形成。尽管美国从来没有站在一个平等的立场来看待广大受援助国家和地区，其援助也是为达到扩张自己势力的目的，但客观上确实为东亚经济的崛起创造了条件。

当然，东亚经济的崛起，除了客观因素的影响外，另一个不容忽视的主观因素就是人的因素。受儒家传统思想的影响，东亚各国人民素有勤劳、刻苦、朴实、厚道的优良素质。日本经济的腾飞正是靠那一些被称作"经济机器"的日本人创造的，韩国人被称为"拼命三郎"，中国人更是"干不死的、压不垮的"[①]。除了勤奋的品质，东亚人民还具备一份独有的聪颖和智慧。把

---

① 马行空：《东亚的崛起与中国的腾飞》，《上海经济研究》1993－02－20。

聪明才智和刻苦勤劳的品性一起用于经济领域时,便升发出前所未有的动力。同时,加之东亚经济政策的开放、贸易往来的加强和人民整体素质的提高,东亚经济便如同腾飞的巨龙,经济奇迹的出现亦成为必然。

第二节 东亚经济发展的态势与特点

随着东亚地区经济的快速、持续发展,东亚地区国内生产总值占全球的比率越来越高,东亚地区最终发展成为世界上一个有着极大影响力的庞大经济体。东亚的崛起,使自近代以来西方在世界经济政治生活中一直占据的主导地位受到了挑战。东西方力量结构的变化,使得双方原有的依附性的不平等关系开始转变为相互依存的平等关系,东亚地区对西方世界备受遏制的时代已经成为历史。

尽管东亚各国和地区在自然条件、社会历史、发展基础等多方面都存在着较大的差异,但基本上在发展经济的过程中都先后选择了大致相似或者相同的经济发展道路。东亚经济发展的态势与东亚经济发展的模式是密切相关的。

一、东亚经济的发展模式

20世纪60年代以后,"模式"(Pattern 或 Model)一词被越来越多地用于描述70年代以来亚洲"四小龙"独创的一种崭新的发展途径,它引起了世界的瞩目,被人们称之为"东亚模式"(East Asian Model,EAM)或"追赶模式"(Catching - Up Model)。东亚地区的迅速崛起以及东亚模式的出现,标志着东亚的现代化已经取得了成功。而东亚经济发展取得的成功并不是西化的结果,这已经被世界上的学者们及世界舆论广泛认同。

美国著名学者、未来学家约翰·奈斯比特(John Naisbitt)在《亚洲大趋势》中对亚洲特别是东亚的崛起给予了高度的评价,他写道:"亚洲的现代化绝非等同于'西化',特呈现出的是特有的'亚洲模式'","现在,亚洲踏上了富强发展之路,经济的复苏使东方人有机会重新审视传统文明的价值。

随着技术和科学的引进,亚洲向世界展现了现代化的新型模式,这是一种将东、西方价值观完善结合的模式,一种包容自由、有序、社会关注和个人主义等信念的模式。东方崛起的最大意义是孕育了世界现代化的新模式。亚洲正以'亚洲方式'完成自己的现代化,它要引导西方一起迈入机遇与挑战并存的 21 世纪"。①

东亚的崛起与东亚模式的出现对西方传统的现代化模式和西方中心说造成了猛烈的冲击。总的说来,东亚主要发展中经济体相继形成了至少四种不同类型的经济发展模式。每一种模式中,各经济体的人均 GNP 与经济增长率要素组合、经济结构变动情况、外部平衡状况以及社会经济发展水平差距甚大②。

东亚经济发展的另一个个奇迹就是亚洲"四小龙"的迅速崛起。在这一外向型经济发展模式上,厦门大学南洋研究院教授沈红芳教授提出以下观点:③

(1)高储蓄、高投资和高出口增长之间形成了良性循环,带动经济持续快速增长。根据人均 GNP 状况,世界银行将亚洲"四小龙"列为高收入国家与地区,接近中等发达国家的水平。

(2)产业部门的结构转换具有跨越性的特点。第一产业在 GDP 中的比重快速下降,第二产业中的新兴制造业在 GDP 中的比重陡然上升,产品高度面向出口,第三产业超前性跨越性发展,并向国际化、信息化迅速迈进。

(3)具有较强的外部平衡能力。四小龙中除韩国外,其他三个经济体的对外贸易均为顺差,经常账户长年持续巨额盈余,外汇储备丰裕,无外债负担。

(4)人均预期寿命、婴儿死亡率、医疗卫生与营养、人民大众受教育程度等反映经济发展的社会经济指标普遍得到明显改善,有的达到甚至超过

---

① 约翰·奈斯比特(John Naisbitt):《亚洲大趋势》(中译本),外文出版社、经济日报出版社、上海远东出版社 1996 年版,第 5 页,第 275 页。
② 喻新安、石保上、张富禄、左雯、王新涛:《世界发展多样性中的"中国模式"》,《企业活力》2008 – 12 – 09。
③ 沈红芳:《东亚经济发展模式多样性研究》,《当代亚太》2003 – 05 – 25。

发达国家的水平。

1998 年的亚洲金融危机引发了世界范围内学者们对东亚模式的重新思考,在西方特别是在美国,有相当多的学者认为,金融危机在很大程度上粉碎了"亚洲模式"①。美国的《外交》(Foreign Policy)月刊说得更加明确:"亚洲金融危机证明美国经济模式正确"。当时在中国国内,尽管对东亚模式持支持意见的学者居多,但也存在较大争议。实际上,否定东亚模式无非是想否定东亚奇迹的存在,否认产生东亚奇迹的基本因素的存在。如何客观全面地分析与评价东亚模式,不仅关系到今后对东亚地区经济前景的正确估计,也关系到将来包括中国在内的整个东亚地区的发展道路和发展战略的选择。

1998 年 2 月 2 日世界银行副行长约瑟夫·斯蒂格利茨(Joseph Stiglitz)曾撰文明确指出:"东亚奇迹是事实存在的,东亚奇迹对亚洲经济的改造是历史上最突出的成就之一。"东亚发展模式的共同点,概括来讲,是以儒家文化为基础,政治领导力主导下的所谓开明专制的权威主义,经济政策则是以出口为导向的工业化战略为基础,当然,由于权威主义的影响,民主化发展相对迟缓一些。"东亚奇迹的出现适合东亚模式紧密相连的。东亚在过去三十余年间经济成功的共同点,或者说构成'东亚模式'的那些基本内容,正是促进东亚经济腾飞的基本要素。可以说,在东亚奇迹的出现上,东亚模式功不可没。②"之所以得出这样的结论,是因为其原因在于:"构成东亚模式的基本内容和特点,符合现代市场经济的要求,符合当代世界经济发展一体化的要求,也适合东亚地区的具体国情"③。对一种发展模式的评价不应该只看到当时发生了什么样的危机,任何一种模式都会有一定的时空局限性,不可能完美无缺,都会有可能出现这样或那样的问题和危机,关键

———————————

① 哈里·哈丁(Harry Harding):《亚洲和美国应停止争吵而携手合作》,[美]《国际先驱论坛报》1998 年 10 月 19 日。

② 参见《"东亚金融危机与东亚模式研讨会"发言摘要》,《世界经济与政治》1998 年第 7 期,第 10—26 页;另参见高成兴:《"东亚奇迹"并非"神话",也没有终结——略论"东亚模式"和"东亚奇迹"》,《世纪经济与政治》199 年第 5 期,第 29 页。

③ 陈峰君:《当代亚太政治与经济析论》,北京大学出版社 1999 年版,第 352 页。

是要看这种模式的基本内容是否对社会经济的发展起到了一种基本的推动作用。

二、东亚经济发展模式的特点

二战结束以后,东亚地区只有美国经济的影子充斥在每个角落里,60年代以后日本从一个战败国一跃成为仅次于美国的世界第二经济大国,日本经济的繁荣使亚太地区的经济中心向亚洲大陆倾斜。此后,"四小龙"也只用了三十年时间实现了"经济起飞","四小龙"的崛起、东盟和中国经济的腾飞更使得西方发达国家将战略重心西移。值得注意的是,"东亚奇迹"的确是一部分东亚后进国家(地区)在先进国家已经存在的前提下发展经济的特殊道路造就的。但它并不是最先发展起来的那些国家(地区)在它们那个时代发展经济的特殊道路,也不是东亚这些国家(地区)已经成熟了的、"定型"了的经济模式,它是发展中国家和地区还在向前发展中的模式,具有普遍性。

东亚地区各国(地区)的经济发展都大致经历过以下四个阶段:第一阶段,建立经济发展的领导核心。第二阶段,推行以政府干预为中心内容的出口导向工业化政策及其发展战略。第三阶段,实现以经济发展所产生的中产阶级为基础的民主化。第四阶段,实行以国内市场开放、进行宏观调控、对外投资为主要内容的开放化政策。

通观东亚地区各阶段经济的发展,其特点如下:[1]

(一)政府干预和市场机制相互结合

东亚各国的经济发展,从制定发展战略和中长期发展计划,到实施产业政策,政府一直都在实行强有力的宏观经济管理与干预,充分利用各种经济、法律和行政手段调控经济。东亚各经济体都有一个共同的做法,即按照不同发展时期的战略目标将生产要素优先配置于重点产业和骨干企业,催

---

① 李晓敏:《试析东亚模式的特点与缺陷》,《岭南学刊》1999-03-15。

生主导产业和支柱产业,推动产业组织结构调整和产业升级。

(二)政府与企业紧密合作

政府与企业间的紧密合作,突出表现在政府从提高和增强本国经济的整体竞争力出发,协调利益集团的竞争与合作关系,协调宏观经济与微观经济目标的配合。而且,政府还根据中长期经济发展战略目标,健全优胜劣汰的竞争机制,对优势企业提供财政、金融、技术等多方面的扶持。对联合、兼并、扩张规模、集中资本等企业行为实行倾斜政策,以促使"龙头"企业的不断壮大,使一大批资本实力雄厚、技术先进、产品有竞争力的特大型企业跻身世界500强行列。

(三)高储蓄率和高积累率为经济增长提供了充裕的资金

高利率、高积累、高储蓄率的财政金融政策,为东亚模式中的国家或地区普遍采用。在20世纪60年代到80年代这段时间,东亚国家或地区的储蓄率和积累率都达到最高水平,大部分国家和地区的储蓄总额甚至占到国内生产总值的20-30%。同时,各国对于外资引进都谨慎对待,外债规模一般被控制在与一国的出口创汇能力相匹配的水平线上,以避免背上外债沉重的包袱。即使在引进外资成为经济与社会发展关键的新世纪里,中国等东亚国家依然在经济发展过程中保持了高储蓄和高积累。

(四)经济发展战略以出口导向型为主

大多数东亚地区经济体所实施的经济发展的基本战略都是出口导向型的。出口导向型战略的优点在于:①

一是更能发挥规模经济的优势。它能促使工业生产突破国内市场狭小的局限性,使产品面向国际市场,充分发挥现有的技术手段。二是该战略更倾向于依靠市场机制来引导经济行为,避免直接的行政控制,有利于资源的

---

① 韩琦:《对拉美、东亚经济发展特点的比较》,《山东经济》1999-02-20。

合理配置。三是它迫使企业参与国际市场的竞争,这种高层次的竞争又会带来高水平的效益。四是它鼓励扩大出口而能获得较多的外汇收入,从而为企业扩大再生产提供了可靠的保障。

(五)经济收入分配状况不断改善

在东亚经济模式的指导下,东亚各国和地区实现了经济高速的增长与收入分配的相对公平,也就是说在经济高速增长的情况下,收入分配不公平的状况没有进一步恶化,而是有所改善。收入分配不公会对经济发展产生巨大的反作用,因为贫困人口的增多、失业人数的上升、实际工资的下降,意味着国内消费市场规模的缩小,必然会限制国内生产部门的生产。贫困人口的增多也会影响到劳动力的正常再生产,贫困带来的文盲人口的增加,会对一个国家的长远发展产生消极影响。更为重要的是,收入差别过于悬殊不可避免地会引起社会动荡、政局不稳,从而反过来影响经济的健康发展[1]。由于东亚国家重视在加快经济增长的速度的同时增加人民的收入,不断解决分配不公问题,因而没有出现分配不公制约社会经济发展的问题。

总而言之,东亚经济发展模式有以下三个特点:[2]

(1)政府都对经济实行较强的干预,建立了行政引导与市场调节相结合的市场经济体制;(2)较早地实行了以出口导向为主的外向型经济战略和政策,由于东亚各国(地区)资源和市场的局限性,它们都采取了"两头在外,大进大出"的具体操作方式;(3)东亚地区的经济呈互补性阶梯发展,相互间联系紧密,呈现出所谓的"雁行模式",东亚地区内部的贸易比重较大。

东亚国家(地区)借助政府的力量这只"有形之手",创造出东亚经济发展所必需的外部条件和内部条件,这对于后进国家参与到经济全球化和国际分工体系中,从而提高整个东亚地区国际竞争力起到了战略性的推动作用。东亚地区的各经济体充分利用本地区劳动力生产要素成本低廉的比较优势,大力发展加工制造业,在带动东亚地区市场自身开放的同时,也促进

---

① 韩琦:《对拉美、东亚经济发展特点的比较》,《山东经济》1999 – 02 – 20。
② 邵志勤:《东亚经济的发展与调整》,世界知识出版社 2003 年版,第 84 页。

了全世界范围内国际分工体系的优化配置。经实践检验证明,东亚经济发展模式是一条发展中国家实现国家综合国力提高,能够快速而又有效融入区域经济一体化和全球化的特殊道路。

三、东亚经济发展模式的缺陷

东亚地区经济在过去三十年的发展证明,东亚经济发展的模式是有活力、有效益的,整个东亚创造了人类经济发展史上自产业革命以来最高的平均增长速度。尽管东亚各国和地区依靠各自采用的经济模式实现了经济的迅速起飞,但这并不表明东亚经济模式是完美无缺的。随着经济全球化的深入发展,特别是 1998 年亚洲金融危机的全面爆发,也使得东亚经济发展模式的缺陷暴露无遗,尤其是它自身存在的结构性问题。具体表现为:

(一)政府过度干预经济,市场机制存在失灵现象

在各种各样的东亚模式中,政府干预与市场调节并没有做到绝对完美的结合。在加强政府在经济生活中的主导地位时,并没有与发挥市场机制调节的基础作用有机结合起来。具体表现在在实现经济发展目标的过程中,政府在推动出口、提供信息和扩大投资,调整产业结构,加快技术改造,乃至企业融资等方面都过多地包揽了企业的职责,以致政府对企业的人、财、物都加以干预。过度的政府干预,无疑使得市场机制不能充分发挥其调节作用,导致市场失灵现象产生。

(二)部分国家的政府宏观调控水平不高,能力不强

宏观调控能力低下是东亚模式存在的比较明显的缺陷。国内经济发展的高级化及与世界经济联系的密切性,要求政府能对纷繁复杂的经济现象及时做出果断、准确的决策。但实行东亚模式的部分国家或地区政府由于缺乏市场经济运作和现代管理知识,决策者由于知识水平和经济管理经验不足,尤其是对现代金融的运作机制缺乏全面和科学的认识,经常出现决策失误和管理失控。

（三）政府寻租现象普遍存在，政府效率低下

实行东亚模式的所有国家或地区普遍存在着政府官员的寻租现象。由于政府包揽企业事务，企业的许多权力掌握在政府手中，这就迫使企业去巴结政府和有关职能部门，结果便产生了权力寻租。在政治经济制度透明度极低的情形下，政府官员往往与某些企业搞"暗箱"操作来处理诸如招投标、进口许可证、技术转让等事项，于是，便产生了以"权钱政治"为表现的权力寻租（Rent–Seeking）。寻租现象的存在，影响了市场机制的有效发挥，极大地挫伤了投资人的积极性，也导致社会公平失衡和社会问题。

（四）东亚地区的经济体在发展经济的时候，基本上都实行外向型发展战略

在资源短缺和国内市场狭小的前提下，对生产需求和资源约束同时存在的经济体而言，外向型的经济发展战略不失为一种积极的发展战略。然而，由于以外资为增长动力，以出口为导向，经常会因为对国外资本、技术和市场产生过度依赖，从而忽视国内资本的积累以及国内市场的开发。如此下去，一旦对外贸易中的商品出口遭遇贸易壁垒或外资进入减少，经济增长就会失去动力，经济下挫和衰退就不可避免。东亚地区的经济体在过去几十年间业已养成过度依赖发达国家市场，加之主要出口商品大多国际竞争力较弱，属于劳动力密集型的轻纺工业产品，技术含量低，附加值低，这就造成了经济体的经常性项目下出现大量的贸易逆差和财政赤字。

（五）东亚经济发展模式本质上属于赶超模式

为了赶上并超过西方发达国家，东亚地区不少经济体在国家政策层面上忽视了宏观经济的稳定和协调发展，一味地追求经济增长速度和经济规模的扩张，从而忽视了社会、环境和资源的可持续发展。

东亚经济模式曾经造就了东亚地区的辉煌，过去的挫折同时也是新阶段东亚经济模式的转折点。自亚洲金融危机爆发之后，东亚各国（地区）纷

纷对自身经济发展中存在的结构性问题进行了调整与改＿＿地建立对金融风险的预警和防范机制，加强了东亚各经济体之间＿经济政策协调。与此同时，东亚地区各经济体也加大了建立有效＿间接调控机制的力度，积极鼓励企业加大科技投入，加快发展以信＿为主导的高新技术产业。正如外国评论家所言，"一个新生代、新＿新资本正在改变着东亚的经营方式。"①

20 世纪末，东亚地区引发的全球金融危机＿让人们重新审视"东亚模式"。2009 年由美国金融危机引发的全球性＿危机，同样冲击着东亚地区经济的发展。面对新的经济形势，东亚各＿从本国国情和全球经济形势出发，对各自国家的社会经济发展道路做＿了一系列战略性调整。突出表现在以下几个方面：

（一）对政府角色做出重新审视

政府作为"看得见的手"在东亚经济崛起的过程中发挥了重要的、不可替代的作用。但是，政府专职或者强力政府来如中国政府出现的政府"缺位"、"越位"等现象，对经济发展也产生了很大的负面影响。在金融危机的新形势下，东亚各国和地区重新调整政府与市场的关系，政府一旦培育、完善好市场，就不再继续过分干预企业的生产经营和规模扩展，政府从指间干预部门转为服务部门，加强市场的作用。而且，政府还加强了自身决策的透明度和竞争性，强调依法治国、廉洁自律。

（二）健全金融体系、科学运用金融工具和产品

东亚各国和地区资本市场发育不成熟，经济风险高，金融机构监督的缺位更增加了这类风险，导致效率低下。尽管东亚的储蓄率高，但是资金流动性差使得储蓄难以转为长期投资而需要大量引进外资。在金融危机的影响还没有完全消除的情况下，健全金融体系，科学运用金融工具和金融产品，

① "The End of Tycoons", *The Economist*, April 27, 2000.

正确___济的良贷、货币供应和信用三者之间的关系,在挑战与机遇下寻求经

___是各国和地区面临的共同任务。

(三)增___自主创新能力

创新对于一___产业结构的调整和升级换代有着决定性作用。早期的东亚,劳动力素___技术基础薄弱,所以以引进技术为主。但是当经济发展到一定水平后___增长的动力则主要来自于科技创新。国家的成长必须建立在技术创新___创新的基础之上,创新才是经济发展可靠的动力和坚固的基础。

四、东亚经济发展的新模___

20 世纪东亚地区的发展已经向世界展现了亚洲人民坚强的民族精神和非凡的创造力。东亚地区各经济体之间本来就有着良好的经济合作基础,21 世纪东亚地区在世界政治与经济舞台上的崛起已成为不可逆转的事实。发展中的东亚区域经济合作是平等互利的,也是开放性的,具有很大包容性渐进性,这是它的活力之所在。东亚地区各经济体在经济发展水平等各个方面存在着巨大的差异,正是这种多样性和互补性,更使得东亚地区内的不同经济体迫切需要加强相互间的交流,更加迫切地寻找符合东亚地区特点的合作途径和方法。

东亚地区经济的发展模式也不是固定不变的模式,任何一个行之有效的发展模式和成功经验,随着时间的推移和环境的变化,也会随之发生变化。在新的形势下,东亚地区经济发展的整个架构需要重新调整和评价。东亚经济发展的模式如果能够得到更新和完善,必定能使东亚重新焕发活力与生机。近年来,东亚地区各国正在逐渐达成一个共识,即合作则互利,不合作则互害。这样的一个共识对于推动未来东亚地区的合作与发展,具有十分重要的意义。进入 21 世纪以来,东亚地区各国普遍提出把经济发展推向一个更新的发展阶段的要求,这就为东亚地区全方位合作的发展提供了很好的契机。目前,东亚地区已经有亚太经合组织、亚欧会议、东盟自由

贸易区、东盟与中日韩的合作(10 + 3)、东盟与中国的合作(10 + 1)等经济合作组织与机制,这就为推动东亚的区域性合作进一步向前发展奠定了重要的基础。

2009 年全球性经济危机的发生,使得整个东亚地区的经济再次面临着新形势下的挑战和考验。中国的快速崛起,尤其是中国加入世界贸易组织,对东亚地区固有的经济格局产生了巨大的影响。中国与东盟 10 国之间有着很强的经济互补性,中国对参与东亚区域经济合作始终持积极的态度,中国政府十分重视东亚地区各经济体之间的合作,中国领导人在每次"10 + 3"高级领导人会晤期间,都与其他国家和地区的领导人倡导并推动着东亚地区在经贸、金融、科技、人力资源开发和信息交流等方面的合作进程。此外,中国对推动东亚地区多边贸易投资自由化也持积极的态度,本着由近及远、先易后难、循序渐进的方针,以比以往更加积极的姿态参与东亚区域经济合作,并且在互惠互利的基础上与其他国家(地区)建立更为紧密的经贸关系。

从东亚地区整体发展的态势来看,东南亚国家联盟已经很难再保持20世纪 90 年代前半期那样相对强势的地位。一方面东盟内部的凝聚力比以前有较大的下降,一些成员国在亚洲金融危机之后将主要的精力放在本国社会经济的稳定上,无暇他顾;另一方面,东亚地区经济发展重心向北偏移,中国作为本地区迅速崛起的大国,是不会像美国和俄罗斯那样撤离东亚的,因而东亚地区不会再出现 20 世纪 90 年代前半期的力量"真空"状态。[①]

由东南亚十个国家组成的"大东盟"虽然在国际社会层面大大增强了东盟的政治和经济实力,使其成功地增大了对亚太地区事务的发言权,在政治上逐渐走向成熟。由于各种条件的制约,作为东亚地区唯一的组织较紧密的地区经济集团,东盟也逐渐暴露出它在政治、经济等方面的诸多问题,实在担当不起东亚地区"发言人"的重任。而中日韩与东盟的关系比较密切,在这种背景下,各国政府首脑于 1997 年底相聚在吉隆坡,举行了首次东

---

① 邵志勤:《东亚经济的发展与调整》,世界知识出版社 2003 年版,第 238 页。

盟与中日韩(10 + 3)非正式首脑会晤,共同探讨进一步扩大东亚地区经济合作的可能性。众所周知,中日韩三国的经贸往来以及其他领域的合作在各自经济的发展中均占有极其重要的地位,三国之间的经济互补性很强。日本拥有先进的技术和丰富的资金,但是自然资源匮乏、劳动力成本高;韩国在某些新技术领域占有优势,但是近年来也面临着与日本同样的生产要素问题;中国虽然在自然资源和劳动力成本方面相对于日韩两国较为丰富,但是在资金特别是高新技术方面对国外的依赖程度较深。中日韩三国的这些特点决定了它们在未来东亚区域经济的发展进程中,尤其是在与东盟合作的过程中可以拓展的空间很大。

由此可见,东盟与中日韩(10 + 3)合作的框架具有很大的发展潜力,有利于在东亚地区各国间实现生产要素的有效配置和合理利用。"10 + 3"合作机制符合东亚地区各国利益的要求,它并不是某个国家单独的构想,而是东亚地区经济发展的客观要求,是东亚地区各国共同利益的选择,同时它也是适合东亚区域经济向纵深发展的新模式。

第三节 东亚地区的经济格局

20世纪90年代以来,世界经济格局的基本特点是美国继续保持领先地位,欧盟在国际事务中的作用呈上升趋势,东亚地区各经济体之间的合作加强。随着东亚国际地位的提升,纵观整个东亚经济的发展,崛起的东亚经济格局已经成为值得世界关注的一极,对新的世界经济秩序的形成和维持起到了重要的作用。

一、变动中的东亚经济格局

从20世纪60年代至80年代初期,东亚地区在经济上的振兴让西方世界刮目相看,美国一直认为东亚地区新兴工业化经济体(NIEs)的成功,能够证明美国对发展中国家主张的经济政策是正确的。而当时东亚的这几个新兴工业化经济体则通过与美国的结盟,获得了通向西方世界的市场、技术、教育和金融等诸多领域的通行证。可是,80年代后半期开始,日本经济飞跃式的发展让美国朝野震惊,因为战后的日本几乎是在美国的卵翼下壮大起来的,由于日本产的家电和汽车大批涌入美国市场,美国每年有40%的贸易逆差源于日本。于是,东亚的一些国家和地区由美国扶植的对象转而变成竞争对手,美国政府及其政策的钟摆也开始由积极的一面摆向了消极的另一面。美国学者理查德·N·库铂(Richard N. Cooper)曾于1988年对此发表了自己的观点:"我们倾向于把NIEs视为问题,因为它们生产的产品与美国产品竞争。它们的产品不但在美国出售,而且在世界各地与美国产品竞争,这被视为对美国利润和就业的威胁。"[1]于是,美国于1989年取消了对东亚新兴工业化经济体(NIEs)继续享受美国普遍优惠制待遇的资格,这项政策的实施增加了NIEs出口商品的成本,减少了它们所产的工业制成品浸入发达国家市场的机会。

1995－2004年日本GDP总量

单位:亿美元

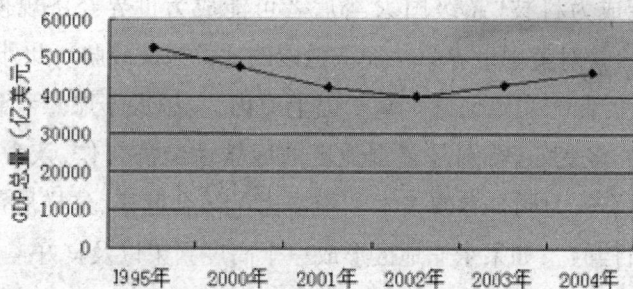

数据来源:http://bbs.southcn.com/thread-151936-1-1.html.

20世纪90年代亚洲金融危机爆发后,东亚地区国家中日本经济地位骤降,韩国经济遭受重创,东南亚国家损失惨重,泰国、印尼、马来西亚、菲律

---

① Richard N. Cooper, "The Challenges of the NIEs", America's New Competitors, Cambridge, Massachusetts:Ballinger Publishing,1988, p. 12.

宾的经济地位狂跌。日本、韩国及亚洲"四小虎"(泰国、印尼、马来西亚、菲律宾)在东亚经济格局中经济实力明显下降,中短期内复原无望,难以成为带动东亚经济恢复增长的力量。① 但是,中国在金融危机中依然保持了经济的持续、稳定、快速增长,国际竞争力稳中有升,国际地位日益提高,中国大陆与中国台湾、中国香港地区的经济已经成为一股重要力量,能积极地参与到变动的东亚经济格局中并发挥着重要的作用。中国经济正在迅速发展,崛起的中国促进了东亚经济格局的变化。

可是,面对中国经济飞速的发展,"中国威胁论"②的论调又开始在美国以及西方世界其他国家的媒体中泛滥。东亚地区作为一个整体的崛起,较之于东亚地区几个国家的发展,在美国看来是一个更加严重的威胁。J. R. 霍尔亨兹(J. Roy Hogheinz)和 K. E. 柯德尔(K. E. Calder)曾撰文指出,美国"当前的威胁主要来自经济领域",尤其是来自亚洲的挑战,"如果我们不正视东亚挑战的锋芒,可能真会有一连串不幸的后果接踵而至"③。20 世纪 90 年代以来,美国认为"东亚的经济发展正在改变着亚洲与西方的均势,具体来讲就是与美国之间的均势"④。在美国看来,日本和中国的"可怕",在于前者可能成为科技"超级国家",后者可能成为世界经济规模最大的国家,从而会直接对美国世界第一经济强国的地位构成威胁。此外,美国还担心在经济上受制于东亚地区。基于以上原因,美国最不愿意看到东亚各国实现双边的、多变的、特别是整个地区的区域性经济合作,认为"如果中国的自然资源和人力同日本的技术和经济力量结合起来,这样所产生的力量将是无法阻挡的";如果东亚地区形成一个高度繁荣以及良好整合的区域经济集团,其规模和动力大大超过北美和欧洲经济体。⑤ 为此,美国在各个时期都不遗余力地反对东亚地区各经济体联合,"美国对一个有凝聚力的亚洲

① 曹小衡:《变动中的东亚经济格局与两岸经济关系前景》,《台湾研究》1999－03－20。
② [美]罗斯·芒罗:《正在觉醒的龙——在亚洲真正的威胁来自中国》,《政策研究》1992 年 9 月 17 日。
③ J. R. 霍尔亨兹、K. E. 柯德尔:《东亚之锋》,江苏人民出版社 1995 年版,第 3、17 页。
④ 塞缪尔·亨廷顿:《文明的冲突与世界的重建》,新华出版社,第 86、104 页。
⑤ J. R. 霍尔亨兹、K. E. 柯德尔:《东亚之锋》,江苏人民出版社 1995 年版,第 9、13 页。

贸易集团没有兴趣,分而治之才是真正重要的"。①

在东亚地区各经济体中,日本经济早就复兴了,"四小龙"经济腾飞了,东盟和中经济的飞速发展也紧随其后,这样一种地区性、群体性经济与贸易快速发展的状态令以美国为首的西方世界深感不安,可以这样说,地区之间的经济与贸易摩擦已经上升到了文化和体制的层面。在 21 世纪里,东亚地区各经济体的发展将会更具潜力,以世界银行 1994 年的相关资料为证,英国《经济学人》(The Economist)杂志发表报告预测,称"到 2020 年,中国的经济规模将超过美国 40%。届时,在世界七大经济体中,东亚地区将占据四位,即中国、日本、印度尼西亚和韩国,而西方国家只占据两位,即美国排第二,德国排第六。韩国和泰国将超过法国,中国台湾将超过俄罗斯、意大利和英国"。② 这一预测尽管高估了东亚地区各经济体的实力,但是仅就经济规模而言,应该具有很大的可能性。

从目前和今后东亚地区经济发展的微观层面上来看,东亚地区的经济格局呈现出以下几个方面的表现:

(一)日本与美国分享世界霸权的趋势和可能性已不复存在

造成这一格局的具体原因如下:③

1. 日本的金融实力迅速下降,曾经在 20 世纪 80 年代后期排名世界前十位的日本银行如今纷纷被挤出前十名,四大证券公司在日本本土经营的投资银行的业务量已被美国的高盛(Goldman Sachs)、摩根斯坦利(Morgan Stanley,NYSE:MS)、美林证券(Merrill Lynch,NYSE:MER)超过。

2. 日本在信息革命大潮中全面落后。日本由于在信息产业发展方面出现战略性失误,信息产业中没有龙头企业和独有技术,在软件和关键硬件方面被美国抛在后面。而且,日本重点发展的半导体芯片、家电等优势产业,发展前景也面临其他国家的竞争。

---

① 莱斯特·瑟罗:《资本主义的未来》,中国社会科学出版社 1998 年版,第 121 页。
② "Survey:The Global Economy",*The Economist*,Oct. 1,1994,p. 4.
③ 曹小衡:《变动中的东亚经济格局与两岸经济关系前景》,《台湾研究》1999 – 03 – 20。

1995—2009 年韩国 GDP 总量

单位:亿美元

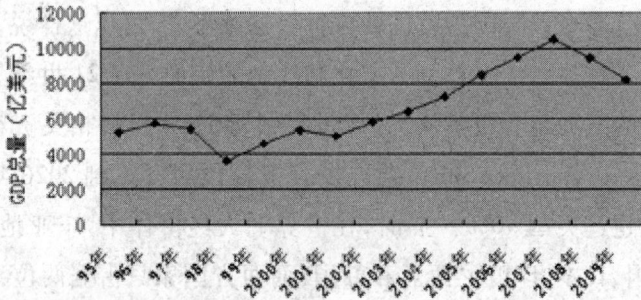

数据来源:http://xxw3441. blog. 163. com/blog/static/
75383624201011272342454/

3.东亚金融危机对日本经济复苏产生了严重的负面影响。东南亚是日本商业贷款、直接投资、对外贸易的重要地区,东南亚的金融危机和经济衰退必然会影响日本经济的复苏。

4.日本一些优势产业受到挑战。近年来,欧美等国的汽车业通过资产重组、结构调整、技术改进,在世界汽车市场上的地位大大提高;加上韩国、中国等国的汽车及钢铁业的竞争,日本的汽车、钢铁等行业受到欧美以及一些发展中国家的挑战。

(二)韩国经济地位在世界各国国际竞争力排名中急速后退

受 1997 年金融危机的影响,韩国的 GDP 已由 1996 年的世界第 11 位降至 1997 年的第 20 位,国民财富大幅度缩水。这主要是由于:

1996—2005 年东南亚五国经济增长率(%)

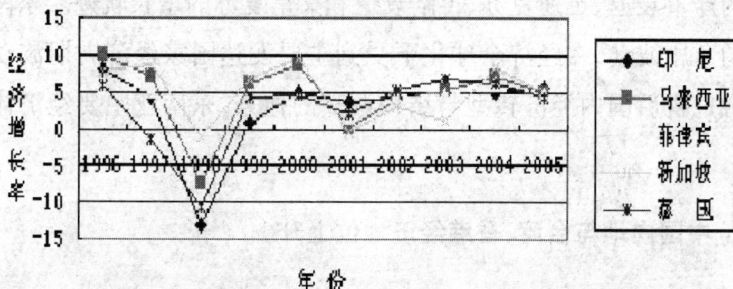

资料来源:根据 ASEAN Secretariat ASEAN Statistical Database 数据编制。

1. 韩国引以为荣的"汉江奇迹"发展模式受到重创。韩国经济发展的主力是大企业集团,大企业集团靠政府主导的银行资金支持,通过投资的急剧扩张抢占海外市场份额以带动经济增长。但这种所谓的"主办银行"制度,弱化了企业预算,增大了银行风险,在金融危机的冲击下,企业无法得到政府和银行的支持,银行反过来又受到企业的连累,陷入恶性循环的境地①。

2. 高科技产业和企业研发活动受到重创。由于世界市场上同类产品的换代和竞争加剧,韩国出口增长的主力产业半导体芯片制造业损失惨重。同时金融危机引发的国际生产能力的全面过剩,对韩国经济的创伤也难以估量。

(三)东南亚国家联盟主要经济体陷入困境

多年来,东南亚国家在基础设施如能源、交通等方面的投资欠缺不足,对房地产的投资则过热,这些在经济繁荣时期投放出去的贷款,一旦遇到股票和房地产大幅贬值,自然就容易形成大量的银行呆账、坏账。东南亚国家经济的泡沫成分的清理尚需时日,金融体系的重建也需要时日。要清理银行坏账,调整银行的资本结构,以便能再次开始贷款从而使经济活跃起来,

---

① 曹小衡:《变动中的东亚经济格局与两岸经济关系前景》,《台湾研究》1999 年 01 期,http://www.cass.net.cn/zhuanti/taiwan_1/zhjia/zhj064.htm。

这恐怕很难在短期内奏效。在短短的几年时间里,东南亚经济经历了金融危机后的严重衰退、迅速复苏、再陷衰退和又呈复苏的增长轨迹。东南亚经济增长的急剧波动,在经济全球化下受到主要发达国家经济周期波动的冲击和金融危机后国内经济转型与结构调整的拖累,东南亚主要经济体深陷困境。

(四)中国内地与台湾、香港经济地位上升

与东南亚、日本、韩国不同,中国的大陆、台湾和香港地区受东南亚经济危机的冲击比较小,总体经济表现良好,在东亚乃至整个世界经济中的地位得到相应的提高。它们的经济能否稳定、发展已经成为衡量东亚经济活力的重要指标。

1. 中国成为东亚经济发展的引擎

从总体实力上来看,中国大陆经济一直以年均 GDP 近 10% 的速度增长,并带动了香港、台湾经济的升级和发展。1989 年至 2001 年中国年均增长 9.3%,领先世界 3.2%;2003 年中国的 GDP 已达 1.4 亿美元,为世界第五。中国这个拥有十几亿人口的巨大市场潜力已经逐渐得到发挥,并给处于经济转型和整合中的亚太经济带来了新的发展机会。中国的经济地位已经仅次于美国,稳居世界第二。随着经济发展和国际地位的上升,中国已成为东亚经济发展的引擎。

2. 中国台湾、香港经济发展表现良好

尽管从金融危机中的表现来看,中国台湾、香港经济受到了一定程度的冲击,但得益于中国大陆的依托与带动,经济发展总体良好,尤其是国际竞争力"稳中有升"。自 1989 年起,世界经济论坛(World Economic Forum,WEF)与瑞士洛桑管理发展学院(Internatioanl Institute for Management Development,IMD)合作,共同研究并发表《全球竞争力报告》。从世界经济论坛 1998 年《全球竞争力报告》(Global Competitiveness Report)上国际竞争力的排名看,香港仍仅次于新加坡稳居第二;而 2005 年的国际竞争力排名则显示,中国台湾国际竞争力跻身前十位。从发展前景看,处于工业化中期的台

湾、香港的经济发展仍有较大的增长空间。

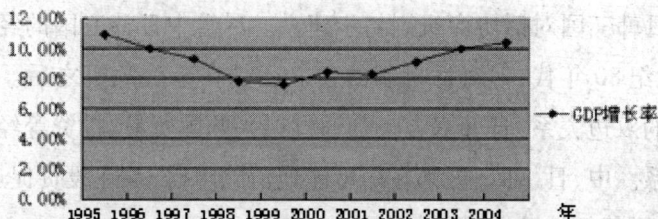

1995—2005 年中国经济增长率(%)

数据来源:http://zhidao.baidu.com/question/41887300.html.

二、经济合作成为东亚地区架构中的大趋势

20 世纪 90 年代末爆发的金融危机使东亚各国痛感缺乏区域合作机制所导致的抵御风险能力差,以及缺乏互动合作机制给各国所带来的巨大损失,也使东亚各国认识到走区域经济合作之路不仅是经济全球化的客观要求,也是应对挑战的必然选择,金融危机在客观上催生了东亚的区域合作机制。随着金融危机后东亚地区经济的复苏,经济的发展必然会带来经济一体化的诉求,在东亚地区形成了一股合作潮流,各个国家间寻求合作、共谋发展的趋势不可阻挡。

(一)东亚经济合作格局的必然性

东亚金融危机后,东亚经济合作越来越成为一种必然。一方面,中国大陆在金融危机后的强势表现,打破了东亚地区经济的固有格局,成为推动东亚经济复苏的一股重要力量。如何发挥好中国的影响作用,这就需要通过建立新的合作机制来实现。另一方面,危机后东亚各国经济发展的现状要求东亚各国和地区加强合作,要求合作的领域和范围不断扩展,合作的形式也要多样性。在新形势下,经济合作就成为一种必然的趋势。

(二)东亚地区经济合作的进展

1. 东盟合作进入一体化建设阶段。到 20 世纪 90 年代,东盟的发展取

得了令人鼓舞的成绩,各成员国之间的磨合也日渐成熟,东盟进入了一体化合作阶段。随着东盟自由贸易区建设的提前,以及东盟投资计划的制定,东盟的发展已进入以自由贸易区建设为主要内容的制度化阶段。

2. 中日韩三国对话协商机制初步建立。尽管中日韩三国的经贸合作起步于20世纪80年代,但对话机制的建立还是在金融危机之后。中韩两国建立起新的双边关系,日韩双方也都通过振兴两国贸易、投资等经济活动巩固双边关系。中、日、韩三国都在尽可能地消除障碍,并在投资促进、税收条约、标准认证等领域开展对话与合作。

3. "10＋1"、"10＋3"的合作机制有突破性进展。"10＋1"是东盟和中日韩任一国家之间的合作,"10＋3"合作则是东盟与中日韩三国间的合作。目前,取得成效最大的还要算是中国与东盟的"10＋1"合作——中国－东盟自由贸易区。

通过区域型合作,东亚地区各国可以在以下几个方面共享经济利益:促进货币合作,防止金融危机;利用共同市场,扩大出口规模;进行产业分工,实现优势互补;促进相互投资,盘活各国经济;进行跨国基础设施建设,缩小地区发展差异等等。这些重要的经济利益,必将推动东亚地区各国日益加强区域合作机制的建立。

东亚的区域性合作是在现有的国家和地区关系架构基础上发展的,它不是替代现有的架构,而是在现有架构的基础上,建立起一个自上而下的纵向联系和各个领域的横向协作的综合体,这是一种求大同存小异的共处合作机制。

三、新世纪以来的东亚经济格局

随着全球经济新一轮的快速增长,东亚经济再度成为全球经济增长最快的地区。进入新世纪以来,东亚经济格局的变化主要体现在这样几个方面:

首先是中国经济继续保持着超高增长,与美国一道成为全球经济增长的两大支柱。2004年中国实际GDP增长率高达9.5%。其次是全球第二大经济体的日本经济出现良好增长势头,世界经济逐渐开始复苏。2004 年日本的实际 GDP 增长了 2.6%。最后是东亚其他国家和地区等经济增长良好,已经走出了 1998 年金融危机的阴影。东亚地区再度成为世界关注的重点,东亚经济再度成为世界经济最具活力、增长最快的地区经济。

尽管东亚经济快速发展,但东亚在经济合作方面还是存在一些缺陷和问题。一是东亚经济合作缺乏必要的整体性。以"10 + 3"机制为例,尽管它是东亚经济合作涵盖区域最大的机制,但中国香港、台湾等重要经济体未能被涵盖进来。二是存在协调性问题,目前东亚合作存在着"南热北冷"的特点,中、日、韩三大经济体与东盟的合作很密切,但中日韩之间的合作力度不够。三是东亚经济合作进展适应性不强,还不能适应当今世界区域经济一体化的潮流,东亚经济合作的进程滞后,合作水平很难适应区域内部贸易投资往来迅速扩展对自由贸易投资体制建设的要求。

经济合作是东亚区域合作及发展的基础,随着东亚区域合作进程的深化,东亚地区的政治安全和文化领域的合作逐渐被提上议事日程。按照理查德·哈斯(Richard N. Hass)的新功能地区主义理论的解释,在经济一体化的推动下,地区主义从经济领域向政治安全领域的外溢是必然的过程①。因此,在现有的"10 + 3"合作机制的基础上,将旨在商讨并推动包括经济、政治、安全、文化等各领域合作在内的事宜囊括在东亚区域合作范围之内是必经的阶段。

目前,以东盟为主导,以"10 + 3"和"10 + 1"为主体,以经济技术合作和贸易投资自由化、便利化为途径,逐步实现区域合作的道路已在东亚地区初步形成,合作的领域从经济、科技延伸到政治、安全领域,并且在不断地深入与扩展。东亚区域合作向纵深的发展,既是地区内各国政府的推动和亚洲认同感等主观意志发挥作用的结果,也是自发地以市场机制为动力的区域化进程的客观结果。

由于亚洲地区各种元素的多元性、复杂性以及与其他地区联系的广泛

---

① 包霞琴主编:《国际关系研究:理论、视角与方法》,文汇出版社 2002 年版,第 126 页。

性,今后亚洲的区域合作不可能只有一两个统一的渠道,而仍将是多领域、多层次、多渠道同时发展①。目前,东亚区域合作的主要内容仍停留在经济领域范围,并且正在从"10 + 3"合作框架下的双边自由贸易协定向东亚自由贸易区方向发展。从长期来看,包括经济、安全、社会文化诸多领域在内的东亚共同体才是东亚区域合作的主要目标。东亚共同体的建设是基于东亚各国的共同利益,功能型合作是合作的重要方式。东亚共同体已被作为一个理念共识,但是,它的内涵具有宽容的架构,它可能主要不是指一种制度安排,而是一种价值理念,表现为"强理念、弱制度",这个理念首先就是寻求"和平共处",这是根据东亚自身的情况找到的合适的方式。②

四、东亚经济合作的重要意义

东亚区域合作的兴起,既是东亚地区经济自身发展的需要,也是东亚地区主体意识发展的必然结果。1997 年底爆发的亚洲金融危机,使东亚地区各国深切感受到没有区域合作机制的缺陷,也认识到了建设区域合作机制的迫切性和必要性,这就成为开展东亚区域合作的契机。

东亚各国多数是发展中国家,经济实力相对弱小,经济的国际竞争力较低,加强内部的合作就显得十分重要。在新格局下各国开展经济合作,一方面可以加强东亚各国的经济联系和相互信赖,提高各国抵御和化解外部经济风险的能力,壮大经济规模,增强国家经济实力,保证国家经济安全和经济稳定发展。另一方面,合作可以使各国意识到要从地区经济稳定发展的全局看问题,意识到合作是基于全局利益而不是基于局部利益,使各国从区域经济发展的高度来看待经济合作。

唯有合作才能整体提升东亚地区的国际影响力。中国和东亚的另一个经济大国——日本要单独成为世界经济格局中的"一极"还稍显力量不足,与美国和欧盟的经济实力相比,还相差一截。在这种情况下,合作才是解决问题的最好办法。东亚各国只有推动东亚经济合作发展,推动构筑东亚经

---

① 翟昆:《释疑中国的地区合作战略》,《东方早报》2007 年 1 月 16 日,第 23 版。
② 张蕴岭:《如何认识东亚区域合作的发展》,《当代亚太》2005 年第 8 期,第 3 页。

济一体化进程,建立一个有序的东亚区域经济组织——东亚经济共同体,才能实现力量的整合,加速世界政治经济格局的演变,真正形成"世界第三极"。

此外,非传统安全的威胁也使东亚地区各国越来越认识到相互合作的重要性,各国关注的重心已经从对金融等领域危机的防范,转移到加强东亚的区域合作、促进共同发展上。现在,东亚区域合作的目标逐渐明确:将对话合作机制推向制度化组织合作机制;增进共同利益,分担共同风险,推动东亚各国之间政治关系的改善和东亚地区经济、社会的发展①。

东亚区域合作的进程是与 1997 年的亚洲金融危机同步开始的。于是,东亚地区各国于 1997 年启动了"10＋3"合作机制,它以东盟 10 个成员国与中日韩三国领导人非正式会晤为核心,同时召开了中日韩三国之间的财政部长(中央银行行长)会议、经济部长会议和外交部长会议,以及可以纳入该框架的官方和民间合作会议。一句话,"10＋3"机制是一个多层次、多渠道、多内容的区域合作运行机制,是东亚地区各国共商合作与发展大计的一个平台。

东亚作为一个地区逐步发展处共生的经济、政治、安全、社会、文化关系,形成了越来越多的共同利益,因此,东亚地区合作有着东亚区域主义的内在基础②。东亚的区域合作从最初的经济合作开始,逐步向着政治对话及文化交流层面推进。区域内各国通过合作,努力建立国与国之间的信任,发展制度性机制,维护着东亚地区的稳定与安全。自 1997 年至今,在东亚地区各国的共同努力下,"10＋3"框架逐渐完善,从非正式到正式,从经济领域到政治、安全、社会与文化等各个领域不断拓展。使得东亚的区域合作拥有了较为具体的运作原则和发展方向,建立东亚共同体的目标已经正式提出,并得到东亚国家的广泛认同与接受,"东亚共同体"已经从一个指引东亚区域一体化进程的创造性构想,进入了实质性的制度创建阶段,形成了良好的发展态势。

---

① 《东亚我们能联合起来吗?》,《人民日报》2004 年 3 月 26 日第 7 版。
② 张蕴岭:《探求东亚的区域主义》,《当代亚太》2004 年第 12 期,第 3 页。

　　建设东亚共同体是一个长期的过程,需要东亚地区各国长期不懈的共同努力才能够实现。世界银行的经济学家们通过对东亚地区的经济结构和贸易投资关系的实证分析,指出了东亚一体化的进程可以设定为"为贸易安排扩大机会、超越国家边界的发展、通过分享广泛利益促进社会稳定"[①]。东亚共同体建设以经济合作为主轴,更多的是在实践层面不断探索的过程,东亚共同体的推动很大程度上是从务实的需要开始,不断增加合作的内容,逐步建立和完善合作框架;各国处于发展经济、防止危机、改善关系、保障安全的目的,通过协商合作,逐步推进地区的制度化机制的发展[②]。东亚区域合作的兴起与推进,既是区域内各国政府的推动和亚洲认同发展等主观意识发挥作用的结果,也是东亚地区经济自发地以市场机制为动力向着区域化进程演进的客观结果。

五、中国应对东亚经济合作的政策

　　中国是东亚地区的大国,东亚地区的发展离不开中国,同时中国的发展壮大也有赖于东亚地区国家加强双边和多边的合作。因此,在东亚经济合作的进程中,中国应采取顺应全球化发展的策略,依托于东盟,积极参与东亚地区的合作,在合作的过程中不断的发展壮大自己。特别在目前中日两个大国无法发挥主导作用的形势下,中国与东盟的合作应该是保证东亚一体化的推动力量和主导力量,从而可以解决主导力量错位的可行路径。

(一)立足和依托东亚,积极的融入东亚区域合作

　　东亚地区各国是中国进行投资与贸易的最大伙伴,中国经济的发展与东亚经济的依存关系不断增强。其中日本是中国最大的贸易伙伴,中国是日本的第二大贸易伙伴,中国对东盟贸易额居中国外贸总额的第三位,中国是韩国重要的对外投资国,在中国实施额西部大开发战略中,优惠的投资政

---

　　① Kathie Krumm & Homi Kharas, ed. , East Asia Integration: A Trade Policy Agenda foe Shared Growth, Washington, D. C. , The World Bank, 2003, p. 2.
　　② 张蕴岭:《关于推进东亚合作的若干战略构想》,参见中国社会科学院官方网站。

策、丰富的资源和西部日益改善的投资环境吸引了大量东盟及日、韩的投资。因此,中国积极的参与东亚经济合作、推动东亚经济合作的进程,对促进我国对外贸易的增长具有重要的意义。中国应自足和依托于东亚,积极的融入东亚区域合作,通过东亚经济圈辐射到全球的经济中去,进而实现我国对外开放的战略目标。当然中国作为东亚的一个大国,有能力也有必要在该进程中扮演更重要的角色,进而发挥更大的作用。

(二)重视发展平等互利的中日关系

中国和日本是东亚地区两个最具有实力的经济体,它们之间合作的成功与否对东亚经济合作的发展起关键性的作用。中日两国在资源方面有很强的互补性,中国拥有价格低廉的劳动力资源,日本拥有丰富的技术资源,对两国来说发展经贸合作都是有益的。中日两国日益紧密的经贸关系,极大的推动了亚洲特别是东亚地区经济的发展。根据东亚经济的实际情况,以日本为雁头、亚洲"四小龙"为雁体、东盟为雁尾的"雁行模式"已经终结,所有经济体在各自利益的驱动下重新组合以达到新的平衡,面对这千载难逢的机遇,中国应该以积极、开放的姿态推动该进程,重点之一就是发展平等互利的中日关系,推动东亚经济合作的进程。同时,日本也应该正确的对待历史,消除左邻右舍的影响,真诚的与东亚国家建立合作伙伴关系。

(三)尊重和支持中小国家发挥先导作用

在考察东亚区域合作历史的过程中,不难发现"小国领导大国"的独特现象。中日两国是东亚地区的经济大国,韩国也是东亚地区的经济强国,但是东亚区域合作最先却是由中小国家组成的地区经济集团——东南亚国家联盟倡导的。一方面东盟也明白自身的经济力量有限,必须与中、日、韩三大经济体一起来推动东亚合作,另一方面东盟又担心在东亚合作进程中被中、日等大国"溶化"掉,使其凝聚力受到威胁,因此在"10+3"进程中东盟一直坚持要以东盟为核心。中国对于东盟的处境表示充分的理解,作为一个经济迅速增长的东亚大国,中国一直坚持尊重和支持东盟在合作进程中发挥主导作用①。实际上坚持东盟的主导地位对整个东亚经济合作也是有利的,一方面,东亚合作起源于东盟,东盟实际上已经占据了合作的主导地位;另一方面,东盟主导东亚合作进程可以避免大国之间的主导权之争,减少交易成本,有利于东亚经济合作的顺利进行。中国尊重和支持东盟的主导地位,愿意与日本和韩国一起发挥积极的推动作用。

(四)兼顾制度合作与非制度合作

东亚经济合作已经逐渐走向了制度化,目前东亚地区合作的制度性机制有"10 + 3"、"10 + 1"及中、日、韩领导人会议等,中国非常重视这些合作机制,并且提出许多可行性建议。同时,东亚地区的各个次区域合作由于范围小,见效快,也取得了较大的进展。

东亚地区的次区域合作大体可以分为以下三大类:有一般意义上的次区域合作,比如,以图们江三角洲的开发计划最为引人瞩目,在联合国开发计划署(UNDP)的资助下,中国、蒙古、韩国、朝鲜将在俄罗斯、朝鲜和中国交接的图们江三角洲地区,计划在一万平方公里的土地上,用20年时间,投资300亿美元,以农业、能源及环境为优先开发项目,兴建一个经济技术合作开发区。在东南亚地区有文莱、印度尼西亚、马来西亚和菲律宾等国组成的东盟东部成长区,另外,还有中国与部分东盟成员国组成的大湄公河次区域合作(GMS)。

东亚地区的次区域合作还包括所谓的"增长三角"。增长三角是指三个或三个以上地理上邻近的国家和地区,为了实现资源的互补和取得比较利益而进行合作的跨国经济区②。目前,中国香港、中国台湾和中国大陆南部组成的华南成长三角,有新加坡、马来西亚的柔佛洲、印度尼西亚的廖内群岛相毗邻的地区组成的新加坡——柔佛——廖内成长三角洲,还有印度尼西亚——马来西亚——泰国成长三角,以及正在兴起的中国台湾——越南——菲律宾经济三角区等。

---

① 陆建人:《论中国的区域合作政策》,《当代亚太》2005 – 10 – 25。
② 陶季侃、姜春明主编:《世界经济概论》,天津人民出版社 1995 年版,第 427 页。

第三种东亚地区的次区域合作类型是名目繁多的经济圈,比如,东北亚经济圈、环日本海经济圈、环太平洋经济圈等,这些次区域合作大部分还是非制度化的,主要是由企业、地方政府和市场力量在推动。

针对这一类的合作机制,中国同样采取积极参与、鼓励和推动的政策,在政策和资金上都予以一定的支持。简言之,中国对东亚区域内各种制度化与非制度化的合作机制都非常重视,坚持制度性合作与非制度性合作并举,多渠道推动东亚地区的经济合作。推动东亚地区的一体化符合中国的长期战略利益,特别是东亚地区的安全机制建设将使中国获得稳定与和平的周边环境,减少自身在和平崛起过程中可能遇到的阻力。另外,中国积极主动地参与到推进东亚一体化进程中,将有利于掌握"游戏规则"的制定和保持话语权优势。中国作为东亚地区的大国肩负着不可推卸的责任,要扮演好自己应有的角色并不是一件简单的事情,无论如何,中国都会在东亚地区合作的进程中履行好应有的义务。

第四节 东亚的家族企业、雇佣关系和社会保障

家族企业是战后东亚本土资本形成和积累的主要组织形式,成为推动东亚经济增长的重要动力源泉。最初,东亚地区的家族企业是以土地为经济基础的血缘共同体,后来才逐渐转变为新型的、以资本和劳动收入为经济基础的血缘共同体。由于缺乏自由结社传统和信用制度,东亚需要传统的家族结构和理念成为现代市场经济发展的组织资源,东亚"发展性国家"也需要家族企业成为其实施经济发展战略的得力助手[①]。通过发展,东亚的家族企业突破了自身的局限,实现了向现代经理制企业的转换。

一、东亚的家族企业

从东北亚到东南亚,许多新兴企业的外形结构虽然已经具备现代企业

---

① 李文:《东亚社会变革》,世界知识出版社1993年版,第59页。

的某些特征,但是这些企业内在结构的本质依旧是以家庭关系和家庭伦理为核心的社会文化。尽管这些新型企业都已经发展成为现代企业,但是在其内在结构上,东亚绝大多数企业还是依靠家族关系或者家族理念进行运营的。

家庭和家族是中国古代工商业的基本组织形式。明清时期,主要是由宗族和亲戚的子弟构成"伙计"制,这在当时已经相当普遍。余英时认为"这一事实恰好说明了明清商人如何一面利用传统文化资源,一面又把旧的宗族关系转化为一种新的商业组合"①。在中国近代企业的创办及其经营过程中,子承父业、兄弟合伙、亲族、乡族相助的现象比比皆是。比如,以兄弟合伙开设的公司就有荣宗敬、荣德生兄弟联手经营的"茂新"、"福新"、"申新"企业系统,简照南、简玉阶兄弟共同创办的南洋兄弟烟草公司,澳洲华侨郭乐、郭泉兄弟一同发起的"环球"百货公司和上海永安公司,孙多森、孙多鑫兄弟创办的上海阜丰机器面粉厂,穆藕初、穆杼斋兄弟合伙创办的德大纱厂,聂云台、聂潞生兄弟合伙经营的恒丰纱厂等等。这些企业的高级职员大都由企业主本家族或亲属担任,一般雇员也大都来自创业者的同乡,例如,荣氏集团总公司及其所属企业的 957 名职员中,属于无锡籍贯的有 617 人,占员工总数的 64.5%,其中,姓荣的职员人数为 117 人,占总数的 12.2%。② 在德川时代(Tokugawa Era,1600－1866)的日本历史上,工商业也大都是以家族为单位进行的,而且商家为了"家名"的延续,创始者经常指定女婿或管家为继承人。

中国改革开放以来,中国大批涌现的民营企业多是以家族为核心进行经营。比如,四川的刘氏(刘永好)家族、北京的"用友"软件(王文京)和深圳的"太太"药业(朱保国家族)等家族企业已经成长为中国声名显赫的大公司,家族控制的财产或股份的总市值都超过 50 亿人民币。在当前的中国,许多乡镇企业、股份制企业甚至国有企业在组织结构或经营管理上都存

---

① 余英时:《士与中国文化》,上海人民出版社 1987 年版,第 568 页。
② 参见《荣家企业史料》,《上海资本主义工商业史料丛刊》,上海人民出版社 1962 年版,第287—289 页。

有不同程度的"家族主义"（Familism）或"泛家族主义"（Extensive Familism）色彩，如在要害部门任用家人和亲属，依据家族内的逻辑实施家长制管理，将企业骨干予以家人化（带有人身依附特征），成员间的关系比照家族内的关系加以人伦化等。

在日本和韩国，家族理念在企业内部相当被重视，虽然雇主和雇员之间没有血缘关系或者亲缘关系，公司却像一个大家庭，雇主是这个家庭的家长，雇员都是这个家庭的成员。"在日本通常被看作重要的和基本的人类情感的血亲关系，似乎已经被工作及团里的人伦关系所取代。"①在东亚国家的很多家族企业中，家族主义被高度升华为一种高度负责和献身的精神：雇主和雇员共同以作为"家"的企业共同体的延续为己任，坚信个体有限的生命只有融入到企业无限的生命中才能获得永生。与这种理念一致，日本的企业经营管理模式，从内容上看包括终身雇佣制、年功序列工资制、论资排辈晋升制、岗位轮换和多技能化、强化经营观念和经营目的、弹性经营、集体决策、集体负责、重视人际关系、采用传阅审批制度、经营者与一般职员或自荐地位差别的最小化、开展小组活动等等②。日本企业家族式的经营对战后日本经济的振兴起到了很重要作用，并在世界范围内产生了较为广泛的影响。③

在东亚的日本、韩国以及其他的国家（地区），家族企业虽然也在不同程度上存在超越血缘和亲缘关系的家庭式的情感因素，但血缘、亲缘关系往往也是企业维系的根本。在企业担任董事长、总经理等要职的大都具有父子、兄弟、配偶等血缘和亲缘关系，家族的其他成员及其亲属也大都容易受到重用。许多企业都演变为家庭企业或家族企业，企业的所有权和主要经营权主要掌握在创业者家族和亲族手中。战后的中国台湾、中国香港以及东南亚华人企业，大都采取家族式的经营方式，经营权和所有权不分离，并

① ［日］中根千枝：《日本社会》，天津人民出版社1982年版，第7页。
② ［日］市村真一：《日本的经济发展与对外经济关系》，北京大学出版社1995年版，第223—224页。
③ 李文：《东亚社会变革》，世界知识出版社1993年版，第61页。

且由家族成员继承企业,重视劳资关系,优待亲族。① 韩国企业就是典型的例子,美国哈佛大学在 20 世纪 80 年代的一项研究中发现,韩国企业的财阀现任主要管理人员中,有 61.4% 是公司的创立者,7.9% 是这些创立者的直系后代,12% 是创立者的亲属,仅有 18.8% 与创立企业的家族毫无关系。②

作为企业形式的一种,家族企业在当今东西方世界广泛存在着。但是,作为一种区域性的主导企业形式,时至今日还没有哪个地区可以与东亚地区的相比。东西方家族企业在其经济组织的核心、文化背景、成员关系和历史作用等各个方面都存在着本质的差异。家族企业能够在东亚地区广泛存在并发展下来,有着其自身深刻的文化背景等方面的原因。

(一)儒家伦理维护下的政治制度与法律制度的影响

儒家学说的核心是由"天地君亲师"等关系形成的一种"伦理教"。在儒家学说中,"各种关系都包括在伦理关系中,形成重情谊的交光网,家庭就是交光的中心焦点"③。忠、孝、仁、义、礼等这些儒学的核心理念,都是协调家庭关系的法则与礼仪,儒家不允许任何以超越家族关系为前提的普遍主义的理论与学说的成立。在东亚地区,家族一直是各种关系和活动的中心,家庭角色是个人永久性扮演的角色。在这样的社会里,人们非君即臣、非夫即妻、非兄即弟,而没有职业的或其他带有独立性的社会角色。

在传统的东亚社会里,儒家伦理以忠孝仁礼信等维护皇权政治制度,政府历来有意识地阻止工商业力量的壮大,以避免威胁到皇权统治。这就导致了个人本位的否定以及人的个性、独立性和创造性被扼杀,个人必须依赖于家庭。商人自古以来就懂得家庭是认同一致和取得帮助的主要源泉,建立防御性的忠诚关系网,依赖于国家不插手的组织——家庭,保持一个能控制的内部结构,在关键的岗位上使用能信赖的人。自古以来养成的习惯,使得东亚地区的商人在二战后相似的法律、政治环境下,再次发展起家族企

---

① 李文:《东亚家族企业的社会功能与发展趋向》,《当代亚太》2002 - 01 - 25。
② 戴约编:《经济起飞的新视角》,中国社会科学出版社 1991 年版,第 79 页。
③ 韦政通:《儒家与现代中国》,上海人民出版社 1990 年版,第 71 页。

业。

(二)华人移民历史的影响

东亚早期的华人移民多是破产的农民、无业游民,这个群体没有受过系统的教育,只能靠出卖体力来谋生。这个群体经过多年的积累后才能够经营起小作坊或者小商店,而在当时商业活动又不被法律保护,加之中国国力衰微、官员腐败无能,移民海外的华侨华人游离于寄居国主流社会之外,受到各种歧视,自然容易形成一个个相对封闭的圈子。考虑到生存和发展,依靠家庭和家族是其必然的选择,也是唯一、理性的选择。现代华人的家族企业,正是建立在对传统文化的继承和对外部生存环境的适应这样两个基础之上。

东亚家族企业就是人们将家族的结构和观念推广并延伸到现代经济领域的结果,它明显具有这样一些特征:

(一)家族掌握企业的所有权与控制权

以家族为基础的所有权结构,是东亚家族企业制度的最根本的特征。通常,家族拥有企业20%股权即形成对企业的控制,而在东亚地区,家族拥有企业的股权比例远远超出了20%的标准,韩国达到了48.4%,中国台湾48.2%,马来西亚67.2%,印尼更是达到71.5%。企业所有权被家族掌握了全部或者部分,正是家族企业制度的特点,这一特点还决定了家族企业内部体制的其他方面。

(二)家族成员掌握企业主要管理权并能世袭

在大部分家族企业中,企业的最高领导权往往实行世袭制,家族成员的经营管理权来自于家族在法律上对企业的所有权。据调查,东亚地区大部分家族企业中高级管理人员一般都来自于控股家族,在印尼、韩国、中国台湾等地区这一比例高达80%或更高。即便是企业从外部聘请职业经理人,重要决策以及人事任免权,仍旧由家族控制。这与现代企业制度中董事会是公司管理层的核心组织的经营管理体制有很大的区别。

(三)家族企业实行权威型决策机制与 A 型信息传递体制

东亚地区家族企业的重大决策一般都是由"家长"——企业的领导者独自做出的,各部门经理的任务,只是负责贯彻执行上层划分下来的任务,只有建议权而没有决定权。在信息传递和利用上,则是信息自下而上纵向由各部门层层汇总到家长手中,家长做出决策后再自上而下层层下达,呈倒 V 字型。同时,由于家族成员担任各部门管理职位,信息也容易在各部门间横向传递。这两纵一横就形成了信息沟通直接、迅速的"A"型传递通道,信息的利用效率大大提高。[①] 这种正规或权威性的结构是这种企业间关系模式的基础,在这种体制下,"这邪恶庞大的工业帝国是独裁者和他的代理人的财产,他们不是经过集体协议,而是通过政府支持的集中命令来进行管理"[②]。韩国就是家族企业联合体(财阀)与权威主义政府荣辱与共的典范。

(四)基于家族主义的经营者激励制度

家族企业是企业家庭生活和企业生产二合一的组织,经营者受到家族利益和亲情的双重激励和约束。因此,家族企业经营者的个人行为有很强的利他主义倾向,与非家族企业经营者相比,家族企业的经营者的道德风险、利己的个人主义倾向发生的可能性较低。为经营者提供有效的激励,可以大大降低代理成本。

(五)实行以亲缘关系为基础的二元雇佣和激励制度

东亚地区国家的许多家庭长期受儒家"三纲五常"等血缘宗法观念的影响,家长的权威至高无上,夫与妻、父与子、兄与弟之间的关系是不平等的,也几乎没有独立和自由可言。这种差异同样也会影响到家族企业内部

---

① 王秋兰:《东亚家族企业制度的"内忧外患"》,《学术交流》2004 - 05 - 25。
② 加里·杰里菲、唐纳德·怀曼编著:《制造奇迹——拉美与东亚工业化的道路》,上海远东出版社 1996 年版,第 107 页。

的人事关系,家族企业在用人方面特别注重亲缘关系。家族式企业在对外招聘企业员工的时候,通常会先从家族、亲属或与他们有血缘、姻缘、业缘、学缘等各种关系的人员中选择。对于员工的考察,以关系与自己是否密切为基础,其次才会考虑忠诚和能力这两个因素。在激励机制上,对自己人以柔性的情感激励为主,对外人则采用硬性的制度激励。

环绕东亚家族企业的制度互补结构,包括企业和金融机构间的关系,企业之间的关系,以及各国企业与政府间的关系。企业和金融机构之间的关系企业的发展离不开资本的供给,与金融机构尤其是银行的关系制约着企业的发展,是企业外部制度中的重要关系。

(一)企业与金融机构之间的关系

由于企业的发展离不开资本,金融机构就成为企业发展的因素,成为企业外部制度的重要关系。东亚地区各国在工业化和市场经济发展初期,社会环境充满不确定性,资本积累和集聚程度有限,信用缺乏成为创建企业组织面临的最大困难。受儒家文化影响,具体的、特殊主义的人际关系长期在东亚占据支配地位,人际关系亲疏分明。在这种情况下,一方面传统的小家族企业由于创业资本基本来自于积蓄和亲友相借,所以很少和银行打交道,对银行的依赖性小。另一方面,东亚许多家族企业涉足银行,或者当其发展到一定程度收购或投资兴建银行时,就发展成为家族关联银行。总的来说,无论东亚家族企业无论与银行关系松散还是紧密,金融机构对其的监督都属于较弱的,甚至被家族控制。①

东亚地区的家族所独有的凝聚力、家族成员之间的高度信赖以及特有的自我牺牲精神,保证了他们在组建家族企业时是一种互惠的合作行为,他们相互之间一般不会失信和相互怀疑,即便家族企业内部发生欺诈行为,也是"肥水不流外人田"。在这种情况发生时,家族企业内部的高层家族成员也愿意团结起来,共同抵御风险,一致对外。

---

① 王秋兰:《东亚家族企业制度的"内忧外患"》,《学术交流》2004 – 05 – 25。

（二）企业与企业的关系

由于东亚家族企业多为华人家族企业，受文化及历史因素的影响，企业与企业之间基于中华文化认同以及关系和利益考虑基础，形成了灵活的合作关系网络。企业与企业的关系往往是建立在企业主的血缘、姻缘、地缘等私人关系所产生的信任的基础之上的，是个人关系的延伸。而且，企业间的交易也不遵循市场价格机制，不需要契约来约束和监督，仅凭私人间基于各种关系上的信任，所以较之市场交易，东亚企业间交易的执行成本和监督成本都很低，并且关系弹性大，企业应变快、适应性强。

（三）企业与政府的关系

企业自身和整个经济的发展绩效受政企关系影响很大，企业与政府的关系在很大程度上取决于政府的类型。东亚地区的许多国家政府属于权威主义政府，政府在发挥自身的作用组织和调动各种社会资源以实现产业化目标时，都十分重视扶持本国有名的家族企业。当然，具有高度凝聚力和组织能力的家族企业，他们的领导者能够比那些经理制企业的领导者更能领会政府的意图。因此，这些家族企业都会想尽办法与政府搞好关系，并善于借助政府的力量依靠超市场机制的途径，甚至是法律法规以外的途径来进行企业的发展与扩张。这种特殊的政企关系也正是部分东亚家族企业快速发展的一个重要原因。

家族企业作为东亚地区的本土企业，它的发展就是东亚现代化和产业化的根本之所在。由于最初东亚家族企业的发展，才使得东亚地区的经济发展条件和环境得到了逐步改善，后来也才有了东亚本土其他类型的企业的发展。

（一）东亚家族企业的历史作用

对于东亚很多国家和地区来说，家族企业是东亚现代化和产业化的命脉和根本。东亚的家族组织，为东亚本土资本的形成和积累做出了不可忽视的贡献,在以家族主义为本位的东亚社会,人们把光宗耀祖,兴家立业,子孙绵延的奋斗与努力引导到现代经济发展领域,成为战后东亚现代化和产业化重要的动力源泉。自我牺牲、自我奉献的精神,带来了东亚经济的腾飞。东亚家族企业的创始人拥有至高无上的地位和几乎是绝对的权力,这在很大程度上成为企业平稳、高速运转的保证。家族企业化公司利益为家族利益,在家族企业温情脉脉的人际关系中,掩盖了受雇佣者个人利益的巨大牺牲。依靠这种经营方式,生产经营效率得以提高,成本得以降低。

(二)东亚家族企业的发展趋向

1. 东亚家族企业的缺陷

由于家族企业所有权高度集中在家族手里,这就大大限制了企业的筹资行为。同时,权威家长的决策缺乏科学、民主的程序,使得失败的风险加大。在经济全球化和互联网络快速发展的今天,多元化文化价值观、创新意识以及冒险精神越来越多的冲击着家族企业。加之东亚家族控股的企业制度与落后的政治制度、司法制度、金融监管制度、企业会计制度等有密切联系,家族企业要更好地完成自身发展以及为整个东亚经济发展做出更大贡献,需要的是众多制度、众多领域的变革和综合治理。

2. 东亚家族企业的发展趋向

虽然东亚家族企业在东亚现代化和产业化进程中曾经甚至正在发挥十分重要的作用,但随着现代化、产业化的进展以及社会经济活动中的分工合作体系在一国和世界范围内的日益扩展,东亚的家族企业需要突破家族封闭的圈子,实现从不规范的管理向现代企业的经营管理的转化。现代市场经济的发展是家族企业转型的最大推动力[1]。在现代市场经济条件下,几乎战无不胜的货币的力量将随着时间的推移,让一切笼罩在家族企业之上的人情因素逐渐褪色,并不断弱化东亚地区企业的宗族纽带。家族企业一方面要充分发挥资本的力量,另一方面要借助发展型国家向民主国家过渡

---

[1] 李文:《东亚家族企业的社会功能与发展趋向》,《当代亚太》2002 – 01 – 25。

的契机,建立和依靠企业正式关系、制度和规则,促使家族企业在资源的配置上遵循市场法则,遵循合理主义法则。

促使东亚地区家族企业走向制度理性化的动力主要来源于外部因素,来源于经济全球化背景下的"对外开放",以及对"国际通用规则"的遵守。为适应国际经济环境的变化,自 20 世纪 80 年代以来,东亚各国和地区已经开始了这方面的变革,广泛出现了在经营方面打破同一家族经营的旧格局,起用有能力的专业经营者的倾向①。比如,韩国和中国台湾地区的大型家族企业一直通过严格的录用考试方法吸纳优秀人才,并开始对年轻有为的专业人员委以重任。东南亚的许多财阀集团也十分注重优秀人才的培养,并大量录用留学欧美和日本的学生。在管理方式上,许多东亚家族企业已经转化为现代经理制企业。

但是,目前东亚各国和地区的绝大多数企业还是建立在家族关系或家族理念基础上的家族企业。由于家族企业仍然占据很重要的地位,这使得东亚地区各国的企业在雇佣关系方面有着自身的一些特点。

二、东亚各地的雇佣关系

受传统文化,特别是儒家文化的影响,东亚的一些国家和地区诸如中国大陆、中国台湾、中国香港、韩国、日本以及东南亚国家,有着强烈的群体合作意识,因此家族企业大量存在和发展。在群体意识的驱动下,雇佣关系中的劳动者往往为国家、集体或企业的利益不惜代价去拼搏奋斗,甚至不惜做出个人利益的牺牲。

(一)日本的雇佣关系

20 世纪 50 年代中期以来,日本在就业方面主要实行终身雇佣制,即工人从参加工作到退休的全部职业生涯中,只受雇于一个企业,在企业内接受教育训练,并伴随着工种的调动、工龄的增加,晋级提薪。退休之前,企业不

---

① 〔日〕井上隆一郎:《亚洲的财阀和企业》,三联书店 1997 年版,第 49 页。

得单方面辞退工人。日本的终身雇佣制只是一种约定俗成的惯例,法律并未就此做出相应的规定,但却为企业所普遍遵守。

在终身雇佣制下,日本员工终身为一家企业工作,自身一切安排无不服从企业需要。由于日本公司呈现出的全体员工亲如一家的氛围,以及那种雇主与雇员之间同舟共济的关系,尽管员工们对工作本身的热爱程度较低,但却对企业忠心耿耿。在工资方面,日本主要实行年功序列工资制,即企业在录用工人时,以被录用工人的学历、年龄、经历等资历条件为依据来确定其基本工资标准。

终身雇佣制对于职工来说,有一些好处。可以保证职业的稳定;通过企业内的教育和训练,职工可以系统地掌握许多新的知识,不断提高自己的技术水平,多方面地增加工作经验。由于中层干部以上的管理人员大多是从工人开始干起并一步一步地提升上来,所以管理人员容易与工人沟通思想,保持良好的合作关系。最重要的是,终身雇佣制在方便企业内部对工人进行调整以适应革新等变化的需要,提高企业对经济结构调整的应变能力的同时,也有利于增强工人对企业的归属感,提高工人对本企业工作的热情,关心企业的利益和发展。对于整个社会来说,终身雇佣制有利于保障就业,降低失业率,稳定劳资关系。

尽管终身雇佣制对日本的经济发展起到了很大作用,但随着时间的推移和条件的变化,终身雇佣制往往难以为继。自 1992 年以来,一方面日本经济增长放慢,企业无法吸纳更多的劳动力;另一方面人工成本居高不下,为谋求竞争优势,日本企业纷纷到海外建厂,于是本土出现了"产业空洞化"(Industrial Hollowing – Out)①,过去支撑终身雇佣的经济条件逐步丧失,很多经济部门已很难保证实施终身雇佣制。

---

① 是指伴随对外直接投资和产业转移的持续进展,越来越多的企业将主要生产和经营基地从国内转移到国外,仅在国内留下一个"空壳",导致国内投资不断萎缩,就业机会大幅减少,失业问题日益严重。

（二）韩国的雇佣关系

家族主义在韩国企业中占支配地位,韩国企业的典型特征是公司像一个家庭,实行准终身雇佣和准年功序列制度,因此在雇佣关系上具有权威主义和温情主义的双重性特征。"非具(具氏家族成员)非许(许氏家族成员),断难升迁",具、许亲族成员占据重要职位的现象同样十分严重①,类似的现象在韩国十分普遍。韩国企业的员工雇佣上还依赖于乡友会、同窗会、校友会等小团体,依赖血缘、地缘、学缘等特殊关系。对于这一点,韩国学者宋丙洛指出,与日本雇员忠于集体不同,韩国的雇员极少具备忠于组织的意识,但"韩国的雇员主要是忠于某个个人,而不论他是业主抑或是董事长"。在韩国,雇员承担义务的程度,取决于该雇员与他觉得不至于辜负他忠诚的那个人之间那种和谐的人际关系持续的时间。②

"爱国精神"、"团队精神"在日本企业中至高无上,雇佣关系中带有变相的"农奴"色彩,员工的个人自由受到限制,个性难以获得完全解放和充分发展,经常要为集体利益牺牲个人利益。日本劳动者长期处于高强度、长时间的劳动状态。与日本相比,韩国雇佣关系中的变相"农奴"色彩更为浓厚。尽管韩国许多大型家族企业一直通过严格的录用考试吸纳优秀人才,并对年轻有为的专业人员委以重任,但韩国工人劳动时间长,工资待遇低,企业和国家联手侵占劳动者的利益,工会的权力受到严重削弱。目前韩国实行每周 44 小时工作制度,劳动时间是世界上最长的,法定工作时间以外还要加班加点。

在受到亚洲金融危机的冲击后,韩国一方面调整劳工制度,建立起允许企业解雇员工的新雇佣制度,打破了长期以来韩国劳动力雇佣制度的刚性,促进了劳动市场的"柔性化",加快了企业雇员的流动。另一方面推行弹性工作制度,从事每周劳动时间不满 36 小时弹性工作的人员比重逐年上升。

---

① 井上隆一郎:《亚洲的财阀和企业》,中译本,生活·读书·新知三联书店 1997 年版,第146—200 页。
② 宋丙洛:《韩国经济的崛起》,中译本,商务印书馆 1994 年版,第 205 页、第 202—206 页。

韩国还改变了以前的年功序列工资制,实行以业绩为基础的工资制度,将工资标准、工资水平同企业的业绩标准结合起来。

(三)东亚其他国家和地区的雇佣关系

虽然许多东亚地区的企业依旧保留着家族企业的外壳,但其本质上同西方发达国家的一些家族企业一样,已经步入了现代经理制企业的行列。东亚国家的大部分企业甚至包括家族企业,在雇佣员工时都十分注重优秀人才的培养,并大量录用留学欧美和日本的学生。东亚家族企业的经营现代化和国际化的过程,将主要在这些企业的第二代和第三代领导者手中完成。这些人多数拥有留学欧美的经历,能熟练地使用英语,也熟悉欧美的合理主义思维方式,他们希冀并有能力让他们的企业避免重蹈以往家族企业"一代创业、二代守成、三代衰亡"的覆辙。

劳动力输出也是东亚国家的一个特色,在海外雇主与国内输出的劳动力之间形成事实上的雇佣关系。劳动力输出最多的是菲律宾,现在国外就业的人口约有500万以上,占总劳动人口的十分之一还多。劳动力输出增长最快的是越南。1991年,越南劳务输出不足1000人,1995年增长到1万人,1999年增长到2万人,2000年增长到3万人,预计2010年将达到100万人,约为2000年的30倍[1]。

企业活动范围的扩大和竞争程度的增强,导致家族企业内部裙带关系的削弱。东亚国家雇佣关系上血缘和亲缘色彩日益淡化,受过职业培训的人员在企业中的比重和重要性逐渐增大,职业成就原则开始推广到公司的最高层。企业在职业而不是财产权的基础上雇佣高质量的专业人员,职业角色和家族角色发生显著分离,职业的地位和期望与亲属的地位和期望之间出现了明显的不一致,经营者趋向于依靠业绩,而不是依靠先赋的因素来获得和维持自身地位,财产所有权和领导威望之间正在出现裂痕。[2]

正如罗荣渠教授所指出的,"由儒家的'齐家治国'意识转化而来的'发

---

① [日]《朝日新闻》2000年12月24日。
② 李文:《东亚家族企业的社会功能与发展趋向》,《当代亚太》2002-01-25。

家富国'意识,同样能推动资本主义的快速发展。"①东亚企业的雇佣关系呈
现出以下几个方面的特点:

(一)劳工具有强烈的自我牺牲精神

东亚企业多以家族企业为主,员工多是家族成员。按照东亚传统文化
的观点,人生的终极目的,既不在于现世的荣耀与富贵,也不在于来世的寄
托,而是在于对下一代的期望。1979 年,日本大商社"日商岩井"卷入采购
洛克希德飞机舞弊案时,一位知道详情的经理自杀了,写在遗书上的理由是
"公司是永恒的,我为永恒献上自己的生命。我在这里工作最多二三十年,
但是公司的生命却无止境,我必须像个男人,来维护自己的生命。"正是这
种自我牺牲精神,带来了战后日本经济的腾飞。受儒家文化影响,东亚人人
生的终极目的在于为子孙后代创业。许多家族企业的经营者善于将公司的
利益与家族成员的利益以及家族以外成员或者员工的家庭利益捆绑在一
起,让他们以公司为家,为了公司而忘我工作,必要时甚至不惜牺牲自己的
利益。劳工靠一种自我牺牲精神,推动企业的发展和国家的发展。

(二)员工雇佣及晋升存在不公平性

在东亚地区,企业,尤其是家族企业雇佣劳工,往往会考虑血缘的、亲缘
的和地缘的因素,而不是像非家族主义的经理制企业那样只是根据能力原
则录用人员。家族企业还经常根据特殊主义(亲情规则)的原则安排职务,
分配报酬,而非家族主义的经理制企业唯才是举,根据专业技能分配报酬。
家族企业的劳动力或多或少地被固定化,自由流动程度低,而在非家族的经
理制企业中,劳动力受市场调节,享有充分流动的自由②。很多东亚国家,
在外来劳工及留学人员的雇佣上存在歧视,对员工的权利保障极少。以日
韩企业为例,日韩的企业文化和经营均以劳动者变相的人身依附、排斥劳动
力的自由流动为前提。

---

① 罗荣渠:《现代化新论续编》,北京大学出版社 1997 年版,第 91 页。
② 李文:《东亚家族企业的社会功能与发展趋向》,《当代亚太》2002 - 01 - 25。

(三)情感与理性同时发挥作用

终身雇佣制下,情感的因素保证了家族企业内部劳资关系和员工之间关系的和谐,在上下同心携手并肩共度危难时尤其能起到激励员工拼搏斗志的作用。但是,尽管公司员工之间亲如一家,雇员和雇主之间同舟共济,许多企业还是依旧制定出严格的规章制度,严格遵守市场游戏规则。因此,东亚的许多家族企业的经营体制实质上又是传统文化与西方管理模式的有机结合,既重视企业领导人家长式的威望和信誉,重视企业内部关系的和谐,又在基本经营方式、公司结构和发展方向等方面采用现代西方企业的管理方式。

(四)雇佣关系具有两面性

东亚雇佣关系下,员工队伍相对稳定,可使家族企业乐于通过培训等方式生产或增加人力资本,尤其是培养适合本企业需要的"特化的"人力资本,从而有利于企业内人际资本的维护和积累。但是劳动力的固定化不利于在全社会范围内提高组织成员的平均素质和人力资本的配置效率,企业不得不分摊增大了的交易成本①。而且,员工在受训和职位分配上的被动性以及职业稳定性使得生存和失业压力的减轻,降低了由个人自己来创造自己的生活、随意享受个人能力的收益的欲望。甚至,对于外来劳动力的限制与歧视,也不利于利用外来资源和吸收优秀人才。可见,东亚雇佣关系下既有益处也有弊端。

(五)宗族纽带开始弱化

伴随经济发展而不断加速的都市化和人口流动进程,加之国家间劳动力的流动迁移,不断调整和发展完善的东亚雇佣关系使企业内部的宗族纽带不断弱化,尽管一些以朋友关系、同学关系等具有后致性的关系为纽带结

---

① 李文:《东亚家族企业的社会功能与发展趋向》,《当代亚太》2002－01－25。

成的新的特殊主义因素在普遍主义的人际关系模式之中存在,但是随着经济全球化的推进、工作机会的增多、工会力量的成长以及劳工法的完善等,也都使得东亚国家、企业在资源的配置上遵循市场法则,遵循合理主义法则,按照市场规则进行经营管理,诸如高薪高职聘请年轻优秀的专业人才取得了管理业绩。宗族主义的色彩在逐渐减弱。①

三、合作环境下的中日韩雇佣关系

尽管东亚各国发展的历程不尽相同,但东亚人力资源管理具有许多区域和文化上的共性。在全球化推进过程中,东亚区域经济一体化的趋势在加强。尤其是中日韩三国合作的加强,经贸关系的日益密切,日、韩企业在中国投资经营的增多,调整三国雇佣模式成为必要。

(一)全球化冲击中日韩雇佣体制

中国是世界上最大的发展中国家,其改革开放以来所取得的经济成就为世界瞩目。日本是世界第二经济强国,日本的人力资源管理模式在世界上拥有巨大的影响力。韩国是在全球拥有广泛影响力的新兴工业化国家。全球化环境下中国企业在吸收西方国家雇佣模式的同时,还需要积极学习日本和韩国在人力资源管理方面的一些成功经验和实践。

同时,日本和韩国同样也会感受到这种全球化所带来的冲击。日本传统的劳工雇佣模式遇到了挑战,外部劳动力市场的挑战使企业面临自己培养的人才遭受流失的问题,从而容易打破终身雇佣制度,进而瓦解整个内部导向的人力资源管理系统②。而且,中国企业之间人才的竞争非常激烈,员工很难在一个单位长期工作雇佣关系市场化甚至出现短期化现象。日本和韩国的企业要更好地适应中国环境,就要打破终身雇佣制和年功序列,转向基于市场和绩效的短期雇佣模式。

---

① 李文:《东亚家族企业的社会功能与发展趋向》,《当代亚太》2002 – 01 – 25。
② 曾湘泉、林新奇:《变革中的东亚人力资源管理》,《国际学术动态》2008 – 08 – 15。

（二）中日韩雇佣体制的完善

东亚文化有史以来关注和谐理念,全球化背景下,东亚文化中的人本、和谐理念也应在东亚雇佣关系中体现。中、日、韩三国在不断加入绩效主义和成果主义导向的同时,也应加强中日韩三国在人力资源管理领域的学术交流、沟通与合作,更加强调软性的人本理念与硬性的制度技术的结合。

一方面,随着日本企业经营环境和劳动力市场的变化,日本越来越多的企业通过提前退休和自愿辞职等措施实施裁员计划,加上在华投资企业客观环境的限制,以终身雇佣制为中心的具日本特色的雇佣和人力资源管理模式开始瓦解。日本应加强退休金、退休基金以及福利制度的完善。另一方面,日韩在华投资跨国企业要改善外派人员的授权权力、语言能力、跨国沟通不足的现象,加强对当地管理人员的晋升和开发,设置合适的培训中心或机构,建立相应的培训和开发系统,使当地管理层的能力得到最大发挥,员工工作效能最大。

亚洲金融危机暴露出东亚社会安全网的脆弱性,加之 90 年代起中国社会保障体系全面改革,制定社会保险和基金式个人账户相结合的养老保险与医疗制度,韩国医疗保险制度统一,"国民基本生活保障法"取代"生活保护法",中国台湾分散性医疗制度统一,以及泰国制定并实施以民间受雇人员为对象的"社会保障法",在农村实行"30 泰铢医疗"制度。东亚国家的社会保障日益引起关注。

四、东亚地区的社会保障

（一）社会保障的定义

社会保障,即社会通过一系列的公共措施对其成员提供的保护,以防止他们由于疾病、妊娠、工伤、失业、残疾、老年及死亡而导致收入中断或大大降低而遭受经济和社会困窘,对社会成员提供的医疗照顾,及对有儿童的家庭提供的补贴。社会保障是由国家或由立法保证的、旨在增加收入安全的制度安排。目前收入保障的核心项目是社会保险、社会救助、雇主责任和社会津贴。

在许多国家和地区,社会保障是政府为促进社会福利所做努力中最核心的部分。一些工业化国家和前社会主义国家,社会保障在国家的公共支出中占最大份额,社会保障在发展中国家公共支出中的比重也在增加。社会保障在各国的发展,与国际组织,特别是与国际劳工局的努力有很大关系。

(二) 东亚地区的社会保障

东亚地区的社会保障在发展过程中,既存在着对欧美社会保障制度的学习借鉴,也包含着独立于欧美之外根据自身发展状况的探索。东亚各国和地区由于自身经济、文化等各方面的差异,其各自的社会保障发展也呈现出不同的特色。

1. 日本的社会保障及社会保障制度

在东亚,日本的社会保障及制度建设起步比较早,迄今为止也是最为完善和全面的。但是,日本的社会保障同样带有鲜明的东亚特色,社会保障的建立和完善的指导性理念一直以经济发展的需要为前提,以救贫、扶贫为基本框架。在这一理念的指导下,日本的社会保障注重强化劳动者个人的自我保护意识,鼓励个人为企业和社会辛勤工作,尽量依靠自身的努力和家庭的协助满足社会保障方面的需要。

日本的社会保障制度经历了以下几个发展阶段:20 世纪 60 年代,日本就初步建立起精神病人福利计划、全国健康与养老保险计划、老年福利计划。1955 - 1975 年间,政府社会福利支出维持在 GDP 的 2% 左右。20 世纪 80、90 年代,日本一方面借鉴欧美社会保障的制度外观,探索多层次社会保障模式,另一方面又注重发展有长期传统的职业福利、家庭福利。到 90 年代中期,日本已形成第一层次的国家养老保险制度,为全体国民提供基本养老金,第二层次的雇员养老金、互助养老保险和全国养老保险基金计划,通过收入关联计划提供补充退休收入①。进入新世纪以来,日本着手进行社会保障制度改革,改革主要从下面几个方面进行,一是从给付和负担两个方面进行经济、财政之间的协调发展,二是在人口结构变动的过程中避免给付和负担在特定的时段不均衡,三是在年金、医疗、护理等各种制度进行相互关联的综合性改革。

2. 韩国的社会保障及社会保障制度

20 世纪 60 年代以前的韩国,没有建立任何形式的社会保障制度。多数人很难享受到来自当局和政府的社会保障,社会福利话虽平淡提高速度低于经济增长速度。同日本的情况一样,家庭在韩国也扮演了重要的社会救助角色。

直到 20 世纪 80 年代,韩国社会保障制度才开始有较快发展,按照不同的职业部门建立起少数社会保障计划。1989 年,韩国建立了覆盖更多劳动者的普遍健康保险计划。到 1999 年 4 月,该计划扩大了保险覆盖面,力争逐步覆盖全体劳动者。相对而言,尽管韩国建立了综合的社会保障计划,但社会保险的覆盖面仍然较窄②。韩国的社会保障主要是社会福利政策与劳动政策相结合,政府重点搞好基本收入、基本医疗、基本教育和基本居住 4 个基本保障,发展社会保障只能将发展经济所需的积累扣除后剩余部分公正地分配给国民,强调劳动力质量,尽量减少失业。韩国主要是凭借家庭保障和社会救助来实现社会政策目标。

3. 中国的社会保障及社会保障制度

与实行计划经济体制及二元经济、社会结构相适应,在新中国成立以后的最初 30 年间,中国的社会保障虽在一定范围内的城市有了发展,但广大农村地区仍然基本没有实行现代保障。中国长期以来是以传统保障为主的国家,家庭保障、邻里互助、亲友相帮是社会保障的主要内容。1978 年起,中国政府一直在不遗余力地加快我国现代社会保障制度的建设与改革的进程。目前来看,城市职工养老、医疗及失业等项目已建立起比较规范的社会

---

① 林义:《东亚社会保障模式初探》,《财经科学》2000 - 01 - 28。
② 林义:《东亚社会保障模式初探》,《财经科学》2000 - 01 - 28。

保险制度,保险费由个人、企业单位分担。新的社会保障制度改变了过去长期存在的个人不缴费现象,大大有利于扩大现代保障的覆盖面。20世纪90年代初以来,中国在农村地区已开始实行社会养老保险制度的试点与推广工作,目前已经取得了很大的成就。

4.中国台湾、香港地区的社会保障及社会保障制度

中国台湾在1958年就开始推行劳动保险计划,对私营企业职工建立起伤残、退休、丧葬保险计划。到80年代,中国台湾的社会保障制度仅有些小的调整。尽管20世纪90年代以来,中国台湾的社会保障和福利计划有了较快的发展,但至今未能建立起统一的社会保障制度,1995年建立的较为统一的医疗保险计划,仅为三分之一的劳动者提供健康保险。

传统家庭保障和社会救助制度在中国香港的社会保障制度中发挥着极为重要的作用,以社会保险为核心的社会保障制度安排在香港则发展得非常有限。直到1973年以后,香港才采用社会保障这一名称,但也主要是指为低收入者提供救助的社会救助和为特定劳动群体提供统一标准的现金补贴的社会保障津贴制度。

5.新加坡的社会保障及社会保障制度

新加坡的社会保障制度建立于上的世纪50年代,既不同于欧美的社会保障模式,也不同于东亚其他国家和地区的社会保障制度。在二战结束后相当长的一段时间,政府和有关当局给国民提供的社会保障水平相当低,主要依靠自身和家族的力量解决医疗、养老和失业等问题。新加坡前福利部部长拉加拉南(Rajaranam)曾说:"我们明确告诉人民,政府不是有钱的大叔,你只能得到你付出的。我们将把福利降低到最低水平,即将其严格限制在残疾人或老人范围内。对其他人,我们仅提供平等机会。"[1]这种指导思想在东亚新型工业化经济体(NIEs)中具有普遍性。

新加坡在独立之后沿袭并发展了英国殖民地时期的中央公积金制度,

---

① Ramgopal Agarwala, "Designing Social Insuranse System foe Asia: Some Lessons of Experience from Euromerica and East Asia", Asia Development Forum East Asi: From Crisis to Opportunity, 5－8 June 2000, Singapore.

但是,它基本上依靠国民个人的力量来积蓄所需资金,用以支付自己的医疗、失业和养老等项开支。新加坡的社会保障主要通过建立中央公积金的强制储蓄计划,为国民提供养老、医疗、住房等方面的社会保障计划,在提供经济保障和促进经济协调发展方面,新加坡的社会保障取得了举世关注的成就。[①]

总的来说,东亚各国(地区)在二战以后很长时期内,国民社会福利水平的提高远远低于它们经济增长的速度,东亚地区社会保障有以下特点:

(一)传统社会救助制度长期发挥着重要的作用

在东亚地区,一方面由于社会结构、家庭制度、观念文化的影响,另一方面,由于东亚各国和地区在工业化之前大多是凭借家庭或家族范围内的互助,政府很少提供社会救助。因此,东亚的社会保障模式与欧美国家的社会保障制度不同,在相当长的时期里,只为孤、老、残、贫困的社会群体提供最基本的经济保障。由于东亚地区具有劳工风潮少、劳动力素质高、工人劳动时间长、劳动力便宜等劳动力优势,加之主要由个人和家庭支付和承担社会保障方面的费用与风险,因而提高了东亚地区劳动力密集型产业在国际市场上的竞争力,有力地推动了东亚地区经济的增长。与此同时,这种劳动力优势也带来了东亚地区各经济体的国内(地区内)市场的萎缩,产生了社会整体抵御风险能力差等经济与社会问题。

目前,东亚地区新型工业化经济体日益显现出来的养老问题和失业问题,就是上个世纪依靠劳动力优势发展经济的后遗症之一。从20世纪80年代末至90年代中期,除韩国以外,东亚地区新型工业化经济体痘先后进入了老龄化社会。尽管在东亚地区以社会保险为核心的制度构建近年来得到了进一步的发展,但社会救助仍然发挥着核心作用。东亚各国和地区社会救助支出占社会保障支出的比例一般长期保留在较高水平,通过社会救助提供基本经济保障成为东亚模式的一个重要政策取向。日本、韩国和中

---

① 林义:《东亚社会保障模式初探》,《财经科学》2000-01-28。

国台湾直到 20 世纪 80 年代后期,社会保险才成为社会保障的核心内容。目前来说,韩国和中国台湾养老保险的保障面仍然十分狭窄,香港长期强调社会救助的作用,新加坡则建立以强制储蓄而非凭借群体中分散风险为基础的社会保险制度作为社会政策的主体。①

(二)家庭保障成为十分重要的社会保障形式

在二战结束后的东亚地区,绝大多数人还处于极度贫困的状态下,将劳动者的社会福利和社会保障压到最低水平,是当时东亚许多国家和地区经济想要快速发展的需要。那段时期政府给企业提供各种机遇以期求得生产发展,提高个人的责任心和倡导自力更生的精神,自然要比首先建立和完善社会保障体系更为重要。于是,社会最小的组成单位——家庭自然就得为国家承担起一部分义务。

东亚地区各国社会保障的形成与发展,一方面受到工业化、现代化进程的影响,部分吸收了欧美的经验;另一方面也东亚地区家庭结构的历史传统密不可分。受传统文化的影响,东亚的社会保障模式有着浓厚的家庭保障的特色。家庭保障仍然是东亚地区社会保障极为重要的组成部分。在老年人的生活安排方面,老年人的劳动收入和子女的资助是其晚年生活的两大收入来源,而保险金的数额则相当少。在东亚各国和地区,老年人同子女共同居住的比例远远高于欧美国家。

(三)东亚社会保障模式的多元化特征

尽管东亚国家都被称为"儒教福利国家",但受发展道路、政治模式等因素的影响,却不存在同质的、统一的东亚社会保障模式,社会保障制度的改革与发展大大有别于欧美现行模式的发展走势,呈现出多元化的发展态势。香港和新加坡的社会政策受移民因素的影响很大;韩国、中国台湾和日本这一东北亚社会保障体制的次级群体之间则存在着较大的相似性。

---

① 林义:《东亚社会保障模式初探》,《财经科学》2000 – 01 – 28。

新加坡公积金社会保障模式虽然为退休者提供了基本的生活保障,但许多40－50岁的中年人至今还没有存够退休以后能赖以生活的钱①。这些未来的老人大都面临生活会陷入贫困的可能性。新加坡老人中60－69岁组男性与女性之比为 97∶100;70－79岁组委 80∶100;80岁以上组为 60∶100,而女性老人陷入贫困状态的比率更高。②

韩国也制订了《国家养老金法》,根据《国家养老金法》的规定,参与社会保险计划满 20年、年届 60岁者可以享受该计划提供的福利。但现实情况是,能够从这个计划中得到退休金的老人所占比率却很小。韩国的许多老人在年轻时需要赡养家庭,可是到他们退休时也没有存下多少积蓄。一旦退休以后,他们就失去了固定的收入来源,陷入贫困之中。

中国台湾地区于 1985年公布并实施了《劳工基准法》,内容虽然包括有关劳工退职准备金的规定:为了雇主能确实保证退职金的支付,雇主必须积存退职准备金。但直至 1987年 8月,履行退职积存的企业仅占企业总数的 6.5%。尽管后来在当局施加的压力之下,情况有所改变,到 1989年底,履行退职金积存的企业也仅占企业总数的 16%。"台湾的劳动力市场是按照极其朴素的形式进行市场自由化的,台湾的劳工保护法几乎是空白的。"③由于退职金的缺乏,使中国台湾地区大多数老人在经济上无法自立,必须依靠家人和社会救济。

1997年香港回归之前,因为政治等方面的原因,港英当局一直没有建立强制性老人退休保障制度。直至 20世纪 80年代中期,除了政府雇员全部享有退休金外,私人机构雇员只有 20万人享有退休金。换言之,80%以上的香港老人没有任何退休金或公积金。另外,半数以上的 40～59岁的中年人也对退休以后的生活缺乏物质上的准备。④

---

① 曹云华:《试析亚洲"四小龙"的老人问题》,《东南亚研究》1999年第 5期,第 67页。

② World Bank Discussion Paper No. 390, "Choices in Fiancing Health Care and Old Age Security", 1997, p. 34.

③ [日]隅谷三喜男:《台湾经济发展的成就与问题》,厦门大学出版社 1996年版,第 202页。

④ 曹云华:《试析亚洲"四小龙"的老人问题》,《东南亚研究》1999年第 5期,第 67页。

（四）东亚社会保障模式的共同性

自 20 世纪 80 年代后期以来，东亚地区的日本和韩国加大了社会保障的改革力度，在构建多层次社会保障制度方面取得了一些成绩，中国的台湾和香港地区也有一些改革举措。东亚社会保障模式的改革举措主要体现为，在运行机制方面吸收了欧美国家社会保障制度的某些成分。

由于东亚多数国家和地区经济的共同高速发展，也由于相似的国家权威主义及儒家文化对东亚社会的影响，东亚地区的社会保障制度呈现出一定的共同性。具体表现在以下四个方面：第一，低水平的公共福利开支，国家充当起促进作用的规制者；第二，以经济增长为中心的生产主义社会政策；第三，对"福利国家"一词的普遍摒弃，存在明显的补救主义取向；第四，对社会公民权的有限承诺，家庭的核心地位依然保存。

到了 20 世纪末期，东亚地区的新兴经济体（NIEs）人均收入已达到世界银行制定的高收入国家和地区的水平——人均 9,656 美元，经济的发展为 NIEs 改变以往"高增长、低福利"的发展模式奠定了基础。此外，由于那时劳动密集型产业已从 NIEs 转移至中国大陆和东南亚地区，扩大内需成为当时 NIEs 经济增长的重要动力，这些原因使得东亚地区的新兴经济体开始重视提高国民的社会福利和社会保障水平。于是，新加坡、日本、韩国、中国台湾和香港地区都实施了许多社会保障制度方面的新政策，从重经济增长到重国民福利，从重工作到重生活，从主要目的在于满足扶贫、济贫、防贫的社会保障制度到满足国民的多样化需求的变革，增加了对社会弱势群体的福利，切实提高了国民的生活质量。

第五节　东亚贸易与投资的地区化

一直以来，东亚内部的贸易、投资合作都是亚太经济发展的重要组成部分。随着经济全球化的深入发展以及中国作为全球重要制造业基地的迅速崛起，尤其是亚洲金融危机后东亚各国和地区意识到只有加强区域经济合作,东亚地区才能增强抵御外部风险的能力,保持经济的持续繁荣。

一、东亚贸易、投资地区化发展现状

21世纪东亚经济继续保持稳定增长,世界银行副行长乔伊·普曼菲(Joey Pumanfei)预见东亚将继续成为世界上最具活力的地区,贸易和投资将保持强劲增长[①]。尤其是伴随亚太地区国际地位的上升,东亚各国对外政策的调整,东亚贸易、投资在经济环境下以一种良好的态势发展。东亚贸易和投资的地区化进程主要是通过建立自由贸易区和投资区、签署双边自由贸易协定等几种方式来推进的。东盟自由贸易区、中国-东盟自由贸易区、日(本)-新(加坡)自由贸易协定以及"10+1"和"10+3"机制都是这一发展进程的重要组成部分和推动力量。

(一)东亚贸易地区化的发展现状

东亚各个国家和地区之间的贸易联系日趋强化,1990-2000年东盟区内贸易年均增长率高达13%。2002年中国同日本、韩国、印度、东盟十个成员国的贸易总额高达2000亿美元,比2001年增长20%。从区内贸易状况来看,东亚14国之间的贸易密度指数平均为5.51,明显高于欧盟,东亚区域内的贸易已经达到了较为成熟的水平。

从1980年到2003年间,东亚区域内贸易占世界贸易的比重由4.8%上升到12.9%,2003年在世界贸易中的份额已经超过北美自由贸易区。尽管东亚各国和地区的贸易结构相似性很大,但是各自发挥其比较优势,比如日韩两国充分发挥资本和技术上的优势,中国发挥其劳动力优势,东盟国家则把焦点更多放在资源和劳动密集的产品上,从而促进了区域内贸易发展。东亚内部的贸易,无论是出口还是进口,其增幅明显大于世界水平,增长速度也远高于美国和欧盟。

---

① "世界银行副行长:各国的易开放及区域贸易一体化主导东亚经济成功",南宁28日马新社讯,http://mandarin. bernama. com/news. php? id=25285。

(二)东亚投资地区化的发展现状

随着东亚经济的崛起和新一轮的快速增长,东亚大多数国家都有大规模的国际直接投资(FDI)流入。中国是东亚区域内吸收 FDI 最多的国家,日本则是区域内流出 FDI 最多的国家。东亚的 FDI 流入中,东亚区域内部 FDI 不仅在规模上上升,在份额上也不断上升,达到半数以上。东盟与中国和日本都有大量的 FDI 来往,在东亚投资中表现很活跃。而且,区域内贸易的发展,带动了东亚各国间的投资,同时,东亚地区区域内的 FDI 增长又对区域内贸易的发展起到了推动作用。

《东盟投资区框架协议》(Framework Agreement on the ASEAN Investment Area)已经启动,主要是通过实施"投资自由化计划"来实现:东盟投资区中有关投资的限制将会逐步取消,其中东盟投资者于 2010 年、区外投资者于 2020 年可以享受到所有投资领域开放的好处。在一系列的自由贸易区、双边协议、"10 + 1"与"10 + 3"机制的共同推动下,东亚地区将形成纵横交错的自由贸易网络,将推动贸易与投资地区化的发展。

二、东亚贸易、投资地区化发展的重要意义

(一)促进东亚各经济体的经济发展

随着东亚各国和地区贸易和投资的良好发展,东亚各国经济联系将日益紧密,相互信赖性将不断提高,经济规模将不断壮大,经济实力将日渐增强,国家经济将稳定发展和经济安全将得到保证。亚洲金融危机后,东亚各国和地区大多进行了不同程度的经济、金融等方面的改革与结构调整,特别是加强了金融风险的监管,增强了各国抵御金融风险的能力。同时,中国入世大幅度降低关税,取消非关税壁垒,更全面地开放国内市场,对内外资本实施更加平等的国民待遇,在资本制度安排上,中国的全面开放为东亚各国提供更加广阔的发展空间,中国同时也在东亚获得了同等发展的条件,为投资便利化提供了直接的条件。贸易创造与投资创造的结合,大大促进了东

亚各个经济体的经济发展。

(二)降低对欧美大国的依赖程度

在雁行模式时代,东亚各国和地区对欧美尤其是美国的出口、投资依靠程度很高。2000年,将美国作为第一出口国的国家有:柬埔寨(46.4%出口到美国)、菲律宾(30%)、日本(29.7%)、缅甸(27%)、韩国(21.8%)、中国(21%)。但随着东亚贸易投资的地区化发展,东亚经济圈内各国与地区的贸易结合度显著上升,而与美国的贸易结合度却普遍下降。得益于贸易投资的地区化发展,降低东亚地区经济发展对欧美等发达国家的依赖程度,减少经济波动和危机对东亚经济的冲击已经不是一个遥不可及的梦。

三、继续推进东亚贸易投资地区化的对策

东亚贸易与投资的地区化发展,为东亚经济体经济发展发挥过重大作用。继续推进东亚贸易、投资的地区化发展,是关系东亚经济持续发展和东亚经济一体化的重要议题。

(一)加快东亚各国经济结构的调整和升级

经济增长的最终推动力是劳动生产率的提高,而劳动生产率的提高关键又在于技术进步。因此,东亚各国应该努力提高产品的技术含量、加紧人力资源开发、提升生产效率、强化经营管理、大力推进产业结构的调整力度。同时,东亚各国应整合区域内经济结构与国际分工,在替代性经济领域展开分工合作,形成有效的地区分工和各自的优势产业,把竞争与合作融为一体,为贸易投资地区化继续创造良好的条件。

(二)加强贸易政策的协调,逐步取消关税和非关税壁垒

东亚各国开展贸易合作和建立自由贸易区,目标是削减和最终取消非关税和关税。2002年1月1日东盟自由贸易区启动后,新加坡、马来西亚、泰国、菲律宾、印尼和文莱等国先行调税,多数制造业产品和农产品关税降

至5% ~0%。中国与东盟建成自由贸易区后,东盟对中国的出口将增加48%,中国对东盟的出口将增加55.1%。各国间加强贸易政策的协调,逐步取消关税和非关税壁垒,将增加贸易量,间接促进投资,从而带动东亚整体经济福利的提升。

(三)加强货币合作,促进贸易投资发展

尽管对于东亚来说建立统一的货币是一项艰巨而长远的任务,但从宏观上来说,在东亚和亚洲建立稳定的货币机制是必要的。2000 年,东亚 13国在亚行年会上签署《清迈协议》,已经表明以双边货币互换方式共享外汇储备、共同抵御金融风险的决心。日本已经与韩国、泰国、菲律宾和马来西亚签署四个货币互换双边协定,中国分别与泰国、日本、马来西亚签署双边协议。继续加强货币上的合作,无疑将大大促进东亚各国家和区域间的贸易和投资,促进东亚经济的发展,增强共同抵御金融风险的能力。

(四)协调国家间经济与政治关系,合作与政治谈判同步

2010 年 1 月 1 日,中国 – 东盟自由贸易区正式启动。这个涵盖 11 个国家、19 亿人口、GDP 达 6 万亿美元的巨大经济体的合作,对于东亚贸易、投资都具有重大意义,是区域经济一体化进程中具有里程碑意义的一件大事。在欧盟一体化进程中,法德和解并成为欧洲两个政治关系良好的大国,对欧盟的经济合作起了巨大的推动作用。东亚各国处理好经济和政治上的关系,尤其是两个经济大国中国和日本处理好双边关系,才能真正起到推动东亚经济发展的发动机作用,更好地促进东亚贸易、投资的良性发展。

第三章 经济全球化与东亚经济圈的区域特征

第一节 东亚经济圈里的经济体

"东亚"首先是一个地理概念,东亚地区地域辽阔,资源丰富,不仅具备经济发展需要的各种资源,而且还是一个潜力巨大的市场。随着东亚地区经济的快速发展,加之不同于西方发达国家的经济发展模式和文化特性,使得"东亚"的概念的外延也在不断扩大。由于东亚经济圈内各个经济体的政治、经济发展水平存在着差异,因此,东亚经济圈又是一个有着巨大差异的经济圈。研究东亚各经济体不仅有助于各国自身经济的发展,还有助于东亚各国和地区间的经济合作。

一、东亚各经济体概述

(一)日本的雁行模式和"回归亚洲"

所谓的雁行模式,是日本提出的一种产业分工体系,它将东亚地区看作是以日本为领头雁的一组雁群,日本主要生产高技术、高附加值产品,紧随其后的是亚洲"四小龙",第三序列是其他国家。日本通过雁行模式,实现了经济大国的目标,"四小龙"创造了经济增长的奇迹,其他国家也实现了经济的高速增长[①]。日本与亚洲"四小龙"和其他国家在经济上的相互依赖

---

① 余昺雕、李秀敏:《东北亚论坛》2000 - 05 - 30。

关系也就此形成。随着日本经济实力的增强以及与欧美贸易战的频繁爆发,"脱欧入亚"、"重返亚洲"成为日本的基本国策,东亚地区日益成为日本越来越重要的海外商品销售市场。

从 1998 年的《全球竞争力报告》排名来看,日本由 1997 年的第 9 名急剧降至 18 名,而 5 年前日本还排在第 2 名。受金融危机影响,日本金融实力迅速下降,信息产业发展战略性失误,在软件和关键硬件方面被美国远远抛在后面,重点发展的半导体芯片、个人电脑、家用电器和音像产品方面的传统优势,也由于受到来自其他国家的竞争而发展前景不乐观,汽车、钢铁优势产业受到挑战。整个日本经济经历金融危机的冲击,经济实力、经济地位直线下降。

随着本世纪以来日本经济的逐步调整,作为全球第二大经济体的日本经济出现良好增长势头,2004 年日本世纪 GDP 增长了 2.6%,比此前 10 年间的平均增长率提升了 1.7 个百分点,经济开始走出萧条局面。随着日本经济恢复和东亚各国经济的再次迅速发展,日本更加关注东亚经济合作的推动。

亚洲地区是日本最大的出口市场,日本财政部官员指出,2004 年 4 月份,日本出口到亚洲市场的总额增加 19.6%;2004 年 4 月份日本与亚洲地区的贸易盈余飙升 62.6%,日本出口亚洲市场总值较去年同期高出近 63%,连续第 10 个月日本取得贸易盈余[①]。2010 年 1 月份日本出口大幅成长,幅度超越市场预期,日本经济增长仍十分依赖对外贸易,尤其亚太地区。[②]

(二)中国的改革开放和"经济引擎"

上世纪 70 年代末开始改革开放,中国大陆同周边国家和地区的经济合

---

① 法新社电:郑英豪:《日本与亚洲地区贸易盈余飙升 62.6%》,《联合早报》2004 年 5 月 27 日,http://www.zaobao.com/stock/pages11/other270504a.html.

② 日本觀光年 2010:http://www.vjy2010.jp,"認識日本旅遊景點、購物熱點,親身體驗日本無窮魅力";中国两岸网,http://news.chinayes.com/Content/20100224/KC7JLMX8QO654.shtml,2010 年 2 月。

作发展十分迅速。近30年来随着科学理论的引导,中国经济逐渐迅速发展起来,国家国际地位提升,综合国力增强。经济的增长,使中国日益成为亚太乃至世界商品与资本的聚集地,1995年两岸三地(大陆、香港、台湾)对外贸易额达8560亿美元,大大超过日本对外贸易总额,"中国因素"在推动东亚区域内贸易扩展中起着日益重要的作用。

改革开放以后,中国已经成为周边国家和地区主要的商品市场和投资场所。1998年与1985年相比,除出口额所占比重因出口市场多元化而降低外,中国大陆从周边国家和地区的进口额和引进的外商直接投资额(FDI)占总额的比重分别上升了6.16和2.69个百分点[1]。中国经济继续保持着超高增长,与美国一道成为全球经济增长的两大支柱。

中国内地与台湾、香港特别是中国内地受1997年底爆发的东亚金融危机影响较小,总体经济表现良好,在东亚乃至整个世界经济中的地位相应得到提高,其经济的稳定、发展与否已成为衡量东亚经济趋势的重要指标。中国内地经济实力以年均GDP近10%的增长速度迅速上升,并带动着香港、台湾经济的升级和发展,意味着这个拥有十几亿人口的巨大的市场潜力逐渐得以发挥,并将给处于经济转型和整合中的亚太经济带来巨大的机会。2004年中国实际增长率高达9.5%,中国逐渐成为东亚经济发展的一大"引擎"。[2]

得益于中国内地的经济支持,金融危机中国台湾、香港的经济虽受到一定的冲击,但总体而言表现良好。尤其是,其国际竞争力"稳中有升"。1998年《全球竞争力报告》排行榜上,香港仍稳居第三,台湾由1997年的第23位跃居第16位,祖国大陆则由第27位升至第24位。根据世界经济论坛(World Economic Forum)的权威发布,香港1998年国际竞争力的排名仍仅次于新加坡稳居第二,而台湾则由1997年的排名第8跃居至第6位,仅次于新加坡、香港、美国、英国、加拿大。[3]

① 余邑雕、李秀敏:《东北亚论坛》2000-05-30。
② 曹小衡:《变动中的东亚经济格局与两岸经济关系前景》,《台湾研究》1999-03-20。
③ 下载于http://finance.sina.com.cn,2006年。

东亚地区的经济发展形势上看,即使日本、韩国及东南亚各国的经济能在一、两年内摆脱金融危机的影响,止跌回升,但由于这些国家的体制、结构、发展模式以及金融危机的后续影响,以上几国的经济在 3 - 5 年之内复原进而恢复高速发展的可能性很小。①

(三)韩国的经济腾飞与随波逐流

受战争影响,战后的李承晚统治时期,韩国经济处于冰冻状态。赴越作战,使朴正熙统治下的韩国得到美国 15 亿美元经济援助;加上日本的 3 亿战争赔款,以及美国和日本的技术支持,韩国现代化的基础得以奠定。韩国经济开始发展起来,继而创造了世界经济史上有名的"汉江奇迹"。

随着作为亚洲"四小龙"的一员,韩国经济的迅速发展一直持续到 1997 年金融危机之前。但是韩国经济抵住了冲击,金大中总统在经济体制上的重大改革,使韩国的经济用了不到两年的时间便得到复苏并开始稳步增长,成为"四小龙"之中最先走出金融危机的国家。截至 2002 年底,韩国的人口国内生长总值超过了 12000 美元,其中工业中心蔚山市达到了 23,000 美元。

在东亚合作一题上,韩国与中、日一起,推动成立了"东亚展望小组"(East Asian Vision Group,简称 EAVG),提出了东亚合作的长期目标——建立"东亚共同体",而东亚共同体的核心构成是:地区政治合作机制(峰会)、地区市场一体化机制(自贸区)和地区货币金融合作机制。中日韩的展望小组从 2003 年开始,尽管进程并不顺利,但构建三个区域机制的努力已经开始。

作为"东亚展望小组"的倡导者之一,韩国在推动东亚合作进程上并不那么积极,而是把注意力放在了与东亚以外的大市场上。韩国先后完成了与美国的自贸协定以及与欧盟的自贸区谈判。而且在完成与东盟的自贸区谈判后,韩国政府的主要努力方向仍然没有放在东亚。加之对日本推动以

① 曹小衡:《变动中的东亚经济格局与两岸经济关系前景》,《台湾研究》1999 - 03 - 20。

东亚峰会为基础的东亚合作机制的不很满意,以及与美国关系的加强,使得韩国看来有些随波逐流。

(四)东盟的扩大和贸易投资自由化

东南亚国家联盟(简称东盟)的前身是由马来亚(现为马来西亚)、菲律宾和泰国于 1961 年 7 月 31 日在曼谷成立的东南亚联盟。1967 年 8 月 7—8 日,印度尼西亚、泰国、新加坡、菲律宾四个国家的外长与马来西亚副总理在曼谷举行会议,发表了《曼谷宣言》(Bangkok Declaration),正式宣告东南亚国家联盟成立。从那时起,截止 2000 年底,东南亚国家联盟形成了共有 10 个成员国,约 5.12 亿人口、450 万平方公里土地的大东盟。

首脑会议是东盟的最高决策机构,由东盟各国轮流担任主席国并负责召集会议。主席国外长担任东盟常务委员会主席,任期一年,负责主持常务委员会的工作。1987 年,东盟首次提出了建立自由贸易区的构想。1992 年 1 月签署了《东盟经济合作框架协定》和《共同有效优惠关税》(CEPT),同年 7 月第 25 届外长会议上明确了东盟将在 15 年内实现贸易自由化的基本目标。受 1993 年关贸总协定(GATT)主持下的乌拉圭回合谈判借宿的影响,东盟三次调整了贸易自由化的时间表。随着东盟自由贸易区(AFTA)的建立,关税的降低,非关税壁垒的削减,东盟经济区内商品、劳务和资本的自由流动,经济的均衡发展,东盟内部经济一体化逐步实施起来。

20 世纪 90 年代以来,东亚发展中国家相互间贸易额的年均增长率为 19.3%。到 1993 年底,亚洲"四小"相互间投资达 60.27 亿美元,占其吸收外国直接投资总量的 8.3%;另外,亚洲"四小龙"对东盟成员国的投资为 355.51 亿美元,占东盟吸收外国直接投资存量的 20%;对中国大陆的投资存量占中国大陆吸收外国直接投资总量的 79%[1]。东盟贸易、投资自由化,东亚地区经济合作突飞猛进。1997 年底爆发的东南亚金融危机对东盟各国的经济发展带来了灾难性的打击,残酷的现实使东盟各国对区域一体化

---

① 余昺雕、李秀敏:《东北亚论坛》2000 - 05 - 30。

进展缓慢和区域组织在危机中表现欠佳等进行了反思,自此,东盟各国在经济宏观发展战略、宏观经济政策的协调、金融体系的建设等方面的观念都发生了变化。

进入新世纪,尽管东南亚的一些国家政局不稳,影响了经济复苏的速度和外资对东南亚的信心,但东盟国家总体上已走出了亚洲金融危机的阴影。为迎接经济全球化的挑战,东盟加快了地区经济一体化的步伐。

(五)澳、新、印顺势与东盟"东盟 +6"机制

东亚自贸区的建设先是从"东盟 +1"开始,2000 年中国－东盟自贸区的提议建立带动了日本、韩国跟进。鉴于发展形势,东盟顺势与澳大利亚、新西兰、印度以及欧盟谈判了一系列"东盟 +1"自贸区协定。东亚自由贸易区启动进程中,日本提议建立以"东盟 +6"(东亚峰会)为基础的自贸区。

"东盟 +6"机制的功能被定位为战略性对话论坛,印度、澳大利亚、新西兰加入"东亚峰会"使东亚合作的版图扩大,也由此东亚出现了两个政治合作框架并存的局面。尽管三国希望"东盟 +6"机制得到实质性发展,但是"东盟 +6"这样一个大的区域推进制度化建设要比"东盟 +3"更困难。况且,印度更希望发展一个"亚洲经济合作"的更大框架使自己发言权更大些;澳大利亚则对提升亚太的合作更为热心。

二、东亚经济体发展面临的障碍

市场科学决策的引导,东亚经济高速发展的大形势,都为东亚各经济体经济发展提供了良好条件。尤其是中国的崛起,更是促进了东亚地区成为当今世界潜力最大的市场和地缘政治、经济的聚焦地区。但是,尽管东亚各经济体经济发展出现好势头,但其自身发展还是存在一定的障碍和问题。

(一)东亚各国对美、欧的依赖

受到历史"惯性"和东亚各国信任缺乏的影响,东亚地区的经济体无法甚至不可能摆脱对美、欧的依赖,特别是东南亚金融危机后,各国对欧、美的

依赖性又有所增强。欧、美地区在东南亚地区的贸易排名大幅上升;泰国由于受金融危机的打击,出口总额下降6%,但对美国却增长7%。马来西亚和韩国的出口对美国的依赖度也有所增加,日本不仅在经济上对美国存在很大依赖性,而且在政治和军事方面亦需要美国的力量帮助遏制中国和俄罗斯在东亚地区的影响。

(二)金融危机中损失巨大

1997年东南亚乃至整个东亚地区爆发金融危机,地区内大多数国家和地区货币贬值,经济实力锐减,经济增长速度明显下降,外资大幅度下跌,损失严重。而且,危机中穷国对富国帮助的过高期望和富国不愿被拖入危机的自保,使东亚一些国家间的关系趋于紧张。加之各国经济损失严重,不得不着力进行补救和调整,无暇他顾,从而导致各国之间关系的弱化。这些都大大影响了东亚国家应对危机以及从危机中恢复的强度和进度,使各经济体遭受不可估量的损失,严重影响了东亚各个经济体的经济发展。

(三)东亚合作进程面临重重障碍

东亚地区从规模上讲,既有像地域辽阔的中国这样的大国,又有像弹丸之地新加坡、文莱这样的小国。从经济发展水平上讲,既有像日本、中国这样的世界经济大国,也有像老挝、柬埔寨、缅甸这样的欠发达国家。政治上的差别就更大,既有社会主义体制,又有资本主义体制,还有军人政府体制。在宗教上,有佛教、伊斯兰教、基督教等多种宗教。各国都有着不同的经济、政治、文化特性,发展变化水平参差不齐,要实现制度化的合作面临着很多的障碍。很好的协调各经济体之间的关系,通过合作实现地区的发展,是东亚各国和地区面临的共同任务。

(四)美、日、欧东亚战略的影响

随着冷战结束后苏联的解体,美国真正成为"世界警察"担负起"领导国际社会的责任"。在推进北美洲经济一体化和加强对欧洲、西亚控制的同时,美国还积极插手亚太地区事务,加强和扩大在东亚的军事力量。日本国土狭小、资源贫乏、自然灾害频繁,随着第二经济强国地位的奠定,开始谋求"政治大国"地位,与美合作建立战区导弹防御系统,引起东亚国家的警惕。欧洲也积极参与在东亚地区的竞争,"新亚洲战略"明确提出了发展与亚洲(主要是东亚)关系的框架。三国均想在东亚地区实现自己的利益,进而实现其全球战略。这是东亚各经济体面临的一个重要障碍。

第二节 东亚区域经济一体化的新形式

尽管东亚各国政治、经济等方面存在一定的差异,但东亚区域内的经济合作却有着良好的发展前景。

一、区域经济一体化概述

(一)区域经济一体化的概念

所谓区域经济一体化,两个或两个以上的在地理位置上比较接近的经济体,为了实现产品和要素在相互之间的自由流动和最佳配置,实现经济福利最大化的目的,通过政府调控和制度安排所建立的区域性经济集团。

区域经济一体化包含着两层含义:一层含义是指成员国之间经济活动中各种人为限制和障碍逐步被消除,各国市场得以融合为一体,企业面临的市场得以扩大;另一层含义是指成员国之间签订条约或协议,逐步统一经济政策和措施,甚至建立超国家的统一组织机构,并由该机构制定和实施统一的经济政策和措施。对此,学术界将前者称为功能性一体化,将后者称为制度性一体化。功能性一体化与制度性一体化是经济一体化发展的两种趋势。

(二)区域经济一体化的动因

区域经济一体化的动因主要有两个方面:

一方面,区域经济一体化的实现,有利于形成区域规模经济,进而形成集团竞争力。以欧洲一体化为例,1975 年美国的 GDP 是 15,138 亿美元,而欧洲国家中 GDP 最高的德国也只有 4248 亿美元,只有美国的 1/4 强一点,而当时欧共体 9 国总值则达到 13,501 亿美元,可以同美国相抗衡。从最初的比、荷、卢联盟到欧共体成立、扩大,其背后的动力始终是谋求通过一体化形成同美国旗鼓相当的集团竞争力①。今天欧盟的经济实力有目共睹,规模经济的发展,集团竞争力的强大,使欧盟成为世界经济格局中的"一极"。

另一方面,通过区域经济一体化,取消地区经济集团内部成员相互间的贸易壁垒,促进生产要素的合理配置与流通,从而全面提高区域内的经济运行效率和社会福利。在自由贸易的体制下,区域内贸易壁垒消除所带来的贸易创造和贸易转移相当可观。区域经济一体化的实施,必然会带来内部贸易比重的增加。通过区域合作,可以削弱阻碍区际间要素流动的各种障碍,从而提高区域经济的整体性和协调能力。

二、区域经济一体化的组织形式

区域经济一体化的主体以一定的组织形式存在着。各参加国根据各自的具体情况和条件,根据各自的目标和要求组成不同形式的区域经济一体化组织。不同的组织形式反映了经济一体化的不同发展程度,反映了成员国之间经济干预和联合的深度与广度。具体而言,区域经济一体化可分为以下几种组织形式:②

(一)优惠贸易安排

这是区域经济一体化中最低级和最松散的一种形式,它在优惠性贸易安排各成员国间,通过协定或其他形式,对全部商品或部分商品给予特别的优惠关税。其中,最著名的优惠性贸易安排是 1932 年成立的"英联邦特惠

---

① 屠启宇:《区域一体化与 20 世纪世界经济》,《世界经济研究》1995 – 04 – 25。
② 陈志友:《区域经济一体化及其对国际贸易发展的影响》,《立信会计高等专科学校学报》2001 – 12 – 30。

制"（British Commonwealth Preference Scheme），它是由英国及一些大英帝国以前的殖民地国家组成的。

（二）自由贸易区

自由贸易区是指有签订自由贸易协议的国家组成的贸易区，在区内各成员国之间取消一切贸易壁垒，实行区内商品的自由流动。但是，每个成员国仍保留它对自由贸易区以外其他国家的贸易限制，象征国家经济主权的海关依然存在。总之，自由贸易区就是对内取消关税，对外各自保留各自的关税。最为典型的就是由美国、加拿大和墨西哥组成的"北美自由贸易区"（NAFTA）。

（三）关税同盟

它是在自由贸易区的基础上更进一步的组织形式，关税同盟的成员国之间完全取消关税或其他壁垒，同时相互之间协调贸易政策，建立起对外的统一关税率。概括地说，关税同盟就是对内取消关税，对外统一关税。这就意味着各成员国在制定关税的过程中必须要让渡出一部分自己的国家主权，这种形式简化了关税同盟内部的商品流通，并使同盟在国际关税谈判中能够作为一个整体与其他国家讨价还价，从而带有超国家的性质。1993 年以前的"欧洲经济共同体"（European Economic Community）就是此种形式的经济合作组织。

（四）共同市场

它是在关税同盟的基础上进一步消除成员国之间对生产要素流动的限制，商品不仅可以在成员国之间自由流动，而且生产要素也可以在成员国之间自由流动，这就是所谓的共同市场。在其中，人员自由往来、商品自由贸易、资本自由投资、技术自由转移，而且共同市场内也需要有协调一致的税收、社会保险和失业救济制度，要有共同的农业政策，各成员国的本币彼此之间的外汇汇率要固定，各成员国要发展共同的劳动力市场和资本市场。

欧共体在 1993 年 1 月 1 日起就建成了内部统一大市场,初步实现了商品、服务、资本和劳动力的"四大流动"。

(五)经济同盟

指的是在共同市场的基础上,成员国之间除了商品与生产要素可以进行自由流动及建立共同对外关税之外,还要求成员国实施更多的统一的经济政策和社会政策,如财政政策、货币政策、产业政策、区域发展政策等。形成经济联盟的一个重要标志是货币政策的统一,即联盟内有统一的中央银行、单一的货币和共同的外汇储备。当今世界只有欧洲经济同盟(即欧盟)已经达到这一阶段。

(六)完全经济一体化或政治同盟

这是区域经济一体化的最高阶段,它要求区域内各成员国在经济联盟的基础上,建立起一个超国家的管理机构,使各成员国在经济上形成单一的经济实体,该经济实体的超国家机构拥有全部的经济政策制定权和管理权。完全统一各国的财政、货币和经济政策,全体成员国使用共同货币,在国际经济与国际政治决策中采取同一立场。这也是欧洲经济同盟的终极目标,所谓全欧洲"用一个声音说话"。目前,欧盟正致力于从经济同盟走向政治同盟。

三、东亚区域经济一体化的背景

20 世纪 90 年代初,冷战的结束为东亚地区合作开辟了道路,东亚地区各国的经济发展也为东亚合作提供了可能。从 1995 年亚欧合作推动下实现的东亚领导人实现会晤,东亚区域合作逐渐萌发开始,到 1997 年底始发于东南亚的金融危机,使得东亚各国认识到加强区域合作的紧迫性与重要性,这也成为东亚区域合作蓬勃发展的契机。从那时起,东亚的区域合作,从实际的需要开始,在发展的过程中不断充实着具体的合作内容,逐步建立起并完善着合作的机制。

东亚区域合作的进程从经济合作开始,逐步发展到政治对话及社会文化交流,通过合作建立了各国之间的信任,发展了制度性机制,维护了东亚地区的稳定与安全。随着全球和区域经济自由化带来的竞争日趋激烈,东盟在 1995 年第五次首脑会议上发表的宣言中强调,东盟国家要在政治、经济等领域加强合作,以努力加速东南亚一体化的进程。当时,东盟提出与中、日、韩三国首脑举行会晤,但此倡议没有得到日本的响应,因为日本另有图谋。

自 1997 年 12 月 15 日东盟、中、日、韩三国领导人非正式会议①在马来西亚首都吉隆坡举行,东亚地区启动了"东盟 + 3"("10 + 3")合作机制。时至今日,在各国的共同努力下,"10 + 3"框架逐渐完善,这是一个多层次、多渠道、多内容的运作机制,是东亚地区国家参与本地区国家共商、交流、合作与发展大计的场所。在这个框架下,东亚区域合作从经济领域向政治、安全、社会、文化等诸多领域拓展,形成了良好的发展态势。

1998 年韩国总统金大中在第二次"10 + 3"领导人会议上提议成立"东亚展望小组"(East Asian Vision Group),建议由东亚地区各国的各界知名人士共同研究如何加强东亚地区国家在经济、政治安全、文化等方面进行中、长期合作的问题,旨在为东亚地区未来的合作设计长远规划蓝图。

1999 年菲律宾总统埃斯特拉达(Joseph E. Estrada)在东盟首脑会议的开幕式上致辞道:东亚各国宏伟的长期目标是建立"东亚共同市场、东亚单一货币和东亚共同体"②。这是所有关于东亚区域合作文献中所记载的关于东亚共同体最早的、最完整的表述。

2001 年,东亚展望小组的专家们向第五次"10 + 3"领导人会议提交了题为《迈向东亚共同体——和平、繁荣、进步的地区》的报告,提出把建立"东亚共同体"作为东亚区域合作的长期目标,并提出了实现这一目标的具

---

① 当时是"9 + 3",直到柬埔寨加入东盟以后,才将其改为"10 + 3"。
② 美联社(菲律宾马尼拉)11 月 28 日电讯,"东盟今天发誓要加速贸易自由化进程",《参考消息》1999 年 11 月 30 日第 1 版。

体建议和各项措施。东亚展望小组认为,建设"东亚共同体"要达到以下目标:①

（1）预防东亚国家之间的冲突并促进其和平;

（2）在贸易、投资、金融及其发展领域实现密切合作;

（3）提高人的安全,特别要通过协调地区在环境保护和更好的政府规制方面的努力来实现这一目标;

（4）通过促进教育和人力资源发展领域的合作来促进共同繁荣;

（5）培育对东亚共同体的认同。

2003 年 12 月 11 日,日本同东盟十国在东京首次主办首脑会议,在会上日本正式宣布将为建立"东亚共同体"而共同努力。2004 年 11 月 29 日在老挝万象举行的"10 + 3"领导人会议明确了东盟的主导地位,确立了东亚共同体为"10 + 3"合作的长远目标②。东亚共同体不仅仅是学术分析的概念范畴,更是东亚地区各国政府积极推动下的战略选择。自此,一个经济上合作、政治上协调、安全上共赢的东亚地区国家全面合作机制下的区域一体化向纵深发展了。

四、东亚区域经济一体化的新形式

以上六种形式的区域经济一体化组织是从低级到高级排列的。但是,区域经济一体化并不意味着一个区域性组织在向一体化深度发展时一定是由低级向高级逐级发展的。而且,在区域经济一体化的具体实践中,会不断出现新的形式。东亚一体化进程中就有新形式的存在。

（一）目前的东亚经济一体化有四种形式。第一种形式:东盟及东盟自由贸易区;第二种形式:中国、日本、韩国与东盟的双边合作,即:"10 + 1"机制;第三种形式:中日韩之间的双边合作;第四种形式:东盟—中日韩首脑会

---

① 东亚展望小组报告,"走向东亚共同体——和平、繁荣与发展的地区",参见张蕴岭、周小兵主编:《东亚合作的进程与前景》,世界知识出版社 2003 年版,第 276—277 页。

② "盛会促合作——记温家宝总理出席万象'10 + 3'等领导人系列会议",《人民日报》2004 年 11 月 30 日,第 7 版。

议机制,即"东盟+3"机制。

(二)目前,东亚一体化处于初级阶段,是在三个轮子的推动下前行的。第一个轮子是"10+3",即整个东亚范围的合作;第二个轮子是"10+1",即东盟分别与中日韩之间的合作,这方面的领导人会议与"10+3"同步进行;第三个轮子是东盟自身的合作和中日韩之间的合作。如何在三种合作机制中探索出一条切实可行的模式是亚洲经济未来发展的关键所在。

(三)中日韩三国应在东亚一体化中发挥更大的作用。中日韩三国从经济总量看是全球第三大经济力量和资金来源之一。据统计,2009年三国GDP总量达11万多亿美元,外汇储备合计约3.6万多亿美元。但是,中日韩之间的制度性合作发展相对缓慢,没有形成基于共同利益的协调力量。三国之间如果不加强合作和协调,不仅自身获益有限,而且无法在东亚地区形成可以与欧洲经济联盟(EU)、北美自由贸易区(NAFTA)相抗衡的区域性经济组织。因此,东亚区域经济一体化能否取得实质性的进展,在很大程度上取决于中日韩三国之间的经济合作的发展程度。

2009 年世界各国 GDP 总量排名

单位:万亿美元

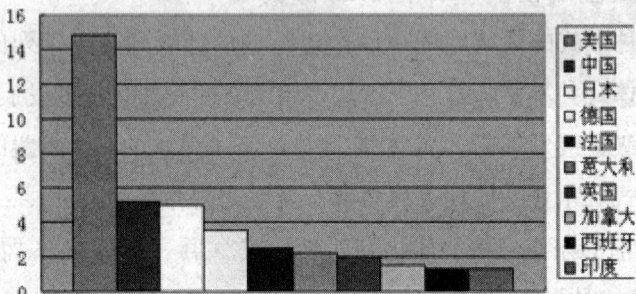

数据来源:http://csqc.gxibvc.net/show.aspx? id=2106.

五、东亚区域经济一体化的特点

目前,东亚的经济一体化正处在从市场驱动一体化到制度驱动一体化

的过渡阶段。与欧盟、北美等地区的经济一体化相比,东亚的区域经济一体化具有以下几个自身的特点:①

(一)小国主导、大国推动的独特模式

在目前的东亚经济一体化进程中,主要的推动力量是由发展中国家组成的东盟,它们推动着包括发达国家在内的其他更强大的经济体迈向区域经济一体化。与之不同的是,欧盟与北美自由贸易区则是由发达国家主导和推动的,是发达国家的联盟。《吉隆坡宣言》提出"由东盟发挥主导作用",充分认可了东盟在东亚经济一体化过程中的重要性。东盟国家经济总量偏小,东盟主导的东亚经济区域一体化将是有限度的。如今,日本、中国、韩国已经成为东亚区域经济一体化的主要推动力量。一旦它们之间的一体化安排取得进展,将会推动整个东亚经济一体化的进一步深化。

(二)功能性一体化成效显著,制度性安排滞后

目前,东亚的制度性协议与协定主要存在于东盟国家以及东盟与中国、日本和韩国之间,而且没有超国家的协调机构。与欧盟和北美自由贸易区不同,东亚各国和地区的制度安排与政府间的合作相对滞后,但这并不表示东亚经济一体化没有成效。东亚区域性经济合作的机制化趋势越来越明显,紧密化、全方位化、一体化的程度也越来越高,积极效果越来越显著。领导人会议、每年一次的"10＋3"对话、"10＋1"的对话、部长会议等对话机制已经建立起来。

(三)双边与多边自由贸易区并存

由于东亚各国政治经济发展的多元性,东亚经济一体化协议也呈现多样性,双边的自由贸易和多边的自由贸易并存。双边自由贸易安排指两个国家签订的协议,多边自由贸易区则涉及两个以上国家,包括多种协议形式

---

① 高军行、全毅:《东亚区域经济一体化的进程及特点》,《郑州航空工业管理学院学报》2008－10－15。

如一国与一个贸易区间的 FTA 或者两个贸易区间的 FTA。除了中日韩与东盟 3 个"10 + 1"等多边自由贸易区外,东亚各个国家更倾向于简单的双边 FTA 结构。截至 2007 年 6 月,东亚地区已经签署的区域内双边 FTA 有 12 个,正在进行谈判的双边 FTA 有 31 个,多边 FTA 有 10 个。

(四)东亚经济一体化具有多样性、阶段性和跳跃性特点

目前,东亚的经济一体化是以东盟和中日韩为主体,双边、多边、次区域、区域等多种多样的合作方式并存,没有明确的一体化目标,合作内容更是涉及经济、社会、政治、文化、教育等方面。从 20 世纪 60 年代至 80 年代的市场机制驱动,到 90 年代以来的制度驱动,东亚经济一体化呈现出多元性特征。而从金融危机后的东亚经济一体化进程来看,东亚的经济合作明显带有"金融优先"的特色,具有很强的阶段性和跳跃性特点。

(五)松散性与开放性共存

大多数东亚国家和地区实行典型的出口导向发展模式,需要充分利用国际市场,而且区域内多边贸易自由化进展缓慢,促使一些成员加快和区域内外经济体的双边自由贸易谈判。例如,新加坡已先后与新西兰、日本、欧洲自由贸易协会签订了双边自由贸易协定。与欧盟高度发展的一体化相比,目前东亚的经济一体化还仅限于以谈判机制为基础,以利益为纽带的非制度化的阶段,一体化还处于比较松散的阶段。

总之,东亚的经济一体化进程,将会沿着由"10 + 3"的对话框架向机制化过渡的道路发展。由于"10 + 3"的合作是在依靠多种形式、多层次合作共同推动和互动的基础上进行的,所以东亚各国必须着重于改善各国之间的关系,建立信任,避免发生对抗①。通过建立信任,把中国和日本纳入到一个共同的地区合作机制中,逐步发展东亚地区的经济合作,为合作的深化提供政治基础,为东亚的区域经济一体化组织的建立奠定基础。

---

① 曹科伟:《东亚区域经济一体化现状探析》,《中国商界(下半月)》2008 - 02 - 15。

概括起来说,当前东亚区域合作的特点是一条以东盟为主导,以"10+3"和"10+1"为主体,以经济技术合作和贸易投资自由化、便利化为主要途径,逐步实现区域合作机制的道路在东亚地区已初步形成,各国间的合作领域从经济、科技到政治、安全,不断扩展。但是,随着"10+3"框架的机制化以及自由贸易区的不断组建。东亚合作的制度化色彩正日益浓厚,制度化安排逐渐成为东亚地区各国日益重视的问题。一体化进程,如果没有制度化作为体制保证,很可能只会停留在功能合作的水平上面。当然,在东亚合作进程中,尤其是在现阶段,制度化不能超越舒适度。换言之,制度化是在所有成员舒适度得以保证的前提下的制度化,而不是相反。①

第三节 东亚崛起对世界经济和政治格局的影响

自20世纪90年代以来,世界经济,尤其是发展中国家不仅在经济总量上,而且在人均GDP上缩小了与发达国家的差距。在21世纪的头10年,在发展中国家占绝大多数的东亚地区,GDP和人均GDP增速以及拉动经济增长的私人消费、固定资产投资和对外贸易"三大要素"的增长都继续保持高速的势头,东亚经济崛起对世界经济与政治格局产生了重大影响。

一、东亚经济发展概况

东亚各国在世界经济发展史上都曾有过自己的辉煌。到1820年,东亚经济在世界经济中还占有非常重要的地位,当年全球经济总量为6950亿美元,中国和印度所占的比例相当高,分别占到28.7%、16%,相比之下,法国、英国、美国所占的比例却很低,分别只有5.4%、5.2%、1.8%。随着工业革命和西方列强对亚洲的侵略,东亚经济急速地走向衰落。20世纪50、60年代,日本围绕重工业、化工业进行大规模的设备投资和更新,引进国外

---

① 朱立群等主编:《东亚地区合作与中美关系》,世界知识出版社2006年版,第8页。

技术,借助美国援助,经济得到了恢复发展,出现高速增长的状态①。70 年代虽然经济增长处于低速增长阶段,但经济增长率基本保持在 3% ~5% 左右的水平,与其他发达国家比仍属于增长最快的国家。② 上世纪 60 年代和 70 年代,中国台湾、韩国、中国香港和新加坡大力发展外向型经济,成为亚洲"新兴工业经济体"(NIEs),被誉为亚洲"四小龙"。中国在 20 世纪 70 年代末、越南在 80 年代中、印度在 90 年代初开始经济变革。80 年代至 90 年代,马来西亚、泰国"准新兴工业经济体"以及印度尼西亚和菲律宾等国也都在加速发展经济,东亚各国迎来了各自经济的腾飞,持续高速增长的"拉动效应"③(Pull Effect)促进了东亚的崛起。

1997 年亚洲金融危机给东亚各国家和地区经济发展造成了很大的影响,但在此后的十多年里,东亚各国纷纷调整经济,以应对危机,取得了不错的成绩。亚洲新兴经济体的 GDP 年均增速超过 9%,跃居为全球经济发展最快和最具活力的地区,对世界经济增长的贡献率日益增大。2007 年,中国(包括台湾和香港)、日本、韩国、东盟 10 国等亚洲主要国家和地区国内生产总值达到 11.7 万亿美元,中国和印度等新兴经济体也已替代日本成为亚洲经济发展的新引擎。④

二、东亚崛起对世界经济格局的影响

(一)"金砖四国"和新兴经济体的影响

美国高盛投资公司全球经济研究部主管、首席经济学家吉姆?奥尼尔

---

① "战后日本经济的恢复与发展",2007 年 7 月,下载于 http://www.rich2688.com/university/yearevent/international/20070723/16562.html.

② 《日本战后经济发展的历程》,《经济视点》200 年 9 月 12 日,下载于 http://www.heybrain.com/notheal/article/2773.html。

③ 是指在公共工程项目之后带来的消费水平和私人投资水平的上升。政府通过扩大国债发行规模,扩张财政支出,投资于公共工程,可以发挥财政支出所产生的乘数效应,解决经济发展的资金短缺,增加就业,提高社会消费需求。

④ 人民网:"后金融危机时代世界经济格局的变化",http://business.sohu.com/20091216/n268993574.shtml,2009 年 12 月 16 日。

(Jim O'Neill),在 21 世纪开始之初就开始关注和研究中国、印度、俄罗斯和巴西经济的可能发展,并在 2003 年发表了《与"金砖四国"一起梦想——2050 年之路》研究报告,提出了"金砖四国"(BRICS)的概念。"金砖四国"都是大国,尽管在这场历史罕见的金融危机中,俄罗斯经济严重衰退,巴西经济陷入零增长,但由于中印经济的拉动,"金砖四国"经济总和占全球 GDP 的比重还是由 2007 年的 13% 上升为 2009 年的 15%,成为一支不可忽视的国际力量,加速了南北经济格局的变化。继"金砖四国"之后,美国高盛集团于 2007 年推出了所谓"钻石十一国"概念(菲律宾、孟加拉、埃及、印尼、伊朗、韩国、墨西哥、尼日利亚、巴基斯坦、土耳其和越南),指出在 2004—2007 年 4 年间,十一国的经济增长率平均约为 5.9%,是欧洲国家平均增长率的两倍以上。日本"金砖四国"研究所在 2007 年则提出一个新的专有名词"展望五国"(VISTA),系指越南、印尼、南非、土耳其和阿根廷,认为这五个国家具有很大的发展潜能,在未来几十年内,其经济将会有飞速的发展。根据日本"金砖四国"研究所的推算,从 2005—2050 年,西方七国集团的经济规模以美元计算,与现在相比最多扩大到 2.5 倍,"金砖四国"将扩大到 20 倍,而"展望五国"可能扩大到 28 倍。这虽然只是对未来的一种展望和一种预期,但从一个侧面反映了南北经济未来发展的变化趋势。[①]

"金砖四国"、"钻石十一国"和"展望五国"的成员被国际社会冠以新兴市场、新兴经济体和新兴工业国等称谓。何为新兴市场或新兴经济体?究竟有多少新兴市场或新兴经济体?现在尚没有明确的界定标准和准确的数字,但可以肯定的一点是新兴市场或新兴经济体现已遍布于亚洲、非洲、南美洲、东欧及中东各个角落,形成了"新兴经济群体"。新兴经济体属于发展中国家,因而发展中国家兴起与腾飞已经是一个不争的事实。美国《外交》(Foreign Policy)杂志前总编辑、《新闻周刊》(News Weekly)国际版主编法里德·扎卡里亚(Fareed Zakaria)认为,20 年来,工业化西方之外的国家

---

① 参考资料:http://world. people. com. cn/GB/10591320. html,2010 年 9 月 15 日下载于云南昆明。

以过去不可想像的速度发展。这意味着他者的崛起——世界其他地区的崛
起。①

　　作为新兴经济体,不管是"金砖四国"当中的中国和印度两个国家,还
是东亚其他发展中国家,其崛起都导致了世界经济格局的调整与变化。由
美国"房地美"和"房利美"次贷危机引发的全球经济危机和金融危机更是
带来了世界经济格局的变化。美国匹兹堡 G20 峰会弱化了八国集团的作
用,将包括 10 个新兴经济体的 G20 作为"国际经济合作的最重要论坛"和
"世界经济新协调群体",标志着主导世界经济的美日欧三强已无法单独解
决全球性大问题,也标志着影响力日益增长的东亚以及其他新兴经济体,在
全球经济体系中的地位不断提升,话语权不断扩大,世界经济格局正在发生
新的变化。

(二)世界经济格局的变化

1. 世界经济重心向亚洲转移

　　新兴经济群体的崛起是世界经济格局变化的典型体现。世界银行行长
罗伯特·佐利克(Robert Zoellick)在谈到世界经济格局的变化时说,未来世
界经济格局的一个鲜明特点是主要新兴经济体的崛起,在金融危机之前,这
些经济体已经开始崛起,随后而至的危机则更加快了崛起的步伐。新兴经
济群体的崛起是世界经济格局变化的典型体现。东亚,甚至包括整个亚洲
正在成为"新兴世界的中心",在世界经济回暖之际,亚洲经济回升的势头
比世界任何其他地区都要更加迅速和强劲。新加坡内阁资政李光耀说,中
国和印度的经济增长支撑了亚洲的经济,即便是美国经济减速,亚洲也不会
陷入经济衰退②。英国《经济学人》(The Economist)杂志预测新兴亚洲国家
将呈现 V 型反转,未来五年内,年均国内生产总值增长率为 7% ~ 8%,其复
苏速度是全球各国平均速度的三倍以上③。因此,亚洲是世界经济增长的

---

① 参见美国《新闻周刊》,《他者的崛起》(The Rise of the Rest)2008 年 5 月 12 日版。
② 《日本经济新闻》(Nihon Keizai Shimbun,简称 Nikkei),2008 年 4 月 3 日.
③ 参考网页:http://www.economist.com/

新源泉,特别是"金砖四国"当中的中国和印度的经济增长支撑了整个东亚的经济架构,东亚的崛起使得亚洲成为世界经济增长的新源泉,世界经济发展重心正在向亚洲转移。

新兴经济体的崛起及世界经济格局转变,说到底是经济发展不平衡规律作用的结果。《共产党宣言》发表150多年以来,世界格局大体经历了英国独领风骚,英法德群起称雄,美国充当救世主,称霸世界。从世界体系论的角度看,大国兴衰的实质是:有的国家从世界的"中心"向"外围"滑落,有的国家则从"外围"走向"中心"。大型新兴经济体,特别是中印两国的崛起是"历史的复归",将逐渐改变世界经济现有版图和格局,对重振亚洲雄威起着至关重要的作用。邓小平早就说过"中印两国不发展起来就不是亚洲世纪。真正的亚太世纪或亚洲世纪,是要等到中国、印度和其他一些邻国发展起来,才算到来"①。印度也看到中印两国共同发展的重要性,2004年印度商务国务部长斋拉姆·拉梅什使用了一个新词CHINADIA,把中国与印度连在一起,CHINADIA意味着中国和印度共同前进与合作。美国《商业周刊》认为,世界从未见过这两个占全球1/3人口的国家在同一时刻崛起,中国和印度拥有改变21世纪全球经济的实力和活力。②

《福布斯》(Forbes Magazine)月刊2008年5月号发表了新加坡内阁资政李光耀的撰文《世界经济的中心是亚洲》中预测今后20年,中国和印度的年均经济增长率会超过9%,其他东亚国家约为7.5%,到2030年,亚洲将占世界国内生产总值的50%,回归"世界第一"的位置。中印两国及东亚的崛起,逐渐改变着世界经济现有版图和格局。2009年11月在新加坡召开的亚太经合组织领导人非正式会议上,奥巴马不得不强调亚洲对美国的重要性,宣示美国脱离全球发展最快速地区的时代已经结束,美国将重返亚洲。③

①　《邓小平文选》第三卷,人民出版社1993年版,第282页。
②　美国《商业周刊》:《中国和印度的崛起》2005年8月22日。
③　参考网页:http://www.forbes.com/,http://www.aades.org/News_show.asp?id=791.

2. 中国将成为世界经济格局中的重要一极

20世纪90年代以来,世界经济呈现着多极化的发展。美国、西欧和日本是支撑世界经济的三大中心,在世界经济新格局中各具特色和优势。而中国经济始终呈现持续、稳定和快速增长的态势,成为世界经济中最富活力的地区之一,并且在世界经济舞台上发挥着越来越重要的作用,在世界经济中的地位也在日益上升。两次金融危机经济形势下,中国负责任的态度及对有关国家及地区的援助,对于保持东亚乃至整个世界经济的稳定起到了至关重要的作用。这一切都证明:在21世纪,拥有世界1/4人口和巨大市场潜力的中国,随着改革开放的进一步深入,经济继续保持持续、稳定、快速的增长,中国将成为世界经济格局中重要的一极。

然而,在当今新的时代条件下,新兴大国的崛起不能再沿袭近代以来大国争霸的历史,走依靠发动侵略战争,实行对外扩张的道路,而只能是走和平发展的道路,亦即争取和平的国际环境来发展自己,又以自身的发展来维护世界和平[1]。从亚洲新兴大国的迅速发展中,可以看到亚洲发展和亚洲崛起的前景。亚洲崛起与以往欧洲崛起、美国崛起的历史背景不同,它是多元文化共同发展、共同存在、共同繁荣、共同融合的产物;是在全球化条件下的崛起,与欧洲、美洲等其他大陆是一个相互交叉、共同促进的过程,它的崛起并不意味着其他大陆的灾难[2]。

我们必须清醒地认识到南北差距虽然趋于缩小,但差距依然巨大,发展中国家要想摆脱不发达状态,中印等大型新兴经济体要想做到既受国际社会重视,又受国际社会尊敬,仍任重而道远。

3. 改变全球经济均势,国际经济关系既有竞争又有合作

东亚崛起的最显著后果是改变了全球的经济格局和均势。

一方面表现在东亚现代化的先行国家——日本已完全跻身于发达国家的行列,成为了重塑国际秩序的一个巨大潜在变量。另一方面,东亚地区的经济发展即使仅仅从数量上也对全球经济造成了巨大的冲击。全球经济是

---

① 胡锦涛在越南国会的演讲,2005年11月1日。

② 泽羽:《国际亚洲研究学者大会》,《社会科学报》2005年8月18日。

一个严整的体系,各国的经贸往来形成了特定的结构。每个地区都是整个体系中的一个变量,而一个变量的改变必然带来连锁反应,最终将影响扩散到体系中的每一个部分。中国与东亚各国贸易、投资合作的加强,弱化了东亚各国对美欧的依赖,从而改变了全球的经济格局和均势。

在新的经济格局下,美国在世界经济中仍具有最大的影响力,只是无法像过去那样统治整个世界经济。在新的经济格局下,国际经济关系中的竞争与合作将日益取代军事对峙、政治结盟和意识形态分歧,不同力量、不同地区在统一的世界市场上既进行竞争,又进行合作,在竞争与合作中求得增长和发展。在日益激烈的国际竞争中,政府之间的谈判、对话与接触日益增多,同时经济合作也在日益增多,经济方面的合作集中体现在区域经济一体化组织的建立与发展上。

三、东亚崛起对世界政治格局的影响

为避免在日趋激烈的国际竞争中因缺乏地区经济合作的政府间正式安排而处于不利和被动地位,近年来东亚明显加快了区域经济集团化的脚步。种种迹象表明,21 世纪将是东亚从"四分五裂"走向团结一致的世纪。到2010 年,最迟到2020 年,东亚地区将建成世界上人口最多的自由贸易区,与欧盟和北美贸易集团成三足鼎立之势。[①]

罗荣渠教授曾经指出:近代以来东亚一直未曾中断对西方的抗争[②]。日本的明治维新、东亚各国人民的反殖民主义的民族解放斗争和1949 年中国革命的胜利,都是对世界近代史产生深远影响的重大事件,但这些事件的影响主要是地区性的。战后东亚在经济上的崛起,才使东亚自近代以来在真正意义上产生全球性影响,并导致人类历史的重大变革。这无疑是一个非常精辟的论断。东亚国际政治地位的提升自近代以来,东亚几乎一直作为西方的从属物甚至创造物而存在。西方是世界的中心,东亚则位于世界的边缘,受西方的主导和支配。

---

① 李文:《东亚的崛起与全球化即"西化"时代的终结》,《当代亚太》2003 – 01 – 25。
② 罗荣渠:《东亚崛起的现代历史意义与21 世纪前景》,《天津社会科学》1992 年第 2 期。

早在 19 世纪初,西方就有人开始谈论"以中国人为代表的黄种人对欧美白种人构成了全面的祸害与威胁",此即所谓的"黄祸论"。"黄祸论"正式形成于 19 世纪 90 年代,而其先导则是 19 世纪中后期西方一些人的排华和反华论调。德国皇帝威廉二世始创"黄祸"一词来描述东亚人。在西方人看来,东亚人的危险在于他们既不是基督教同胞也不是自由与平等的兄弟,而是失去尊严的、有色的种族。在几乎整个 19 世纪,西方国家对东亚实施了殖民主义的、主导性的、支配性的统治和影响。1919 年的《巴黎和约》还明文将东亚民族确定为"还不能自我统治的民族",因此要服从于更发达国家的"监护"。冷战时期,日本、韩国、中国台湾地区等属于西方阵营的东亚国家和地区一直在扮演美国的小伙计甚至跟班的角色。冷战结束后,以美国为首的西方国家依旧利用民主、人权等问题干涉东亚国家的内政,利用国际货币基金组织等国际组织向东亚推行西方的经济模式和文化价值观①。欧洲学者弗劳利安·康马斯和尤迪特·施塔波斯尖锐地指出:"甚至今天,在世界银行、国际货币基金组织、联合国安理会的某些最高领导人身上,我们还依稀看到那过去的'监护人'的影子。"东亚经济的崛起改变了东西方力量的对比,使东亚在国际政治中日益"成为主体而非客体,原因而非结果",使东亚日益以与西方平等的姿态积极主动参与国际事务。东亚在国际政治中的地位获得明显提高。

自 20 世纪 80 年代以来,中国不仅在经济上不断强大,而且在世界范围内塑造了一个负责任的大国形象。在此期间,我们看到东亚在国际政治中的地位获得明显提高,在许多国际事务的处理上作用日益突出。东亚经济崛起使得东西方的力量对比发生了改变,东亚在国际政治的参与过程中取得了与西方平等的地位。由于"911"事件的发生,美国越来越难以像从前那样在全球尤其是在东亚地区事务中推行强权政治,虽然东亚在政治及军事上依旧处于弱势地位,但是美国在打击国际恐怖活动方面却越来越依赖与东亚各国之间的合作。

---

① 李文:《东亚的崛起与全球化即"西化"时代的终结》,《当代亚太》2003 – 01 – 25。

　　东亚的区域经济合作已在地区内创造了新的地缘政治结构。"东盟＋3"合作框架就是希望通过针对外部世界的多边联盟，从而使东亚的影响力和能力最大化的尝试。但是，一些"东盟＋3"国家，包括日本，并不强烈支持独特的泛东亚地区主义（Pan－East Asian Regionalism）的观点，而是更偏爱有着支持西方的"亚洲——太平洋"观念导向的东亚区域合作①。总体上来看，东亚的区域合作较为真实地反映了本地区内参与国的偏好。近十年来，中国在多边外交中备受瞩目，努力寻求东亚地区的领导角色，并且从长远方向寻求相对于美国的全球领导权。日本则时刻努力地抑制正在东亚崛起的中国影响力，尽其所能不放过能够表现其在东亚地区领导权的任何一点机会。值得注意的是，在东亚的安全领域日本想要维持并加强所谓的美日同盟。韩国面临着竭力营造朝鲜半岛和平，以及在东亚地区内充分扩大其经济收益的双重任务。然而，韩国在维系与美国传统的安保联盟的同时，不得不面对来自国内民族主义者的挑战。因此，韩国更注重多边主义和泛东亚地区主义。东盟希望在提升其在东亚地区和国际事务中的发言权的同时，又能够保证东盟集团本身的认同不受来自外部的影响。美国本不属于地理概念上的东亚国家，但鉴于其在东亚地区长期经营的利害关系，可以把美国看成是一个"非居住参与者"（Non-Resident Participant）。许多东亚国家指望美国能为自己提供市场、投资和保护，进而在政治和经济事务上严重依赖美国，导致了美国在东亚区域合作中直接或间接的干预，也致使美国总想通过所谓的保留否决权行使者（Veto Player）的地位，维持其在东亚地区的经济与政治影响。

　　随着中国在东亚大国地位的不断提升，日本从经济大国走向政治大国步伐的加快，东盟也在努力成为多极化国际政治格局中的一极。东亚的崛起使得东亚国家在各种国际组织中的地位日益提升。随着东亚经济实力的增强，以及给各种国际性组织提供资金数量的增多，东亚将越来越多地在这些组织机构中取得与西方平等的代表资格。由东亚的崛起促成的世界经济

---

　　① 戴晓芙、郭定平主编：《东亚发展模式与区域合作》，复旦大学出版社2005年版，第300页。

格局的变化,必然会导致国际经济关系、世界格局变化以及国际经济政治秩序调整等一连串的反应。目前,东亚地区各国之间的关系都在拉近距离,中国与美国也形成均势的态势。在中—美态势下,一方面美国可以和日本、韩国、菲律宾和澳大利亚等国结盟实现各国国家利益,另一方面中国又可以利用当前均势带来的稳定局势来发展和壮大自己。世界政治格局均势局面的稳定发展,各国在国力、制度和认同等因素上相互间的良好关注与发展,使得世界政治格局的和平转移必将成为必然。

第四节 西方主要国家战略重心的转移

东亚地区地域广大,资源丰富人口众多,在具备经济发展所需要的各种资源的基础上,东亚又具备广大的市场潜力。随着东亚经济一体化发展,东亚崛起对世界经济和政治格局的影响力日益增大。新的世界经济政治格局下,西方主要国家的战略重心也在相应地发生转移。

一、美国战略重心的转移

(一)欧洲战略布置、中东、拉美格局的完成

通过北约的东扩,美国基本上完成了意在围堵俄国的欧洲战略部署。德法等国虽然本身力量还比较强大,但已经没有能力来辅助新北约国家的建设,只有美国才能帮助新北约国家。尽管一些老北约成员尤其是德国和法国不认同美国的单边主义,并与美国产生了一些矛盾,但美国完全可以通过对新北约成员国产生影响来掌控北约。在强大的北约围堵之下,俄国构成不了对美国的战略威胁,美国在欧洲的大战略大致不会出现大的变化。

在中东地区,美国的战略部署主要是控制其资源,尽管这一部署受到了一些干扰,特别是恐怖主义活动对美国构成了一定程度的威胁。但是,恐怖主义对美国所构成的威胁主要是通过影响人们的心理来实现其目标,以中东或者其他一些地方作为基地的恐怖主义活动不太可能对美国构成传统意

义上的战略威胁。尽管阿富汗、伊拉克等美国所支持的政权要稳定下来并非易事,但在一段时间以后,这些国家基本上能够扮演一个支持美国的角色。加上以色列的因素,美国大致能够把握其在中东的战略。

在美洲,尽管美国和拉美国家有矛盾,但拉美国家在经济上对美国具有高度的依赖性,因此还无法抗衡美国,对美国形成不了威胁。美国在拉美的战略始终是稳定的。

(二)美国在东亚的战略

东亚的崛起,尤其是中国的崛起,使美国看到了来自东亚经济发展对其产生的威胁。近年来,美国正在加速把其战略重点从欧洲等地区向亚太地区转移。冷战结束以来,美国亚太战略的重点是努力营建一个亚洲小北约(Mini-NATO),来围堵其所假想的"潜在的敌人"。美国积极插手亚太地区事务,不仅倡导和"敦促"亚太地区的贸易与投资自由化,而且加强和扩大了在东亚的军事存在。美国不愿放弃其在东亚地区的政治,经济和军事利益,美国的亚太战略的利益可以说是全方位的。

首先是经济利益。亚太地区是当今世界上经济发展最快的地区,美国不愿放弃在这里的庞大的经济利益。在对经济利益的追求方面,美国和从前的帝国主义不会有实质性的区别。打开中国市场实际上是冷战后美国的重大外交使命之一,但同时,中美两国经济上的相互依赖也表明两国之间不太可能发生类似当年美苏两国之间那样的冷战。

其次,美国在亚太地区也有其政治利益,这和美国的意识形态因素有关。推行民主是以美国为代表的西方世界的宗教使命,中国(包括香港)不民主化,美国永远会施加压力。同样,中国内地如果和民主的中国台湾发生冲突,美国也可能会站在台湾的一边。

最后,美国在亚太地区更为重要的就是战略利益。冷战结束以来,美国开始把中国视为是其潜在的敌人。中国现在提倡和平崛起,但很难让美国相信中国的崛起会是和平的。布什政府已经营造了一个围堵中国的亚洲战略同盟,即所谓的亚洲小北约。美国承诺向中国台湾出售先进武器已经超出了传统上保持两岸军力平衡的范畴,美国的意图就是要把中国台湾整合进美日台军事同盟。

二、欧洲战略重心的转移

(一)欧洲在东亚的战略

东亚地区经济的高速发展,特别是中国经济的迅速崛起,使得东亚地区成为世界潜力最大的市场,也成为了全球政治,经济的一个中心。随着欧盟的发展和美国战略重心的转移,欧洲国家应对东亚崛起的战略也在发生转移。

在美国和日本积极谋划东亚战略的时候,欧洲也开始积极参与在东亚地区的竞争。1994年末,欧盟制定了"新亚洲战略",明确提出了发展与亚洲(主要是东亚)关系的框架。1995年9月在新加坡举行了欧洲和东亚经济首脑会议,来自欧亚的700多名政府官员和企业负责人聚会一起,讨论的主题是欧洲与亚洲的经济合作①。从1996年开始,每隔2年,欧洲和亚洲就要举办一次亚欧首脑会议,通过对话,增进双方的相互了解和合作。亚欧对话机制的形成,表明欧洲对东亚地区的关注度在不断提高。

(二)中欧贸易、投资与合作

中欧经贸关系的快速发展带来了互利双赢的结果。双方的合作促进了各自的经济发展,促进了双方的就业,增进了消费者福利。中国对欧盟出口及欧盟在华投资为中国创造了大量的就业机会,同时来自欧盟及其在华投资企业生产的许多产品丰富了中国人民生活。而且,合作给双方的投资者创造了巨大的发展机遇,促进了产业结构的优化和升级。

1. 中欧双边贸易发展迅速

中国和欧洲的经济结构不同,在双边货物贸易和服务贸易中各具优势,

---

① 余劲雕、李秀敏:《面向21世纪的东亚经济共同体前景分析》,《东北亚论坛》2000－05－30。

具有较强的互补性。1990 年以来,中欧贸易年均增长 20% 以上。2004 年欧盟成为中国第一大贸易伙伴,中国则是仅次于美国的欧盟第二大贸易伙伴,2006 年,中国超过美国成为欧盟第一大进口来源国。2007 年,欧盟一跃成为中国的第一大出口市场。2007 年,双边贸易额 3,562 亿美元,增长 27%,其中中国出口 2452 亿美元,进口 1,110 亿美元,分别增长 29% 和 22%。2008 年 1-4 月,双边贸易额 1,299 亿美元,增长达 25.4%,其中中国出口 879 亿美元,进口 419 亿美元,分别增长 25.4% 和 25.3%。

2. 中欧双向投资合作不断深化

近年来,中国施行"走出去"战略,中国对欧盟的投资也取得一定进展,2007 年中国对欧盟非金融类直接投资 5 亿美元,累计投资存量为 14 亿美元。同时,欧盟对中国的投资也在增加,欧盟已成为中国的第四大投资伙伴。截止到 2008 年 4 月底,欧盟累计在华投资项目 27,139 个,实际投资额 585 亿美元。欧盟对华投资项目平均规模大,技术含量较高,且多投资于生产领域,双方合作有巨大的潜力和扩展空间。

3. 中欧技术贸易合作成绩显著

随着中国科技创新能力的提高,中欧的双边科技合作领域不断拓宽,已经从过去的单方面引进发展到联合研究、共同开发的新阶段。目前,欧盟已经成为中国引进技术的第一大来源地。从欧盟引进的高新技术项目占中国从全球引进总数的一半左右。截止到 2008 年 3 月底,中国从欧盟累计引进技术 2.7 万项,合同总金额为 1,120 多亿美元。同时,欧盟在科技合作中对中国的需求也不断提高。双方充分利用各自优势,把高新科技合作的水平不断提高。

第五节　中国在东亚经济圈中重要地位的确立

历史上,中国与东亚各国一直保持着密切的地区联系,形成了以中国为中心的"朝贡"(Tribute)秩序。二战后的东亚形势发生了深刻变化,先后出现了日本和"四小龙"的经济起飞以及东盟国家经济的快速增长。改革开放以来,中国经济也出现腾飞,打破了东亚市场传统格局,成为东亚经济发展的新引擎,在东亚经济圈内发挥着越来越重要的作用。

一、中国经济发展的良好态势

上个世纪90年代以来,改革开放中的中国经济开始腾飞。尽管90年代的金融危机严重冲击了东亚各国的经济,但中国经济在国家政策的引导下,不仅保持持续发展,而且对带动东亚各国和地区经济走出低谷做出很大的贡献。到20世纪90年代末,东亚地区的内部贸易已经占到50%,地区内部的投资和技术转移也得到了极大的发展。

2009 年世界国际储备和外汇储备前 15 名

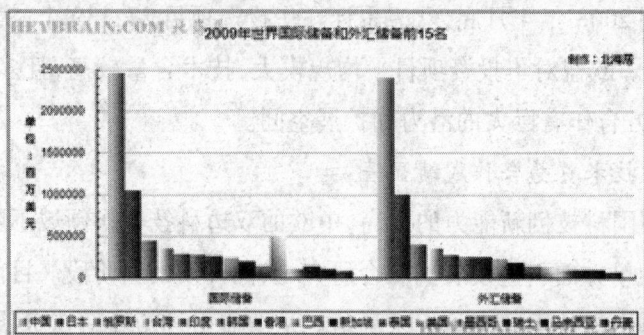

中国经济保持着高速、健康的发展态势。截止2000年,中国的国内生产总值首次突破10,000亿美元,2001年国内生产总值为95,933亿元,按可比价格计算,比上年增长7.3%。全年外汇储备达2,122亿美元,比上年增长28.14%。2009年我国国内生产总值突破5.2万亿美元,在世界中的位次上升到第2位①。外汇储备突破两万亿美元,高达2.399万亿美元,国际储备资产达3932亿美元,均位居世界第1位。

---

① 王留喜:《中国经济发展对东亚的影响》,《经济师》2003-10-15。

二、中国在东亚经济圈中的地位

上个世纪 90 年代末期的金融危机对东亚地区的经济发展带来很大冲击,而不断深化的经济改革以及取得的实际成效,却使中国成为这一地区经济发展的重要推动力量。中国经济的快速发展,以及与东亚国家间贸易投资的密切联系,使得中国在东亚经济区中的地位不断得到提高。东盟经济合作圈、华南经济圈已初见雏形,东北亚经济合作圈也在酝酿之中,尤其是华南经济圈的实际运作相当成功。借助加入 WTO 的机遇,两岸完成经济整合,华南经济圈乃至中华经济圈①的成功建立和顺利运作,中国对东亚经济的发展的意义深远。

日本经济自从经历上个世纪 80 年代的巅峰期后,一直处于走下坡路的状态。90 年代末期的金融危机又对东亚新兴工业化国家和地区的经济形成了冲击。中国经济历经改革开放的艰难探索,虽然并没有最后完成,但随着香港和台湾的经济优势整合进中华经济圈,中国大陆制造业与其前后的关联产业形成一个完整的体系。并且,中国多年来不仅在传统产业领域,而且在高新技术产业领域都有进一步开拓进取,与日本、韩国经济组成经济实力方阵,同北美、西欧经济区同步前进。持续多年的制造业高速发展,中国成为亚洲甚至世界重要的制造业中心。

(一)中国成为东亚自由贸易区的纽带

随着区域内经济合作在东亚的加强和拓展,东亚自由贸易区为克服东亚经济的脆弱性发挥着中亚作用,中国与东盟、日、韩的合作关系加强。中国积极介入东亚自由贸易区事务,对推动东亚自由贸易区的建立产生重要影响。中国在富裕和落后国家之间就建立自由贸易区进行协调的努力,为促成经济合作成效做出了重要贡献。2004 年中国业已成为东盟的第三大对外贸易国,由于中国进口的规模不断增长,对东亚地区各国经济的拉动非

---

① 高尚全:《中国的经济增长及对东亚经济影响》2004 年 9 月 16 日,搜狐财经:http://business. sohu. com/.

常明显。2007 年,日本与中国的贸易总额首次超过对美贸易额,达到 2,366.4 亿美元。中国一跃成为日本第一大贸易伙伴。韩国《中央日报》报道更是指出中韩建交 15 年来韩国对华贸易从 1992 年的 64 亿美元增长到 2006 年的 1,181 亿美元,中国已经成为韩国最大的出口市场。东亚地区对中国的出口依存度很高,东盟已经成为继美国、欧盟、日本之后中国的第四大贸易伙伴,中国对东盟贸易逆差的迅速增长表明中国正在成为东盟产品的主要吸纳者,扩大对中国的出口已经成为东盟各成员国经济增长的动力。总之,"中国因素"在推动东亚区域内贸易扩展中起着日益重要纽带作用。

(二)中国对东亚经济的拉动作用日益突出[①]

1. 投资方面,鉴于中国经济发展的良好态势,近几年来,日本、韩国、中国台湾地区、新加坡等东亚国家和地区对中国的投资有增无减。2002 年我国共批准韩国对华投资 4,008 项,韩国成为我国第四大外资来源。新加坡更是把中国市场作为其最大目标,新加坡是目前中国排名前列的外来投资者,是东盟成员国中来华投资最多的一个。

2. 区域联系方面,近些年中国的需求大大拉动了东亚各国的出口,中国市场正在取代欧美市场,成为东亚各国和地区经济增长的一个重要因素。而且,鲜明多层次的中国使得中国可以在多个层次上参与东亚地区的国际分工,既可以吸纳从日本、四小龙转移出来的劳动密集型和资本、技术密集型产业,与它们合作开发高新技术产业,又可以向东盟各国输出资本、技术密集型产业和高档次的劳动密集型产业,推动整个东亚地区产业结构的调整和升级,进一步增强该地区的经济联系。

3. 区域经济一体化进程方面,中国愿意并能够承担集体行动的成本,甘愿为其他"搭便车"的成员提供优惠(包括开放国内市场)、补偿等。东盟最初对于签署中国—东盟自由贸易协定态度并不积极,但中国提出了首先开放东盟的主要出口产品—热带农产品市场方案,双方因此迅速达成协议。

---

① 张宗斌:《东亚经济模式的演变与重构》,《东北亚论坛》2006 – 07 – 20。

东亚其他经济大国和强国,如日本、韩国,也马上开始寻求与东盟签订自由贸易协定。中国的积极推动,实质上加快了东亚区域经济一体化进程。

(三)中国经济发展对东亚经济的影响

随着中国经济的持续增长,中国日渐成为亚太地区乃至世界商品与资本的聚集地,中国在推动东亚经济发展中起到的影响和作用越来越大,逐渐成为东亚经济发展的又一大"引擎"。中国经济的发展在东亚区域经济中的影响越来越大,主要表现在以下几个方面:[①]

1. 中国在稳定和复苏东亚经济过程中起到了主要作用

20世纪90年代,日本占东亚经济增长量的69%,韩国、新加坡占14%,东盟占7%,中国只占10%。由于当时的日本经济开始出现停滞,1996～1998年的日元贬值更是成为东亚金融危机的重要起因之一。亚洲金融危机爆发后,中国政府积极的财政金融政策,对于香港经济的稳定和东亚金融危机的阻击发挥了重要作用。在危机后的经济复苏过程中,日本经济只占东亚实际经济增量的10%,韩国、新加坡占26%,东盟四国占20%,中国占44%。中国经济"一枝独秀",快速发展,年经济增长保持在7%以上,中国制造业在世界制造总额中的比例超过5%,规模位居全球第四。在制造业方面,中国成为"世界工厂"。中国经济成为近几年来东亚经济稳定发展重要的诱导因素。

2. 中国影响东亚发展模式,使其产业循环趋向完整

在过去的"雁行模式"下,东亚各个经济体产业不断升级、转移,从而得以保持持续的、较高速度的增长。但是,由于产业升级与转移的周期短,出口产品变化较大,加之各国的市场规模不足,造成东亚市场的不完整。得益于中国经济增量大,潜在市场大,形成以中国为中心的较完整的区域产业循环,东亚减轻了对区外市场的依赖程度,降低了区域经济的不稳定性,使得东亚地区的产业循环趋向完整。例如,韩国自20世纪90年代以来扩大了

---

① 王留喜:《中国经济发展对东亚的影响》,《经济师》2003 - 10 - 15。

对中国的出口,使其对东亚的贸易从长期的逆差转为顺差,韩国对华出口的急剧增长成为其经济复苏的重要因素,中国也成了韩国产品的又一重要和不断扩大的最终市场。

3. 中国促使东亚"FTA"的形成

随着经济实力和加入 WTO 后影响的渐趋强大,中国成为拉动东亚经济增长的重要力量,与东盟国家、日本、韩国的经济联系越来越紧密。目前,东盟 10 国对华贸易长期保持顺差,2002 年顺差额达 78.56 亿美元,而同期对日本贸易逆差达 41.55 亿美元①。中国经济发展的良好势头促使东盟积极发展与中国的 FTA。受中国与东盟 FTA 快速发展的影响,原本在与东盟缔结 FTA 方面态度并不积极的日本政府也变得积极起来。

4. 中国促使东亚金融合作步伐加快

亚洲金融危机暴露了东亚各国在协调经济政策、共同抵御危机方面的不足,更使各国都意识到加强区域合作的重要性。2000 年 5 月东盟 10 国与中、日、韩三国财长在泰国的清迈就东亚地区的财政金融合作,特别是就建立双边货币互换机制达成共识。2002 年 3 月,中日双方签署了在对外资金周转情况恶化时互相通融外汇的货币互换协议。中国与韩国、东盟国家的谈判也在进行当中。中国在东亚金融合作中的努力,加快了东亚金融合作的步伐。中国经济的健康发展,对东亚地区的影响越来越大,并将持续下去。

我国市场空间巨大,城乡和地区之间的经济差距较大,经济发展不平衡,这些都为长期的经济增长提供了广阔空间。但是,面对国际需求的疲软,国际市场空间有限等实际问题,我国不仅要调整出口商品结构,提高产品的竞争力扩大出口,而且要继续扩大内需,把这一政策作为长远的发展战略。我们要重视综合运用财政、货币、收入和分配等政策措施,在提高居民收入水平和加快建立社会保障体制的同时,逐步完善消费信贷体系,为个人消费的发展提供更为广阔的空间和动力,以保证经济的持续稳定的增长。

---

① 《中国经济发展对东亚的影响》,2009 年 7 月 24 日下载于:http://www.51kj.com,http://www.51kj.com.cn/news/20070616/n117270.shtml.

多年来,外贸一直在我国的经济增长中发挥着重要的作用。继续实行市场多元化战略,在巩固欧洲和北美市场的同时,大力发展东亚国家间的区域贸易,促进外贸的增长,开拓外贸发展的空间,不断巩固和提高我国商品的国际市场占有率。加速外贸企业重组和规模经营的进程,推动外贸企业向实业化、工贸结合、技贸结合和科贸结合的方向发展。对外贸企业要实行股份制改造,通过改革提高外贸企业的经营水平和竞争力。要格外重视提高利用外资的质量和水平,把利用外资与引进先进技术和提高创新能力相结合,为经济建设和改革创造条件。

目前,东亚已成为中国最大的外商直接投资来源地,同时东亚也成为中国企业"走出去"的重点地区。中国企业对东亚国家和地区投资的领域已从贸易、金融、航运、餐饮等行业,扩大到生产加工、资源开发、工程承包和研究开发等方面,投资方式也从单一的投资办厂发展到跨国并购、股权置换、境外上市、建立研发中心、创办工业园区等多种形式。加强与东亚的投资合作,不仅能提高经济的发展水平,而且还能拓展东亚国家间的经济合作空间,提升东亚国家的经济竞争力。总之,东亚投资合作将给地区经济注入新的活力,使地区合作的领域更加深入,范围更加拓展。

三、中国在东亚地区的经济发展战略

东亚经济圈的大多数国家都已经或开始经历市场经济和民主化所带来的进步、繁荣与变革阵痛。冷战结束前后东亚国家普遍经历了政治民主化的洗礼,一些国家严重的国内政治冲突开始缓和,政治生活走上稳定发展的轨道;普遍民主化使各国政治形态彼此接近,东亚基本上摆脱了冷战时代的意识形态的严重对立和国家间的不信任与冲突,对话与协商成为解决国际争端的主要手段,东亚的国际政治也随之大大缓和[1]。应当说,这一地区实现了较为充分的政治和解,政治互信也达到战后最佳时期,各国间普遍形成了相当程度的政治默契,东亚的安全状况也大为改进。

---

[1] 周子衡:《中国经济发展的地缘战略与东亚经济一体化》,《世界经济与政治》2004 - 02 - 14。

　　随着中国与东亚国家经济联系的日益密切,东亚地区已成为中国主要的出口市场和引资地区。因此,东亚地区的经济发展态势必然会对中国经济的未来发展走势产生重要影响。中国经济的发展战略必将对东亚地区的经济体系发挥前所未有的影响力,中国的参与程度也决定了东亚经济一体化的成败。

　　东亚分为东南亚和东北亚。中国经济发展的地缘战略也分为南北两个方面:其一,在南部,建设中国与东盟的自由贸易区,积极主导湄公河流域的国际合作开发,推进"克农运河"的开发建设,增进南线海路的安全。其二,在北部,将中国的环渤海经济圈建设成为东北亚的产业制造重心和金融投资的中心,使中国的整个东部经济成为泛东亚经济体系的大陆桥梁和重心所在。①

　　在东亚经济发展与经济一体化过程中,中国正面临前所未有的历史性机遇,中国经济发展的地缘战略将对中国国内经济发展与整个东亚地区经济发展均带来深远的影响。从国际角度来看,东南亚经济发展的地缘战略目标是形成"环南中国海经济圈",东北亚经济发展的地缘战略目标在于形成"环黄海经济圈",这两大经济圈将通过以上海为中心的长江三角洲等东海地区的积极参与,形成一个由海路与陆路并行发展的西太平洋经济带。这一经济带的建立将使中国发挥其巨大的经济潜能,也只有中国的经济规模和潜在的经济能力才能够推进这一东亚各国的共同事业的完成。

　　从国内角度来看,中国经济发展的地缘战略正在经历内线转外线、边缘切入与渐进北上的实践,但是西部大开发迟滞了中国经济发展地缘战略的再突破,使渐进北上的地缘发展态势止于长江三角洲地区②,中国经济发展地缘战略的新突破在于理顺京津关系,充分利用日韩资金,着重打造辐射整个华北和东北地区的环渤海经济圈。合并北京、天津,整合环渤海经济圈的

---

　　① 周子衡:《中国经济发展的地缘战略与东亚经济一体化》,《世界经济与政治》2004 - 02 - 14。
　　② 周子衡:《中国经济发展地缘战略:与东亚经济一体化》,中国宏观经济信息网,http://www.china - region. com/News/HTML/,2006 - 9 - 26。

经济资源,大量吸纳日本与韩国的产业资源和金融投资,壮大华北以至包括东北在内的整个北方的市场经济,是中国经济发展地缘战略的重中之重,是中国经济发展战略的重大突破。这一战略将为形成中国东部经济一体化和东北亚经济一体化打下基础,进而为实现东亚经济一体化取得根本性的进展。①

中国是东亚地区的大国,东亚的发展离不开中国。随着东亚区域合作势头的加快,东亚一体化问题开始进入人们的视野,中国在其中起着举足轻重的作用。而中国的发展壮大,也有赖于与东亚地区国家加强双边和多边合作。因此,21世纪初,中国的东亚战略应顺应经济全球化的发展,依托东亚,立足东亚,加强区域合作,积极参与东亚合作,在合作中不断壮大发展自己。这是中国实现对外开放战略目标的关键。自改革开放以来,中国经济迅速发展,已经成为推动东亚经济合作的重要因素。这一地区的产业结构、贸易结构、资本结构具有相对的完整性和互补性,开展合作的潜在空间巨大。中国对外经济战略的重点和关键之一是加强地缘经济,立足和依托东亚,积极融入东亚区域合作②。这对中国积极奉行"和平崛起"的对外方略有着特殊的意义,而中国的崛起将会为东亚地区各国经济的发展提供大量机遇。

中国作为目前世界第六大经济发展国和第三大贸易国,它的快速发展势必会影响整个世界经济发展的各个方面。由于东亚国家在地理位置上与中国相邻,它们也处在由中国崛起而带来的全球变动和转型中。中国经济虽然增长很快,可是面临的问题也是越来越多:③

第一,国际社会针对中国反倾销案例增多;第二,中国面临越来越多的技术性壁垒;第三,中国在进口国碰到非市场经济的困扰,还有特殊保障条款的困扰;第四,中国和美国贸易极度的不平衡;第五,来自国际社会对人民

① 周子衡:《中国经济发展的地缘战略与东亚经济一体化》,《世界经济与政治》2004-02-14。
② 邱丹阳:《东亚合作与中国的战略选择》,《国际问题研究》2003-05-13。
③ 孙超:《中国的崛起为东亚国家发展提供大量机遇》,《中国经济时报》2005-03-21。

币升值的压力。

尽管国内有些学者认为中国的贸易依存度已经很高了，但是，在这样一个经济全球化的时代，中国的基本国情决定了中国不得不采取一个继续开放的政策。只有通过进一步扩大对外贸易，才能保证中国经济的持续增长。中国市场对海外资源与高新技术设备的依赖，对投入品的依赖等都决定了中国必须实行高速贸易增长的战略。随着中国贸易和外商直接投资的快速增长，中国正在东亚地区扮演着非常重要的角色。而中国只有在建立区域经济合作系统中扮演更加积极的角色，才能使中国经济和东亚地区经济相互协调发展。

在当前全球经济竞争的背景下，东亚各国应该创造一种双赢的合作模式，加强与中国的贸易往来。中国与东亚各国地域相邻，文化相近，经济互补性强，具有开展投资合作的条件和优势，在中国与东亚各国的共同努力下，目前东亚已成为中国最大的外商直接投资来源地之一，东亚也逐渐成为中国企业对外投资的重点地区。据统计，中国已成为韩国第一大进口、出口市场，日本的第二大出口市场，泰国的第三大出口市场，印尼、新加坡、菲律宾和马来西亚的第四大出口市场。中国的发展为东亚各国经济增长带来了机遇，并已成为东亚经济发展的引擎。

中国应以积极和建设性姿态参与东亚事务，推动东亚合作进程，实现政治、经济、安全等各个领域的全面区域合作，最终走向"东亚共同体"，形成世界政治经济格局中重要的一极。这将促进亚洲各国政治和经济的长期稳定和发展，共同为世界和平与发展作出更大贡献。在推进东亚区域合作进程中，中国的综合国力和国际地位也将得到新的提升，中国作为东亚负责任大国的形象将进一步确立，从而为中国在 21 世纪的崛起和全面实现小康社会奠定更加坚实的基础。①

---

① 邱丹阳：《东亚合作与中国的战略选择》，《国际问题研究》2003－05－13。

第四章 儒家文化和东亚经济
发展模式之间的关系

第一节 儒家文化与产业政策

一、儒家文化与产业政策的基本内涵

儒家文化是中国的传统文化,在中国两千多年的封建时代,儒家文化一直处于主导地位,代表了中国传统文化的主流方向和价值方向。在东亚地区,传统的儒家文化一直占有重要地位,是该地区文化的主导。20 世纪 60 年代到 90 年代,东亚地区经济出现了连续 30 多年高速增长的"东亚奇迹"。虽然 1997 年的东亚金融危机使"东亚奇迹"遭到一些人的质疑,但是金融危机后东亚地区经济仍然保持较高速度的增长,东亚地区的经济合作也蓬勃开展起来。在东亚的经济发展过程中,文化因素特别是中国传统的儒家文化在其中发挥了特殊的作用。经济发展模式与文化联系紧密,东亚经济发展模式和传统儒家文化之间就有一种良性的互动关系。

在文化传统,东亚地区与儒家文化有着深厚的渊源关系。儒家文化中博大精深的道德理想和价值观念在现代化的冲击下,逐渐融入了现代市场经济的观念体系,这对东亚的经济发展有着深远的影响。其中,儒家文化对产业政策的影响就不容忽视。

什么是产业政策?学术界对这个问题已经展开过讨论,提出过很多种看法。然而,到目前为止,世界各国的学者仍然未能就产业政策的概念达成

一致认识。

一种观点认为,产业政策是政府有关产业的一切政策的总和。英国经济学者阿格拉(Agra)认为,产业政策是与产业有关的一切国家的法令和政策。日本经济学家下河边淳和菅家茂在其主编的《现代日本经济事典》中指出:"产业政策是国家或政府为了实现某种经济和社会目的,以全产业为直接对象,通过对全产业的保护、扶植、调整和完善,积极或消极参与某个产业或企业的生产、营业、交易活动,以及直接或间接干预商品、服务、金融等的市场形成和市场机制的政策的总称"。①

一种观点认为,产业政策就是计划,或者说产业政策主要是对各国政府产业结构的变动进行干预,以通过优化结构来推动经济增长。这种观点在欧美经济学界相当流行。例如美国社会学家阿密塔伊·艾特伊奥利认为,产业政策就是计划,无非是采用了一个"温和的、更加悦目的名词"。又如美国经济学家玛格里特·迪瓦尔所说的"部门政策——鼓励向一些行业或部门投资和不鼓励向其他行业或部门投资——仍然是产业政策讨论中心"。②

一种观点认为,产业政策是为了弥补市场机制的缺陷而由国家采取的补救政策。这一观点的代表人物是日本著名经济学家小宫隆太郎,他将产业政策归纳为"通过某些政策手段,对以制造业为中心的产业(部门)之间的资源分配实行干预的各种政策,以及干预个别产业内部的产业组织,对私营企业的活动水平施加影响的政策的总体",并强调"产业政策(狭义的)的中心课题,就是针对在资源分配方面出现的'市场失效'而进行的政策性干预"。③

一种观点认为,产业政策是后进国家振兴民族经济,赶超发达国家时所采取的经济发展战略及相关的一系列政策的总称。例如日本经济学家井木信义就指出,产业政策就是当一国的产业处于比其他国家落后的状态,或者

---

① 下河边淳、管家茂:《现代日本经济事典》,中国社会科学出版社1982年版,第192页。
② 玛格里特·迪瓦尔:《工业生机:采用国家产业政策》,玻格曼出版社1982年版,第13页。
③ 小宫隆太郎等:《日本的产业政策》,国际文化出版公司1988年版。

有可能落后于其他国家时,为加强本国产业所采取的各种政策。①

还有一种观点认为,产业政策就是为了加强本国产品的国际竞争力的政策。如美国的日本政策研究所所长、东亚问题专家查默斯·约翰逊(Chalmers Johnson)在他主编的《产业政策争论》中写道:"产业政策是政府为了取得在全球的竞争能力而打算在国内发展和限制各种产业的有关活动的总的概括。作为一个政策体系,产业政策是经济政策三角形的第三条边,它是对货币政策和财政政策的补充。"②

最后,还有一种观点认为,产业政策是指国家(政府)系统设计的有关产业发展,特别是产业结构演变的政策目标和政策措施的总和。例如中国经济学家周叔莲等在其主编的《中国产业政策研究》中写道:"产业政策是国家干预和参与经济的一种高级形式,它是从整个国家产业发展的全局着眼而系统设计的较完整的政策体系,而不是仅仅只是关于某两个产业的局部性政策。"③

综上所述,各国由于经济制度、经济价值观以及经济发展程度的不同,对产业政策作用的机制、目标的理解也就有所不同,对产业政策的定义也就不尽相同。不管人们对产业政策的解释有多大的不同,但在定义产业政策时却往往有这样一些共同点:首先,都认为产业政策是旨在促进并优化本国产业发展的一项政府经济政策;其次,都强调产业政策对于改善资源在产业及企业间配置效率的必要性和可行性;最后,都肯定产业政策对推进后进国家经济增长,实现民族经济振兴的重要功效。因此,根据以上几点,我们认为,产业政策是指一国政府为了促进本国的经济发展,根据产业发展规律的客观要求,综合运用经济手段、法律手段以及必要的行政手段,调整产业关系,维护产业运行,促进产业发展,达到对社会资源的最优配置,重新调整产业经济活动的一种政策导向。

从产业政策的概念可知,产业政策包括产业政策的主体、产业政策的客

---

① 邬义钧、邱钧编著:《产业经济学》,中国统计出版社1996年版。
② 查默斯·约翰逊:《产业政策争论》,美国当代研究所1984年版,第5页。
③ 周叔莲、裴叔平、陈树勋:《中国产业政策研究》,经济管理出版社1990年版,第39页。

体和产业政策运行的环境等三个要素。

"主体"、"客体"原是一对哲学范畴,就其本来的哲学认识论的含义而言,"主体"是指积极活动的、具有意识的、能动的人;"客体"则是指人的认识和'实践的对象,即客观世界(自然和社会)。从近代开始,人们日益运用这对范畴来刻画人类的认识活动和实践活动。在政策科学中,我们一般将那些参与政策的制定、执行、评估与监控的人、团体或组织称为政策主体,而将政策所处理的社会问题、所作用的社会成员(目标团体)称为政策客体。

产业政策的主体就是产业政策制定、执行、评估与监控四个环节的行为承担者。各国情况不同,产业政策主体的构成也有所不同。我国产业政策的主体主要是由立法机关、司法机关、行政机关以及政党四个方面组成。产业政策的客体即产业政策所要发生作用的对象,包括产业关系、产业运行和产业发展。产业政策是一个复杂的政策体系,其所涉及的范围非常广,覆盖了产业的各个层次。

在微观层次上,产业政策可以通过产业运行政策来调整产业内部各企业之间的关系,从而为产业的运行创造一个既有公平竞争,又有规模经济效益的充满技术改造、创新意识的良好环境。在中观层次上,产业政策可以通过产业关系政策来调整一国范围内同一地区或不同地区各产业之间的关系,从而实现一国产业结构的高度化,并建立国内合理的地区分工关系。在宏观层次上,产业政策又可以通过产业发展政策来调整国际环境下各国产业之间的关系,使本国产业走出国门,走向国际,实现产业的全球化,并促使其在经济全球化的大环境下,最终实现产业的现代化。

二、东亚产业政策的特征

(一)经济发展初期,政府干预力度较大,但是随着产业竞争力的提高,市场机制逐渐发挥着主导作用。东亚的产业政策,在手段上经历了从直接管制向诱导型、指导型政策手段的转变。这种转变是从20世纪60年代就开始的。从东亚各国和地区政府与市场的关系来看,总的来说,产业政策就是依靠市场竞争机制与企业自身活力来推动产业发展的,政府所起的作用主要是诱导作用,具体的行动还是要靠企业来实施。20世纪80年代以前,在相当长的一段时间内,政府在产业中一直处于主导地位,而且存在明显的国家实物计划和优惠政策,80年代后,很多国家就减少了计划调节,更注重市场作用的发挥。

(二)在经济发展的不同阶段选择相应产业作为主导产业。在20世纪50年代,日本重点发展钢铁、煤炭和电力等产业,确定汽车、电子计算机、家电等产业为主导产业,70年代后则重点发展知识密集型产业和以服务业为主的第三产业。由此可见,选择符合产业结构发展规律的产业,可以有效的带动相关产业的发展,使得产业政策获得较大的成功。

(三)重视技术的引进和自主研发。20世纪50年代,日本依靠引进国外技术,使得研发费用大大减少,而且提高了劳动生产率。在东亚经济发展的不同阶段,各国都特别重视先进技术的使用,重视提高企业技术的开发能力,最终实现了从技术引进到技术自主开发的转变。

(四)一方面注意培育大型企业集团,另一方面又支持中小企业发展。在东亚,很多国家在充分发挥和运用市场机制的前提下,防止企业垄断和过度的竞争,实现企业之间有序的竞争,充分发挥了企业的活力。为保护中小企业的发展,政府从财政、金融和政府订货等多方面对中小企业提供支持和扶持,促进其竞争力的增强。

三、儒家文化对东亚国家产业政策的影响

自20世纪60年代以来,东亚经济奇迹般地崛起,东亚各国和地区的国民生产总值持续上升。在东亚经济崛起的过程中,儒家文化对东亚各国和地区的影响是不容忽视的,某种程度上甚至可以说,正是因为儒家文化的存在才使得东亚各国和地区创造了所谓的"东亚经济奇迹"。

儒家文化所集聚的民族凝聚力和海纳百川的多元文化传统,给东亚各国和地区的经济发展创造了有利条件,成为其发展的一个重要因素。民族的凝聚力是一个国家发展的必要条件,正是因为有了强大的民族凝聚力,东亚地区各国的社会才能保持稳定和持续的发展。与此同时,儒家文化倡导

的兼容天下的文化理念也使得东亚地区各国的产业政策始终能保持和而不同，兼容并蓄的宽容格局，这就为东亚地区的经济发展注入了活力。

儒家文化强调秩序与稳定，而秩序和稳定又是社会经济发展不可缺少的重要条件。儒家文化强调上级对下级要关心，要做到宽严适度，下级则要服从、尊重上级，以保持和谐的人际关系和社会关系。正是因为东亚文化具有自己的独特性，这才使得东亚社会的企业组织与管理、劳动雇佣制度、雇员与企业的关系与西方国家显著不同，具有浓厚的家庭伦理色彩，这种制度能够更多地体现现代工业主义的人情味[①]。在东亚社会，个人的才能和积极性同样也受到重视，同样有得到发挥的机会，原因在于儒家文化是提倡"尊贤使能"、"贤者在位，能者在职"的，社会被看成是扩大了的大家庭，可以把每个人都吸纳进来，大家各司其职，各在其位。这也是东亚很多国家可以保持社会稳定的重要原因。从长远的角度来看，这种社会机制具有稳定、高效的优点。儒家文化强调追求利润，更强调温和的金钱关系，具体表现在"民有德而五谷昌"、"和为贵"等儒家伦理。很多东亚企业坚持着"爱人者人恒爱之，敬人者人恒敬之"的儒家训诫。这些都说明，在东亚的经济发展中，传统的儒家思想不但没有妨碍经济的发展，反而成为东亚经济发展的有利因素。反过来，东亚经济的发展又进一步强化了儒家文化在东亚的影响。

当然，儒家文化精神对产业政策的影响既有积极的一面，也有消极的一面。一个理性的、自由的产业政策的建立和完善需要经过人们长时间的实践才能实现，在这一方面就需要扬长避短、因时制宜。

第二节 儒家文化与金融制度

一、金融制度的概念与内涵

早期制度经济学认为制度就是集体行为控制个人行为，而一些学者却

[①] 孙明媚、张永礼:《儒家文化对东亚社会经济的影响》,《辽宁财专学报》2003 - 01 - 30。

有不同的看法,认为制度是一个社会的游戏规则,它提供了一个日常生活的结构,以此来减少不确定性,从而影响经济效益。还有一些学者认为制度是人们的一种行为规则,这些规则涉及了政治、社会与经济行为。总之,制度就是为社会经济发展提供服务的。

由于金融是制度外在体现的重要方面,所以,制度也必然会对金融活动起到很重要的影响,甚至是决定性的影响。在此基础上,一些学者把制度因素引进了金融分析,由此产生了金融制度的概念。金融制度作为经济市场中金融运行的"游戏规则",具备其自身的特点,主要有以下几点:①

第一,金融制度具有内在调节或者稳定约束的功能。金融制度结构调节的原理揭示了制度结构的三个子系统(金融组织、金融市场、金融监管与调节制度)中每一个系统的存在都是另一个系统存在的前提,同时也是别的子系统调节的结构。从三者之间的逻辑关系来看,三者之间实质上就是互为前提条件的。

第二,金融制度具有配置资源或者融通资金的功能。在经济市场从收入到储蓄再到投资的流动过程中,金融制度扮演着重要的作用。一方面通过金融组织制度的形式将市场中分散或者暂时闲置的资金集中起来,然后投入到生产中去,成为生产资金,这样就有效地利用了社会闲散资源;另一方面,通过金融制度的形式,利用金融手段,将市场中的货币资金导向生产效益好的部门、地区或者企业。

第三,金融制度具有节约费用或者提高效率的功能。制度产生的一个重要作用就是为了节约交易费用,金融制度的产生也是如此。首先,金融制度所提供的规则可以降低人们在金融交易中的讨价还价所引起的费用。其次金融制度的安排可以节约人们在交易收集信息方面所花的成本。再次金融制度提供的规则可以节约金融交易中无序所造成的成本。最后金融监管与调控制度可以减少金融风险所造成的成本费用。

金融制度既不是简单的金融体系构成,也不是简单的游戏规则。建立

---

① 李斌:《金融制度学理论及中国金融体制的改革》,《昌吉学院学报》2005-09-15。

一定的金融制度是为了统一协调整个金融体系的活动,以适应国民经济和社会发展的需要。

二、儒家文化对东亚地区金融制度发展的影响

文化作为一种独特而重要的资源,甚至有人把它看成"制度之母",是一个群体(国家、民族、企业、家庭)在一定的时期内形成的理念、思想、行为、习惯、风俗以及这个群体整体意识所辐射出来的一切活动。人们通常把文化看成是思想观念、伦理道德、风俗习惯以及宗教信仰等,而这些因素特别是宗教信仰往往金融制度的发展产生很大的影响。世界三大宗教——基督教、伊斯兰教和佛教由于各自教义的不同,对金融制度的发展也产生了不同的影响,基督教早期严格禁止放贷获息,这种思想在中世纪达到了顶峰,直到16世纪后该项禁令才渐渐放松,这种对高利贷政策的演变使金融制度的发展具有阶段性;伊斯兰教自始至终严厉的禁止高利贷,这使伊斯兰银行和金融业的发展至今比较缓慢;而佛教不仅允许发放高利贷,而且对放贷取利的交易方式和利率都作出了明确的规定,这极大的促进了金融制度的发展与完善。同样,在东亚地区广泛存在并且具有影响深远的儒家文化对东亚地区金融制度的发展也有显著的影响。

儒家文化是从孔孟时代开始的,在中国已有两千多年的历史,经历了各朝各代的改造而延续下来,有着深厚的文化底蕴,深刻的影响和制约着它所辐射的东亚地区。在古代社会,与陌生人做金融契约交易所需要的信息框架和制度都不健全,基本上是在没有选择的条件下,就是通过儒家"三纲五常"的等级次序来约束一些人的行为。以简单的社会组织——"家庭"为例,在过去的很长一段时间内,特别是在外部金融市场不完善甚至说不存在的情况下,社会组织特别是"家庭"承担着最重要的经济交易(尤其是风险交易)和感情交易功能,于是形成了人格化的"保险"、"借贷"、"投资"、"养老"等金融品种,这些都是建立在后代和亲戚基础之上的。为了保证家族内部这种隐形的契约能够顺利进行,降低交易成本,"文化"就必须具备一些基本的保证契约交易能执行的内容,儒家的"孝道"文化以及相关名分等级

社会秩序的作用也就随之产生了,并发挥了重要的作用,而"家"以及其他社会组织的功能主要就是促进成员之间的经济交易和感情交流。但是,随着时代的不断变化与发展,"家"的经济交易功能逐渐的被市场所替代,而"家"主要转变成感情交流的地方。

因此,相关的制度性文化特别是"家"的文化发生了本质性的转变,而儒家文化的"孝道"这样的"刚性"等级文化也就变得无关紧要了,取而代之的是以个人权利为核心、个性得到张扬自由的现代文化。一旦文化的某种功能能由其他更受社会欢迎的东西所替代,那么这项文化内涵不是结束,就是发生了变化,儒家文化亦是如此。随着经济和金融技术的发展,儒家文化的内涵也是随着社会的需要不断发生变化的。今天物质生产能力的高度和证券金融市场的发达程度来看,市场能提供各种各样的保险和信贷基金,在这样的条件下,再接受儒家文化所谓的"三纲五常"的约束就没有任何意义了。

随着社会经济的高度发展,儒家文化随之日渐衰退,没有了儒家文化的所谓"孝道"和"三纲五常"的约束,金融市场的发展空间有了进一步的扩展,并由此也产生了很多法人新现象。而金融市场的兴起和发展,对很多国家的解放和自由又有很重要的意义。与此同时,儒家文化的内涵不断发生变化,金融制度也不断的完善,逐渐形成了现代金融制度。

三、现代化的金融制度

对一个国家来说,经济发展的基本前提是要有一个健全的金融制度,而金融制度作为一个必须随着货币资金的流动和客观需要的变化而变化的动态系统,它的健全与否主要取决于其能否针对金融形势的发展而及时、准确地做出适当的反应,因此,金融制度不是静止不变的,而总是处在不断的变化之中。一般来讲,金融制度的改变大致有两种途径:一种是金融制度的移植,另一种就是金融制度的创新。

所谓的金融移植,是指将某一国或者地区的金融制度中的一部分移植到其他国家或者地区,使其成为接受国或者地区的金融制度的有机组成部分。对于金融创新的定义,不同的学者有着不同的解释,大致可以从广义和狭义上进行分类。广义的金融创新,主要是指对原有的或者从国外移植过来的金融制度做出局部的调整或者做出某些更新,以适应变化了的形势需要。狭义的金融创新,则是指从无到有地形成全新的金融制度。

(一)关于金融制度的移植

形成金融移植的主要原因是制度的移植对于移植国家来说存在很多好处,它不但可以大大降低制度创新和制度变迁的成本,还可以吸收国外的先进技术以及一些被证明过的行之有效的制度。

我们不能简单地把金融制度的移植理解为某种金融制度取代另一种金融制度,制度的移植还存在着两种不同的制度是否相容的问题。关于移植,必须经过一些相应的变更,以便使得外来的制度适应本土化的要求。这也就是说金融制度的移植是有条件的,在移植的过程中有着很多的约束条件,如果无视这些约束条件,金融制度的移植就有可能失效。

金融制度的移植的约束条件主要有以下几个方面:

1. 文化因素

文化是一种非正式的约束因素,而我们所移植的金融制度属于正式约束,它与一国的价值观念、风俗习惯、民族精神等有着广泛的联系。有学者认为,一国的民族精神决定了一国的法律制度。显而易见,民族精神这一文化因素对一国的法律制度的影响是不应低估的。正式规则中包含了大量的隐性的非正式规则。所以,新制度经济学认为,正式规则只有在社会认可,即与非正式规则相容的情况下,才能发挥作用。因此,别国的某项金融制度若与本国的文化存在重大冲突,那么金融制度的移植就会失去效果或产生移植不适应症。这就要求一国在引入别国的金融制度时,既要对来源国的金融制度的文化背景作深入细致地了解,又要对准备移植的金融制度与本国文化的适应性作科学的、真实的评估,并在此基础上进行理性选择。

2.经济因素

经济因素对金融制度的移植的影响主要表现在两个方面:①

一方面就是各国经济发展水平的差异。在一定的程度上,经济发展水平的高低决定了一个国家金融制度的基本体系和结构。另一方面就是市场经济发育程度的不同。在很多西方发达国家,市场经济的发育程度已经达到了相当的高度,而在东亚的很多国家,市场体系还在逐步地建立和完善之中,因此,这就决定了东亚各国的经济体制改革必须走一条渐进的道路,需要对从外国引进的金融制度进行改造,使之适应本国经济的发展需要。

3.政治因素

政治因素主要指国体、政体和政治权力的配置方式。在市场经济条件下,虽然资源配置大多是通过市场来进行的,但政府对资源的配置仍然起一定的作用。在东亚各国,计划经济向市场经济过渡的启动力量直接来源于政治权力的主要载体——国家,而不是像西方国家那样,由自然经济向市场经济过渡的启动力量来自市场本身。在东亚的很多国家,金融制度的变迁是一种强制性制度变迁,金融制度供给和需求的主体都是政府,这就决定了在金融制度的制定过程中,政府带有决定性的影响。

金融制度移植,实质上就是一个外来的金融制度本土化的过程。因此,我们在对待金融制度移植的这个问题上,首先要从本国实际情况出发,对要进行移植的金融制度进行筛选和扬弃,择优汰劣,寻求最适合本国目前金融业发展现实状况的金融制度作为移植的对象,并结合内外环境约束加以改造和具体化。其次是要辩证地对待本国原有的金融制度,保留其合理成分,在此基础上走向融合创新,最终形成符合本国经济发展需要的金融制度体系。②

(二)关于金融制度的创新

随着经济的快速发展,全球的金融改革与金融发展取得了显著的成效。

---

① 鲍石英:《中国的大区行制与美国联邦储备体系》,《创新科技》2007 – 09 – 08。
② 黄建新:《论金融制度的移植与创新》,《商业时代》2005 – 03 – 30。

金融创新是一个连续不断的过程,是一个不断突破旧体制,不断推进金融市场化、促进金融制度变迁的艰难过程。目前,很多东亚国家正处在金融制度的变革期,金融创新是它们面临的共同任务。金融创新的"瓶颈"在于金融制度的创新,只有正确处理与把握二者的辩证关系,加大制度创新力度,才能促进金融创新质量与效率的提高。①

正如制度经济学所说,要实现经济的增长,必须注重对制度的建设。一些学者认为,只有实现制度的完善才能实现经济的增长。

在东亚一些国家和地区,由于市场经济体制才刚刚建立起来,旧的制度还在一定程度上发挥着作用,在这样的体制环境下,金融制度的创新面临不少的阻力。②

首先,已经出台的一些制度往往注重社会的稳定,而忽视了金融创新的市场特性。由于受政府利益结构和偏好结构、旧体制惯性以及文化环境的影响,新的金融制度安排往往带有明显的维护社会稳定的特征。

其次,市场经济体制才刚刚建立,旧的体制还在发挥作用,这说明客观现实本身就蕴含着多样化的制度创新需求。和制度创新需求相比,金融制度创新的供给明显滞后和不足,重增量,轻存量;重体制外,轻体制内;重金融组织与金融工具,轻金融制度现象严重。为了减少制度创新与现存经济秩序和社会利益结构之间的摩擦,仅把创新的着眼点更多地放在外延的扩展上,仅仅停留在表层上。而一些势在必行的制度改革,往往因为难度大、涉及面广,可能对现有制度框架和金融秩序会形成较强冲击而延迟或放弃。目前,东亚的金融创新措施很多仅仅只是借助了创新的外在形式,内容并未发生质的变化,导致制度创新供求严重失衡。

再次,制度创新缺乏系统性和可持续性。很多东亚国家所采取的金融措施带有很强的过渡性特征,缺乏对于制度创新的中期和长期目标的整体规划,创新没有层次感、整体感、系统性和可持续性,金融创新的负面效应显而易见。一是影响了金融创新的整体推进。因为制度创新是金融创新的重

---

① 董艳芬:《金融创新与金融制度稳定性的思考》,《金融时报》2002 - 12 - 09。
② 吴歆昀:《浅论金融创新与金融制度稳定性》,《科技信息(科学教研)》2008 - 07 - 20。

要组成部分,与金融业务、工具、组织的创新相比更为关键和重要。东亚一些国家和地区在利率水平、业务范围、资本市场等方面存在严格的金融管制,限制了金融创新的有效空间,使得银行业运转的活力不足。某些创新带有很大的盲目性,重推轻销,货币营销滞后,他们变得越来越依赖于现有的金融制度,金融创新动力和能力弱化,难以适应经济结构调整和经济发展对金融服务功能多层次的需求,突出表现在对中小企业的信贷支持不足,守成、短见成为银行业共同的症状。这种强制性制度变迁,使得实际意义上的创新主体的创新活力缺乏外在的激活力量,求生存的内在创新冲动大打折扣。二是由于金融创新缺乏相关的制度安排和适宜的制度环境,金融运行中的深层次矛盾得不到解决,金融创新失去了厚重的金融基础。

金融创新与金融制度二者之间也是具有矛盾性。众多的经验表明,许多金融创新对金融制度的稳定性起到了所谓的“破坏性”作用,影响其相对稳定性。促进制度规制的进一步完善,是推动金融制度创新的基本动力。一般来说,已有的金融制度形成、运行的时间相对较短,在金融制度变更中形成的沉没成本相对较低,金融制度创新的综合成本也会相对变小,反之,综合成本就会变高。同时也应看到,二者又具有统一性。金融制度创新是金融创新的有机组成部分,制度创新是金融创新及金融业发展的重要动力库和发生源,降低金融创新的博弈成本,促进金融创新尤其是“民间”金融创新由“地下”转为“地上”,名正言顺地进行,使“制度外”的金融创新活动在制度创新中担当关键角色。①

当然,金融制度对金融创新的积极作用也不应过分夸大。金融制度的规制与框定只是金融创新及整个金融活动的一部分,大量丰富多彩的金融创新活动无时不在对既成的金融制度形成强力冲击。② 在东亚地区,很多国家的金融业都面临着外资银行的竞争与挑战。因此,这些国家应该尽快调整本国的金融观念和制度理念,加大金融制度创新力度,形成一种开放性的、长远性的、系统性的金融制度创新机制,为金融创新营造一种宽泛的积

---

① 董艳芬:《金融创新与金融制度稳定性的思考》,《金融时报》2002 – 12 – 09。
② 董艳芬:《金融创新与金融制度稳定性的思考》,《金融时报》2002 – 12 – 09。

极制度环境,发挥儒家文化的正面影响,制定适合经济发展的金融制度。

第三节 儒家文化与家族企业制度

儒家崇尚以血缘为纽带的家族关系,因此在东亚国家和地区,家族企业广泛存在着。所谓的家族企业是指由家族成员创业,并且家族成员对企业的财产所有权占据着主导地位,并对企业的经营决策权有着非常重要影响的企业和组织。

20 世纪 80 年代以来,东亚各国的民营企业发展迅速,家族企业异军突起。例如,有资料显示,在改革开放以来的中国,民营企业有 300 多万家,其中家族企业就占了 80% 以上,并且大多数家族企业都在朝着规模化的方向发展。虽然说国内外成功的企业中有很多家族企业,例如松下、迪斯尼、沃尔玛等,但是,也应看到有很多家族企业失败的案例。很多家族企业壮大到一定的程度之后,需要进一步发展时,家族却成了企业继续发展的最大障碍。如何解决这样的问题,确实是一大难题。在现代经济社会中,家族企业之所以仍然作为一种最普遍的组织形式存在,有其深刻的历史原因,有适合其发展的政治土壤和文化基础。在东亚地区,家族企业是国民经济中的重要组成部分,为东亚各国的经济发展做出过重要的贡献。在经济全球化、一体化的大背景下,如何解决家族企业存在的问题,值得关注。

一、家族企业的形成及其特点

在东亚,很多国家的家族企业是在 20 世纪 80 年代开始形成和发展起来的,那时,东亚很多国家的经济正在从计划机制向市场机制转变。旧的制度化信任开始瓦解,而新的制度化信任在短期内还无法完全建立起来,所以在这样的情况下,信任就成为了东亚市场化过程中最为稀缺的资源。于是,以血缘关系构建起来的信任关系,就成为企业填补制度化信任成本最低的替代品①。除此之外,由于当时东亚的政策还没有完全地开放,发展市场经济的大环境还不成熟,信贷关系也不健全,缺乏相应的投资和融资保障。当时的投资者资金非常有限,仅凭着一时的胆识和魄力白手起家,靠着带着血缘关系和地缘关系创办企业。即使是在今天,市场经济的条件日渐成熟,家族企业依然存在。家族企业在东亚的大量存在,与东亚多数国家有着根深蒂固的儒家文化传统有着很大的关系。

第一,家本位的儒家伦理与当代家族企业的形成

儒家伦理思想的核心就是家本位。按《中庸》的话说,就是"仁者人也,亲亲为大"。孔子在《论语》中说:"孝悌也者,其为人之本欤"! 由此可见,"事亲"不仅是人生中的大事,而且也是考察一个人的重要标准。

中国的汉朝以"孝廉"来选拔官吏,实际上就是通过考察一个人在家中的表现与德行来选拔官吏。由此可见,在一个人的生活之中,家占据着非常重要的地位②。但是也应看到,不管是从内涵上还是从外延上,传统的家的概念要比现代社会中家的概念广泛得多。古代的"家"相当于我们现在所说的"家族",这样的"家"是很多国家的基本组成单位。在儒家文化的影响下,个人与家的关系是十分密切的,一荣俱荣,一损俱损。这种传统对于现在的家族企业的形成有着不容忽视的影响,也可以这样说,现在家族企业的形成,实质上就是一种倡导家本位的儒家伦理所引导出来的必然结果。

第二,现代家族企业的特点

东亚的现代家族企业是在家族企业与中国传统儒家文化紧密结合的基础上形成和发展起来的,其主要的特点表现为以下几个方面:③

首先,家族企业所有权和经营权的集中化。家族企业的股权高度集中在一个家族手中,这个家族就是这个企业的管理者。他们凭借个人在企业中所具有的权威地位,使自己的生产经营决策能够贯彻到企业的各个环节,并根据市场情况灵活地调整生产决策以适应市场的变化。在家族企业创办

---

① 程文:《儒家文化与现代中国家族企业的兴衰成败》,《遵义师范学院学报》2007 - 10 - 25。
② 程文:《儒家文化与现代中国家族企业的兴衰成败》,《遵义师范学院学报》2007 - 10 - 25。
③ 程文:《儒家文化与现代中国家族企业的兴衰成败》,《遵义师范学院学报》2007 - 10 - 25。

的初期,这种集中的股权结构使得家族和个人的命运同企业的发展紧密相连,家族成员间强烈的信任感减少了任何委托代理关系所产生的监督成本。家族以及个人的利益与企业的利益保持着高度的一致,依靠亲缘关系这一链条,在企业内部形成了强大的向心力和凝聚力。这种情况在日本尤为突出,它们的公司常常被称为"会社",实际上就是一个大家庭,在这个大家庭中,形成了一种"以和至上、以忠为本、不事二主"的特色。同时这种以血缘关系为纽带的经营方式形成了"终身雇佣制",把雇员与上司的关系用血缘纽带维系起来,形成一种强大的凝集力。

其次,经营者激励约束的双重化。在家族企业中,经营者受到来自家族利益和亲情关系的双重激励和约束。在家族企业的形成和发展过程中,第一代创业者的经营行为往往是为了使家庭过得更好或者为了光宗耀祖,以便为子孙后代留下一份家业。而第二代的经营者是为了发扬光大父辈留下的事业,履行资产保值增值的责任,并以此维持家族成员的亲情,这是对他们经营行为进行激励和约束的主要动力。因此,与那些非家族企业相比,家族企业经营者的道德风险和利己的个人主义倾向发生的可能性较小,而且不必用规范的制度对经营者进行监督和约束。但是这也存在着一定的风险,因为这种建立在家族和亲情基础之上的激励约束机制,使经营者承受着巨大的压力,这有可能为家族企业的解体留下隐患。

最后,家族企业的员工管理趋向家庭化。儒家文化对家和亲情特别重视。在家族企业中,依靠以家族为核心的伦理道德观建立起来的信任关系,对于降低经营风险确实能起到至关重要的作用。家庭和家族扩展有利于形成了一个熟悉的制度环境,在这种环境下,每个人都是来自同一个家族,每个人的秉性、爱好大家都熟悉,这就减少了企业管理者之间的磨合成本。而对于家族以外的成员,习惯性的做法就是使之同化,成为准家族成员,使非家庭成员得到充分的信任,他们就会出于感恩而对企业忠诚。家族企业不仅把儒家关于"和谐"和"泛爱众"的思想用于家族的团结,而且还进一步的推广应用于对员工的管理,在企业中培育一种家庭式的氛围,使员工产生归属感和成就感。家族企业的家庭式管理,一方面增强了员工对企业的忠诚度,提高了企业经营者的凝聚力和亲和力,另一方面也减少了员工和企业之间的矛盾和摩擦,保证了企业的顺利发展和壮大。

从一些学者对中国私营企业股权结构的典型调查中,可以得到以下结果:

私人股东结构及持股构成

	业主	同姓兄弟	异姓兄弟	技术人员	管理人员
股权比例	66%	14%	3%	3%	3%
人数	1	2—3	2—3	不定	不定

根据上表可以看出,家族成员持有的股份已经占到私营企业股份的83%,充分体现了家族控股的特征。

二、儒家文化在家族企业管理中的运用

随着西方资本主义国家工业化进程的加快,企业管理的问题逐渐突显出来。资本主义追逐利益的本性决定了企业的目标就是利益的最大化,这个目标的确定对企业的经营管理产生了决定性的影响。在西方资本主义社会,早期的科学管理学派往往将人作为会说话工具的机器。在当时,企业实行严格的分工,根据企业最求利益最大化的原则,依据机械化的标准实行管理[1]。这一做法,一方面使资本家获得了超额的利润,而另一方面,却使工人被束缚在生产线上,对工作缺乏主动性、积极性和创造性。早期的管理理论存在很多缺陷和不足,最主要的就是企业往往只看见眼前短期的利益,忽略了长期的效益,结果最终将企业导向衰败和破产。到了现代,企业管理的理论与时俱进,大多主张进行人本主义管理,不再把人看作工具,而是作为企业长远发展的基础。在企业的决策中,人以及社会文化因素被作为主要的因素考虑进来,这样人性化的管理就被作为管理的重要组成部分和核心部分。

---

① 程文:《儒家文化与现代中国家族企业的兴衰成败》,《遵义师范学院学报》2007 – 10 – 25。

　　现代家族企业要想发展壮大,就必须把传统的文化因素融入企业的管理之中。将人际关系和谐的伦理道德观念加入到现代企业的管理中,将社会伦理关系引入到企业管理模式中,以此来淡化劳资矛盾,促进企业的发展。在现代企业管理中,企业伦理作为企业管理理念的基本要素之一,是企业健康、持续和稳定发展的重要保证。在很多东亚国家中,虽然存在着丰富的道德资源,但是社会伦理建设依然滞后,很多企业的管理依然停留在西方早期的管理模式之上,并没有认识到员工在企业中的重要作用,仅仅将员工作为机器来使用,只注重对员工的技能培训,而不将员工作为平等的人来对待。除此之外,在家族企业中,对于家族成员往往能够团结友善,而对于那些有能力的非家族成员往往不是用家族化的手段将其同化,就是将其排斥在外。这样的做法会阻碍企业和个人的发展,可见,在多数东亚国家里,企业的伦理建设是相当急迫的任务。

　　首先,根据《论语》里"君子不重则不威"的说法,企业家应该重视个人素质的培育。

　　在儒家的文化中,特别注重个人修养。在古代,儒生的生活和思想可以用四个字来概括:"修、齐、治、平",其中修身为基础和根本。《大学》说:"自天子以至于庶人,壹是皆以修身为本。"可见,个人修养是非常重要的。在现代家族企业中,企业家素质的培养也是相当重要的,其主要内容就是企业家人格魅力的培养和企业家个人品德的培养。企业家的人格形象和品德修养是一种无形的资产,它不但可以调动员工的工作积极性,而且在实现企业的经济效益方面也有着重要的作用。家族企业中的员工一般都是家族内部成员,企业所有者和管理者的个人形象对员工有着示范作用。俗话说"上梁不正下梁歪",如果企业家自己本身就不注重个人形象,就有可能影响到企业的生存和发展。松下幸之助在总结自己的经济管理经验是就曾经指出:领导最重要的就是以德服人,企业的领导只有具有了令人敬佩的品德,掌握在自己手中的权力才会发挥作用。

　　其次,在企业的伦理建设中要非常重视礼的作用。

　　这里所说的礼就是伦理道德规范。一个企业要想留住人才,最重要的就是企业的所有者和管理者要对员工以礼相待。孔子在《论语·八佾》说:"君使臣以礼,臣事君以忠。"虽然这句话是站在国家管理的角度上说的,但是对于企业的管理依然适用。在现代的民营企业中,虽然企业所有者和管理者与员工之间不再是君臣关系,但是有一点是可以肯定的,那就是民心向背与企业的命运息息相关。在现代市场经济的环境中,人才的流动是一件非常普遍的事情,如果企业管理者对于自己的员工不能以礼相待,那么企业人才的流失将会使企业在市场竞争中处于劣势地位,很有可能最终导致企业的破产。除此之外,企业的内部员工之间也要能够做到以礼相待,"礼之用,和为贵"。

一个现代企业想要在激烈的国际经济竞争中处于不败之地,除了企业的实力之外,其内部的管理必须要强调企业内部的主管与员工在各个方面的团结与和谐。正如儒家思想在以下两个方面所言,具体表现为:①

首先是要做到"己所不欲,勿施于人"。

这是形成良好的外部竞争环境的最低要求,同时也是最基本的道德维度。第二是要做到"己欲立而立人,己欲达而达人",这是从更高的层次来说的,就是要求企业的内部要建立一种合作竞争的机制,通过员工间的相互合作达到"双赢"的效果。在这两条原则的指导之下,建立企业的竞争发展机制,对于企业的长远发展是至关重要的。

再次,企业要讲究诚信。

儒家文化特别强调人要讲诚信。《大学》中有言:"是故君子有大道,必忠信以得之,骄泰以失之"。在现代的企业管理中,诚信的作用尤其重要。家族企业的重要成员都是家族内部人员,如果一个企业所有者对于自己家族的人员都不讲诚信,那么最终结果不但是企业的衰亡,而且整个家族也将分崩离析。诚信不仅仅是对于企业所有者来说的,对于企业的员工同样也是如此。员工要忠诚于企业,忠诚于自己的本职工作。家族企业要想在现代市场竞争中获得人才优势,只有建立在劳资双方都保持诚信的基础之上,

① 程文:《儒家文化与现代中国家族企业的兴衰成败》,《遵义师范学院学报》2007-10-25。

只有这样企业才能获得最终的成功。

在东亚的许多国家,家族企业在选择企业管理者的时候,往往考虑的是家族的内部成员或者亲朋好友,在家族利益至上的东亚地区,这样的做法是无可厚非的,但是从长远来看,家族内部高素质的职业经理往往不多,这种狭隘的眼光很不利于企业的发展。被世人尊称为"管理学之父"的美国学者彼得·德鲁克(Peter F. Drucker)就指出,"在家族企业里,有能力的非家族成员的专业人士应该被安排在关键的岗位上。"在东亚各国,市场经济的发展还不是很完善,相关的法律法规尚未健全,家族企业在选择企业的管理者是,必须考察员工的工作能力和对于企业的忠诚度。能力可以从工作的业绩中看出来,但是对于忠诚度的考察就存在一定的难度。《中庸》指出,"获乎上有道,不信乎朋友,不获乎上矣;信乎朋友有道,不顺乎亲,不信乎朋友矣;顺乎亲有道,反诸身不诚,不顺乎亲矣;诚身有道,不明乎善,不诚乎身矣。"员工要想获得上级的信任,必须做到诚信。如果人心不诚,就不会被亲朋好友信任,不孝顺父母,不明辩善恶,自然就不会得到上级的赏识。讲究诚信在东亚的文化传统中有着非常重要的地位和作用,所以现代家族企业往往十分重视员工的诚信素质。

儒家的文化传统对于现代东亚家族企业的影响主要有正反两个方面:一方面儒家思想促成了家族企业的形成和发展,而另一方面在企业需要进一步的发展时,儒家思想却又成为了企业发展的阻碍。在现代市场经济条件下,借鉴西方国家现代企业管理中实施的人性化管理是非常重要的,它与儒家思想中重视仁义是契合的。所以,在东亚的家族企业中,坚持儒家文化对于家族企业的发展是有利的,但是也要注重变通和发展。

三、家族企业面临的问题及其对策

在过去的几十年间,东亚各国的家族企业通过掌握企业的所有权和管理权,利用与政府的关系获得政策上的优惠,通过企业间的关系扩大交易范围,控制金融机构为自己的家族积累财富,使企业获得了快速的发展和壮大。但是,随着家族企业自身的发展和企业外部环境的变化,东亚家族企业普遍面临着很多的问题和挑战。这些问题可以归纳为两个方面：

一方面是家族企业内部机制所带来的问题以及经济全球化带来的挑战。家族内部既有问题上文已有论述，而经济全球化的挑战主要是由于经济全球化改变了东亚家族企业的生产和经营环境，带来了多元化的文化价值观，这样的观念很有可能动摇东亚的文化传统的基础，这就是所谓的"文化的冲突"。同时，缺乏创新意识和冒险精神的儒家文化也难以应对知识经济时代的挑战，经济全球化所带来的激烈竞争很可能会导致家族企业面临日趋严重的家族主义困境，即家族企业面临的资本和人才束缚将会越来越严重。面对经济全球化的大环境，家族企业内部缺乏科学、民主程序的权威决策很可能导致企业的衰败。

另一方面的问题是，家族企业带来的社会问题会形成对东亚家族企业未来发展的制约因素。首先，家族企业积累的财富将会加剧社会的两极分化。过去东亚地区曾经以"公平增长"而著称，但是现在东亚各国的人们也越来越关注各国持续严重的两极分化问题。虽然关于贫富分化加剧的原因尚没有令人信服的解释，但是不可否认的是家族企业快速和大规模地积累财富是其中的一个因素。严重的贫富差距将会产生负面问题，例如破坏社会安定等，也有可能会抵消家族企业对经济发展所带来的促进作用。其次，家族企业与政府勾结造成了政府的腐败，再加上家族企业对经济的垄断，这些都会影响政府经济政策的公平和公正。一些数据显示，东亚地区的经济都是由少数家族所垄断，并且政府与企业间的关系密切。在经济资源稀缺的情况下，这种政经勾结使得具有个人感情的"关系"代替了市场价格成为资源配置手段，这是市场不成熟的表现，势必会带来资源配置的效率低下甚至无效。再次，家族企业侵占了小股东的利益，损害了证券市场的发展。家族企业制度的内部要求就是要侵占小股东的利益，企业的决策大多以其家族的利益为主要目标，从而没有办法分散股权集中所带来的风险。只要有机会和可能，他们就会掠夺小股东的利益，这势必会造成大股东和小股东间的利益冲突。最后，家族企业通过控制关联银行，盲目扩张，会动摇经济的稳定。东亚各国的家族企业都有自己的关联银行，而关联银行都是在为家族企业服务,因此这些家族企业很有可能会因为借钱容易而盲目投资,结果造成企业获利状况不佳,无法偿还贷款,以至于牵连到银行,动摇经济的稳定。

东亚家族企业制度是在长期的历史发展中和特定的经济、文化和政治环境中形成的,对其进行改革的关键是要综合治理。家族控股的企业制度与落后的政治制度、司法制度、金融监管制度、企业会计制度等都有着紧密的联系,因此对于这样一种制度的改革,需要考虑改革与其相关的众多制度,要在多个领域同时变革,只有这样才能保证变革的顺利进行。

第四节 儒家文化与贸易制度

在世界的范围内,不同的国家和地区通过市场上的经济活动相互联系着,形成了一个国际性经济社会。在这样的国际大市场中,各个经济社会通过商品的跨国的流动联系在一起。此外,可以移动的生产要素,例如资本、劳动力以及服务的国际流动也是各个经济社会之间的另一种重要的联系渠道,这就是所谓的对外贸易。

作为一种文化,传统的儒家文化具有一般意义上的文化的特征和内涵。儒家文化是一种不断发展的文化,而不是停滞不前更不是像某些西方学者认为的那样顽固不化、愚昧落后而阻碍经济发展、社会进步的文化。传统的儒家文化虽然产生于中国的春秋战国时代,但它始终随着中国社会的不断进步甚至是东亚社会的不断进步而进步,传统的儒家文化是在不断完善、不断进步的过程中发展起来的,并形成了一个较为完备的思想体系,被东亚地区的多数国家所接受。有人甚至把儒家思想视为一种宗教即"儒教",并将"儒教"与西方的基督教新教进行经济发展层面上的比较。近代以来,东亚地区(日本除外)的落后状况曾经一度使人们怀疑儒家文化与现代化的适应性,身为东亚国家的日本也鼓吹"脱亚入欧"①,全盘否定儒家文化。

第二次世界大战后特别是 20 世纪 60 年代到 90 年代,东亚地区经济的快速发展又使人们重新考量儒家文化。实际上,儒家文化在器物层次、组织层次和价值观层次三大层次上都是随着社会经济生活的不断发展而发展的。不能因为东亚地区近代以来的落后和不发达或者因为 1997 年的东亚金融危机就全盘否定儒家文化的积极作用。传统的儒家文化作为三个不同层次的发展积淀,其发展过程不是一帆风顺,其思想体系也是错综复杂的,精华和糟粕是混杂在一起的。儒家文化中的糟粕确实阻碍了东亚地区的经济发展,比如过分强调"重义轻利",强调"存天理,灭人欲"等。就一种文化而言,在长期历史发展过程中,随着生产力水平的变化,上层建筑中的社会组织以及价值观念也会发射不断的变化。要本着取其精华而去其糟粕的态度来对待传统文化,积极挖掘和探索传统文化中具有积极意义的、能与现代市场经济相适应的成分。

一、贸易制度的重要性和必要性

国际贸易一方面可以增加世界贸易的总量,另一方面又可以加速科学技术、知识和人力资本在世界范围内的流动,使贸易参与国的知识、技术和人力资本水平都得到提高,使先进国家的技术和人力资本资源能够逐级传递和扩散到落后国家,从而产生所谓的"外溢效应"②。国际贸易的新原则正在逐步地从"资源优势"或者"比较成本优势"向"技术或人力资本优势"转变,换句话说就是全世界都在强调知识、技术、人力资本等新要素的扩散。

---

① 19 世纪 60 年代日本提出要脱亚入欧,当时全球的政治、经济中心在欧洲,尤其是在英法两国。日本作为当时亚洲第一个进行资产阶级革命并取得胜利的国家,至少他们国内是这样认为,既然自己的国家已经成为一个像西欧那些发达国家体制一样的资本主义国家,那么就要和亚洲那些落后的封建国家有所区分;而且加入西方国家行列,会更有利于日本在军事、经济、政治上学到当时世界上最先进的西欧国家的理念。脱亚入欧的提出者福泽谕吉就是因为目睹了欧美国家现代资本主义文明的坚船利炮、富国强兵和工商繁荣,也反思包括中国在内的东方国家封建主义的相继没落,才萌生出"脱亚入欧"的思想。其实这种思想在明治维新时期的日本,是他们认为最符合他们国情的思想,就连当时的明治天皇都认为这是使得日本迅速走上强国之路的启蒙思想。

② 聂艳华、张玉明:《辽宁省对外贸易与经济增长关系研究》,《商业研究》2008 - 02 - 10。

一些理论曾经认为国际贸易是一方受益而一方受损的"零和博弈",从而产生过一些阻碍国际贸易或者只出口不进口的政策和措施。新增长理论则认为国际贸易是双方间互利互惠的"正和博弈"。从世界总体资源的使用效率的角度来看,北方向南方的技术转让并不是一件坏事。一方面,生产从发达国家流向欠发达国家,这就为发达国家节约了大量的资源,有利于新产品的研发。另一方面,欠发达国家通过学习和吸收发达国家的先进技术,可以实现"赶超效应"。然而,技术是不可能自发地从富国向穷国转移的,而是有赖于跨国公司作用的提高,以及后进国家对技术转移的反应。

研究表明,两个国家之间的经济增长率和收入水平的差异并不是生产技术的一般性知识方面存在差异,而是在特定的知识、专业化的人力资本等方面存在差异。对于一个国家来讲,人力资本增长率越高,经济增长率也就会越高,所以应集中有限的资源生产和出口具有人力资本优势的产品。依据"外在效应"的分析,在人力资本较高的环境中,各个技能层次上的人的生产率一般也较高。因为人力资本不但会提高劳动力的生产率,而且还能提高物质资本的生产率。

所以,扩大经济的开放度可以使落后的国家吸收新技术和先进的管理经验,增加人力资本,特别是专业化人力资本的存量,使其更快地实现经济增长。无论是发达国家还是发展中国家,政府的对外贸易政策都对世界经济的长期增长具有重要影响。如果一个国家的政策促进了该国技术知识、专业化人力资本的提高,并促使先进技术的转移和扩散,那么就会促进世界经济的增长,反之,如果一国实行贸易保护主义行为,使落后国家的技术引进受阻,就会抑制技术的扩散和创新,导致世界经济增长的速度下降[1]。由此可见,只有不断增加国际贸易的总量,才能使南北国家的经济都得到增长。因为只有通过相互学习,才能提高整个世界的人力资本与知识存量。

二、儒家文化影响下的东亚贸易制度

美国经济学家道格拉斯·C.诺斯(Douglass C. North)曾经指出:"传统

---

[1]　聂艳华、张玉明:《辽宁省对外贸易与经济增长关系研究》,《商业研究》2008 – 02 – 10。

的主流经济学理论一直忽略了制度在经济增长中的作用,在那里,制度至多是经济增长的既定前提,而不是原因。"按照新制度经济学的观点,制度作为经济增长的既定前提,包括两种:一种是正式制度,也就是所谓的政治政策、经济规则、契约等人们有意识的创造的一系列政策法规;另一种就是非正式制度。所谓非正式制度就是指人们在长期的社会交往中逐步形成的,并得到社会认可的一系列约束,包括价值观念与风俗信仰、伦理道德、意识形态等。这些因素就是我们通常所说的"文化"因素。在制度对贸易体制的作用中,正式制度当然是占有主要的地位,但是非正式的制度也是贸易活动赖以进行的影响因素。文化因素就是作为这样一项非正式制度影响着贸易的发展的。①

作为非正式制度的文化因素,主要包括了以下三个部分内容:

(一)价值观念和风俗信仰

所谓的价值观念就是人们对一件事物的总体看法和评价,是人们生活中正常的信念和判断,这种评价或者判断势必会影响人们生活方式的选择,最终影响人们对产品和服务的需求。例如,对于那些追求安静、保守的生活方式的人来说,他们对与新潮的事物和产品是不感兴趣的;而对于那些轰轰烈烈才不枉人生的人来说,追求有刺激的生活方式和新潮产品就是他们兴趣所在。这就是人们对于生命存在意义上的看法不同,前者看重归属感,后者追逐成就或者权力。由此可以看出,以前者为主流价值观念的国家,对外交流的欲望不会太强烈,人们对外来产品和服务不甚欣赏,所以不利于国际贸易,而后者恰恰相反②。风俗信仰对贸易制度的影响也是不可忽视的,一些厂商由于不了解市场国家的风俗习惯,结果惨败出局,这样的例子举不胜举。所以,对于如果想成功地和异国进行贸易,必须深入的了解该国的价值观念和风俗信仰。

---

① 章玲:《国际贸易的文化因素分析》,《考试周刊》2008 - 02 - 26。
② 宦宁:《文化差异对国际贸易的制约及对策分析》,《中国城市经济》2009 - 10 - 15。

(二) 伦理道德

F. A. 哈耶克(F. A. Hayek)说过:"如果历史上有甚么事情几乎完全失败了的话,那就是人们对道德变迁之原因——在这些原因中,说教(Preaching)可能最不重要的解释,但这些原因有可能是那些决定人类演进进程的最重要的因素之一。"①哈耶克的这一见解,含蕴甚深。哈耶克的这句话,含有两重意思:其一,道德变迁的原因,难以理解,难能解释;其二,道德与社会制序(Social Institutions)的变迁,有着错综复杂的内在关系。哈耶克这里并没有提及另外一个极其重要但同样"不可言说"②的问题,那就是道德法则的实质是什么? 从整个人类思想史来看,什么是道德,这是一个从亚里士多德(Aristotle)、休谟(Hume)、康德(Kant)、维根斯坦到现代元伦理学家(Meta-Ethics),比如斯蒂文森(Charles L. Stevenson)以至到当代博弈论经济学家哈萨尼(John C. Harsanyi)和宾默尔(Ken Binmore)就一直说不清、道不明的问题。这里暂且不管道德的实质是甚么,哈耶克的上述逻辑断想看来是对的,即自有人类社会以来,任何社会制序都有一定的伦理维度和道德基础。社会伦理和个人道德,在任何社会制序的生发、型构和变迁中,均会有一定的作用。

我们迄今为止的社会制序的理论分析已经发现,社会制序从某种程度上来看就是一个社会的既存文化在社会过程中的外化,或者说,社会制序是在一定历史时期的既存文化的"影射"、"镜像"或"历史积淀"③。现在进一步的问题是,这种文化在社会过程中外化的内在机制是怎样的? 从社会伦理和个人道德类型的分析视角,我们可以进一步展开文化本身向社会制序外化的内在机理。因为,在社会系统中,文化信念是与伦理、价值观、社会规范密切联系在一起的。而社会伦理、价值观和社会规范反映在个人的实践

---

① 参见 F. A. Hayek, Law, Legislation and Liberty, Consolidated Ed., London: Routledge & Kegan Paul., 1982, p. 204.
② 摘自维根斯坦〔Ludwig Wittgenstein〕语
③ 韦森:《文化与制序》,上海人民出版社 2003 年版。

中,就是道德标准。反过来看,一个社会的伦理准则和道德标准也就是支配人们活动和交往的一些共同文化观念、文化信仰和价值观。这里,且不管道德法则源自何处,但作为人类实践理性中的"定言命令"(Categorical Imperative),社会伦理和道德标准是通过"文化濡化"(Enculturalization)和文化演进的社会过程而变成一个社群或社会内部成员的共同知识的。如果把文化濡化看成是导致社会制序的历史连续性、延续性和承传性的一种社会机制过程,那么,伦理和道德对社会的制序化、经济组织的型构、社会结构的定型与演变,以至对社会制序安排的经济后果发生一定的影响,应该是不言而喻的。①

伦理道德就是一国通过教育和社会舆论等力量,使得人们具有善与恶、荣誉与耻辱、正义与非正义等观念,并逐渐形成一定的习惯和传统,指导和控制人们的日常行为。不同的国家有着不同的民族文化,人们的道德观念及其对人的约束力就不同。例如,在中国传统的儒家文化影响下,中国人倡导"忠"、"义"、"孝"、"忍"、"稳"等观念,对于人们的行为起到了极大的规范作用,形成了东方社会生活中的道德约束特征,这与西方建立在契约制度基础之上的社会文明有很大的差别。在西方国家,西方文明在很大程度上是法治发展史的文明,所以在人们日常生活中起到最大规范作用的就是法律,人们认为只有守法才是道德,即使一些很有人情味的东西,也是通过法律来规范的,具有了法律约束的特征。②

顺应道德观念,利用道德约束来开展贸易活动,对于一个外来者存在一定的难度,因为对不同地域道德观念的理解、掌握、运用是需要一个较长的过程的。从社会制序的微观生发机制来看,由于任何社会既存的文化信念、道德伦理作为人们的一种"共同知识",会决定和影响处于一定社会博弈安排中的每个博弈者对他人的行为和策略选择的预期,因而它们自然会作为处在一定文化濡化机制中的个人"知识"和"信念"与个人理性计算一起来

---

① 韦森:《文化传统中的个人道德与制序演进——从格雷夫的历史比较制度分析看东西方社会制序的原发路径》,下载于《二十一世纪》(网络版)第 2 期,2002 年 5 月 31 日。
② 宦宁:《文化差异对国际贸易的制约及对策分析》,《中国城市经济》2009 - 10 - 15。

决定人们在社会博弈中的策略选择。按照演进博弈论社会制序的经济分析进路,我们可以认为,在社会传统中所延续下来的文化信念和伦理道德与处在一定社会背景和文化濡化机制中的个人的博弈策略选择中"凝聚点"(Focal Point)①和"合作预期"密切相关,从而直接影响到人们社会博弈的均衡,以致对社会博弈规则的型构以及其实施机制形成发生作用,从而最终在社会制序安排上固化下来或者说外化出来。

回到人类社会历史的现实中来,我们会发现,人们在社会博弈中采取那种策略,不仅是一个个人的理性计算问题,也不只是一个理性与道德的权衡问题,而且也是一个社会的历史文化传统问题。比如,在以色列民族中,由于数千年来信奉《旧约》的律法,其中包括"以眼还眼、以牙还牙"的箴规,人们在重复社会博弈中大都会采取"针锋相对"的策略。在数千年传统中华文化的"忠恕、宽厚、中庸、仁爱"教说濡化下的华人社会中,人们大概会较多地采取"两怨还一报"或"多怨还一报"的策略选择②。而中国的老子在《道德经》第49章的劝诫则曰:"善者善之,不善者亦善之,得善矣"。在主要承传古希腊——罗马文化中个人主义传统的西方社会,人们可能较多"理性、精明且审慎"地按可计算出的最优策略选择进行社会博弈③。所以,各国的不同伦理观念有时会对国际贸易的进行产生一种影响力。由于受到儒家文化的影响,西方国家的很多产品在东亚国家的市场上销量并不好,这或许就是道德观念的差异造成的。

----

① 摘自美国政治学家 Thomas Shelling 语。

② 比较以色列人对待在第二次世界大战中他们所遭受德国纳粹的屠杀和迫害的态度(尤其是以色列情报机关在战后在全世界范围内追捕缉拿纳粹战犯的努力)与战后我们华人对第二次世界大战期间所长期遭日本军国主义者的血腥践踏的态度,就会非常明确地看出各族国的传统文化对人们在社会博弈(包括外交)策略选择上的影响了。

③ 这种策略选择可以从美国经济学家、经济学史家,1982 年诺贝尔经济学奖得主乔治·J.施蒂格勒(George Joseph Stigler,1911 年 1 月 17 日—1991 年 12 月 1 日)所举的一个例子中非常鲜明地反映出来:"假设我每天晚上穿过某公园抄近路回家,于是我的裤子平均每周遭人抢一次(因为我知道我不能带钱)。这难道不是一种自愿交易吗? 在这项交易中,我每天付 1/5 条裤子的买路钱而走了近路",参见施蒂格勒:《施蒂格勒论文精粹》,商务印书馆 1999 年版,第 451 页。这就是由新古典经济学家们所模型出来的西方市场经济中的"理性人"在做社会博弈策略选择时所遵循的逻辑!

(三)意识形态

不同的教育体制和方式不但可以造成知识传授方式方法的不同,而且还会造成人们思维方式上的差异,更重要的就是形成了人们不同的意识形态,进一步对贸易产生了重大的影响。例如,东亚的一些国家由于受到传统和教育的影响,在人性方面所体现的社会特征更强于经济特征,他们更看重视归属感的追求,把亲情、友情和社会认可看的很重要。所以在这些国家的市场上经营,从产品设计开发到广告宣传上都要动之以情才可能成功。[①]

此外,对国民的爱国主义教育往往会形成本国产品的一种最坚实的保护屏障,它使得本国居民认为自己国家的产品才是最好的,从而拒绝外来产品,这使得消费者为了自己民族工业发展强大而放弃对一些外国产品的需求。但是,这往往会演变为极端的经济民族主义,进而诱发贸易保护主义蔓延。例如,韩国人们就认为购买外国汽车可耻;国民在用货币选票来支持本国工业的发展。

三、东亚各国在制定贸易制度时应注意的问题

面对无形的文化因素对贸易制度的影响,进一步推动世界贸易的自由化发展,是的东亚各国都能充分利用自己的资源,享受尽可能多的比较利益,,仅仅依靠一种文化完全地压制或者政府另一种文化史不可能的,东亚各国在制定贸易制度时应该注意以下几个问题:[②]

首先,密切关注世界经济变动对东亚外贸的影响。尽管国际上许多机构预测世界经济在今后几年将走向复苏,但是世界经济走势仍受一些不确定因素的影响。首先是美国、日本和欧盟这三大经济体的经济增长前景仍然不明朗。美国企业的财务丑闻不断,股市下降,美元贬值,大大动摇了消费者和投资者的信心;日本经济短期走势趋好,但增长的基础并不牢固;欧

---

① 宦宁:《文化差异对国际贸易的制约及对策分析》,《中国城市经济》2009 - 10 - 15。
② 李令志、柯广林、刘金功:《以竞争优势促进中国出口可持续发展》,《科技信息(学术研究)》2007 - 10 - 05。

盟内部的结构问题远未解决,经济复苏乏力。其次是中东等局部地区的冲突有进一步升级的可能,将给冲突地区带来不稳定,也将影响世界石油价格,阻碍世界经济的复苏。再次就是南美地区金融危机的影响难以很快消除。全球经济的不稳定性以及主要经济体经济增长前景的不确定性,对未来世界经济和贸易的发展将产生不利的影响,给中国外贸工作也增加了许多的不确定性,因此我们要继续跟踪这些因素的变化,加强对重点地区市场的研究,以应对外部形势突变对东亚外贸的影响。

其次,继续保持扩大出口和吸引外资政策的稳定性和连续性。针对世界经济尤其美国经济前景仍不明朗的现实,应该继续保持出口和吸引外资等各项政策的连续性和稳定性。在东亚各国保持现行政策稳定的同时,要研究制订新的鼓励扩大出口的政策,要完善出口退税政策,适当增加出口退税规模,逐步完善生产企业自营出口和委托代理出口的"免、抵、退"政策。要扩大出口信贷规模,完善出口信用保险机制,加大金融行业对出口的政策性支持力度,简化通关程序,提高通关效率①。除此之外,还要完善宏观经济政策,保持各国币值的稳定,深化经济、金融体制改革,不断完善法制环境,加强知识产权保护,为跨国公司前来投资创造良好的环境,并抓住发达国家产业结构调整的机遇,扩大对外宣传,让跨国公司加深对东亚各国投资环境的了解,将其产生加工环节转移到东亚,以带动出口增加,实现东亚的经济进一步的增长。

再次,继续加大国际市场的开拓力度,推进出口市场的多元化。美国和欧盟等发达国家和地区是东亚传统的出口市场,东亚政府应该给予充分的重视,但市场过于集中,风险也比较大。因此,在进一步巩固和发展东亚国家对美国、欧盟等国家和地区传统重点市场出口的同时,也可有针对性地挖掘其他市场的潜力,积极拓展新兴市场,切实做好东欧、中东、拉美、非洲等市场的开拓工作。

第四,做好进口管理和调控工作,保持进口的适度增长。为了避免发生

---

① 王希瑾、张旭宏:《外贸运行情况与 2003 年的政策建议》,《宏观经济管理》2002 – 11 – 14。

国际贸易摩擦,各国要根据经济发展和市场需要,适当增加进口数额,重点进口东亚各国国内市场所需要的原材料,国内企业技术改造急需的先进技术设备。对有利于扩大出口的进口,要继续给予鼓励和支持。要按照世贸组织的要求,改进进口管理。在管理方式上,要从以行政手段为主,向以国际通行做法为主的方向转变。要充分运用世贸组织规则允许的反倾销、反补贴、保障措施、原产地规则、政府采购、技术措施等手段,加强对进口的管理,提高管理水平[①]。除此之外就是做好东亚各国关税配额商品的进口配额管理。

第五,大力整顿和规范外经贸秩序。进一步打击骗取出口退税等违法行为,促进外贸出口的健康发展。对涉及走私、骗退税、逃汇骗汇等违法犯罪行为的企业要依法进行惩处。继续严厉打击走私、逃套汇等违法犯罪活动,规范市场竞争行为,依法整治各种违法违规经营活动。运用现代科技手段,并注重加强政府的管理工作。各国可以通过外经贸与海关、税务、外汇的联网,建立以海关货物监管、出入境检验检疫管理、外汇和出口退税管理为主要内容,以网络技术为手段的进出口企业行政监管电子网络系统。[②]

在儒家文化的影响下,东亚很多国家和地区的贸易制度都受到了儒家文化的影响,这种影响既有积极的一面,也有消极的一面。应弃其糟粕,吸其精华,为东亚的经济发展打开一个新的局面。

第五节 东亚经济发展的本土化模式

一、东亚经济发展模式的涵义与特征

(一)东亚经济发展模式的存在

关于东亚经济发展模式问题,学术界一直没有达成一致的意见,但是大

---

① 王希瑾、张旭宏:《外贸运行情况与2003年的政策建议》,《宏观经济管理》2002 - 11 - 14。
② 王希瑾、张旭宏:《外贸运行情况与2003年的政策建议》,《宏观经济管理》2002 - 11 - 14。

多数经济学家主张将东亚各个国家一些相同的带有共性的做法称之为模式。能否称为模式主要取决于两个方面：一方面是具有不同的特色，众所周知没有特色的东西很难称之为模式；另一方面是模式的客体是以群体形式出现的，并不是一个个体，而且这些群体之间存在着很多相同或者相似的共性。学术界关于模式界定的这两个关键点对于东亚地区是成立的。东亚各国所采取的经济战略和措施与其他地区的国家相比具有独特性，加之东亚各国形成的制度性安排和技术方法比较相似，所以大部分经济学家认为东亚经济的发展模式是存在的。

然而，我们不应该将东亚经济发展模式做片面化和绝对化的理解。尽管东亚一些国家和地区在经济发展过程中采取了相同或相似的政策和措施，但是各个国家的具体情况是不同的，因此它们在经济发展过程中所采取的政策措施也就不尽相同。例如，亚洲"四小龙"很大程度是依赖民间投资来带动国家经济的发展，而大多数东南亚国家则建立了程度不同的国营经济和国家资本，而其他东亚国家大都比较强调国家干预在经济活动中的作用。在外资的引进和利用方面，香港和新加坡主要采取外国公司的直接投资，其对外借款很少；韩国在80年代前主要依靠向外借款的方式筹集资金，对外直接投资限制很严；中国台湾即重视引进外国直接资本，同时也注重接受外国的贷款，但是由于中国台湾通过储蓄的增长其内部资金不断增加，其利用外资的规模相对来说很小。因此，我们不能忽视东亚经济发展模式的差异性。

另外，我们还应看到，东亚经济发展模式是一种相对的稳定，并不是绝对静止不变的。有些学者以危机前后东亚经济发展模式不同而否定其存在，这是欠妥的。我们并不能因为东亚经济发展模式的一些变化而否定它的存在，而应看到它的相对稳定性。

(二) 东亚模式的涵义与特征

关于东亚模式的涵义，学术界存在不同的说法，有着不同的理解和概括。大多数学者认为东亚经济发展模式就是为了实现经济现代化而采取的一些比较有特色的发展战略、发展政策和发展措施,并因此形成了一种具有相对稳定性的经济体制。关于东亚模式的特征问题,也存在不同论述,但基本上都是大同小异的。世界银行在1993年曾就东亚问题发表过两个研究报告。一个是发表于1993年9月题为《东亚的奇迹——经济增长和政府的政策》,论述的范围是日本、亚洲"四小龙"(韩国、新加坡、中国台湾、中国香港)及东盟三国(印度尼西亚、马来西亚和泰国);另一个是发表于1993年11月题为《东亚的经验教训——各国情况纵览》,此报告则把日本换成了中国①。两个报告虽然不同意东亚地区存在单一经济发展模式的提法,但是却论述和归纳了东亚国家和地区的一些共同点:

(1)东亚的宏观经济长期保持稳定状态,其经济政策具有明显的"务实性"和"灵活性"。

(2)东亚各国注重引进外国资金和技术,实施外向型经济战略,促进出口。

(3)东亚成功地实现了国家管理和干预,注重创造宏观环境,扶持特定产业,推动私人企业投入。

(4)东亚各国非常重视人力资源的投资、开发和利用。

(5)东亚各国注重投资和储蓄,增加其在GDP中的比重。

(6)东亚各国保持适度的收入差距,但同时也强调分配的均等性。

综合以上特点,我们可以把东亚经济发展模式归纳为以下几点:

第一,东亚各国普遍实施过赶超策略,通过高储蓄和高投资来实现经济的快速发展。

第二,东亚各国逐渐形成了政府主导的经济管理体制,并相应地建立了形式各异的权威主义政治体制。

第三,东亚各国将国内市场和国际市场融为一体,推行外向型的经济发展战略。

第四,东亚内部形成了产业分工,即通常所说的"雁行发展模式"。这

---

① 赵春明:《东亚经济发展模式的历史命运与发展前景》,《世界经济与政治》2000-12-14。

种发展模式有高强度的经济发展关联性,东亚地区国家由过去的产业循环机制逐步发展为一种区域性的经济增长模式。

二、东亚金融危机下对东亚模式的影响

(一)危机是否意味着东亚模式的"终结"

1994 年,美国经济学家保罗·克鲁格曼(Paul R. Krugman)发表了"东亚奇迹的神话"一文,在国内外引起了一场关于东亚奇迹和东亚模式的大讨论。1997 年东亚金融危机的爆发,再次引发了人们关于这些问题的争论。其中出现了一股否定东亚模式的思潮。国内外都有学者认为东亚的高增长时代已经终结,西方资本主义模式已经取代了东亚的资本主义模式,他们认为"东亚货币危机的真正原因是东亚经济模式的危机",是东亚经济模式的终结。①

但是众多理性的学者却认为这种观点值得商榷的,理由有以下几点:

第一,东亚经济发展模式在东亚经济发展过程中所起的作用不能因为东亚金融危机的爆发就予以全盘否定。恩格斯曾经说过:"每一阶段都是必然的,因此,对它所由发生的时代和条件来说,都有它存在的理由。"对于东亚经济发展模式,我们也应该持这样的态度来看待。

从历史的发展过程来看,东亚经济发展模式的产生具有历史必然性,换句话说,东亚经济发展模式是东亚各个国家和地区在第二次世界大战结束以后的国际环境条件下必然选择的一个经济模式。众所周知,二战之后,东亚各国摆脱了西方资本主义国家的统治,实现了民族独立,各国政府把重心放在发展本国的经济上,以维护政权的稳定和抵御外来的压力。但是东亚各国面临的情况却不如人愿:在内部,东亚的国家和地区不能像资本主义国家一样通过原始积累来集中资本;在外部,国际经济旧秩序仍然操纵在西方国家手中,他们以此来给发展中国家施加压力。国际经济旧秩序有三大内

---

① ［美］保罗·克鲁格曼:《东亚奇迹的神话》,《外交事务》(Foreifn Affairs),1994 年。

容,即以不平等交换为基础的国际贸易体系,以垄断资本为基础的国际金融体系和以资本主义性质的国际分工为基础的国际生产体系。在这三个旧秩序中,发展中国家都处于极其不利的地位。

基于上述原因,东亚各国和地区只能依靠国内的高储蓄率和大力引进资本来加速资本积累,与本国的政府权力结合起来,以达到迅速提高国际竞争力的目的。因此,东亚经济发展模式的产生具有其合理性和必然性,也可以说这是发展中国家为了追求现代化而采取的一种发展道路。即使是在发达国家的后进国家德国和日本,走的也是这条道路。

东亚经济发展模式的存在具有必然性,它对于东亚经济的发展有着不可低估的作用,换句话说,东亚经济奇迹与东亚经济发展模式有着密切不可分割的关系。东亚经济发展模式最大的作用就在于,它在创造了一条不同于西方文明的现代化道路方面做了积极而有意义的探索。

从世界的角度来看,追求现代化的发展中国家有三种代表性的模式:①

其一,是拉美国家保护本国民族企业和培育本国市场,试图利用国内市场来实现经济的现代化;

其二,是在十月革命后的俄国,企图通过建立社会主义计划经济体制来实现现代化,这种模式主要是采取政府计划代替市场机制,强制实现工业化的原始积累和资源配置;

其三,是东亚经济的发展模式,一方面通过政府干预来弥补国内市场体制的不足,另一方面又通过大力帮助国内生产者走向国际市场来加速工业化进程。东亚国家在发展模式方面的探索为广大的发展中国家提供了有意义的借鉴和启示。

所以,美国著名未来学家约翰·奈斯比特(John Naisbitt)认为:"东方崛起的最大意义是孕育了世界现代化的新模式,亚洲正以'亚洲方式'完成自己的现代化,它要引导西方一起迈入机遇与挑战并存的21世纪。"

所以,我们并不能因为东亚金融危机的爆发,就对东亚经济发展模式和

---

① 赵春明:《东亚经济发展模式的历史命运与发展前景》,《世界经济与政治》2000 - 12 - 14。

东亚奇迹的存在与历史意义进行断然的否定。

第二,尽管东亚经济发展模式存在的一些弊端通过东亚金融危机暴露出来,但是我们应该看到危机的爆发并不全是由东亚模式引起的,危机的爆发和加剧更多的还是由于东亚各国和地区没有能够好好地利用东亚经济发展模式中的积极因素。例如,在国家干预方面,经济起飞时期的东亚国家和地区能够及时地根据国内外环境的变化来调整本国的经济发展战略,审时度势,抓住机遇,不断推进产业结构的优化和升级,那个时期的政府干预是具有灵活性和有效性的。但是 20 世纪 80、90 年代以后,东亚各国和地区的政府发生了一些变化,政府对于国际环境变化的敏感反应能力大大减弱,不能及时地调整经济发展战略,结果导致了经济危机的爆发。再比如教育的问题,东亚经济发展能够取得成功的一个重要方面是重视教育,但是近年来,东亚国家的教育也出现了问题,教育模式已经跟不上时代,创新思维不足,使得东亚国家和发达国家间的技术差距被拉大,影响了产业结构的升级。①

在一定程度上,东亚金融危机的爆发说明东亚经济发展模式需要作出一些调整,但是绝不能因此而得出东亚经济发展模式已经过时或者已经终结的结论。

第三,在东亚金融危机爆发后,正是由于东亚经济发展模式的一些积极因素,才使得东亚国家逐渐走出危机。以韩国为例,面对金融危机,根源于儒家学说的"忠"和"整体号召机制"重焕生机,在"企业自律推进,政府积极支持"的思想指导下,大企业主动与政府对话,寻找新的出路,及时进行产业结构的调整。经过两年的努力,政企合作顺利进行,大企业的改革进展得比较顺利,并取得了初步的成效。如现代集团原有子公司 63 个,1999 年减少到 30 个以内;三星集团的子公司也从 65 个减少到 40 个。企业财务状况也有明显改善。从 1998 年底到 1999 年 6 月,现代集团的负债与自有资本比例,从 499% 减至 341%,三星集团也相应地从 276% 减少至 193%。②

① 赵春明:《东亚经济发展模式的历史命运与发展前景》,《世界经济与政治》2000 - 12 - 14。
② 赵春明:《东亚经济发展模式的历史命运与发展前景》,《世界经济与政治》2000 - 12 - 14。

(二) 东亚经济发展模式存在的问题和缺陷在危机中显现

虽然我们不能说危机的爆发意味着东亚经济发展模式的终结,但是必须指出,危机的爆发确实暴露了东亚经济发展模式的一些弊端和缺陷:[①]

首先,东亚经济发展模式带有明显的赶超性质,这种性质的发展模式往往会带有明显的缺陷。

实质上,东亚经济发展模式是一种追赶型的模式和战略,虽然在前期这种战略很有成效,但是发展到一定程度后,这种战略很容易导致急功近利。例如,很多东亚国家和地区片面追求生产规模和追求增长速度,从而忽视了教育、管理和技术在提高综合劳动生产率中的重要作用。据有关资料显示,1970 - 1990 年,东亚新兴工业化国家和地区技术进步对经济增长的贡献率仅有 10%,而美国同期为 53%,二者相差甚远。在引进外资和资本配置方面,只注重引进短期的资本,并将资本中的大部分投入到低水平的出口加工业和畸形发展的房地产业,忽视了对基础设施和技术开发的投资。[②]

其次,东亚经济发展模式具有强烈的外向型特征。

外向型发展战略应该具备以下两个条件:一是外部条件,即必须存在一个较大的国际吸纳市场;另一个是内部条件,即本国的产品必须在国际市场上具备一定的竞争力。东亚大部分国家和地区的工业化进程都是从劳动密集型出口加工业开始的。在经济起飞阶段,亚洲"四小龙"正是利用西方国家产业结构调整的机会,大力发展已在发达国家失去优势地位的劳动密集型产业,而西方国家正处于经济高速增长的时期,国际贸易的主导力量是自由贸易,因此"四小龙"获得了成功。但是到了 80 年代以后,随着形势的变化,这两个条件都发生了变化。劳动密集型产业优势遭受到了"前堵后追",这就要求东亚各个国家和地区必须改变经济发展策略,从劳动密集型产业向资本密集型产业和技术密集型产业转移,而这两种新型产业都要求

---

① 赵春明:《东亚经济发展模式的历史命运与发展前景》,《世界经济与政治》2000 - 12 - 14。

② 贾彬:《东亚模式的历史局限和调整及其走向》,《科技情报开发与经济》2005 - 02 - 15。

大量的资金和坚固的科技开发实力作为基础,而且需要相当长的一个过程[1]。显然,东亚的一些国家和地区在应对这样的变局时,准备不足,无法从容应对。从东亚经济发展的历史来看,泰国和印尼等国家在实现了第一次飞跃后就遇到了挫折,韩国虽然实现了第二次飞跃,但其过程也是相当的艰辛,只有新加坡和中国台湾表现稍微好一些。

与此同时,在外部市场方面上也在发生变化,国际贸易的主导力量从贸易自由化转变为克鲁格曼等人的战略贸易理论所主张的以非关税壁垒和管理协调贸易为主要表现的新贸易保护主义,在这种内外交困的情境下,外向型战略的效力发挥受到限制,最后致使东亚国家和地区陷入危机的泥潭。[2]

第三,东亚经济发展模式奉行强有力的政府干预,而政府干预其实也是一柄双刃剑。政府干预是必要的,特别是对于后进国家来说,但是政府干预本身往往也隐藏了一些容易导致失误的因素,而且从一定程度上来讲,干预越强烈,失误的可能性就越大。具体表现在以下几个方面:[3]

(1)在政府的强力干预下,信贷资金的使用往往会受到限制,降低资金的使用效率和投资效率,同时大大降低资金的相对价格,致使有些企业盲目地扩大企业规模和过度投资,容易导致通货膨胀和信用危机。

(2)在政府的强力干预下,很多政府都是利用行政命令和政府政策来代替法律,这有悖于市场经济所要求的主体平等原则,也不利于社会公正体系的建立,进而阻碍企业的发展。

(3)在政府的强力干预下,东亚一些国家的政府往往会颁布一些条例和规定,在一定程度上限制非银行机构的建立和发展,致使金融业陷入落后与停滞的境地。东亚国家和地区的企业对于银行的依赖性很大,而银行的信贷又由政府控制,这就为官商勾结和大量不良资产的产生创造了条件。

(4)在政府强力干预下,如果政府自身就存在很多问题,如果没有有效的监督和控制,很容易引发官商结合、官僚主义和权钱交易等腐败问题。

---

① 贾彬:《东亚模式的历史局限和调整及其走向》,《科技情报开发与经济》2005 – 02 – 15。
② 贾彬:《东亚模式的历史局限和调整及其走向》,《科技情报开发与经济》2005 – 02 – 15。
③ 贾彬:《东亚模式的历史局限和调整及其走向》,《科技情报开发与经济》2005 – 02 – 15。

正是由于上述问题和缺陷的存在,东亚经济发展模式才需要进一步的调整和改变,而且在金融危机爆发之后,东亚国家已经注意到了这个问题,并开始对本土化的经济发展模式进行调整,以适应现代经济发展的需要。

根据我们对东亚经济发展模式在危急中显现出来的缺陷和问题的分析,东亚经济发展模式的调整和走势大致可以从以下几个方面考虑:①

首先,片面追求数量增长的追赶型战略要向数量与质量并重的平衡型战略转变,这种转变主要包括以下两个方面:

(1)从片面追求高投入和高增长的传统经济发展模式,逐步转变到以效率为中心的国民经济发展战略,并进一步转变到与环境相协调的可持续发展和以人的发展为中心的社会经济综合发展战略上来。

(2)从过分追求片面发展的急功近利型战略,逐渐转变到国民经济均衡协调的发展战略上来。

其次,从片面追求出口增长的外向型导向战略,逐步转变到以出口导向和内部需求拉动并重的战略上来。东亚国家和地区在此方面已经做出了一些努力。

最后,东亚国家和地区的政府应该对于自己的职责做出重新的定位与调整。

政府对东亚国家和地区经济发展的本土化模式进行新的调整,推进金融体制的改革,完善金融市场的监管体系,注重教育,提高国民素质,发展高科技,积极有效地推进产业结构的升级。政府还要注重自身的改革,做到廉洁自律,尽快实现经济的现代化和国家的快速发展。

---

① 赵春明:《东亚经济发展模式的历史命运与发展前景》,《世界经济与政治》2000-12-14。

第五章 东亚经济发展模式与经济增长

第一节 产业政策与经济增长

一、产业政策的新特征

随着国际经济的发展和国际一体化的不断推进,东亚各国积极地进行各方面的改革,以利于实现经济的现代化,产业政策也经历了各种各样的变化。以中国为例,20世纪90年代国家产业政策的主要内容是:加紧步伐,大力发展农村和农业经济;加强基础设施和基础工业;积极振兴重要的支柱产业;大力发展对外贸易、优化对外贸易;积极提高科学技术水平和优化产业的布局。

与以往所推行的产业政策相比,这个产业政策发生了如下的变化:[1]

首先,国家看到了"市场失效"的问题,因此新的产业政策更加重视弥补这个问题。在20世纪80年代,产业政策不但受到当时经济状况和体制状况的影响,而且受到长期计划体制下形成的"按比例发展"的观念的影响,当时的产业政策的重点是限制供过于求的行业的发展,支持那些薄弱产业和供给不足的产业发展。新的产业政策并没有全部用来支持供应不足的产业,也没有强制性地限制企业进入供过于求的产业。新的产业政策的重点是支持技术型产业和大型企业集团,无论是从"支柱产业"分析还是从

---

① 江小涓:《产业政策与经济增长方式的转变》,《改革与理论》1996 - 04 - 15。

"市场失效"的角度分析,都可以看出,这些政策都是针对"市场失效"的问题的。克服"市场失效"是东亚各国调整产业政策的重要原因,同时也是提高经济增长质量和效应的必要措施。由此可见,中国的产业政策正在与市场经济国家产业政策的取向趋向一致。

其次,从新的产业政策可以看出,重点支持行业的范围正在逐步的缩小。80年代产业政策的支持面几乎包括了所有的产业,但是新的产业政策只限定在农业、基础设施和基础产业、几个支柱产业和出口产业。

最后是重点强调政策的实施和监督。以往的产业政策中都存在缺乏正确的实施手段的问题和缺陷,新的产业政策则制定了各项规定来避免此类问题的发生。

二、振兴支柱产业,推进经济增长

随着东亚各个国家和地区对本国经济战略的调整,产业政策也随着发生了变化。其中最引人注意的是新的产业政策强调振兴支柱产业,这是以往的产业政策中所没有涉及到的方面。一个产业要成为一国的支柱产业必须满足两个方面的条件:一是该产业必须在国民经济中占有重要的地位,并能够积极地带动其他产业的发展。二是该产业可以较多地吸收先进技术、应对大幅度增长的需求和长期保持自身的高增长速度。例如,在1994年中国颁布的产业政策纲要中,机械、电子、石油化工、汽车制造和建筑业被指定为中国国民经济的支柱产业。

对于东亚各个国家来说,支柱产业健康快速的发展是实现经济增长的重要手段之一。其原因可以归纳为以下几个方面:[①]

第一,那些市场潜力大、技术含量高、附加值高、规模显著的新兴产业可以增加新的投资机会,在保持和提高效益与质量的前提下,可以持续地保持本国的经济增长。从发达国家的经验中可以看出,当发达国家处于发展中阶段时,电子、机械、汽车、建筑、石油化工等行业均属于高速发展和扩张的

---

① 江小涓:《产业政策与经济增长方式的转变》,《改革与理论》1996-04-15。

行业,其增长率明显地高于国民增长率的平均水平,每个支柱产业在 GDP 中所占的比重都可以达到 5%,甚至更高,各个支柱产业对国民经济都具有很大的带动作用。从目前东亚各国经济发展的状况来看,这些行业的发展速度、规模和带动作用都还不够,究其是那些资金和技术含量较高的电子、石化和汽车行业,他们在东亚各个的 GDP 中所占的比重明显过低。

第二,随着东亚各个国家和地区国内市场的进一步开放,各国的国内企业将要面对更多的进口商品和国际跨国公司的竞争,只有那些具有巨大市场潜力的行业尽早地形成规模,才能在竞争中发展起来,提高本国企业的国际竞争力,促进本国工业的产业发展。以往的国内竞争导致了利益在本国各种类型的企业间的分配,以后的竞争在一定的程度上将导致利益在本国企业和外国投资者之间进行分配。因此可见,支柱产业的大力发展,可以确保新行业发展带来的巨大收益能够主要留在国内,加速本国的经济增长。

第三,这些新型支柱产业健康快速的发展,就是大企业成长的过程。这些支柱产业规模经济效应显著,不但是发展东亚各国和地区优势产业和优势企业的过程,同时也是各国改善企业效应水平和实现经济增长的过程。

毋庸置疑,支柱产业对国民经济具有巨大的带动作用,但是国内外学者对于支柱产业的发展是否需要产业政策的特别支持却没有形成统一的意见。一些学者认为,这些支柱产业本身就具有巨大的市场潜力,技术含量又很高,生产率必然会很高,一定会吸引广大投资者的眼光,并不一定需要政府的特别支持也能发展壮大。从各个国家的经验可以看出,在那些具备基本产业和技术的条件下,只要产品具有巨大的国内和国际市场,就会有大量的投资迅速进入该行业。这些行业不但不会出现投资不足的问题,反而会出现"重复建设、重复生产"、"一拥而上"等现象。例如,20 世纪 80 年代中国的家用电器行业,投资者的积极性一直很高,政府实施了各种措施控制该行业的投资,但是最后也没能抑制投资者的投资欲望。在其他各个支柱产业中,在一定程度上也存在这样的现象。但是应该看到,支柱产业需要在效益与质量的基础上进行发展,只有基于这样的基础支柱产业才能形成大型骨干企业,才能尽快地提高技术水平。在这些方面,东亚各个国家和地区的市场机制的作用很有限,仅仅依靠市场竞争的过程,需要较长的时间和代价,因此需要通过产业政策的调整来进行补充。今后支柱产业的支持政策,应把重点从投资行为逐渐转移到市场导向、集中导向和技术导向的方面上来①。同时,还应保证支柱产业企业能够具有较强的国际竞争力,防止垄断产业的出现。

有很多措施和方法可以促进支柱产业的发展,众多国家的经验表明最具有效应的方法主要有:贸易保护政策,即使本国的产业在一定的程度上具有某种优势,使其在成长的过程中不至于被国外对手击垮;出口促进政策,即在支柱产业提高国际竞争力和技术水平的条件下,使其扩大市场份额;政府财政资金的支持,即对于支柱产业进行技术开发、技术引进、各种补贴和奖励;提供低息贷款和支持企业的合并、兼并等行为,这些措施和方法都可以被东亚各个国家所采用。从东亚国家的具体情况来看,促进支柱产业的发展应注意以下几个方面的问题:

第一,在市场导向的基础上进行产业的发展和集中。通过限制新企业的进入和组建企业集团的形式来促进支柱产业中骨干企业规模的扩大和集中。但是,实践证明这种措施的作用是有限的,面对国际市场还是应该着重发挥市场机制在推动集中过程中的作用。这个过程需要微观和市场两个方面的条件。从微观上来看,企业已处于激烈的市场竞争之中,企业通过采用新技术和扩大企业规模降低生产成本的方式提高自己的竞争力,这是优势企业拥有自己的市场份额的内在要求。目前在各个支柱企业中这种状况非常普遍。通过这样一种方式,优势企业可得到扩张,劣势企业则被市场淘汰,在效率基础上推动生产集中的过程。

第二,从市场条件来看,市场上依然存在许多不利于竞争引导的体制因素,仍有许多方面有待改进。这些改进主要有以下几个方面:②

首先,应促进金融资本和产业资本的结合。要促使东亚各国支柱产业形成一批世界级的名牌产品和大型企业,这样的结合是必不可少的。这种

---

① 江小涓:《产业政策与经济增长方式的转变》,《改革与理论》1996 – 04 – 15。
② 江小涓:《产业政策与经济增长方式的转变》,《改革与理论》1996 – 04 – 15。

结合能够为大企业的成长提供环境支持,使其拥有长期、及时和稳定的资金来源。更为重要的一点是,这种结合可以使企业通过合并、兼并、收购等方式迅速扩张。在市场经济条件下,企业规模的扩大和扩张主要是通过企业间的重新组合实现的,而不是企业自身的积累,如果这条路走的不顺畅,企业规模的扩大就会受到影响。

其次,应弱化和消除支柱产业在规模扩张过程中遇到的行政障碍。企业投资规模较小和企业市场份额扩张受到行政分级管理体制和行政性市场分割的阻碍。一方面,在行政分级管理体制中,投资限额管理势必会导致大批规模不经济企业的产生;资金的分级管理使那些市场潜力大、效益好的企业很难筹到足够的资金来扩大规模。而另一方面,那些政府机构组建的公司和那些有政府背景的企业,可以借助行政权力来分割市场,排斥其他企业的竞争,形成自己的市场份额和较低级的垄断[①]。如果市场存在行政性份额,则会阻碍优势企业的发展和规模的扩大,削弱优势企业的优势。

第三,通过采取具有国际管理水平的措施来加强对支柱产业的支持。东亚各个国家和地区的经济正处在与世界经济接轨的阶段,过去那些不符合国际管理理念的措施和方法难以适应形势发展的需要,例如对出口实行补贴、过多的非关税保护和过高的关税等措施,都很难在大范围内长期使用。但是,也存在这样的情况,有些支持本国的支柱产业的措施普遍被许多国家所采用,而在东亚的许多国家和地区却没有被充分地利用。例如,很多发达国家普遍通过政府采购来支持本国支柱产业和高新技术产业的发展和壮大,对于相对落后的国家来说,政府采购的作用则更大。在日本计算机发展的初级阶段,政府采购的数量几乎占日本本国计算机产量的80%,东亚各国在这方面都具有优势,但是却没有很好地利用这些措施。再比如政策性金融体系,这是支持支柱产业发展和扩大的重要措施,但是在很多东亚国家,这个政策的作用却很不足,虽然有很多国家成立了国家进出口银行和国家开发银行,但是其作用还有待进一步的加强。

---

① 江小涓:《产业政策与经济增长方式的转变》,《改革与理论》1996－04－15。

第四,应充分地利用各种资源来发展支柱产业。从长远来看,支柱产业发展与政府的支持能力二者之间依然存在很大的差距。一方面,虽然支柱产业都是仅仅限制在为数不多的几个产业之中,但是它们所涉及到的行业面确实相对很广。另一方面,在今后相当长的一段时间内,信贷资金的利用会受到通货膨胀压力的限制,而政府的可支配的投资能力也是有限的,与此同时,还存在很多有待解决的问题需要政府的资金。由此可见,从政府的角度考虑,能够用于支持支柱产业的财力是非常有限的。支柱产业的发展就需要特别强调利用各种可以利用的资源,尤其是"改革资源"。政府理应给予支柱产业优先使用这种资源的以下五种权利:

(1)支柱产业中的骨干企业有优先使用海内外直接投资的权利,特别是在发行债券和股票方面给予它们优先权;

(2)支柱产业中的骨干企业有优先进行金融资本和产业资本结合的权利,在建立新的商业银行和投资基金等非银行金融机构时,可以优先考虑那些经营状况好、发展潜力大、代表支柱产业发展方向的企业作为股东。

(3)支柱产业的骨干企业有优先进行改革试点的"通行证",对于通过企业的兼并、合并和收购等形式来扩大企业规模的支柱产业,应当给予政策上的支持和保护。

(4)支柱产业中的骨干企业有优先对外投资权,这样可以使支柱企业在国际市场上具有竞争力,使其成长成为工贸一体的大型跨国企业。

(5)支柱企业中骨干企业有优先引进外资的权力,对于那些属于技术先进的外国投资企业,政府应在国内市场份额上给予优待,其他方面给予优惠政策,以便支柱产业引进先进的技术。

三、通过对产业结构的调整改善经济效应

由于受到传统产业的影响,东亚很多国家和地区的经济效应往往不佳。虽然新的产业政策并没有涉及到这一点,但是从东亚的经济增长趋势来看,今后的产业政策必然会重视经济效应的提高。

在今后相当长的一段时间内,东亚各国和地区的经济增长都将要伴随

着剧烈的结构调整,在此期间会有一些企业和地区处在困境之中。分析其原因,主要有以下几点:①

第一,消费的高潮期所带来的生产能力将会面临闲置,消费的热点迅速变换。

第二,随着新工业区的兴起,旧的工业区将会面临困境。

第三,开放的经济条件将会带来巨大的外部冲击。

第四,一些生产要素的相对价格会发生变化,这将影响产品的国际竞争力。这些因素所带来的结构性问题往往比较集中地出现在某个或者某类行业中,需要进行区域性和行业性的调整。

目前东亚很多国家的国有企业处于困境之中,其主要原因是众多国有企业处在不景气产业和老工业区中,所以,组织它们进行结构调整也是提高国有企业效率的重要任务之一。

对于这类比较集中出现的结构调整性问题,如果只是仅仅依靠企业自身的努力,其调整过程就会比较缓慢。因为结构调整需要大量的资金和技术性投入,而处于困境中的企业这方面条件很差,只有政府进行资助和帮助,才能使这些企业免于面临低效益或者破产的状况。在东亚国家中,如果出现这类问题,政府能够及时给予企业帮助,使其结构调整能够顺利进行,则可以避免许多社会和经济问题的出现。例如,从上个世纪60年代中期开始,日本就专门制订了一些政策,如"特定萧条产业安定临时措施法",用来支持不景气产业进行结构调整。有时政府为支持不景气企业进行结构调整,所投入的资金会远远大于支持新兴产业发展的投入资金。

综上所述,未来东亚各国和地区对于不景气企业的援助政策有可能表现在以下四个方面:②

第一,对于那些能力过剩行业中淘汰和封存设备的行为给予肯定和支持,帮助其优先获得技术改造的资金或者贷款。例如中国纺织行业正在实行"压锭改造"政策,这类政策还有待进一步的实施和扩大。

---

① 江小涓:《产业政策与经济增长方式的转变》,《改革与理论》1996-04-15。
② 江小涓:《产业政策与经济增长方式的转变》,《改革与理论》1996-04-15。

第二,一些特定的产业和地区由于结构调整出现大量的失业问题,应该给予特别的政策支持。例如政府出资进行再就业培训、对雇用这些失业人员的企业提供特别的优惠政策或者补助等等。

第三,对于那些有能力跨行业或者跨地区进行企业兼并、合并的行为给予政策或者资金的支持和鼓励。

第四,对于那些地处沿海地区的劳动密集型产业,应鼓励其向内地搬迁,以便恢复他们在国内国际上的竞争力。

四、以产业政策促进经济增长的措施

首先,应运用动态比较利益方法来制定产业政策。在制定产业政策时,应该根据本国的实际情况,从本国的资金、技术资源、人力资源等条件出发,在考虑世界产业发展方向的基础之上,采取动态比较利益方法来制定产业政策,以适应国际产业加速转换的要求。政府实施的产业政策必须与市场机制相结合,只有这样才能弥补市场的缺陷。随着经济的快速发展,要加强市场的作用,减少政府的干预。

其次,应加强产业政策研究和产业政策的立法。东亚的很多国家正处于发展之中,正在对经济结构进行战略性的调整,应该重视发挥产业政策及其相应的法律的作用。应重点扶植战略产业的发展,推动产业结构的升级。目前东亚地区面临产业衰退和大量工人失业、压缩过剩生产能力及设备,鼓励和扶持技术创新和新兴产业发展等一系列问题,因此,应注重运用法律手段实现结构调整目标。

再次,就是既要注意培育大型企业,又要对中小企业采取扶植政策。有的东亚国家只注重大企业的发展,从而忽视了小企业的发展,使得大企业过度地依赖于政府,小企业竞争力不强,导致在金融危机时很多企业纷纷破产。这样的政策是不可行的,应在推行大公司战略的同时,注重保护中小企业,并从财政、金融和政府订货等方面提供优惠政策,充分发挥大型企业的规模经营效应,运用市场机制进行调节,防止企业垄断和过度竞争。

最后,对于衰退的产业应该多加指导。随着产业政策的实施,产业结构

也应进行一些改革和升级。但是由于产业升级的原因,使得一些产业提前进入衰退期。衰退产业积存了大量过剩的生产能力和劳动力,因此对衰退产业应加强指导,使其实现衰退产业有序退出,对于产业的剩余生产能力和劳动力进行转移,避免社会震荡,更快地实现产业结构高级化。

第二节　金融制度与经济增长

在人类经济发展史上,长期以来,金融在西方主流经济理论中只是经济的面纱,所有的经济活动都可以通过市场交易实现帕累托最优状态(Pareto Optimality),银行和其他金融中介机构的存在是可有可无的。在新古典经济增长模型中,实物资本存量决定着一个国家国民经济的稳态增长;而金融制度,诸如金融契约、金融机构和金融市场等并不是经济增长的解释变量。但是,随着金融理论的发展,大量的实证分析表明金融发展与经济增长之间存在着正相关关系,如果一个国家拥有高效率的金融制度可以对这个国家的国民经济增长做出重要的贡献。

20世纪80年代以来,由于受到金融发展理论的影响,在发展中国家和新兴市场经济出现了放松金融管制的思潮。但是,令人遗憾的是,大多数国家放松金融管制带来的是金融危机的频繁发生和对经济的沉重打击,而并不是人们所期望的金融的发展和经济增长。

这是怎么回事呢?人们又该怎样理解理论与现实的不一致性?如何准确的把握金融制度与经济增长之间的内在联系?

众所周知,由于信息的不对称而产生的交易摩擦是金融交易的一个重要的特征,所以,金融交易的信息摩擦是探讨金融管制和经济增长之间关系的一个重要的结合点。

20世纪80年代以来,内生经济增长理论形成并发展起来。这个理论的发展使我们能够在主流经济增长理论的框架中讨论金融制度对经济增长的促进作用。内生经济增长理论主要有两个流派,一个流派是基于线性生产函数或者资本外部性的假设,在这些模型中,金融制度对经济增长的促进作用主要是通过影响资本形成来实现的；另一个流派则主要注重新产品的发明和新技术的应用对经济增长的影响。在这些理论中，金融制度主要是通过产品创新和技术来影响经济增长。总之，金融制度的形成和发展是可以通过减少金融交易的信息成本来影响资本积累、技术创新和经济增长的。①

一、金融制度与经济增长之间的关系

20 世纪 80 年代以来，微观金融理论在博弈论和信息经济学的基础之上逐步形成和发展起来，这个理论的形成和发展为我们分析金融制度对经济增长贡献机制提供了新的工具和理论。通过微观金融理论的分析，人们认识到金融制度是通过风险交易和风险共担、强化企业监督和企业控制、减少信息获得和信息处理成本等基本功能，达到降低金融交易信息成本的目的，并最终实现经济的增长。

从 Goldsmith(1969)和 Mckinnon(1973)的实证分析中，我们会发现金融发展与经济增长之间存在着正相关的关系，也就是说，他们通过自己的实证分析认为一个国家如果拥有高效率的金融制度，就能够支持这个国家的国民经济更快地增长。然而，受以 McKinnon(1973)和 Shaw(1973)为代表的新古典金融发展理论的影响，发展中国家和新兴经济体(NIEs)20 世纪 80年代以来出现了对金融制度放松管理的现象，令人遗憾的是，在多数国家放松金融管制的时候，并没有带来人们所期盼的国家金融体制的长足发展，更没有带来国民经济的增长。与人们的最初愿望相反的是，它带来了金融危机在全球范围内的频繁发生和蔓延，以及对一个国家国民经济的沉重打击。

(一)风险共担和风险交易

对风险共担和风险交易的分析，主要是为了分析金融风险中的市场风险和流动性风险。在市场经济环境下，企业需要的是长期投资，而对于投资

① 赵向琴、陈国进:《从金融交易的信息摩擦看金融制度、金融管制与经济增长的关系》,《南开经济研究》2003 – 08 – 22。

者来说,出于对投资风险的考虑和回避,投资者一般偏好短期的投资。在这样的情况下,由于流动性风险的约束,就会出现一些问题,例如低流动性和高收益项目的长期投资不足等。由于市场信息的不对称,对于一个投资者是否受到了流动性冲击,以及受到冲击程度的调查成本是非常高的,而且这样的调查也是不好实现的,这就无法通过保险契约在投资者之间建立流动性风险共担机制。假如存在金融市场,受到流动性冲击的投资者可以将手中的证券出售或者转让给其他的投资者,也就是说,金融市场的流动性越高,投资者就越容易在二级市场上出售其手中持有的证券,越能减少流动性风险对长期投资的束缚,增加市场上的长期投资。①

　　作为风险管理工具的金融技术、金融工具和金融市场的不断创新,可以为市场上的参与者提供低成本和高效率的可能。理论研究也表明,银行可以为同一消费者提供跨期的风险共担机制,这就是说,在银行和存款者之间存在一种长期的关系。在经济繁荣发展时,银行可以向存款人提供低于实际水平的投资收益率,而面对经济的萧条和衰退,银行则可以向存款人提供高于实际水平的投资收益率,这就是通过用经济繁荣时的剩余来抵补经济萧条时的不足,最终达到降低存款人同一资产组合的跨期风险。②

(二)信息获得与信息处理

　　在金融交易的过程中,往往会存在很多问题。最常见的就是在签约之前,投资者和企业之间存在对投资项目收益和风险的信息不对称,这就会造成逆向选择的问题。而在签约之后,投资者对企业行为的信息不对称又会造成道德风险的问题。这些问题的存在势必会严重约束金融市场在资金配置中的效率。所以,为了保证金融机制的有效和顺利运行,投资者对企业在经济活动过程中的事前筛选和事后监督都是必不可少的。一些研究表明,在投资项目多且投资金额少的情况下,由一家银行进行监督即可,这样通过银行的代理监督可以减少和降低监督成本。此外,银行具有信息采集的专

---

① 赵向琴:《信息摩擦中的金融制度与经济增长》,《农村金融研究》2003 - 10 - 20。
② 赵向琴:《信息摩擦中的金融制度与经济增长》,《农村金融研究》2003 - 10 - 20。

门性优势,这就使得银行比一般的投资者更具有监督优势。银行和投资者之间的长期关系有利于银行积累借款人的私人信息和缓解借款企业的道德风险。

对于投资者的信息收集和信息处理,股票市场可以发挥积极作用。市场的流动性越高,投资者就越有可能获得更多的投资信息,有利于投资者在投资过程中获得更高的投资收益。随着市场流动性的提高和股票市场规模的扩大,投资者就会有更大的积极性投资于信息生产,这样股票的价格就能反映出其内在的价值,从而提高股票市场的配置效率。[1]

(三)企业监督和企业控制

金融制度除了有利于降低金融交易发生前的信息获得、信息处理成本之外,金融制度还有利于降低对企业监督和企业控制的成本。这就是说,公司所有者可以通过金融安排(金融契约、金融机构和金融市场的设计)使得经理的行为目标符合所有者的利益,外部投资者(外部股东)、银行和其他债权人可以通过金融安排使经理和内部所有者行为目标与外部人的利益统一起来并趋于一致。

依据高成本状态核实理论,在状态核实高成本的条件下,外部人与内部人之间的最优契约形式就是所谓的债务契约。具体分析,就是存在这样一个均衡的利率 r,当借款人(企业)可以向债权人支付这个利率 r 时,债权人不必监督借款人(企业)的行为;但是当借款人(企业)不能履行契约时,债权人通过支付信息成本来核实借款人(企业)的收益,并对借款人(企业)实行清算。除此之外,另一个减少债权人的监督和状态核实成本的方法就是使用抵押品。除了债权契约之外,另一个改善企业监督和企业控制的重要制度安排就是股票市场,如果股票市场是顺利有效的,股票的价格就可以准确地反映所有的市场信息,这样股东就可以将经理的报酬与股票的价格联系在一起,这就会使股东与企业经理的目标一致,而股票市场上存在的恶意

---

① 赵向琴:《信息摩擦中的金融制度与经济增长》,《农村金融研究》2003 - 10 - 20。

并购的威胁就促使经理为企业着想,朝有利于股东利益的方向发展。①

上述有关金融制度对经济增长的促进"传导机制"的理论研究,为我们对金融制度与经济增长之间关系的实证分析提供了重要的理论基础和依据。20世纪90年代以来,众多的经济学家对国别数据、行业数据和公司数据进行了广泛的实证研究。例如,有的学者根据世界银行建立的数据库进行研究,认为不管是资本市场还是银行都与一国的经济增长之间存在正的相关关系;有的学者根据行业数据分析金融中介和经济增长之间的因果关系。这个研究是建立在这样的假设之上的,如果金融的发展与经济增长之间存在因果关系,那么,与金融制度相对来说不发达的国家相比,在金融制度发达的国家中,外部资金依存度高的行业会得到很快的发展,并迅速地壮大起来。

二、金融制度促进经济增长的方式及对策

金融制度对经济增长有着怎样的影响? 政府应该采取怎样的金融制度来促使其对经济增长起到正作用? 经济增长方式又该怎样来转变? 经济增长方式的转变和金融制度之间又有着怎样的联系呢?

一些学者对二战之后的日本经济增长进行研究,发现战后的日本在市场经济的基础之上,推行了经济增长方式的转变,通过民营企业的优先发展,产业的科技化、高效化,并且采取促进出口、信贷杠杆、发挥企业家的作用等措施和方法,成功地实现了战后经济增长方式的转变,经济得到了快速的发展。可见,有没有一个有利于优化生产要素组合和提高生产要素使用效率的经济组织方式和经济运行机制,是一国经济增长方式能否得到成功转变的关键所在,因为经济增长方式与市场有着必然而且是天然的联系。没有经济市场化的条件,就不可能实现生产要素的高效组合和利用,也就是在这样的意义上,推进市场化改革比推进产权改革具有更重要的意义②。由此可见,改革的问题才是经济增长方式转变的核心问题,只有实现了经济

---

① 赵向琴:《信息摩擦中的金融制度与经济增长》,《农村金融研究》2003－10－20。
② 江其务:《简论金融制度与经济增长方式》,《福建金融管理干部学院学报》1999－04－30。

体制从计划经济向市场经济的转变,才能实现经济增长方式从粗放型经济增长方式向集约型经济增长方式的转变,从外延性的经济增长向内涵型的经济增长的转变,从数量型的经济增长向质量型的经济增长的转变。有些人抛开了市场化改革来谈经济增长方式的转变,这是没有任何意义的,甚至还会转移人们对经济制度变迁的注意力,以致妨碍改革的顺利进行。

在这个基础上可以看出,要实现经济增长方式的转变至少要包括以下几个条件:①

(1)必须建立在一定的工业基础之上,而这个工业基础的产业结构必须能够适应集约型经济增长方式的要求。这是经济增长方式转变的物质条件,实质上就是产业的高级化问题。

(2)要有一定的科技发展水平,而且科技进步的步伐一定要比较快。

(3)人力资本的质量一定要高,要有一个高素质的职工队伍。

(4)要有一个重视改善经营管理水平的环境,因为改革是不能用来代替管理的。

(5)要具备一个有利于集约型经济增长方式的经济体制。

(6)政府应该支持经济增长方式的转变,通过实施一些政策来予以支持,并放弃地方保护主义的做法。

根据东亚各国和地区的实际情况,金融制度、金融结构安排和调整可以从以下几个方面来考虑,以达到促进经济增长方式转变的目的:②

第一,调整金融发展的战略措施。长期以来,一些东亚国家和地区实施资金供应、依靠资金维持传统经济体制的战略,这种金融发展战略必须要进行战略性的调整,建立一个新的经济体制,从拿钱贷款维持旧体制调整到拿贷款去创造改革的条件。简单的就是说,拿钱维持现状积累矛盾是划不来的,还不如用这些钱去为新的经济体制改革创造好的环境。这是选择战略的问题,用法不同其结果就会不同。

第二,实施有利于促进货币和资本分流、有利于促进资金性质归位和有

---

① 江其务:《简论金融制度与经济增长方式》,《福建金融管理干部学院学报》1999 - 04 - 30。
② 江其务:《简论金融制度与经济增长方式》,《福建金融管理干部学院学报》1999 - 04 - 30。

利于促进积累和消费分流的利率政策。在金融促进经济增长方式转变的过程中,一个重要的方面就是改革利率政策。通过利率政策的改革,实现三个"分开",即货币与资本、积累与消费、长期与短期的分开。最终推进储蓄结构的多元化,把风险向社会转移和分散,改变现有社会经济风险集中于国家银行的状况,最终形成一个收益与风险对称的社会信用结构。现有的金融结构,是通过高利率来维持企业的高负债,是和利率政策紧密相连的。利率政策不是一个简单的高或低的问题,还是一个利率结构的问题,那就是怎样才能使存款利率与股票、债券等金融资产价格联系起来,最终形成一个有利于消费品市场、股票市场、国债市场协调发展的利率结构。其中利率改革的基本原则就是"分险"和"分财"的对称,其目的是要使股票市场、储蓄市场、国债、金融债券市场、企业债券、消费品市场协调发展,并且结构优化。换句话说就是要建立一个由存款利率、企业债利率、物价、金融债利率、股票价格组成的合理的价格体系,从而合理地引导资金,促进储蓄结构的多元化和投资渠道的多样化,最终达到提高储蓄向投资转化的效率,这是金融制度促进经济增长方式转变的重要内容之一。①

第三,要有计划地发展共同的投资基金。这样做的目的就是要培育金融市场的机构投资主体,建立一个资本市场稳健发展的基础条件。建立市场化的经济体制和推进国有企业的改革,需要推进资本市场的发展。但是在现有的资本市场上,结构投资者少,个人投资者多,投资市场缺乏稳定的投资主体群,这也是股票市场大幅度波动的原因之一。与此同时,这也不利于分流储蓄,不利于储蓄向投资的转化,因为小额储蓄者一般是无力向资本市场投资。由此可见,促进资本市场的发展,优化资源的配置,就是要建立共同的投资基金,把市场上那些小额的资金集中起来,这不但可以减低小额投资者的风险,而且可以使投资者获得一个较为稳定的收益,促进资本市场的发展。②

第四,需要调整银行信贷投放结构。实质上调整银行的资源配置就是

---

① 江其务:《简论金融制度与经济增长方式》,《福建金融管理干部学院学报》1999－04－30。
② 江其务:《简论金融制度与经济增长方式》,《福建金融管理干部学院学报》1999－04－30。

要有"三个提高",第一个是提高国有企业贷款当中的技术改造贷款比例,降低一般流动资金贷款的比例。因为一般的流动资金贷款,既不可能调整产品的技术结构,也不可能调整产业和产品的结构,因此,在现有的一般消费品市场需求不足的情况下,应该减少现存的生产贷款,提高国有企业中技术改造贷款的比例,通过技术升级和产品升级来调整产品和产业结构,最终实现经济增长方式的转变①。第二个是大幅度提高民营机构贷款在全部贷款中的比例。民营经济是当前经济增长最快的部门之一,但是从现有的数据可以看出,配置在民营经济中的贷款数量是非常少的,尽管近几年民营企业有所增加,但其增长的速度仍然有待提高。第三个就是大幅度地提高第三产业贷款比重,加速第三产业的发展,为国有企业的转变机制和建立新的制度,实行减员增效创造有利的条件和环境。经验告诉我们,必须通过调整信贷结构,调整产品结构、技术结构、产业结构,来促进国有企业的制度转变,最终实现促进经济增长方式转变的目的。

第五,调整金融组织结构,重新对金融机构、地方性商业金融机构的经营对象、经营范围、职能等进行定位与调整。通过科学地界定不同金融机构的功能、对象、范围,形成一个不但有分工,而且功能齐全、层次分明的金融体系,使东亚各国和地区的金融结构和经济结构、经济发展水平相适应。虽然在东亚各国和地区存在着许多金融机构,但是这些金融机构并不具备功能互补的整体功能,所有的金融机构仅仅在同一市场之上进行简单的竞争,从而不具备分层和协调发展的功能。造成这种局面的主要原因是各种金融机构的功能没有经过科学地界定,结构也不合理,造成严重的恶性竞争,同时又存在很大的金融风险。

由此可见,要促进经济增长方式的转变,从金融机构方面考虑,就必须从制度上进行准确的定位,确定各种金融机构的对象、范围和职能,对金融机构的空间、层次进行规范。在金融组织多元化的基础上,实现分层服务、有序的市场层次划分、金融功能互补的终极目标。②

---

① 江其务:《简论金融制度与经济增长方式》,《福建金融管理干部学院学报》1999-04-30。
② 江其务:《简论金融制度与经济增长方式》,《福建金融管理干部学院学报》1999-04-30。

第六,建立有效的配置资金,规范货币市场和资本市场的发展,建立有利于企业结构和资本结构调整的机制,促进经济增长方式的转变。在东亚的很多国家和地区,货币市场和资本市场是畸形的,造成了货币市场的资本化和资本市场的货币化。规范这两个市场的发展是至关重要的,也是实现经济增长方式转变的一个必要的条件。

第七,加速发展保险事业,配合社会保障制度的改革,促使服务空间和领域的扩大。养老、医疗、失业等服务行业的服务对象、范围需要进一步的拓展。加快保险业的发展步伐也是转变经济增长方式的重要内容之一。

第八,规范政策性银行的资金来源渠道,防止政策性银行的商业化趋势和行为。由于政策性银行不具备长期稳定和低成本的资金来源的特点,政策性银行的职能一直没有准确的定位。规范政策性银行的行为,确保其拥有稳定的、低成本的资金来源,使政策性银行具有一个保本、微利经营的环境,准确的界定政策性银行的职能,这也是促进经济增长方式转变的一项内容。

第九,推进金融业面向国内外的全方位开放,形成一个有利的开放格局。对外开放的首要条件就是要对内开放,单纯的讲对外开放,其副作用和危害是非常大的。先对内开放,再对外开放,加大引进外资的步伐,是促进经济增长方式的转变的必要条件。

第十,将经济增长方式的转变和金融促进经济增长方式的转变结合起来,形成促进经济增长方式转变的有利条件。

第三节　企业制度与经济增长

从人类历史发展的过程来看,社会经济增长主要有两种类型:一种是粗放型的增长方式,如新型企业或者是新兴项目的开工和新领域的拓展。另一种是集约型的增长方式,就是注重企业内部的结构调整与企业管理、劳动生产率的提高等等。东亚各国和地区在工业化发展的初期,主要表现为粗放型的经济增长方式,随着工业化程度的提高,粗放型的经济增长方式越来越不能适应经济发展的需要,这就急切的要求寻找一种新的经济增长方式。经过多年的发展,东亚各国的经济建设形成了比较合理完整的工业化体系和国民体系,经济规模也已经初步形成,逐渐走入了工业化中期的阶段。应该看到,在东亚的很多国家和地区,企业存在着诸多的问题,迫切需要实现经济增长方式的转变。例如,在工业生产、基础建设和交通运输等领域,存在着资金周转慢、损失浪费严重、经济效益低和资源消耗高等问题。从东亚国家的具体情况来看,影响这种转变的关键问题就在于经济体制转换的滞后。[①]

从各国的经济体制改革来看,大体都是经历了以下四个阶段:扩大企业自主权、建立经济责任制、实行利改税和转变企业经营机制。在这四个阶段中,其中前三个阶段基本上走的都是利益刺激为主,而并不是机制转换为主的路子。当然,这并不是说经济增长方式的转变就不需要调整国家、企业和职工的利益关系,问题的关键在于调整利益关系必须以机制的转换为基本前提,要不然,企业的改革和经济增长就不会取得实质性的效果[②]。因此,建立现代企业制度已经成为深化经济体制改革,实现经济增长方式从粗放型到集约型转换的关键所在。

一、现代企业制度的基本内涵

现代企业制度是同社会化大生产和现代市场经济相适应的企业制度,它是也完善的企业法人制度为基础,以有限责任制度为特征,以公司制为主要的、典型的企业资本组织形式的新型企业制度。现代企业制度是适应社会化大生产和社会主义市场经济体制要求,自主经营、自负盈亏、自我约束、自我发展,成为法人实体和市场竞争主体的企业制度。

市场经济体制的基础就是现代企业制度,其基本的内容主要包括以下几点:[③]

---

① 赵永宁:《现代企业制度与经济增长方式的转换》,《淮阴师专学报》1996 – 04 – 10。
② 赵永宁:《现代企业制度与经济增长方式的转换》,《淮阴师专学报》1996 – 04 – 10。
③ 赵永宁:《现代企业制度与经济增长方式的转换》,《淮阴师专学报》1996 – 04 – 10。

第一，自负盈亏的企业法人制度。要求企业必须是独立的商品经营者和生产者，能够独立地承担民事责任。要求企业不但是财产主体，而且是盈亏主体。自负盈亏的企业法人制度在一定意义上成功地完成了所有权与经营权的分离，为扩大再生产的顺利进行和实现资本社会化创造一种好的条件和环境。这种制度有助于产生合理的资源配置机制。

第二，纵向授权的企业组织制度。在现代企业制度中，企业是独立的商品生产者，它拥有如下的权利：即财产管理权、经营决策权和生产经营的指挥监督权。现代企业的组织制度实行的是纵向授权制度——股东大会给董事会和监事会授权，董事会给经理授权，这就有利于扩大民主管理的权限和范围。

第三，利益均沾的企业分配制度。在以往传统的企业分配制度中，实际上只存在国家和职工两个利益主体，也就是说只存在国家利益和职工利益这两种利益关系。在这种条件下，国家的目标就是多收，而职工的目标就是多得。企业内部无法形成相互制约的平衡关系，以至于企业不能自主发展。而现代企业制度下的利益均沾就是要使国家利益、所有者利益、职工利益、企业家的利益和企业自身的利益得到很好的协调。

第四，规范化的企业财务制度。建立现代企业财务制度的宗旨就是要求能够非常全面地反映企业的长期经营状况，特别是企业的资产负债状况。其中会计科目的设置、会计报表体系和成本计算方法等都必须要符合国际惯例。还有一个重要方面就是变生产型企业为管理型企业。

第五，双向选择的企业劳动人事制度。在现代的市场经济条件下，要求尽快形成和完善劳动力市场，建立合理的劳动力流动机制，使职工和企业都能够实现双向选择，做到人尽其才，各得其所。与此同时，还要建立与此相配套的社会保障体系，主要包括社会保险、社会救济、社会互助和社会福利等，解决离退休职工的生活问题，使得他们老有所养，帮助失业职工再就业，解决他们的实际需要，造就一个劳动力的蓄水池，形成一个合理的良性的人才循环系统。

二、如何建立现代企业制度

建立现代企业制度,是经济发展的需要。建立现代企业制度,首先要抓住现代企业制度的本质特征。抓住本质特征了,工作起来就会得心应手,顺理成章;抓不住本质特征,工作起来就会不得要领,再三折腾。

现代企业的本质特征是什么呢?现代企业制度表面特征形形色色,但本质特征独一无二,就是实行经济主权制度,也就是实行所有者负责制制度。通常被认为是典型现代企业制度的股份制就是实行所有者负责制制度的。众所周知,市场经济是调节生产的手段,资源的配置由市场引导。要认识到市场经济还有制度的功能,因此要建立现代企业制度,只能对传统的国家所有制和集体所有制进行改造。现代企业制度要求的新型公有制企业能够适应现代市场经济的要求,如传统城乡集团所有制要变为股份合作制,国家所有制要尽快地转变为法人所有制。

首先,在现代企业的主体形式中,股份公司是典型的法人企业。例如,中国是以公有制为主体,多种经济成分并存的发展中国家,国有资产产权的重组,形成了投资主体的多元化,这就为国有企业进行股份制改造和发展新的股份企业创造了必要的条件和环境。而对于那些依然需要保存国有制形式的企业或者是没有条件实行股份制经营的企业,也应该实现企业和行政机构的分离,按照民营化企业的方式进行经营,使企业能够拥有法人所有权。在企业的内部,应实行由董事会领导下的经理负责制,把企业变成为无主管单位的法人企业。①

其次,要为企业创造条件,克服企业的投机心理,建立现代企业制度。这里所指的条件就是我们通常所说的一个好的领导班子、相关的企业自主权和一个好的生产经营环境。只有当企业具备了这些条件时,才能大胆、稳健地向前迈步。股份制公司的关键就是企业的内部机制必须适应市场发展的要求,确立定期评估和企业财务公开制度,行政系统和决策系统分离,还

---

① 赵永宁:《现代企业制度与经济增长方式的转换》,《淮阴师专学报》1996-04-10。

有就是互相监督、互相制约。

再次，理顺产权关系，把建立事实上的企业法人财产权作为重点突破口，建立现代企业制度。出资者对企业注入"资本金"及这些"资本金"的增值，再加上企业在经营过程中负债所形成的财产就是企业的法人财产权，这是企业对法人财产依法所拥有的独立支配的权利。理顺"两个关系"、分离"三权"是理顺产权的关键所在，即理顺企业和国家的关系和理顺企业内部的经营关系、实现国有资产终极所有权、企业法人财产权和企业经营权的分离。在此基础上实现分级所有，是国有资产的所有者主体多元化，做到谁投资、谁所有、谁受益。最终建立起现代企业制度的新格局。

最后，进一步深化企业改革。东亚各国都存在面临诸多问题的企业，这些问题主要有企业过度债务、冗员的分离、企业办社会等，这是很多企业建立现代企业制度所面临的主要阻碍，必须通过企业改革予以解决。首先，关于企业过度债务的问题。对于那些企业特别是国有企业过度负债的问题应该根据实际情况采取措施予以解决，把企业债务挂账到财政和将企业债务豁免或者债权变股权的方法并不是解决该问题的好方法，如果把企业债务挂账到财政上，就有可能造成财政吃不消的情况；而将企业债务豁免或者债券变股权的方法在理论上就讲不通，银行只是中介人，银行贷款给企业的钱绝大部分是储户的，银行无权使得储户的钱投资作为股权，另外，银行的债务一旦豁免或者用别人的钱投资作为股权，就意味着巨款有可能"一去不复返"，这样储户的钱又有谁来还呢？当然，国家可以通过印钞票的方法来解决银行还储户的钱，但是这样很有可能会造成许多的社会问题，这样的方法就是在变相的纵容企业的不良行为，不利于企业的经营机制和转变增长方式。

解决企业债务的根本方法就是发挥税收和利率的杠杆作用，对于那些产品质量好又有销路的企业，国家一方面可以减免或者返还部分税收，另一方面可以提供无息或者低息贷款来减轻企业债务，提高企业的造血能力，使企业走到良性循环的生产道路上来，逐步地还清贷款。对于产品质量较差的企业，可以采取企业兼并的方式进行全面的改革。其次，企业冗员的问题是企业劳动生产率低下、经济效益不好和增长方式难以转变的重要原因,解决这个问题的根本出路就在于发展经济。在产业上,特别是要加快新兴产业和第三产业的发展,可以对这些产业采取一些优惠的政策,鼓励劳动力流向缺乏的地区和企业。最后就是企业办社会的问题,这在一定的程度上增加了企业的经济负担,分散了企业的精力,妨碍了企业增长方式的转变。因此,企业应将不属于企业办的学校、医院、消防等事业交还给社会去办,由社会来管理和发展,减轻企业的负担,使其有更多的时间和资金来谋求自身的发展。[①]

三、现代企业制度与经济增长方式的转变

"经济增长方式"通常指决定经济增长的各种要素的组合方式以及各种要素组合起来推动经济增长的方式。按照马克思的观点,经济增长方式可归结为扩大再生产的两种类型,即内涵扩大再生产和外延扩大再生产。外延扩大再生产就是主要通过增加生产要素的投入,来实现生产规模的扩大和经济的增长。而内涵扩大再生产,主要通过技术进步和科学管理来提高生产要素的质量和使用效益来实现生产规模的扩大和生产水平的提高这几个特征与经济增长方式的转变有着不可分割的关系。

目前,虽然国有企业面临着一系列难题,但是建立现代企业制度是国有企业改革的方向。"产权明晰、权责分明,政企分开和管理科学"是现代企业制度的基本特征,也是今后东亚各个国家和地区众多企业改革的方向和目标。针对现代企业制度的基本特征,必须做好以下四个实施的步骤:[②]

第一,转变经济增长方式的前提是产权清晰。明确企业中的国有资产所有权属于国家,企业拥有包括国家在内的出资者投资形成的全部资产的法人财产权,成为享受民事权利、承担民事责任的法人实体,这就是所谓的产权清晰。为了督促企业合理经营国有资产,并保证国有资产的保值增值,必须明确国有资产属于国家。为了使企业成为市场竞争主体,实现自主经

---

① 何永方:《论现代企业制度与经济增长方式转变》,《理论与改革》1996 - 12 - 10。
② 何永方:《论现代企业制度与经济增长方式转变》,《理论与改革》1996 - 12 - 10。

营、自负盈亏的目标,必须是企业拥有法人财产权。企业只有真正地实现了自主经营、自负盈亏,才能根据成本与收益状况,将资源投入到最有效益的生产中,实现资源的优化配置,并最终达到对利益最大化的追求。在产权不清晰的情况下,国有资产的运营状况不能得到真正有效的监督,企业无法人财产权,只负盈不负亏,并且国家承担无限责任,在这样的情况下,企业就不会珍惜和爱护国有资产,更不会节约资源,这势必会造成资源的巨大浪费和大量流失。所以,企业要转变经济增长方式,首先必须明确产权关系。

第二,转变经济增长方式的基础是权责明确。明确国家作为出资者与企业之间的权利与责任的划分,这就是所谓的权责明确。作为投资者的国家享有受益、重大决策和选择经营等权力,并以投资额为介质对企业的债务承担有限责任;企业对出资者的资产有权占有、使用、处置等,并对出资者的资产承担保值增值的责任。企业实现真正的自负盈亏的基础就是要明确国家与企业的这种权责关系。企业对自己的经营后果负责,国家对此不再承担责任,如果企业经营不善,入不敷出,就会遭受破产倒闭的风险。所以,为了在激烈的市场中求生存、求发展,企业就必须提高自己的生产技术水平,提高科学管理水平,提高产品的质量。所以,经济增长方式转变的基础是权责明确。

第三,转变经济增长方式的关键是政企分开。所谓的政企分开是指政府的社会经济管理职能与经营性国有资产的所有者职能的分开,经营性国有资产的管理、监督职能与经营职能的分开。政府不直接干预企业的日常生产和经营活动,企业作为经营主体,自主经营。政企分开很重要,可以说是企业能否实现真正的自负盈亏的关键所在。如果政府以所有者的身份对企业日常生活经营活动进行直接干预,这不仅会因为政府人员对实际情况缺乏认识和了解对生产瞎指挥,造成不良的经营后果,而且还会使企业缩手缩脚,无所适从,影响生产。企业不能实现真正的自负盈亏,就无法从实际出发提高生产技术水平和经济效益。所以,经济增长方式转变的关键就是政企分开。

第四,转变经济增长方式的保证是管理科学化。所谓的管理科学是指建立包括法人治理结构在内的一系列管理制度,调节所有者、经营者和职工之间的关系,形成一套激励、约束相结合的经营管理方式。产权清晰、权责明确和政企分开,这三部分内容可以使企业在市场经济活动中,成为市场主体,自主经营,自负盈亏,是实现经济增长方式转变的压力和动力,但是也应看到,企业最终是否具有转变经济增长方式的能力,并在激烈的市场中拥有自己的市场份额,关键还要看经营者的管理,这主要包括经营者的业务管理能力和经营者的勤奋程度。为了达到这样的目的,对经营者进行激励和约束,是现代企业制度的一个重要方面。

四、建立现代企业制度,转变经济增长方式。

企业经营机制要实现转变,必须依靠现代企业制度的建立,只有如此,企业的经营机制才能得到转变,并使整个社会的经济增长方式得到转变。因此,要转变经济增长方式,必须加快建立现代企业制度。

建立现代企业制度,实质上就是要建立现代公司制度。这里的公司制度主要是指股份公司和有限责任公司,包括国有独资的有限责任公司。人类发展的历史和经验表明,公司制是最能适应社会化大生产和市场经济要求的典型企业。中国国有企业的改造就是将国有企业改造成为资产多元化的股份公司和有限责任公司,其中要以有限责任公司为主。

作为新的经济基础的现代企业制度建立之后,上层建筑的政府机构也要进行相应的改革,否则很有可能成为新工业制度运行的绊脚石,造成盲目投资和投资效率低下的问题。政府不能直接干预企业的生产、经营活动,而应为企业提供政策、信息、咨询等服务,变直接管理为间接管理,变单项管理为综合管理,变实物管理为价值管理和总量管理。

在现代企业制度建立之后,选择集约型的经济增长方式将会成为企业的自觉行动。在现代企业制度下,企业的经营活动将会承担有限责任,生产什么、生产多少、怎样生产、产品的价格和销售给谁等问题将会直接由市场决定,这就要求企业要苦练内功,使其"五脏六腑"都适合现代生产力性质的市场机制的要求。

　　总之,只有建立现代企业制度,东亚各国的经济增长方式才能从原来的粗放型向集约型转变,才能走出"膨胀——紧缩——膨胀"的困境。

第四节　贸易制度与经济增长

　　第二次世界大战结束后以来,新科技革命日新月异,世界范围内的生、贸易、金融和国际投资迅速发展,经济结构调整和经济体制改革方兴未艾。生产和交换活动的国际化进程进一步加快,在一定意义上,大大地加深了各国之间的相互往来与依赖。与此同时,世界经济格局不断趋向多极化,各国间在经济领域的相互依存不断加深,国际经济竞争意趣激烈。由此可见,发展对外贸易对任何一个国家的国民经济都是十分重要的。世界上很多国家包括东亚的很多国家和地区都充分认识到了对外贸易与经济增长之间的关系,都在采取措施努力创造条件充分发挥对外贸易"经济增长发动机"的作用。东亚各国和地区的经济之所以能够取得高速的发展,大部分要归功于贸易制度的合理化。

一、贸易制度与经济增长的理论[①]

　　贸易制度与经济增长的关系一直以来都被众多的经济学家们所关注。第一个对国际贸易与经济发展的相互关系进行系统阐述的是英国经济学家亚当·斯密(Adam Smith)。亚当·斯密认为通过开展国际贸易,各国可以根据本国的优势进行专业分工,这样的专业化分工对劳动生产率的提高具有很大的促进作用,进而可以推动国民经济的增长。亚当·斯密还认为,一国的对外贸易可以使该国的剩余产品实现其价值,使该国产量增加,从而增加国民财富。对外贸易不但可以通过扩大生产使国民财富增加,而且在一定程度上还可以增加消费者的利益,从而促进国民经济的增长和发展。

---

① 高鸿业主编:《西方经济学》,中国人民大学出版社 2007 年版。

英国经济学家大卫·李嘉图（David Ricardo）也从对外贸易对一国利润率的影响的角度上来说明贸易制度与经济增长的关系。他认为，一国通过开展对外贸易，可以进口在本国生产成本较高的食物和生活必需品，这就在很大程度上可以降低国内生活必需品的价格，也可以降低劳动力价格，同时相应的提高了厂商利润率，增加了资本积累，最终达到实现推动经济增长的目的。

在古典经济学家中，对贸易发展理论阐述得最完整的要属英国经济学家约翰·穆勒（John Stuart Mill）。他认为在对外贸易的过程中，不但能够使世界的资源得到更有效的配置，从而使贸易各方都能直接得益，而且还可以对经济增长产生间接的动态效应。一国进行对外通商的直接利益就是利用国际分工的作用，以此来实现资源的合理配置和输入本国进行生产所必需的短缺原材料或者机器设备。受古典贸易发展理论的影响，后来的经济学家，如马歇尔、俄林、刘易斯等，虽然从不同的角度对贸易制度与经济增长之间的关系进行了研究，但得出其结论却基本相同，即国际贸易有助于一国或地区经济的增长和发展。

20 世纪 30 年代，D. H. 罗伯特逊一方面总结了前人的观点，另一方面对19 世纪这段时期国际贸易对经济增长的作用进行了进一步的研究，首次提出了"对外贸易是经济增长的发动机"的说法。他指出，贸易对一国整体经济具有很强的带动作用，也就是说，国际贸易就是一国经济增长动力的源泉。

20 世纪 50 年代，加拿大拉格纳·纳克斯（Ragnar Nurkse）及其他一些学者通过对新大陆的经济增长进行研究，对罗伯特逊的观点进行了补充和发展。他们认为，推动新大陆地区经济迅速增长的主导部门是对外出口，也就是说贸易可以带动经济增长。分析其原因那就在于对于一国而言，随着对外贸易的发展，通过一系列的动态转化过程，把经济增长传递到国内各个经济部门，进一步带动国民经济的全面增长。而对于新大陆地区而言，中心国家的经济增长则是通过对边缘国家产品的需求拉动，才使得经济增长传递到边缘国家。在 1987 年世界银行的《世界发展报告》中，世界银行将41

个发展中国家和地区的贸易发展战略分成四种类型——坚定外向型、一般外向型、一般内向型和坚强内向型。经世界银行专家的研究发现,那些对国际贸易依赖大的国家和地区在发展上总是比那些对国际贸易依赖相对来说比较小的国家快。换句话说也就是,从经济理论和经济发展的实证上,众多学者都认为国际贸易是经济增长的发动机。在很长的一段时间内,这一观点得到了很多人的认可,直到1970年,美国经济学家J. B. 克拉维斯才提出了不同观点,即"贸易只是增长的侍女",而不是"增长的发动机"。他认为一国经济增长的主要源泉还是国内因素,而外部因素只是起到了对经济增长的刺激作用。在不同的时期,对外贸易在不同国家的有着不同的重要性,它既不是增长的充分条件,也不是必要条件,而且还不一定必然对经济有益。

20世纪80年代,以美国经济学家保尔·罗默(Paul M. Romer)、罗伯特·卢卡斯(Robert E. Lucas Jr.)和英国经济学家莫里斯·斯科特(Morris Scott)等为代表的新经济增长理论应运而生。他们对贸易制度与经济增长之间的关系进行了深入的研究,在充分吸纳经济增长研究的最新成果的基础之上,对传统的增长理论做出了重大突破,这为我们以后认识贸易制度与经济增长的关系提供了新的路径。新经济增长理论认为贸易活动可以利用知识的"溢出效应"(Spillover Effect)①,进而促进人力资本积累,因而该理论成为贸易促进经济增长理论新的理论基础。其主要的观点有两点:一是各国之间开展贸易,不但可以相互吸收新的知识技术和人力资本,而且可以更快地提高国民收入的总水平,最终实现经济快速增长的目的;另一点就是由于人力资本和知识传播的外部效应,对外贸易的开展可以节省那些不必要的研发费用,从而避免重复劳动,这对于发展中国家而言尤为重要,它们既可以通过国际贸易吸收外国的人力资本和先进技术,又可以在经济增长的道路上减少失误,形成一种特殊的赶超形式,迅速发展本国经济。20世纪

---

① 所谓溢出效应,是指一个组织在进行某项活动时,不仅会产生活动所预期的效果,而且会对组织之外的人或社会产生的影响。简而言之,就是某项活动要有外部收益,而且是活动的主体得不到的收益。溢出效应分为经济益处效应和技术溢出效应等。

90年代以来一些经济学家又发展了以"干中学"①为核心的内生经济增长模型,以此来考察国际贸易对技术进步、经济增长和消费者福利的动态效应,该理论大大地推动了新贸易理论的发展。

二、贸易制度对经济增长的作用机制

如果社会上存在着大量闲置资源和过剩的供给能力,而与此同时总需求(即有效需求)又相对不足的话,那么,经济的增长就取决于总需求的扩大。如果对其他因素的变化忽略不计,只考虑进出口的变动条件,那么出口增加,即外国对国内需求增加,从而总需求扩大,通过外贸乘数最终将会导致经济的增长;进口增加,即国内对国外的需求增加,则会减少本国总需求而增加外国需求,从而延缓经济增长。所以,此时净出口与经济增长的关系为正相关。②

然而,当社会面临无资源闲置和供给过剩的情况,总需求的增加就不会引起经济增长,而只会引起价格水平的大幅度上涨,也就是说经济增长取决于供给的改善。此时进口国内短缺的投资品和消费品可抑制物价上涨,同时,进口资本品会产生类似于支出乘数的乘数效应,这会在一定程度上扩大国内供给,最终致使经济增长。③

而在经济短缺的情况下,本国供给能力过剩不是需求国外需求的主要原因,而是出口创造的外汇收入增强了进口的能力,因此可以得出这样的结论,如果不考虑其他因素变化,进口增加供给,引起经济增长,出口减少供给,延缓经济增长,换句话说就是贸易逆差可以使得供给增加,导致经济增长,贸易顺差则会使本国供给的减少,延缓经济增长。④

---

① 如果在建立资本的过程中设计出新而先进的生产流程,这种现象被称为"干中学"。
② 尹晓波:《进出口贸易对我国经济增长关系的变因分析》,《运筹与管理》2002 – 12 – 30。
③ 李军:《我国对外贸易与经济增长关系的实证研究》,《统计与信息论坛》2001 – 09 – 10。
④ 王素仙、董前:《东盟国家对外贸易与经济增长的理论分析》,《中小企业管理与科技(下旬刊)》2009 – 05 – 25。

表 5-1　中国东盟双边贸易(1991-2008)

单位:亿美元

年份	中国出口		中国进口		贸易总额	贸易差额
	金额	占中国总出口(%)	金额	占中国总进口(%)		
1991	44.6	6.2	39.4	6.2	84.0	5.2
1992	46.7	5.5	44.1	5.5	90.8	2.6
1993	53.4	5.8	63.0	6.1	116.4	-9.6
1994	71.6	5.9	71.7	6.2	143.3	-0.1
1995	104.7	7.0	99.0	7.5	203.7	5.7
1996	103.1	6.8	108.5	7.8	211.6	-5.4
1997	127.0	7.0	124.6	8.8	251.6	2.4
1998	110.3	6.0	120.7	9.0	231.0	-10.4
1999	121.7	6.2	148.7	9.0	270.4	-27.0
2000	173.4	7.0	221.8	10.0	395.2	-48.4
2001	183.9	6.9	232.3	9.5	416.2	-48.4
2002	235.7	7.2	312.0	10.6	547.7	-76.3
2003	309.3	7.1	473.3	11.5	782.5	-164.0
2004	429.0	7.2	629.8	11.2	1058.8	-200.8
2005	553.7	7.3	750.9	11.4	1303.7	-196.3
2006	713.1	7.4	895.3	11.3	1608.4	-182.2
2007	941.8	7.7	1083.7	11.3	2025.5	-141.9
2008	452.8	8.3	502.7	10.8	955.5	-49.9

资料来源:原始数据采自《中国对外经济贸易统计年鉴》及商务部网站。

注:2008 年为 1-5 月数据。

　　自从中国东盟建立对话以来,双边贸易大幅度的增加,以中国东盟双边贸易为例,2007 年中国东盟双边贸易总额是 1991 年的 24 倍(参见表 5-1)。中国东盟双边贸易快速增长的同时,双边贸易在我国进出口中所占份额也在不断的增加,据统计,2007 年东盟继续是我国第四大贸易伙伴,第三进口来源和第四大出口市场,这对于中国和东盟的经济增长起到了很大的推动作用。

三、贸易制度与经济增长的关系

从上面介绍的理论来看,不管是那种贸易理论都将贸易作为经济增长的一个重要因素。贸易制度是通过以下几种方法和途径作用于国民经济的:①

第一,规模经济效应。在东亚的很多国家和地区,国内市场相对来说非常狭小,如果仅仅在国内市场上进行交易,那么这就会缩小企业的经济活动范围,从而失去从规模经济中获得收益的机会。开放对外贸易就等于扩大了市场。当规模经济占据重要地位时,向世界市场的出口不但可以加快工业化的进程,而且可以增加经济快速增长的机会。但是也应看到,实施对外贸易政策也会带来来自国外的竞争,而竞争的影响是经济增长的另一个源泉。如果一个国家对进口进行限制,即使企业提供的是高价低质的产品也会害怕没有市场。如果一个国家采取积极的进口政策,来自国外的竞争则会使得本国的企业必须生产出更高质量的产品或者降低价格才能生存下去,这样在很大程度上,竞争使劳动效率有了更快的提高。来自世界市场的竞争,提高了生产率的增长率,因而是经济增长的一个重要的源泉。本国的出口企业为了获得国际市场的竞争能力,赢得对外出口,就必须或者不自觉地发展自身的比较优势,这样就会使本国的资源得到优化配置。出口导向型经济通过出口自身具有比较优势的产品,可以更快地获得资本积累,使本身的资源禀赋结构发生变迁,进一步带动产业结构的自然升级。

第二,采用和吸收国外的先进技术。经济发展的基本动力是技术进步,技术进步在经济发展过程中可以起到决定性的作用。对外贸易通过促进技术进步来促进经济的增长,其表现主要有以下两个方面:一方面就是贸易是一国获得先进技术的重要渠道之一。"世界文明的发展,是由十分之一的独创性和十分之九的移植组成的。"任何一个国家,即使是发达国家,都不可能仅仅依靠本国的发明就能满足自身技术进步所需要的大量的技术。另一

① 王素仙、董前:《东盟国家对外贸易与经济增长的理论分析》,《中小企业管理与科技(下旬刊)》2009-05-25。

方面就是对外贸易可以产生"技术溢出"效应和"边干边学"效应。这也就是说,技术不但可以通过贸易活动渗透到其他行业,而且可以通过贸易获得从产品设计到生产工艺甚至成本核算等方面的建议和技术援助。

第三,国际贸易可以促使一国发展本国的优势产业,进而确立和拓展经济增长点。在一个国家参与国际贸易的过程中,该国可以发现自己相对于其他国家的比较优势,并围绕自身的比较优势发展自己的产业,进而促进经济的长期稳定和增长。在一个开放的经济氛围中,由于自由贸易的原因,大部分贸易商品的价格和世界市场上同类商品的价格趋向一致,因此在开放经济中价格扭曲的水平相对封闭式经济来说应该更低。通过开展对外贸易,可以使一个国家的国内要素与产品市场逐步开放,并通过引进先进技术、竞争强化、技术创新、规模经济等途径和方法来进一步促进国内的技术进步和产业结构优化,使资源得到长期的、动态的、合理的优化配置。

第四,贸易制度还可以通过改变收入分配形式对经济增长产生影响。国际贸易所产生的收入分配效应主要从以下两个方面发生作用:一方面通过影响商品的价格产生作用,即国际贸易可以提高该国丰富要素所有者的实际收入,降低稀缺要素所有者的收入;另一方面通过消费者对进出口商品的偏好差异产生作用。消费者偏好的差异会影响国际贸易的收入分配效应。假如一国的高收入者对某种进口商品有特殊偏好,低收入者对出口商品有特殊偏好,那么国际贸易就有可能会加剧收入分配格局的贫富差距。假如高低收入者的偏好恰好与上面的相反,那么国际贸易就有利于消除该国的贫富差距,使得社会收入分配更趋合理化。

第五,贸易制度有利于把国际竞争传导到国内经济生活中来,会促进国内产业结构的转变,并有力地推动一国的经济增长。国际贸易的引入,必然会导致生产的专业化,从而进一步形成资源的重新分配。出口商品面对的是国际市场的竞争,这会促使生产出口商品的企业努力引进新技术或者通过其他方法来降低自身的成本,提高质量。竞争的结果,会使生产资源不断地流向效率高的出口部门,而效率低的出口部门很容易就会在竞争中被淘汰,这样就会使整个国家的出口结构不断得到优化。一国产业结构的存在和转移,势必会影响出口结构的形成及变化,而出口规模的扩大和出口结构的不断优化,又能推动国内产业结构的不断调整。

从以上的理论分析中我们可以发现,在对外贸易和经济增长的关系方面,规范的理论研究已经形成了比较完善的成果,可以作为进一步考察东亚国家的对外贸易与经济增长的关系理论基础。

四、在对外贸易基础上促进经济增长的政策建议

在开放的经济条件下,如何发挥对外贸易促进经济增长的作用,促进一国的经济增长,是一个值得注意的问题。可以考虑以下政策建议:①

第一,实施科教兴贸的战略措施,加快出口产业的技术进步,从而提高制成品的资本和技术含量。在国际竞争的压力下,促使出口产业实现增长方式的转变,并不断增强技术开发的能力,引进先进的管理和技术的体制,促使一国的出口贸易增长。通过刺激技术进步的机制,发挥对外贸易对于国民经济增长的促进作用,在实现新的增长方式的前提下,维持可持续的经济增长。

第二,在重视出口的同时,积极采取措施努力扩大进口,提高进口增长率,充分发挥进口对经济增长的积极作用。在东亚很多国家连续数年保持巨大贸易顺差,外汇储备规模巨大的情况下,这为增加进口的创造了良好的内外部条件。东亚各国政府应该优化进口结构,大力增加战略性商品的进口。主要要进口那些经济社会发展所急需或者国内又无法提供的商品和技术,特别是短缺资源、先进技术和关键设备的进口,从而使本国企业可以充分地利用国内国外两种资源,在分享国外技术进步和创新的基础上,加快东亚产业结构的战略性调整,使东亚的经济走上开放型的良性增长的轨道。在这方面,东亚各国的政府应在政策上和财政上对进口给予鼓励和支持。除此之外,在进口产品和技术的同时,东亚各国还应该努力学习国外先进的管理方式和经验,诸如效率观念、信用意识等,通过思想上的进步和制度创

---

① 张昱、雷旻勇:《对外贸易与经济增长——基于广东省的实证分析》,《现代商贸工业》2007－07－30。

新来保证经济的持续、健康增长。

第三,从内向型发展战略向外向型发展战略的转变

东亚的很多国家以往都是实行内向型发展经济战略,实行贸易保护政策,通过发展本国国内的消费品生产来取代进口的战略。总之,这样的贸易制度就是为了弥补国内生产条件的不足。政府通过采取各种政策和措施支持进口替代工业,这种产业政策存在很多弊端,主要有以下几个方面:首先是进口替代工业缺乏活力,经济效益低下。由于实行严格的保护制度,使得企业缺少降低成本、提高效率的动机,因为产品没有竞争力,一旦离开保护其生存就会成为问题。其次是进口替代工业不能摆脱对国外资本、中间投入和其他投入的依赖,因此,进口替代工业越发展就越需要更多的外汇投入。再次,外国直接投资的进口替代产品生产不利于东亚国家中发展中国家的国内工业发展。最后就是提供的就业机会有限。进口替代工业使用的是从国外引进的生产技术,这多为劳动节约型技术,这与大多数发展中国家劳动力资源丰富,应该大力发展劳动密集型产业的要求是相违背的。由此可见,进口替代战略要想获得成功,就必须随着进口替代工业的发展,逐渐培养其竞争能力,应根据本国的资源优势选择生产技术,不断提高国内要素投入在总投入中的比重。

外向型发展战略强调应该将一国的经济融入到国际经济中,将本国的产品置于国际的大环境之中,这对于国内企业势必会造成很大的竞争压力,迫使其改进技术,进行技术创新,改善管理,降低成本和提高效率,从而使其对整个经济发展产生积极的影响。这主要体现在以下几点:第一点是外向型发展战略能够更多地利用国际分工所带来的经济效益,扩大该国的就业,调整资源分配的不合理状况,提高资源利用的效率。第二点是外向型发展战略有利于改善发展中国家的国际收支平衡和克服外汇短缺的现象,出口的扩大必定带来更多的外汇,加快资本的形成。第三点是外向型发展战略可以促进生产率和技术水平的提高,有利于发展中国家掌握新技术,了解新知识和信息,增强人们的市场经济观念和竞争意识。

在全球经济一体化的趋势下,发展对外贸易,制定适合东亚各国经济发

展情况的贸易制度,是各国经济发展和经济增长的需要。面对国际市场,东亚各国应采取积极主动的措施,在更大范围、更广领域和更高层次上参与经济技术合作与竞争,充分利用国内和国际两个市场,优化资源配置,拓展发展空间,以开放促进经济改革,最终实现经济的增长。

第五节　东亚经济模式的多样性

一、东亚经济发展模式的概念和内涵

东亚经济模式是多样性的还是单一性的?这个问题一直困扰着众多经济学家。在探讨这个问题之前,我们需要弄清楚这几个概念:"东亚模式"、"东亚经济增长模式"和"东亚经济模式"。众多经济学家认为东亚模式这个概念属于历史学与社会学的范畴,考察东亚国家的经济发展模式应从历史学与社会学的角度出发。东亚模式的内涵是指在相似的历史、宗教、文化背景下,在政府的干预下,东亚各国和地区重视教育与人力资源的开发,在经济与社会生活各方面实行赶超和加速实现现代化的一种模式。东亚经济增长模式则属于经济学的范畴,它的研究对象包括劳动投入要素、资本投入要素以及扣除劳动和资本投入后的促进经济增长全要素生产率,这些是东亚地区经济增长规律及其增长源要素[①]。东亚经济模式也属于经济学范畴,是经济学家对"东亚经济发展模式"的简称,它主要是从经济学的角度考察东亚发展中家与地区经济发展的基本特点和基本经济发展状况。其内涵本质是分析在经济增长基础上东亚地区与发展中国家的经济发展状况,包括经济外部平衡能力、人均国民收入或人均 GDP 的发展趋势,还研究本国或地区人民而非外国人参与的经济发展过程及相应的收入分配关系,以及与之相适应的经济政策与管理体制。

那些认为东亚经济具有单一性特征的经济学家们,把东亚经济的特征

---

① 沈红芳:《东亚经济发展模式多样性研究》,《当代亚太》2003 – 05 – 25。

归纳为以下几种：①

(1)对科学技术、研究开发的高投资；

(2)合格的教育与人力开发的高投资；

(3)高储蓄率与高投资率；

(4)促进出口的自觉政策(即在经济增长的初级阶段实行本国本土的货币贬值政策，而在经济起飞阶段，则实行有利于出口制造业的工业政策)；

(5)努力避免早期西方国家出现过的社会不公平现象，注重公平增长；

(6)谨慎的金融、财政政策和稳健的宏观经济政策。

不过在东亚经济金融危机爆发之后，单一"东亚模式"的内涵又变成了"国家发展与垄断"、"道德公害与道德败坏政策所致的劣质银行业"、"私人与公共部门之间的腐败关系"等等综合体的代名词。

二、单一的东亚经济模式和多样的东亚经济模式之争

在对东亚经济模式的认知方面，存在单一性的东亚经济模式论和多样性的东亚经济模式论的分歧。分歧的焦点主要在于两方面：一种观点是何种理论可以指导东亚经济体的经济发展；另一种是东亚金融危机的爆发与东亚经济模式之间是不是存在直接的关联。

早在20世纪70年代中期，一些经济学家就对以日本和亚洲"四小龙"为代表的"东亚模式"的形成与发展展开过激烈的讨论。以鲁格尔(Kreuger)和巴拉萨(Balassa)的理论为代表的主流经济理论认为，这五个经济体取得成功的原因在于它们推行了金融和贸易市场的自由化，实行了现实主义的兑换率和经济的对外开放，在实现进口自由化和关税削减的基础上增加进口②。然而，另外一些主张推行发展论的经济学家却强调政府干预的作用，他们认为亚洲"四小龙"之所以能够实现现代化，原因就在于是它们对于国有企业和对外出口部门给予特殊的政策和投资鼓励，实行贷款

---

① 沈红芳：《东亚经济发展模式多样性研究》，《当代亚太》2003－05－25。
② 沈红芳：《东亚经济发展模式多样性研究》，《当代亚太》2003－05－25。

优惠政策和税收减免政策等,这些政策和措施扩展了经济,促进了产业的升级。如果没有政府的干预,这些都是难以实现的。如图所示,我们可以看出近几年内亚洲"四小龙"的 GDP 的增长与变化。

表 5 - 2 亚洲"四小龙"GDP 增长率比较(2000 - 2008)

数据来源:IMF

年份	本币兑美元平均汇率(IMF)				GDP 名义增长率(%)				GDP 实际增长率(%)			
	香港	台湾	新加坡	韩国	香港	台湾	新加坡	韩国	香港	台湾	新加坡	韩国
2000	7.791	31.22	1.724	1130.3	4.02	14.15	4.06	9.29	7.95	5.77	10.06	8.49
2001	7.799	33.79	1.792	1290.8	-1.40	-1.69	-3.99	7.51	0.50	-2.17	-2.44	3.84
2002	7.799	34.57	1.791	1249.0	-1.69	4.37	3.06	9.99	1.84	4.64	4.18	6.97
2003	7.787	34.44	1.742	1191.2	-3.33	2.20	2.67	5.91	3.01	3.50	3.50	3.10
2004	7.788	33.42	1.690	1144.1	4.63	5.19	14.15	7.55	8.47	6.15	8.99	4.73
2005	7.777	32.16	1.664	1023.9	7.02	3.52	8.60	11.01	7.08	4.16	7.30	4.20
2006	7.768	32.53	1.589	954.5	6.71	4.89	9.85	5.03	7.02	4.89	8.17	5.13
2007	7.801	32.84	1.507	929.2	9.53	6.02	13.78	7.30	6.37	5.72	7.72	4.97
2008	7.800	31.47	1.415	1101.7	3.87	-2.14	2.31	5.02	2.50	0.12	1.10	2.20

来源:http://www.heybrain.com/notheal/article/2414.html.

在亚洲"四小龙"的经济取得快速发展之后,中国、泰国、印尼、马来西亚和越南的经济也都取得了快速的发展。学术界认为,由于引进日本的直接投资和先进的技术、管理经验,东亚经济才创造出众所周知的"经济奇迹",这也是东亚各国强调政府对经济的干预作用的结果。

正当大部分经济学家把目光放在东亚经济模式是单一性还是多样性的问题上时,1997 年底从泰国开始爆发了东亚经济危机,由此又引发了新的争议。东亚经济危机与东亚经济模式之间的关系成为这场争议的主题,出现了多种说法,其中不乏东亚模式过时论、东亚经济模式死亡论以及东亚经济模式完善论等。不难看出,这场争议的本质依然是自由市场与国家干预理论之间的关系,是市场失灵还是政府失败,是加强国家干预还是强调自由市场。在经济危机的初期,多数经济学家把危机的根源归结于东亚国家政府的过度干预。但是,随着东亚经济危机的发展,这些解释引起了人们的疑惑。

亚洲地区内外的学者们对这些论点进行了挑战,他们认为东亚地区的宏观经济管理并未被严重扭曲,反而是过多的市场破坏了国家的金融制度,从而才导致了经济危机的爆发。东亚国家的政府正是通过采取极其反市场干预的政策,例如"选择赢家"(picking winners)政策和故意"将价格搞错"(getting prices wrong)政策,对本国出口部门和国有企业给予特殊的投资、贷款和税收优惠倾斜政策,扩展了经济并促进了产业的升级,最终实现了经济的现代化。而离开了政府的干预,这些都是难以实现的[①]。由于东亚经济存在多样性特征,因此,引发东亚国家金融危机的原因并不相同。单一的东亚模式和多样的东亚模式之争,直到如今还没有一个令人信服的结果,但是不管东亚模式是单一的还是多样的,近年来东亚经济的发展趋势是不可忽视的。

三、东亚四类经济模式的比较

虽然在第二次世界大战结束后至 20 世纪 60 年代初期这段时间,东亚各国的经济发展进程不同,但是发展水平的差距并不悬殊。但是之后,这些情况发生了重大变化,各国之间存在明显的社会经济差异,而且这些差异与世界其他地区相比是最大的。

从东亚各个国家的经济发展的过程来看,20 世纪 70 年代初至 90 年代初,东亚经济的发展相继形成了至少四种不同类型的经济模式:[②]

(1)亚洲"四小龙"的外向型经济发展模式;

(2)泰国、马来西亚、印尼的综合型经济发展模式;

(3)菲律宾拉美型二元断裂性经济发展模式;

---

① A. H. Amsden, Asia's Next Giant: South Korea and Late Industrialization, Oxford University Press, 1989; R. Wade, Governing the Market: Economic Theory and the Role of Government in East Asian Industrialization, New Jersey: Princeton University Press, 1990.

② 沈红芳:《东亚经济发展模式多样性研究》,《当代亚太》2003 – 05 – 25。

（4）越南和中国的过渡型经济发展模式。

从特性的角度来看,东亚各国的经济发展模式各有各的不同,各有各的特点。一些统计数据表明,东亚各国的人均GDP与经济结构变动情况、经济增长率的要素组合、外部平衡状况甚至社会发展水平之间都存在着很大的差距。

(一)亚洲"四小龙"的外向型经济发展模式

亚洲"四小龙"经济的快速发展,呈现出和东亚其他国家不一样的特征。主要有以下几个方面:

（1）经济的快速发展由高储蓄、高出口和高投资三者之间的良性循环所带动。"四小龙"人均GDP接近了中等发达国家的水平,因此被世界银行列入了高收入国家与地区。

（2）一些部门的结构具有跨越性的特点,例如产业部门。随着经济的快速发展,第一产业在GDP中的比重急剧下降,第二产业中的新兴制造业在GDP中的比重开始上升,出口量增加,而第三产业向着国际化和信息化的方向发展,实现了超前性的跨越发展。

（3）"四小龙"的经济发展具有较强的外部平衡能力。"四小龙"中除韩国外,其他三个经济体的对外贸易均为贸易顺差,外汇储备丰裕,经常账户长年保持巨额的盈余,一般没有外债负担。

（4）人均预期寿命、医疗卫生与营养、婴儿的死亡率、人民大众受教育程度、收入分配和贫困缓解等反映经济发展水平的社会经济指标都得到了改善,有的甚至已经达到了发达国家的水平。

但是,从"四小龙"经济发展的特性来考察,人均GDP又显然处于两个不同的档次上,其中中国香港和新加坡的人均GDP要比韩国和中国台湾高出一到两倍。此外,亚洲"四小龙"的经济增长源要素的组合存在很大的差异。例如,在经济发展的早期,香港和新加坡主要是依靠资本投入和劳动投入,而韩国和中国台湾则主要是依靠美国这个发达国家提供的军事和经济上的援助,以及土地改革、进口替代工业和农产品出口等全要素生产率。20

世纪60年代之后,在香港和新加坡经济增长的过程中,全要素生产率发挥着越来越大的作用。因此,不难看出,香港的经济发展主要是依靠自由贸易政策和金融业的深化与发展,而新加坡的经济发展主要是依靠面向出口的工业化政策、外国直接投资带来的技术创新以及金融深化。而在中国台湾和韩国的经济发展中,技术创新起着举足轻重的作用。中国台湾主要是依靠引进外国直接投资与当地企业合作的方式获得先进技术,而韩国则主要是依靠利用国外贷款购买成套的设备和技术,并在此基础上进行模仿、改造和创新。

表5-3 东盟三国(马来西亚、泰国、印度尼西亚)近几年的国内生产总值

单位:亿美元

年份 \ 国家	马来西亚	泰国	印度尼西亚
2000	937.90	1,227.25	1,650.21
2001	927.84	1,155.36	1,604.47
2002	1,008.46	1,268.37	1,956.61
2003	1,102.02	1426.40	2,347.72
2004	1,247.49	1613.40	2,568.37
2005	1,379.56	1763.52	2,858.69
2006	1,564.09	2,069.93	3,645.99
2007	1,867.20	2,460.53	4,329.29
2008	2,220.57	2,737.29	5,111.74

来源:联合国统计局2009年10月数据库 IMF2009年10月世界经济展望数据库 东盟财经和宏观经济监测组数据库。

“四小龙”经济结构的演变过程也表现出了不同的特点。中国台湾和韩国是从农业部门向工业部门,再向高新技术制造业部门转换,而香港和新加坡则是从服务业部门向制造业部门、现代金融部门、现代商业贸易、运输与通讯等部门迅速转移。中国香港的工业化发展经历了两个阶段,其中一个阶段是从资源与劳动密集型制成品出口到资本密集或者技术密集型产品出口的转变。中国台湾、新加坡和韩国的工业化进程虽然都经历了四个发展阶段,但是,其阶段的划分和产业扶持重点并不一样。中国台湾、新加坡

和中国香港的外部平衡能力都比韩国强势,国际收支中的经常项目账户长年出现盈余,外汇储备充足,超过了国际标准,而且均无外债负担。而韩国的情况则不同,韩国的国际收支经常项目长期出现赤字的现象,外债的负担很沉重。在这四个经济体中,反映经济发展水平的社会经济指标呈现出相当的差距。中国香港和新加坡的生活水平指标被认为是除日本之外亚洲地区最高的,有些指标还赶上甚至超过了发达国家,中国台湾和韩国相比而言就差了一点,但是从收入分配的角度来比较,中国台湾和韩国则要比香港和新加坡的相对公平一些。

(二)东盟三国的综合型经济模式

东盟三国(马来西亚、泰国、印度尼西亚)的经济发展模式呈现出与"亚洲四小龙"不同的特点。主要有以下几个方面:

(1)在长达十年的时间内,东盟三国的经济增长和贸易出口都呈现出良性的互动经济增长状态,国内生产总值都有了显著的增长(参见表5-3),人均 GDP 也有了很大的提高,其中马来西亚还被世界银行列为中上等收入国家,而泰国和印尼则被列为中下等收入国家。

(2)三国都很注重各经济部门之间的平衡发展。虽然在这三个国家中,农业部门仍然占有很重要的地位,但是在 GDP 中的比重已经有了显著的下降。工业增长则很快,传统的资源型制造业和劳动密集型的非传统制造业都得到了快速的发展。服务行业也得到了快速的发展。

(3)三国由于外资的盈利汇出、债务偿还、外贸逆差和国际收支赤字等原因造成了不同程度的外部不平衡。

(4)三国的经济增长和社会发展之间的关系虽然得到了改善,但还是在不同程度上存在较大差距。婴儿死亡率、人均预期寿命、医疗卫生与营养和受教育程度等指数虽然都有了很大的提高,而且相对贫困也随着经济增长有所降低,但是收入分配不公平的现象依然存在,并存在着日益拉大的趋势。

这三个经济体发展模式的差异性也很突出。三个国家不但人均 GDP

差距很大,而且经济增长源也不尽相同。在20世纪80年代之前,印尼和马来西亚的资本投入主要是利用海外融资方式向外借款和利用外国直接投资,其余部分则是利用本国的储蓄。泰国则主要是利用发达国家特别是美国的军事和经济援助。80年代中期之后,马来西亚和泰国的经济增长的主要动力是贸易出口、技术进步和金融部门的对外开放等。

三国的经济结构变动也表现出明显的非同步性和多样性。泰国的工业化经历了三个阶段,而马来西亚的工业化进程经历了四个阶段,印尼的工业化发展过程则没有很清晰的划分。20世纪90年代之后,泰国的国际收支经常账户赤字最为严重,其中贸易逆差是其主要因素。在三国中印尼的对外负债数额是最大的。三国的各项社会经济指标差距很大,马来西亚的各项指标远远高于中等收入国家的平均水准,泰国的大部分指标也已经达到了中等收入国家的水准,相对来说印尼的大部分指标则仅仅达到了中低水平,远远低于其他国家。然而在收入分配方面,泰国最不平衡和不公平,马来西亚次之,而相对来说印尼则较为平衡和公平。

(三)菲律宾拉美型二元断裂型经济发展模式

菲律宾的经济发展模式具有以下几个方面的特点:

(1)菲律宾国内的投资率比较低。造成这种现象的原因是其国内生产率和储蓄率都比较低。与此同时,菲律宾的经济有着明显的"高涨－崩溃"发展周期,其年均增长率较低,因此菲律宾被世界银行列入中下等收入国家。

(2)菲律宾各个经济部门之间的发展并不平衡。由于土地分配极其不公,造成农业发展滞缓。工业的发展,特别是制造业的发展,长期处于停滞状态。服务业虽然发展较快,但是其公共基础设施和金融服务明显处于滞后状态。

(3)菲律宾的国际收支中,贸易和经常项目长期处于赤字与逆差状态,国际收支平衡也主要依靠外国贷款和劳务收入来弥补。

(4)菲律宾社会的两极分化现象十分严重,普通民众的生活长期处于贫困状态。

表5－4　中国和越南国内生产总值

(单位:亿元)

年份 国别	1980	1985	1990	1995	2000
中国	4546	9016	18668	60794	99215
越南					

资料来源:中国国家统计局。

(四)越南和中国转轨型的经济发展模式

越南和中国的经济发展模式存在着一些共性,主要表现在以下几个方面:

(1)这两个国家的经济增长建立在工农业快速稳步发展和投资与出口大规模扩张的基础上,表现出长期高速增长的态势。

(2)这两个国家在部门经济结构上发生了很大的变化。越南正在逐步发展自己的重工业和基础工业,而中国则是从以重工业为中心的畸形经济结构之中逐步转为有重点地协调发展的经济结构。

(3)这两个国家的贸易和资本的对外依存度大幅上升。

(4)这两个国家的一些主要社会经济发展指标有了很大的提高。例如,人均预期寿命、婴儿死亡率、医疗卫生与营养及孕妇死亡率等,都有很大的提高,绝对贫困的人口数量在大幅度降低。

越南和中国两相对比,中国经济发展速度的要更快一些,特别是实施改革开放政策之后的中国,其经济实现了质的飞跃。从1980年至1990年,中国的GDP年均增长率为10.2%,1990年至1995年为12.8%。同期,越南分别为7.1%和8.3%(参见表5－4)。中国的人均GDP是越南的两倍。1999年中国的人均GDP为780美元,越南仅为370美元。越南和中国的部门经济结构变化也不同。20世纪90年代初期,越南虽然在改革开放之前长期执行优先发展重工业的方针,但是直到如今越南仍然是一个农业国,而相对来说中国已经成功地从一个农业国转化为一个工业国。这两个国家的对外平衡能力也大相径庭。近年来越南的进出口贸易逆差持续扩大,国际收支中的经常账户通常为赤字,面临严重的外部平衡问题。而近年来的中国贸易往来一般呈现出很小的逆差,国际收支中的经常项目账户则呈现为长期的盈余,外汇储备长期保持充裕状态。从一些社会经济指标来看,越南也远远地低于中国。但是中国的收入分配指标却低于越南,例如1998年的吉尼系数(Gini Coefficient)[①]中国为0.1403,越南为0.361。

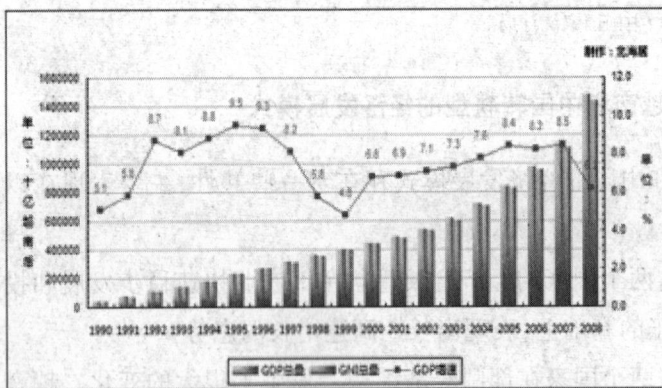

1990—2008年越南国内生产总值及增速

四、政府或当局在经济模式中所起到的作用

在东亚经济模式形成的过程中,东亚各个国家和地区的政府当局对各国的经济发展所发挥的作用是不同的。在经济发展的早期,中国台湾当局、新加坡政府和韩国政府主要采取直接干预的手段,对于那些有增长潜力和可以创造就业机会的特定部门进行了积极的干预。但是到了经济起飞之后,这三个国家和地区的政府当局对于经济的干预由直接逐步转变为间接,从有形逐步走向无形。香港政府长期实行不干预的自由放任政策,强调市

---

① 吉尼系数是意大利经济学家吉尼,根据洛伦茨曲线,于1922年提出的定量测定收入分配差异程度的指标。它的经济含义是:在全部居民收入中用于不平均分配的百分比。基尼系数是一个用来描述收入整体差距程度的重要指标。国际上通常认为,当它处于0.3~0.4时表示收入分配比较合理,0.4~0.5表示收入差距过大,超过0.5则意味着出现两极分化。从现实来看,世界各国对基尼系数的运用并不完全一致。很多国家都是把它与其他因素结合起来,综合判断收入差距。在不少国家,基尼系数都有不同的标准和界线。总的来说,基尼系数只可参考,不能绝对化。

场机制和自由企业制度。香港政府的作用体现在制订经济发展战略和经济计划、支持与补贴公共商品供给等方面。在确定社会经济发展的优先目标、决策的科学性、前沿性和政策的连贯性等方面,"亚洲四小龙"比泰国、马来西亚、印尼这三个东盟国家做的要好。相对来说,菲律宾政府的性质就已经决定了其政府干预经济的局限性和低质量。至于越南和中国,在其经济发展过程中,政府在转型经济的过渡方面发挥了主导作用,为市场机制的资源配置作用做出了正确的引导。

第六章 金融危机后东亚经济发展模式的转变

第一节 政府主导的经济增长模式与经济可持续发展

一、政府主导的经济增长模式的转变和目标

东亚很多国家和地区的市场经济属于一种典型的"政府主导型"模式。在东亚经济发展模式形成的过程中,各经济体政府对经济所起到的作用各不相同。普遍表现为政府对经济的主导性不容置疑,似乎可以随心所欲地介入到市场经济活动当中,改变经济的正常运行过程。由于政府过度介入市场经济的行为所导致的经济和社会后果越来越明显,而且越来越严重,具体表现如下:[①]

首先,政府不正常地介入市场经济,导致了一系列非正当利益的出现。类似个体工商管理费用这些不正当的、不纳入财政的收费造就了大量的税费供养人员,成为国民经济发展的沉重负担,而收费者并没有承担起市场管理的责任,以至于市场管理的混乱局面无法改变。不仅如此,政府不恰当地介入市场对经济的再发展形成阻碍。例如,个体户向工商局缴纳的费用比税金还高,审批制度繁琐,融资困难,支持途径狭小——这都使得中小企业入不敷出甚至纷纷破产。繁重的政府收费使个体和私营企业的经营成本不断提高。而收费越多,个体工商户就越少;个体工商户越少,则落在每一家

---

① 唐昊:《以还富于民为契机改革政府主导型经济发展模式》,《南方日报》2007 – 09 – 19。

身上的负担就更沉重,从而造成个体工商户的进一步衰败,这种恶性循环是东亚个体经济不断萎缩的根本原因。更为严重的是,这可能会使东亚地区的经济结构和社会结构走向畸形。

要解决政府不恰当地扭曲市场经济的问题,措施很简单,就是要把经济权力还给市场、还给包括个体工商业者在内的市场主体。具体来说,就是一方面要取消包括个体工商户管理费在内的一切非必要的行政性收费,另一方面不但要对私营企业的其他税费进行一定程度的减免,而且要对个体经济进行政策性扶持。对其进行政策性扶持不但会促进经济发展,提供更多就业岗位,还将进一步优化本国的经济结构和收入结构,提高经济增长水平。应认识到是企业、而不是政府在创造财富,这一点在"政府主导型"经济发展模式中常常被忽略,于是时不时就会出现政府干预市场的行为。如果能够通过一定的措施改变政府职能,不但会在某种程度上达到还富于民、扶持弱小工商户发展、鼓励创业等目的,也会为全面反思和改革这种政府主导型经济增长模式提供一个很好的切入点。

市场经济是一种规则经济,不遵守市场的规则,那么在市场经济这个大游戏中将会举步维艰。对于规则,社会成员要共同遵守,这将会带来社会运行的高效率。在市场经济条件下,如果社会成员无视规则,则必然会导致社会交易成本的提高和社会运行效率的降低。因此,政府应注重其职能的转变,不能再走以前直接干预市场的老路子。转变政府在市场经济活动过程中的职能,促进经济增长模式的转变,是当前东亚各国和地区经济发展的重要任务之一。

从经济增长的基本方式来看,东亚很多国家和地区长期以来走的都是粗放型的发展道路。随着全球经济一体化进程的加快,这种经济增长方式已经越来越不能适应经济发展的需要。实现由粗放型的经济增长方式到集约型的经济增长方式的转变,已经成为东亚各国和地区的关键性问题。

经济增长方式的转变主要有以下几个内容:①

---

① 颜忠民:《济增长方式的内容、目标和途径》,《实事求是》1996 – 02 – 15。

第一,经济增长方式从依靠外延扩大再生产转变到依靠内涵扩大再生产。

第二,经济增长方式从依靠增加人力、资源和资金的投入转变到依靠对人力、资源和资金的使用效率。

第三,经济增长方式从依靠生产要素的重消耗逐渐转变到依靠科学技术和科学管理。

第四,经济增长方式从依靠经济规模的扩大,单纯追求数量、产量和速度逐渐地转变到依靠优化产业结构,提高产品技术含量高、附加值和市场占有率。

第五,经济增长方式从主要依靠国家政策的优惠和外部环境的优良逐渐地转变到依靠加强企业的内部管理和市场经营。

经济增长方式的根本性转变,体现在它的目标实现程度之上。这些目标主要有以下几个方面:①

第一,保持适度的经济发展速度。任何一个国家的经济发展都存在着一个速度问题,经济发展速度低了不行,高了也不行,关键的问题是既要有速度也要有效益和质量。确定经济增长速度是否合理的原则是要把由经济增长速度引起的通货膨胀控制在一定的范围内,因为通货膨胀超过一定的范围就会影响到经济的持续、稳定和健康的发展。

第二,实现经济结构的优化。经济增长方式转变的一个重要目标就是实现经济结构的优化。经济结构包括产业结构、产品结构、企业组织结构等内容,其中产业结构的优化又是经济结构优化的重点,要求通过搞活存量和增加投入,集中力量发展农业、能源、交通运输等基础产业。通过利用新技术来改造传统的产业,发展高新技术产业,与此同时提高工业化进程。产品结构的优化,就是要通过技术改造,大力开发新产品、新品种,创造出各种各样的名优特产品,以此来提高产品的市场竞争力和市场占有率。对于企业来说,组织结构的优化,主要是通过优胜劣汰的竞争机制,实现企业的兼并

---

① 李秀荣:《转变经济增长方式问题研究综述》,《天津党校学刊》1996－08－15。

和重组,逐步形成一批实力强、效益高、机制活、牌子硬的企业集团。如果经济结构优化了,那么就能促进经济增长质量的提高,实现国民经济的良性循环。

第三,提高国民经济增长中科学技术的贡献率。要实现经济增长方式从粗放型向集约型的转变,关键的一条就是要发挥"科学技术是第一生产力"的积极作用,提高科技在国民经济增长中的贡献率,鼓励企业引进和开发新技术。

第四,促使经济增长面向质量好、效益高的方向发展。不断提高经济增长的质量和效益,是经济增长方式转变的根本目的,而经济增长质量的高低是由投入质量、经济运行质量和产出质量的高低来决定的。其中投入质量主要包括投入生产的物质资源和人力资源的质量,这是保证经济增长质量的前提条件。当然,这也要求投入的物质资源中技术含量要高、资源品位要高、知识密集程度要高,所投入的人力资源综合素质要高。经济运行质量包括生产技术水平、微观和宏观管理水平、产业结构关系等,这也是保证经济增长质量的关键条件,这就要求在投入生产的过程中,生产要素和资源要通过科学管理对其进行优化配置,使之发挥出最大的效用。产出质量包括产品质量和服务水平,这是衡量经济增长质量的最终形式。换句话说,就是要以较少的投入成本和经济运行成本,来获得较高质量的生产产品,并以高水准的服务不断满足人们日益增长的物质文化生活的需要。

二、经济的可持续发展

可持续发展是 20 世纪 80 年代提出的一个新的发展观,是应时代的变迁、社会经济发展的需要而产生的。可持续发展的第一要义是发展,这里的经济发展既是指经济在总量上的增加,同时也是经济结构的改善和优化,以及经济发展质量的提高和经济效益的改善。这里面包含了可持续发展的内容。要坚持发展是第一位的观念,就必须坚持以经济建设为中心,强调经济发展对经济、文化、政治、社会全面的、协调的和可持续的发展的重要作用,集中力量发展经济①。但是,也应该看到,经济发展虽然是基础,但是片面地强调经济增长会导致一系列环境问题的出现,而在可持续发展中,环境问题是主要的问题。东亚的很多国家都是发展中国家,在经济的可持续发展过程中遇到的首要问题就是环境问题。一个区域健康发展的基本标志就是环境质量的优劣程度。

社会经济发展的实质其实就是人与自然相互作用的过程。人与自然相互作用的过程包括了两个方面的内容:

一方面是人类对于自然的影响和作用,也就是人类改造自然的能力;另一方面就是自然对人类的影响和反作用。当人类的活动违背了自然规律时,资源消耗超过了自然可以承受的程度,污染排放超过了环境的容量,那么虽然经济的总量增加了,但是却会导致人与自然的关系的失衡,这样的经济增长是不可持续的。从一定的程度上来说,可持续发展的基础是环境。自工业化生产以来,很多国家和地区一味地追求经济增长的速度,忽视了经济增长对环境、资源以及生态系统的负面影响。如今,这些负面的影响正在逐渐地显现出来,例如环境恶化、生态失衡和能源消耗等等。这些问题正在全方位地威胁着地球上生物和人类的生存,成为社会经济发展的主要障碍和问题。②

所有的这些问题使得人们越来越认识到经济的发展不能独立于环境之外而存在,人类必须改变经济增长模式,实现经济的可持续发展。可持续发展主要包括经济持续、社会持续和生态持续三个方面,它们之间是相互联系且不可分割的关系,"可持续发展"的主体是人,人既是可持续发展的最终获益者,又是可持续发展的行为者或责任担当者,是实现可持续发展的唯一能动的因素。因此,人类社会应追求经济社会和生态环境的协调发展。

实际上,经济的可持续发展是一个如何处理经济发展与环境保护的关系问题往往要经历一个转变过程。就全世界范围而言,"在20世纪60年代末,几乎人人都确信,在环境与发展这两者之间只能取其一;就是说,如果你

---

① 刘紫玉:《实现经济可持续发展的思考》,《湖南行政学院学报》2009 – 05 – 20。
② 刘紫玉:《实现经济可持续发展的思考》,《湖南行政学院学报》2009 – 05 – 20。

想要发展,其代价就是降低环境质量。这种当时差不多是最进步的看法,终于被新的认识所取代,那就是环境与发展是相互依存的:没有环境保护,就不可能有发展,就不可能有环境保护。这是人类对于环境与发展关系理解的质的飞跃。"①这种认识上的进步直接体现在 1992 年在巴西里约热内卢召开的联合国环境与发展大会通过的《里约热内卢宣言》②(Declaration of Riode Janeiro)中,它首次提出人类应该遵循可持续发展的方针。宣言在肯定人是可持续发展的中心的基础上特别指出:为了公平地满足今后时代在发展与环境方面的需求,拥有发展的权利必须实现;为了实现可持续的发展,环境保护工作应是发展进程的一个整体的组成部分,不能脱离这一进程来考虑;所有国家和所有人都应在根除贫穷这一基本任务上进行合作;发展中国家特别是最不发达国家的特殊情况和需要应受到优先考虑;各国应当提高本国能力的建设,以实现可持续发展。③ 这些内容可以看出《里约热内卢宣言》旨在认定发展的必要性和正当性,特别是肯定发展中国家发展经济、改善人民生活的权利,澄清在可持续发展问题上的一些片面的误解,消除"可持续发展"与"经济发展"非此即彼的对立。"可持续"与"发展"是一个问题的两个方面,对发展中国家来说尤其如此。既要达到发展经济的目的,又要保护好人类赖以生存的自然资源和环境,使我们的后代能够永久发展和安居乐业。

联合国 2000 年《人类发展报告》指出,迄今为止的全球化是不平衡的,它进一步加深了穷国和富国、穷人和富人之间的鸿沟。一些有识之士就曾尖锐地指出"当今世界一边是过度消费,以便使穷困潦倒,这个世界的两极分化日益明显。……人类不能再这样被消费的鸿沟区分开来,消费的权利也不应仅仅属于占世界人口 28% 的富人"④。的确,在实现可持续发展的过程中,发展中国家面临着发展经济、解决温饱和实现可持续发展的双重任

---

① 王伟:《生存与发展——地球伦理学》,人民出版社 1995 年版,第 243 页。

② 引自《国际生态设计年刊》(International Ecological Designs Yearbook),下载于 http://www.fancy-design.com/dcb/book/ecologicalbook/announcement.htm.

③ 陈新夏:《而可持续发展与人的发展》,人民出版社 2009 年版,第 31 页。

④ 引自《参考消息》2004 年 4 月 6 日。

务,同时也面临着环境保护和加速经济发展的尖锐矛盾。

在东亚的很多国家和地区,生态环境问题日益严重,已经成为经济发展的首要障碍,也是实现可持续发展必须解决的难题。正如一些发展中国家的政府和学者所强调的,在欠发达甚至不发达的状态下,满足人民的基本生活条件,较之于保护生态环境更为迫切。贫困给发展中国家带来了双重的压力——大量人口生存的压力和国家生存的压力,"由于人口压力和极度贫困的缘故,对经济增长的要求也就普遍地更为迫切"①。面临贫困的压力,任何一个国家都会把经济发展作为政府提高国计民生的第一要务。在当今国际政治和国际经济关系日益复杂的背景下,经济发展业已成为民族生存与发展的关键之所在。同其他地区的发展中国家一样,为了应对双重压力,东亚地区的大多数国家由于想急迫地发展经济,往往会难以周全地顾及资源和生态环境等因素的可持续发展。

由于资源和生态环境危机具有超越某个地域限制的全球性,因此,经济的可持续发展自提出之日起便蕴含着世界性的意义。全球化使得世界各国在资源环境问题上的利益息息相关,任何一个国家或地区的资源环境危机,都将直接或间接地影响到其他的国家和地区,所有国家和地区都不可能逃避它的影响,也不应当回避相应的责任②。可持续发展不仅仅是自然资源的约束问题,由于社会矛盾、社会不公平导致的剧烈社会冲突更有可能中断经济和社会的持续发展。可持续发展关乎整个人类生存发展的现实及前景,最大程度地体现着人们在利益上的一致性,它已成为当代的公共性问题。

三、实现经济可持续发展的对策

在现代,资源环境危机已经不是一个孤立的问题。当今人类社会面临着一系列复杂的问题,这些问题主要有:富足中的贫困,环境的退化,对制度

---

① 芭芭拉·沃德、勒内·杜博斯:《只有一个地球》,吉林人民出版社 1997 年版,第 177 页。
② 陈新夏:《而可持续发展与人的发展》,人民出版社 2009 年版,第 242 页。

丧失信心,就业无保障,青年的异化,通货膨胀以及金融和经济混乱等①。这些都是困扰当今社会的具有普遍性的现代性问题。

目前,东亚的很多国家和地区都已经进入了小康阶段,经济的市场化、国际化和工业化、城镇化步伐在逐渐地加快。这个阶段也是能源和资源消耗强度大、消耗数量迅速增加的阶段。东亚各国能源以及钢材、水泥、木材等产品的消耗速度快于经济增长的速度,土地、淡水、能源、矿产资源和环境状况等因素对经济发展的瓶颈约束日益突出,长期地片面追求经济增长速度的弊端已经进一步的凸显出来,这是实现经济可持续发展道路上的严重障碍和挑战②。随着经济总量的不断扩大,东亚很多国家的经济发展所需要的资源已经远远地超出了本国的供应能力,这就必须从国际市场进口大量的资源性产品,以供本国使用,满足本国国民经济发展的需要。科学的发展观念并不赞成单纯地为了经济增长而牺牲环境的容量和能力,也不赞成单纯为了保持环境而不开发自然资源,这就需要通过调节和控制二者之间的关系,实现在经济发展水平不断提高的同时,环境也能保持在较高的水平之上的目标。③

现代化问题本质上是全球性问题,但现代化问题归根结底还是人的问题。它既影响着人的发展,又由人自身的价值和认知因素所引起。就可持续发展的影响而言,现代性问题的重要表现之一,是增长与发展的脱节、错位甚至一定程度上的背离④。因此,我们要改变旧的经济增长模式,大力推进经济增长方式由粗放型向集约型的转变,走新型的工业化道路。当然,走这条道路需要付出相当的努力不,需要不断更新发展的观念,丰富发展的内涵,开拓发展的思路,创新发展的模式,解决发展中的难题,提高发展的质量,并大力推进节约式发展,最终才能实现经济可持续发展的目标。

根据发展经济学的观点,与增长相对应的发展显然不限于经济的范畴,

---

① 丹尼斯·米都斯:《增长的极限》,吉林人民出版社1997年版,第8页。
② 张泰:《对转变经济发展方式的若干思考》,《铁道经济研究》2008 – 04 – 10。
③ 刘紫玉:《实现经济可持续发展的思考》,《湖南行政学院学报》2009 – 05 – 20。
④ 陈新夏:《而可持续发展与人的发展》,人民出版社2009年版,第170—172页。

而是指社会的全面进步、人的自由全面发展,包括制度文明、精神文明、生态文明的发展,以及人的素质的提升。增长不等于发展,应以人的发展作为社会发展的尺度,我们不仅要关注经济的增长,还要重视文化、社会生活和社会关系的进步,重视资源环境的可持续发展。[①] 这就是说,必须转变经济发展方式,摒弃先粗放后集约、先污染后治理的发展思路,合理地开发和利用自然资源,切实加强生态环境的保护与建设,坚持走科技含量高、资源消耗低、环境污染少、经济效益高、人力资源优先的新型工业化的道路,最终实现国民经济又快又好的发展。

要实现这样的目标,需要做到以下几个方面:[②]

第一,更要注重增强技术创新的能力,提高经济发展的效益和质量。这是加快转变经济增长方式的中心环节。要把自主创新能力放在更加突出的位置,着力解决制约经济社会发展的重大技术问题,提高原始创新能力、集成创新能力和引进消化吸收再创新的能力。应加快建设以企业为主体、市场为导向、产学研相结合的技术创新体系的步伐,确立企业在技术创新和科技开发投入中的主体地位。政府更要支持中小企业的技术创新活动和引进新技术的投资,使得企业真正成为研究开发投入、技术创新活动和创新成果应用的主体。对于那些技术咨询和技术转让等技术创新的中介服务应给予支持,并最终形成社会化的服务体系。要积极构建鼓励自主创新的激励机制,对技术创新给予财政与金融方面的支持,积极改善创新创业的投资、融资环境,应加大知识产权的保护力度,营造一个全面鼓励自主创新的政策环境。

第二,要注重节约资源和保护生态环境,提高经济社会发展的可持续性。这是加快转变经济增长方式的重大措施。其中最主要的是要实行严格的土地制度,严格执行土地利用总体规划和土地利用年度计划,切实提高土地产出率和投资强度。重点抓紧高耗能行业和重点耗能企业的节能降耗工作,全面实施节能降耗重点工程,并大力推进节能降耗的技术进步,积极开

---

① 陈新夏:《而可持续发展与人的发展》,人民出版社 2009 年版,第 178 页。
② 刘紫玉:《实现经济可持续发展的思考》,《湖南行政学院学报》2009 – 05 – 20。

发和推广节能新技术、新产品和新工艺,实现高耗能行业和企业的技术改进。要落实节能降耗目标责任制,强化环境保护和生态建设,加快推进环境基础设施建设和污染综合整治,推进燃煤电厂烟气脱硫和城市污水处理设施建设和运行。加强对自然资源的保护和管理,加大环境保护和修复自然生态的力度,建立和完善生态补偿机制,遏制生态环境的进一步恶化。在资源开发、生产消耗、废物利用、消费等方面,加快建立资源的循环再利用体系,促进经济的循环发展,建立和健全促进资源节约和高效利用的法律法规和政策制度,最终实现经济的可持续发展。

第三,应注重调整和优化产业结构,提升产业的整体技术水平和综合竞争力度。这是加快转变经济发展方式的关键内容。这就要求我们调整产业结构,大力发展服务业,推动经济增长方式实现从主要依靠工业带动向第三产业协同带动的转变。对利用土地和信贷企业进行严格的把关,控制高耗能和高污染行业的过快增长,依法淘汰高耗能、高污染行业的落后生产能力、工艺装置和技术设备,提高节能环保市场准入的门槛。全面发展服务业,丰富消费性服务业,拓展生产性服务业,运用现代化的经营理念来提升传统服务业,提高服务业的比重和水平。

第四,应建立和完善生态补偿机制,实现经济的可持续发展。首先要做的是加大财政投入,通过安排生态补偿专项资金用于重点生态建设工程,以及扶贫帮贫、发展生态农业、增加居民收入。其次是要拓展环保资金的筹措渠道,因为单靠国家投入来建设和完善生态补偿机制是不太现实的,因此,要充分利用资本市场为生态补偿机制融资,还要鼓励私人资本和外资进入环保行业。最后,最重要的是要借鉴西方发达国家的先进经验,依据谁污染谁付费的原则,尽快地开征环境保护税。对于开发、利用、污染和破坏环境资源的市场经济主体,要让其承担相应的经济成本,并引导他们放弃或者减少对环境的破坏、污染和对资源的浪费行为。与此同时,应将征来的税收专门用于生态补偿和环境保护方面。

第五,应把节约思想贯彻到生活和工作的各个方面。随着经济的发展和人们生活水平的提高,东亚各国很多人没有节约的意识。而在西方发达国家,虽然国家资源丰富、生活非常富裕,但是从个人到企业都具有很强的节约意识。在这些国家,节约已经成为一种很普遍的价值观念。

我们要把节约自然资源作为一种价值观进行大力倡导,使之成为植跟在各国民族文化中并传承子孙后代的价值理念。对于一个企业来说,节约是企业文化的一个重要方面,是企业加强管理和技术创新的导向。而对于家庭来说,节约将引导家庭消费方式的变革,鼓励人们在衣食住行等各个方面,逐渐地形成适应国情的消费模式。如果每一个人都能运用自己的双手和智慧参与这一过程,并在这个进程中体验节约的责任感和成就感,那么节约就有可能成为一种生活方式,一种生活态度和一种执政方式。

第二节 产业政策与经济的可持续发展

从人类历史的进程来看,发展是一个永恒的主题,其中的经济发展,更是人类在不同时期的共同追求。现代化最直接的追求和最显著的效果是经济发展,与此相关,评价现代化进程成败得失的决定性指标是经济的增长。由于现代化的目标和运行规则,在现代化语境中,人们理解的"发展"主要就是经济的发展和财富的增加,"增长即发展"几近成为毋庸置疑的观念,增长与发展的脱节、错位,好似现代化进程中的普遍现象。增长与发展的矛盾在后发展国家的现代化过程中表现得更为突出。①

20 世纪中叶以来,由于工业化进程的驱动,政策对可持续发展的影响越来越大,于是决策者们提出了一系列的促进可持续发展的产业政策。这些政策有利于经济的发展,促使了经济快速稳定的增长,创造了前所未有的物质财富,同时也推进了人类文明的进程。过去,以工业化为代表,以市场经济为机制,以"三高"②为代价的经济增长模式,不但造成了世界范围内的资源短缺、环境恶化和生态破坏,而且也引发了一系列的经济、社会和政治问题。尤其令人担忧的是,当代经济学一再强调必须拉动需求,否则,经济

---

① 陈新夏:《而可持续发展与人的发展》,人民出版社 2009 年版,第 174 页。
② 高投入、高消费、高环境。

就不能发展,就达不到预期的增长目标。于是,形成了这样一种局面,政府从外部以各种利润机会诱导和推动企业生产,而企业凭着追求利润的本能,不断去实践这种生产。整个国民经济终于成了一架高速、高效运转着的自然资源的加工机器。由此,对自然资源的挥霍也达到了无以复加的地步①。这种经济模式引发的各种问题迫使人们重新审视传统的思想模式和发展模式,对于实现可持续发展而言,正确理解增长和发展的关系尤为重要。在此基础之上提出的"经济的可持续发展"模式,给"发展"赋予了冷静、适度、和谐等内涵。

可持续发展是指满足当前需要而又不削弱子孙后代满足其需要之能力的发展。可持续发展意味着维护、合理使用并且提高自然资源基础,这种基础支撑着生态抗压力及经济的增长。可持续发展还意味着在发展计划和政策中纳入对环境的关注与考虑,而不代表在援助或发展资助方面的一种新形势的附加条件。可持续发展的主要特征是生态持续、经济持续和社会持续,三者之间互相关联而又不可分割,生态持续是基础,经济持续是条件,社会持续是目标。可持续发展是人类社会共同追求的自然、经济、社会复合系统的持续、稳定、健康发展。②

一、产业政策与经济的可持续发展的相关概念

(一)经济的可持续发展

联合国世界环境与发展委员会的报告《我们共同的未来》中指出:"从广义来说,可持续发展战略旨在促进人类之间以及人类与自然之间的和谐"③。根据这一论断,可持续发展直接涉及人与自然的关系,又间接且深层次地涉及人与人的关系。我们通常所说的可持续发展是指"既能满足当

---

① 叶文虎:《可持续发展引论》,高等教育出版社2001年版,第47页。
② 朱启贵:《区域协调可持续发展》,上海人民出版社2008年版,第279页。
③ 世界环境与发展委员会:《我们共同的未来》,吉林人民出版社1997年版,第80页。

代人需要,又不对后代的满足及其需要的能力构成危害的发展"①。可持续发展的理论强调自然生态和社会经济是一个有机的整体系统,强调人与自然的和谐统一以及生态与经济的共同繁荣。可持续发展理论追求的是"自然——社会——经济"三者之间的相互协调,最终形成良性的循环,达到经济可持续发展的目的。

在东亚很多国家和地区,可持续发展被作为一项重要的经济战略来实施,强调经济建设与人口、资源、环境保护四位一体的和谐发展,并将节约资源、控制人口和保护环境放在了重要的位置,实行人口增长与社会生产力的协调发展,经济建设与资源、环境的协调发展。最重要的就是协调人口、经济和环境、资源的关系,这是实现可持续发展的关键所在。可持续发展的主体因素是人口,人借助于生产方式、消费方式、管理方式等对经济建设、环境质量和自然资源产生正负两方面的影响。可持续发展能力的基础是经济建设,经济建设通过模式选择、资本供给等对人口发展、环境质量和自然资源产生正负两方面的影响②。可持续发展的前提条件是环境质量的保持和改善,可持续发展的物质基础是自然资源的永续利用。由此可见,可持续发展是一个从观念到战略再到行动的逐渐演化的过程。

(二)产业政策

产业政策是政府提供的公共制度产品,通常来说它是一种干预性的政府管理调控的手段。产业政策的基本制度前提就是市场经济,通过引导和调控微观企业的生产行为,在一定程度上化解市场对企业调节的失效,进一步促进产业结构的合理化和高级化,从而达到实现资源配置的帕累托最优的效率和经济的可持续发展。③

一方面政府是产业政策的供给者,根据需求调查、条件分析和主观意愿

---

① "可持续发展(Sustainable development)"的概念,下载于 http://zhidao.baidu.com/question/98931043.html.
② 彭晓春:《论产业政策与可持续发展》,《产业与科技论坛》2006 - 07 - 10。
③ 赵大晖、卢凤君等:《可持续发展产业政策评估的基本概念研究》,《中国农业大学学报》1998 - 08 - 15。

制定、颁布产业政策以满足客观需要。另一方面,政府又是产业政策的需求者,通常为实现产业结构、产品结构和组织结构的发展调整目标,贯彻执行产业政策。通过引导、约束和调控企业行为,达到抑制企业因过度竞争而造成资源浪费的目的,同时也可以降低企业的外部成本和减少企业技术创新的市场风险。

产业政策有很多的功能,例如促进产业技术进步,提高产业素质,促进产业区域的合理分工和协调等。产业政策的实施可以产生一系列的效应,主要有功能效应、主体效应和目标效应。其中功能效应可以通过产业政策在实行过程中各项功能的发挥程度来衡量;主体效应可以通过产业政策在实行过程中政府和企业发展需要的满足程度进行衡量;而目标效应,则可以通过产业政策目标的实现程度进行衡量。[①]

(三)可持续发展的产业政策

所谓的可持续发展产业政策是指可以引导国民经济向可持续发展方向进化的功能性的产业政策,这种政策可以为可持续发展观念和战略向行动转变的过程提供手段和方法,并为其创造一定的条件。它通过引导企业的经济活动行为来实现资源的合理配置,通过加快技术进步来减少资源的浪费和消耗,通过鼓励和限制企业的一些行为来促进清洁生产和环保产业的发展。这样的产业政策从经济的生产角度入手,绿化产业结构,达到促进经济与资源环境协调发展的目的。[②]

当然可持续发展产业政策也具备产业政策的属性。除此之外,它还具备自身的一些特点。可持续发展政策是一个追求经济、社会、生态效益三者之间协调发展的政策体系,通过它的作用可以促进产业结构的绿化,达到经济建设与人口、环境和资源的协调发展的目标。随着国民经济素质的提高,这种功能效应也会日益增加。当然,产业政策也具备一定的模糊性和复杂性,这是因为经济建设与人口、环境和资源的协调难以进行准确的衡量。再

---

① 彭晓春:《论产业政策与可持续发展》,《产业与科技论坛》2006 - 07 - 10。
② 彭晓春:《论产业政策与可持续发展》,《产业与科技论坛》2006 - 07 - 10。

加上政策制定者制定政策时是基于对现在和未来宏观经济环境的预见,这就会使政府在选择和运用产业政策时存在一定的模糊性,那么,很有可能会由于可持续发展产业政策以外的其他因素使得可持续发展产业政策的效应也变得较为模糊。

二、产业政策对可持续发展的影响

可持续发展的三个基本内容是:生态持续、经济持续和社会持续。这三者之间相互促进、相互依存,共同构成了一个系统整体。产业政策对于可持续发展有着十分重要的影响,主要表现在以下两个方面:

第一,产业结构政策对经济可持续发展的影响。[①]

衡量经济发展水平的一个重要标志是产业结构状况,这是由于经济发展事实上包括了数量增长、水平提高和结构转换三方面的内容。所谓的数量增长是指在原有的基础之上国民经济各产业部门的生产规模的扩大及其总和,也就是指国民生产总值的增加;所谓的水平提高是指组织管理水平及生产技术的提高;所谓的结构转换则是指一些部门增长较慢,一些部门增长较快,而还有一些部门相对收缩的结构变化现象。

产业结构政策对可持续发展的影响可以归结为两个方面:

一方面,从产业结构理论的角度来看,一个国家要想获得高速度的经济增长和经济发展,关键在于具有适时推动产业结构演进的能力和环境;另一方面,经济发展所带来的环境问题伴随着三大产业由低到高的转化呈现出不同的阶段性特点,也就是说,当第一产业的发展占优势时,环境污染的水平较低;当第二产业发展占优势时,环境污染的水平就会提高;而当第三产业大量增加时,环境污染的水平就会下降。造成这种现象的原因是各个产业间单位产值污染物产生水平存在很大的差异,一般来说,重工业的污染物生产水平高于轻工业,更高于服务业。

选择战略产业并积极地推动和发展战略产业,将会对实现产业结构的

---

① 彭晓春:《论产业政策与可持续发展》,《产业与科技论坛》2006 – 07 – 10。

高度化有利。促进可持续发展的战略产业主要包括支柱产业和先导产业,当然有时还包括一些瓶颈产业。先导产业代表了产业发展及其结构改造的方向,支柱产业则能够综合反映产业的现代化水平,而瓶颈产业则能够影响当前的产业发展和结构改造。与传统的产业相比,战略产业主要是知识、技术密集的产业,对环境的影响比较小,所以发展战略产业可以将发展经济与保护环境较好地统一起来。当然其中的某些瓶颈产业,例如能源交通部门,虽然对环境的影响比较大,但是还得迅速发展,以便带动国民经济的整体发展①。当然,也要采取适当的预防措施,防止其对环境造成更大的影响。

第二,产业组织政策对可持续发展的影响。

所谓的产业组织政策,是指政府为了获得理想的市场绩效而制定的干预产业的市场结构和市场行为的政策。产业组织政策的实质是政府通过协调规模经济与竞争的矛盾,以建立正常的市场秩序,提高市场绩效。产业组织政策与经济的可持续发展之间的关联非常紧密。

首先,大规模的经济生产可以使生产集中,这不但可以利用对污染物处理的规模效应,而且资金的相对集中也使得企业有能力花费较多的资金用于污染治理。

其次,大规模的经济生产会使得先进的生产技术迅速地应用于经济活动之中,一方面可以提高劳动生产率,节约原材料和能源,另一方面可以使无污染或者减少污染的技术得到迅速的利用。

再次,大规模的经济生产有利于生产技术的进步,有利于提高产品在国内外的竞争力,从而实现良性循环,最终有利于环境问题的解决。②

三、产业发展与经济的可持续发展

产业发展是指产业的产生、成长和演进。产业发展的内容既包括单个产业的进化,又包括产业总体的演进;既包括产业类型、产业结构、产业关联、产业布局的演进,又包括产业组织的变化、产业规模的扩大、技术的进

---

① 彭晓春:《论产业政策与可持续发展》,《产业与科技论坛》2006－07－10。
② 彭晓春:《论产业政策与可持续发展》,《产业与科技论坛》2006－07－10。

步、效益的提高。产业发展的过程,就是单个具体产业的产生、成长、繁荣、衰亡或单个大类产业产生、成长、不断现代化的过程;也是产业总体的各个方面不断由不合理走向合理、由不成熟走向成熟、由不协调走向协调、由低级走向高级的过程;也是产业结构优化、主导产业分阶段转化、产业布局合理化、产业组织合理化的过程。产业发展的状况,是产业类型变化规律、产业结构演进规律、产业布局变动规律、产业组织演变规律和其他单个产业和产业总体发展规律综合作用的结果①。从最广泛的意义上来说,产业经济学就是产业经济发展学。经济发展包含产业发展,产业发展又是经济发展的必要条件、关键因素和强大动力,产业发展的状况直接决定着整个国民经济发展的状况。

　　只要存在社会分工,只要是社会化大生产,就会存在由多种不同的产业构成的产业总体。因此,在这样的前提之下,从总体上来讲的产业将永远存在,产业总体也就不存在由产生直至小王的生命周期。产业通过什么机制才能健康快速的发展,这是解决产业怎样发展的关键。实际上,产业结构优化的机制、产业布局的机制、产业组织合理化的实现机制,也是单个产业和产业总体发展的机制,它们同样要以市场机制为基础,以政府调控为辅助才行得通。

　　单个产业和产业总体的发展之所以必须以市场机制为基础,是因为市场机制这只"无形之手"能够通过价格、供求和竞争的作用,影响人们的利益得失并提供相关的信息,引导人们自动地调整自己的经济行为,把资源配置到最有价值、效率最高的使用方面。这样的话,新兴产业、朝阳产业、先导产业才能得到有效发展,主导产业、支柱产业的发展才有保证。只有以市场机制为基础,才能更好地实现产业的优胜劣汰,提高产业总体的经济效益。然而,市场机制并非十全十美,特别是那些公共部门和部分自然垄断行业难以实现自我发展。另外,新兴产业、高新技术产业、环保产业的发展,由于开始时很弱小,需要的投资多,风险也大,尤其需要政府的扶植。因此,在以市

---

① 简新华、李雪编著:《新编产业经济学》,高等教育出版社 2009 年版,第 211 页。

场机制为基础的同时,还必须辅之以政府这只"有形之手"的管理和调节,以弥补市场的失灵所带来的缺陷,从而才能更好地促进单个产业和产业总体更好地发展。

可持续发展是一种新的人类生存与发展的方式,它要求的是经济、社会、环境、资源、人口的全面协调发展,强调发展的综合性、整体性和协调性。可持续发展问题关系到人类的生存和后代子孙的利益,因此也是产业发展的重大问题。产业发展战略模型从不同的角度,根据战略目标和战略方针的不同划分为八大类,其中之一就是按照发展中国家实施的贸易政策的不同来划分的。但是,不管是哪种角度划分出来的产业发展战略模型,在可持续发展思想引领下,只有产业总体的可持续发展战略,才是产业发展战略的最新、最合理的目标模式。

由于可持续发展涉及经济、社会、环境、资源、人口等诸多方面,是一个宏观的、区域的、总体的概念;加之单个具体产业一般存在生命周期,不可能与世长存,所以单个具体产业虽然有一个适应可持续发展要求的问题,但本身并不一定能够实现可持续发展,只有产业总体才可能实现可持续发展。产业总体的可持续发展是指产业总体状况与人口、资源、环境互相协调,并且能够长期持续不断地发展。产业总体的可持续发展是整个社会经济可持续发展的重要方面,因此,社会经济可持续发展对产业总体状况及其发展的要求,也就是产业总体可持续发展的内容,达到了这些要求,也就能够实现产业总体的可持续发展。[1]

只有实现了产业结构优化、产业布局合理化,发展环保产业、资源节约型产业,开发和生产更清洁和更丰富的新材料和新能源的产业,充分利用人力资源型产业,才能保持产业的协调,消除产业结构和产业布局不合理造成的资源浪费和低效利用,实现产业结构的高级化,提高产业发展的技术水平,更加有效地利用资源,发挥人力资源的作用,防止物质资源的耗竭,提高经济效益。这样才能更好地满足国家或地区人口的需求,从而实现产业总

---

① 简新华、于波:《可持续发展与产业结构优化》,《中国人口、资源与环境》2001 年第 1 期。

体的可持续发展,促进社会经济的可持续发展。

四、从产业政策角度推动经济可持续发展的对策

产业政策尽管是 20 世纪 70 年代以来才在世界各国广泛使用的概念,但它是伴随着国家对经济活动干预的发生而萌芽的。产业政策涉及产业活动的各个方面,是由多种有关产业的政策构成的一个体系,这个体系主要由产业结构政策、产业组织政策和产业发展政策构成。产业政策具有以下几个特点:客观性;有序性和动态性;体系的协调性;指导性;时代性;民族性;供给导向性;市场功能弥补性。

基于产业政策的特征和相关理论依据,并参照各国实施产业政策的经验,可以看出产业政策主要有以下几个方面的作用:[1]

(一)弥补市场失灵

产业政策形成的根本原因,在于政府有责任弥补市场失灵的缺陷。由于垄断、公共产品、外在性、信息不对称等市场失灵领域的存在,如果仅仅依靠市场机制,就无法避免垄断、不正当竞争、基础设施投资不足、过度竞争、环境污染、资源浪费等现象的发生于蔓延。历史经验表明,各国产业政策最普遍的作用,就是弥补市场失灵的缺陷。如通过推行产业组织政策和产业结构政策,政府可以限制垄断的蔓延,促进有效竞争的形成,加速产业基础设施的建设,治理环境污染与保持生态平衡,加速教育与科技发展。

(二)促进超常规发展

产业政策是贯彻国家经济发展战略的有效工具。例如,发展中国家在经济起飞的初期,都会遇到基础设施和基础工业薄弱的"瓶颈"制约。这些部门的外部性较强,对整个经济发展具有重大的促进作用,而本身却投资巨大、盈利性低、资本回收期长,仅仅依靠市场机制肯定无法在短期内达到经

---

[1]　简新华、李雪编著:《新编产业经济学》,高等教育出版社 2009 年版,第 275—276 页。

济起飞所要求的条件,必须运用产业倾斜政策,聚集资本,加快瓶颈产业的发展。韩国效仿日本的做法,以产业政策为手段,运用政策的力量推动产业结构的优化,"在短短二三十年的时间里走完了老工业国一二百年才走完的历程"①。而且,通过有秩序地扩大对外开放、制定和实施出口导向型产业政策,能够有效地促进本国产业参与国际分工,充分发挥比较优势和后发优势,低成本地引进国外的先进技术和管理,在技术和管理领域较快地接近国际先进水平,增加收入,积累资本,为产业结构的升级创造条件。实践证明,产业政策是后发国家促进超常规发展,缩短赶超时间、实现赶超目标的重要工具。

(三)增强本国产业的国际竞争力

产业的国际竞争力是建立在本国资源的国际比较优势、骨干企业的生产力水平、技术创新能力和国际市场的开拓能力基础之上的,产业政策对促进企业创新和开拓国际市场等都有重要作用。例如,美国政府通过制定"信息高速公路"和"星球大战"计划,加强对研究开发活动的投资,采用多种配套措施加快高新技术的研究开发和产业化进程,有效地促进了技术创新和高新技术产业的发展。

(四)实现资源优化配置

产业政策的根本任务和最主要作用是尽可能地实现资源的优化配置。资源的优化配置,包括资源在产业之间的合理分配和有效利用、资源在产业内部企业之间的合理分配和有效利用,这两方面分别是产业结构政策和产业组织政策的根本任务和主要作用。产业结构政策促进产业结构优化升级,能够减少或避免资源的闲置和浪费;产业组织政策促进产业组织完善化,能够提高企业资源使用的效果。产业政策弥补市场失灵的缺陷,就是为了更好地配置资源;产业政策之所以能够促进超常规发展,首先是因为可以

---

① 吴敬琏:《市场经济的培育和运作》,中国发展出版社1993年版,第228页。

促进资源的优化配置。

当然,产业政策也存在种种局限性,政府在制定和执行较为正确的产业政策时,必须尽可能克服信息和利益的局限性,努力提高决策和管理水平,从而才能保证产业政策的正确性与合理性。

当政府从产业政策的角度来推进经济的可持续发展,在大力发展农业、巩固国民经济基础、促进欠发达地区经济全面繁荣和持续发展的同时,制定出的产业政策还应该在以下几个方面有所侧重:①

1. 应该积极推进产业结构的合理化和高度化。首先,要推广和实施投资结构的合理化,促使企业、地方、国家的投资决策切实考虑产业结构的合理化;其次,要采取有力的措施大力发展第三产业,引导大量剩余农业劳动力流向有利于可持续发展的产业;再次,要积极推进知识和技术密集型产业的发展,减少和限制大量消耗原材料和能源的产业的发展。

2. 应该积极发展战略产业。要积极发展战略性产业,首先要做的就是充实基础结构。在坚持促进经济增长和保护环境资源的原则下,尽早的消除"瓶颈"制约。其次就是要在选择支柱产业和先导产业的时候,把新兴的产业放在首位,给予支持和扶持,并不断发展环保产业,最终实现提高经济的可持续发展的能力。

3. 应该制定合理的企业规模指导政策。也就是说,在充分研究国内外技术、经济社会、环境因素的基础之上,采取一定的措施,促使企业建立适合社会化大生产的、合理的企业组织结构。其中值得关注的是要结合企业规模等实际情况,鼓励企业实现规模经济,利用最有效的方式来使用资源,实现高产出、低投入和低污染。

4. 建立适度合理的竞争秩序。缺乏竞争的市场会使得大量技术落后、生产率低下的企业生存下来,这会造成资源的浪费和环境的污染。市场竞争应该是适度合理的,高度不适当的竞争将会损害社会生产的经济效益,导致一系列问题的产生。如何建立适度合理的竞争秩序?一方面可以通过加

---

① 彭晓春:《论产业政策与可持续发展》,《产业与科技论坛》2006-07-10。

强产业组织政策的指导,促进竞争机制的形成;另一方面可以通过大力发展商品经济,健全市场体系,促进竞争机制的健全。

5.制定经济可持续发展的产业技术政策。在产业技术政策的制定上,为了达到有效促进可持续发展的目标,应该根据产业发展的目标和经济科技发展水平,制定一些有利于可持续发展的政策,特别是要鼓励采取新技术,推动产业技术的进步。

综上所述,产业政策对经济的可持续发展影响极大,合理有效的产业政策可以在发展经济的过程中避免资源的浪费、环境的污染和经济发展的不均衡等问题,促使可持续发展目标的实现。反之,就会严重地阻碍经济的可持续发展。所以,在制定产业政策的时候,必须贯彻可持续发展的思想,实施各种有效的政策和措施,同时注重各项政策的搭配使用,才能实现社会与经济的可持续发展。

第三节 金融制度与经济的可持续发展

在反思过去的经济发展模式的基础上,人们提出了可持续发展这一全新的发展观。可持续发展是在人类人口面临"人口爆炸"、能源危机、资源短缺、环境污染、生态失衡的严峻挑战下,1980 年 3 月 5 日由联合国大会向全世界提倡的一种社会经济发展的新模式,它呼吁:"必须研究自然的、社会的、生态的、经济的以及利用自然资源过程中的基本关系,确保全球的发展"[1]。可持续发展观的提出对世界各国的政治、经济以及社会制度都产生了深远的影响,同时对各国金融制度的建立和完善也提出了更新的要求。从传统意义上看,金融业和金融制度对于环境问题的反应比较迟钝,随着环境危机的日益加剧和可持续发展战略的确立,要求金融制度必须做出相应的调整和改变。[2]

---

[1] 牛文元:《可持续发展导论》,科学出版社 1997 年版,第 5 页。
[2] 朱启贵:《绿色国民经济核算论》,上海交通大学出版社 2005 年版。

一、可持续发展战略对金融制度的影响

(一)关于可持续发展观

人类在对传统的经济发展模式反思的基础上,于 1972 年在斯德哥尔摩举行的联合国人类环境研讨会上第一次提出并正式讨论了"可持续发展"的概念(Sustainable Development)。这次研讨会云集了全球的工业化和发展中国家的代表,共同界定人类在缔造一个健康和富有生机的环境上所享有的权利。自此以后,各国致力界定"可持续发展"的含意,现已拟出的定义有几百个之多,涵盖范围包括国际、区域、地方及特定界别的层面。从那时起,"可持续发展"的概念在全世界的范围内得到了广泛的认同,并从此开创了一种全新的发展模式。

1980 年,国际自然保护同盟发布《世界自然资源保护大纲》,指出所谓的"可持续发展"就是"既满足当代人的需要,又不对后代人满足其需要的能力构成危害的发展"。1991 年,国际自然保护同盟、联合国环境规划署和世界野生生物基金会共同发表《保护地球:可持续生存战略》,将可持续发展定义为:"在生存与不超出维持生态系统承载能力的情况下,改善人类的生活质量。"1992 年 6 月,联合国在巴西的里约热内卢召开"环境与发展大会",通过了以可持续发展为核心的《里约环境与发展宣言》、《21 世纪议程》等文件[1]。随后,中国政府编制了《中国 21 世纪人口、资源、环境与发展白皮书》,首次把可持续发展战略纳入我国经济和社会发展的长远规划。1997 年的中共十五大把可持续发展战略确定为我国"现代化建设中必须实施"的战略[2]。

作为一种新的发展模式,可持续发展观是对过去长期存在的以经济增

---

① "可持续发展的内涵",来源:http://zhidao.baidu.com/question/96830517.html,2010 – 6 – 27.

② 柏建伟:《延边州林业产业可持续发展研究》,《延边大学法学硕士学位论文》2010 – 05 – 15。

长来涵盖发展问题、把经济发展作为发展的全部、片面追求经济发展的传统发展观的扬弃。在对环境问题、社会分配不公和贫困等问题进行反思的过程中,人类认识到单纯的经济增长并不能解决以上问题,还有可能使问题变得越来越严重,所以,人类开始向全面、协调和综合的发展观念转变。以1992年联合国环境与发展大会(United Nations Conference on Environment and Development)为标志,人类对环境与发展的认识进入了一个新的阶段,建立了新的发展观——可持续发展观。

作为一种融合生态学、环境伦理学和环境经济学在内的思想,可持续发展观已经成为了一种国际社会所普遍赞同的发展观念。可持续发展观对人类自身的活动也提出了新的要求,主要有以下几点:

首先,可持续发展的前提还是发展,只有发展才能消除贫困,才能增加人类的福利和满足人类的需求。其次,可持续发展必须是在保证"持续"基础之上的发展,也必须是在生态环境的承受能力范围之内、在环境的自我修复能力允许情况之下的发展,更必须是在维持生态系统平衡基础上的高效率的发展。最后,可持续发展应该是环境、社会和经济的综合与协调的发展。可持续发展观与传统的发展观念相比,更强调了发展的机制和能力,以及在对发展概念的理解上对人类伦理道德和价值观的更新,这在一定程度上影响和导致了人类行为和生活方式的更新。[①]

可持续发展战略的实施,为金融制度的发展开拓了更为广阔的领域和空间,使得人们检视过去的金融发展理念和金融制度,使之与可持续发展相适应。

(二)可持续发展对金融制度理念的创新要求

20世纪70年代至90年代初期,在经济增长过程中,东亚国家及地区

---

① 王秀红:《可持续发展与中国金融法律制度的创新》,《科技和产业》2005 - 09 - 25。

的收入均等化①指标在降低,收入差距一直在缩小,基尼系数(Gini Coefficient)相对比较稳定,这些都说明经济在平稳发展。但是,亚洲金融危机的爆发确使得收入分配机制中的一些隐性问题显现出来。基尼指数是衡量经济中个人或社会的收入分配与绝对公平分配之间差距的指标。系数为 0 代表绝对公平,系数为 1 表示绝对不公平②。在危机中,受灾最严重的为收入分配趋于两极分化的国家和地区,如泰国、马来西亚、菲律宾,基尼系数分别高达 0.462、0.484、0.407,进入国际公认的非被不合理区间③。收入分配不均致使东亚地区各经济体国内市场发育不均,产品更多地依赖国外市场,一旦国际市场有所振荡,经济安全便会受到影响。

实际上,各种类型的危机形式最终都会转化为金融制度上的危机。因此,要增强抵御危机的能力,必须加强金融与财政制度自身抵抗危机的能力。金融制度的确立就是为了通过对市场上一些金融方面的重大问题做出定性和定位分析,从而对国家金融行业的发展甚至经济的发展做出指引和指导。经济与社会的可持续发展突破了以往人们对发展范畴的理解,使人类重新审视环境、经济与社会的关系,认识到只有金融制度确立和改善了,才能更好地指导东亚各国金融业的良性健康发展,实现和促进金融以及环境、社会的可持续发展。

作为东亚地区最大的发展中国家,目前我国的金融制度理论对可持续发展的认识还存在许多不足之处,主要体现在以下两个方面:④

一方面,环境问题或者说环境风险对金融业的影响。随着全球环境问题的日益严重和人类环保意识的加强以及各国对环境保护的重视,社会对环境的责任感也日益加强了。污染者负担成为环境治理的主要原则,这样,企业的环境责任也日益加重,环境支出、环境负债对企业经营的影响也越来

①　收入均等化理论是英国著名的福利经济学家阿瑟·庇古等人提出的一种增进社会福利的分配理论。该理论认为,一个社会的福利不仅取决于国民收入总量,而且还取决于收入分配的状况。应当在不影响国民收入增长的基础上,通过收入均等化来实现社会公平,增加社会福利。

②　世界银行:《世界发展报告》1999/2000 年,第 276 页。

③　万秀丽:《东南亚金融危机及对我国的启示》,《发展》1998 年第 4 期,第 26 页。

④　王秀红:《可持续发展与中国金融法律制度的创新》,《科技和产业》2005 – 09 – 25。

越大。一些企业可能会因为环境的问题而面临倒闭或者资不抵债,这在很大的程度上给金融机构带来了经营上的风险。例如,中国在1996年做出取缔、关闭和停产污染严重企业的决定,这对金融市场的冲击是非常大的,给部分企业和银行造成了很大损失,但是这样的损失换来的是环境的改善,因而是值得的。由此可见,环境问题已经成为影响金融安全和金融风险的一个重要因素。要想实现金融安全,必须重视金融中的环境问题,考虑由环境问题所带来的金融风险,并采取措施进行合理的规避。

另一方面,金融对于环境的可持续发展可以起到促进作用。可持续发展是以环境的可持续发展为前提的发展,这样的发展必须建立在环境的承载能力之上,"没有超越环境承载能力的增长和发展",所以,各种产业以及社会各界都应该把环境保护作为一个重要的工作,金融制度也应该把促进环境的可持续发展作为重要的目标。由于环境保护需要大量的资金,环境问题的解决需要大量的资金投入和技术投入,因此,企业在实施环境保护的过程中,需要得到金融结构的资金支持。除此之外,金融机构也应该在经营方面注意扶持环保产业,同时也应与国家的发展目标相结合,对新兴产业以及产业结构合理、实行清洁生产的企业进行资金投入,进而把清洁工作推广到其他企业甚至全社会,建立起良性的循环性社会。通过金融政策的宏观导向,引导和促进我国环境的可持续发展。

今天,环境危机日益加剧,对于这种现象,我们应该有危机感。有的科学家说:生态危机有可能取代核战争成为人类面临的最大威胁,英国著名的生态学家戈德·史密斯(Gold Smith)就称当前的生态危机是"第三次世界大战"。如果照这样的情形发展下去,自然界将很快失去供养人类生存的能力。正如世界环境与发展委员会指出的:"只有为了共同的利益,对公共资源的调查、开发和管理进行国际合作和达成协议,可持续发展才能实现。但生命攸关的不仅仅是共同体的生态系统和公共领域的可持续发展,而且还有世界各国的可持续发展,它们的发展程度不同地取决于其合理管理的程度。"①可持续发展对人类社会最重要的政治哲学启示,就是要建立给予合理的制度安排。基于此,可以这样说,我国的金融制度也面临着广义上生态危机的挑战。面对这种挑战,金融制度必须以可持续发展为基本原则,进行制度的创新。

二、可持续发展要求东亚金融制度进行创新

根据可持续发展的战略,出于对社会和环境的责任和义务,国际社会和国际金融结构已经确定了自己的目标,西方发达国家对此也做出了相应的回应,很多国家的金融制度与金融结构已经做出了调整。

长期以来,为了保持金融机构的稳定,东亚国家的政府对自己的金融体系一直在开放的贸易环境下遵循着计划经济式的经营体制,实施着隐含担保。另外,为了实行战略目标或某项产业政策,东亚一些政府直接干预金融机构的信贷活动。在对原有的金融行业进行大幅度的整合之后,东亚的金融业将处于一个崭新的经营环境中。根据东亚各国的现状和西方发达国家的经验,我们可以从以下几个方面进行制度的创新:

(一)建立专门的环境银行和环保基金

目前,为了适应环境保护的要求,东亚很多国家的银行业已经进行了一些相关的调整。例如,在1995年,中国人民银行发布了《关于贯彻信贷政策与加强环境保护工作有关问题的通知》②,该通知规定了一系列的措施,规定各级金融部门在对环境有影响的新建、扩建和改建项目发放固定贷款时,必须在从信贷发放到管理的各个环节上配合环保部门严格把关,对于那些没有执行建设项目环境报告书审批制度的,或者环保部门不予批准的项目,金融部门一律不准提供贷款,而对于那些主体工程已经竣工,但是环境保护工程还没有完工或者没有进行环保工程建设的项目,在投产运营时,金融部

---

① 世界环境与发展委员会:《我们共同的未来》,吉林人民出版社1997年版,第341页。
② 中 华 会 计 网 校, http://www. chinaacc. com/new/63/69/110/1995/2/ad594249401116259919555. htm,银发[1995]24号,1995－2－6。

门不能提供流动贷款资金。在 2001 年,由中国国家经贸委、中国银行等八部门联合发布了《关于加快发展环保产业的意见》,其中要求银行对此也要有相应的法律对策。银行应该严格遵守国家的产业政策,优先发展环保项目,对环保产业给予支持。对污染企业和未按法律规定建立环保工程的企业,拒绝发放贷款,这样才能发挥金融贷款的导向作用,优化国家的产业结构。这些政策和规定应该得到具体的执行,只有这样环境保护的工作才能做好。[①]

除此之外,我们可以借鉴别的国家,特别是西方国家的经验。西方发达国家的环保政策各有特点,例如,波兰在环保金融体系中成立了环保商业银行。波兰环保银行属于商业银行,是波兰环保金融体系的一部分,在波兰的环保领域发挥了重要的作用,在筹集资金方面为波兰环保项目做出了重大的贡献,而且在一定程度上扩大了波兰环保的资金投资额。对于环保性的现代化项目,环保银行给予贷款和投资,主要包括对水资源的保护,治理空气污染、垃圾无害化处理,燃料和能源的有效利用;环境保护和自然资源设备的生产等。此外,波兰环保银行还为波兰绿色环保项目提供投资咨询业务。在发展生产的同时,波兰政府非常重视环境保护。早在 1989 年就已经成立了波兰国际环保与水管理基金会,这是波兰环保项目中最大的金融机构。该机构除了对传统的自然资源进行保护和管理外,对环保项目技术的引进和开发也给予基金支持,同时还负责管理国际环保援助基金。目前,东亚的很多国家的环保还没有形成产业模式,还处于初级阶段,需要大量的资金投入。由于环保项目收益少、投资时间长,国内的商业银行对此项目并不感兴趣,因此,就需要建立专门的银行和基金组织。[②]

（二）在证券方面,应该体现可持续发展思想,为环保产业提供融资渠道

众所周知,企业的发展需要资金,而企业重要的融资渠道就是证券市

---

① 引自中华商务网,2001 – 6 – 20, http://www. chinaccm. com/06/0605/060501/news/20010620/152838. asp.

② 王秀红:《可持续发展与中国金融法律制度的创新》,《科技和产业》2005 – 09 – 25。

场,所以证券制度应该体现可持续发展的精神,将"促进经济和社会的可持续发展"作为证券制度制定的宗旨。金融制度应该有促进产业发展的相关规定,根据可持续发展的原则对证券制度做出相应的修改和完善。要建立和加强企业的环保意识,在上市条件、市场监管和信息披露等方面提出具体的要求,对于那些符合条件的环保企业给予优先安排上市或者发行证券的权利,允许环保基金上市融资。东亚的一些国家为了监督企业的环境保护,对证券监督管理机构提出了相关的要求。例如在中国就要求上市公司在提交的年度报告中记载"公司的环境管理情况"。而对于那些有工业污染的企业,也要在年度报告中记载"公司的污染治理情况"。在欧美发达国家,上市公司每年必须向社会公布企业运营情况,并对股东、社会公众公布企业的环境报告,以便核实该企业的环境管理措施及其成果。[1]

(三)在保险方面,应该开设环境责任险,促进企业的发展

所谓责任保险是指被保险人对第三者依法应负的保险责任为保险标的保险。环境责任险就是指被保险人因为污染环境而应承担的环境赔偿或者治理责任为标的责任险。从 20 世纪的 70 年代开始,环境保险就开始被运用到环境事故领域。环境责任险是防范环境污染的一种手段。一方面,它不但具有分散损失,保护加害人和受害人的传统作用,而且还可以强化环境管理、预防环境损害。另一方面它可以提高企业的环保意识,促进企业环保设施的建设和使用。目前,环境责任险主要是在西方国家实施,在东亚很多国家,对此还没有相关明确的规定和制度。[2] 目前,东亚的一些国家在某些领域已经建立了环境责任制保险。适当的时候,东亚各国应该把环境责任险全面地推广开来。

20 世纪 90 年代金融危机之后,东亚地区各国十分重视国内银行体系的重组与改革,都对自己国内的银行机构进行了大规模的兼并,积极处理银行不良资产,强化了对金融风险的管理。可持续发展的金融制度,不但包括

---

① 王秀红:《可持续发展与中国金融法律制度的创新》,《科技和产业》2005 - 09 - 25。
② 王秀红:《可持续发展与中国金融法律制度的创新》,《科技和产业》2005 - 09 - 25。

金融业本身对环境风险的规避和控制,而且也包括对环境产业的支持以及对环保事业的推动。东亚各国今后仍需把可持续发展作为东亚区域经济发展的基本战略,综合运用各种金融手段,为实现环境、经济和社会的综合协调发展而不断努力。

第四节 企业制度与经济的可持续发展

一、关于企业制度与创新

在激烈的市场竞争中,能够长盛不衰的企业是凤毛麟角的。这种现象的存在促使众多的经济学家、管理学家和企业家对企业的可持续发展机理进行探讨。经过学者的研究,发现企业发展的动力来自知识和技术的创新,而制度能够保证创新成果归自己所有,使创新企业获得可持续发展的资源,这才是知识和技术创新的前提。众所周知,能够创造满足社会与个人需要的使用价值就是企业存在的关键。依据亚当斯密的观点,分工意味着专业化,专业化一方面促进了技术进步,使分工的效率大于分工的费用,而另一方面也会出现生产的片面性与消费的全面性的矛盾,所以才产生了交换和市场制度。市场机制决定了生产什么,生产的数量,如何生产以及给谁生产。市场机制就像一双"看不见的手"安排着人间的祸福。[1]

在现实的生活中,除了市场,还存在企业。企业制度的出现使得人们之间的交易部分转化为企业内部的交易,企业制度克服了由于信息的不对称而导致的存在于市场中的机会主义行为。但是这并不表示只要采取了企业的形式,就可以长盛不衰。原因在于企业可能会把产品市场中的机会主义行为带到要素市场,把存在于企业外部的机会主义行为带到企业内部。由此可见,为了提高企业组织生产与交易的效率,就必须采取一定的措施克服企业内部的机会主义行为[2]。在早期的资本主义古典企业的制度安排中,

---

① 张宗庆:《制度创新与企业可持续发展》,《南京金融高等专科学校学报》2000－06－30。
② 张宗庆:《制度创新与企业可持续发展》,《南京金融高等专科学校学报》2000－06－30。

企业拥有全部的产权,并将监督权、经营权和剩余的所有权利集中于一身,这样的制度安排,固然可以有效地激励企业约束自己、监督别人,但是这样的企业制度管理其资源成本高于通过市场来配置的资源成本,于是在产权结构基础之上,企业制度有了进一步的改进,产生了合伙制企业、公司制企业等等的产权结构。在公司制度演变的过程中,新技术的出现,人口的迅速增长与人均收入的增加,共同推进了市场的扩大,导致了新产品的不断涌现以及产出量的日益增多,从而使得社会上的经济活动量达到了一个新的水平。经济活动量的增加意味着生产和分配的过程日趋复杂,同时,在这两个过程中也增加了物质流动的速度和数量,当这种状态持续发展到一定阶段时,现有的市场机制就不能有效地协调这些经济流量,此时,管理上有形的手就取代了市场力量的无形的手。

企业制度的演进过程说明,企业要想在市场竞争中立于不败之地,就必须随着技术的进步、经营规模的扩大,不断地采取措施改进自己的制度安排,以保持自身在市场竞争中的比较优势。企业的长期发展除了企业制度上的创新外,还需要一个宏观制度环境的配合,就是说一系列用来建立生产、交换与分配的政治、社会与法律的基础规则。

就技术创新而言,一旦企业掌握了新的技术,发现了节约使用稀缺生产要素的生产方法,就可以降低生产成本,提高企业的经济效益。技术创新的潜在收益虽然很高,但是如果没有一种手段保护创新者的私人收益,那么技术创新的普遍性将会出现不足。另外,技术创新不完全是一个市场现象,它还取决于基础科学的发展。因此,技术创新在相当程度上依赖于制度环境的创新。

当前,制约东亚国家企业发展主要是体制性和制度性的因素,而这些制度的障碍既有来自企业内部的,也有来自企业外部的。

首先,从企业内部因素看,主要表现在以下几个方面:①

第一,在企业治理结构上,东亚的很多企业实行的是"家族式管理",并

---

① 王如平:《制度创新与我国私营企业的可持续发展》,《全国商情(经济理论研究)》2005 - 10 - 10。

没有建立起经营者与所有者制衡的公司治理结构。家族制是一种典型的经营者与所有者合一的企业制度形式。当前,东亚的很多私营企业所有权与管理权紧密结合,决策权与管理权高度集中在企业主手中,大部分企业是投资者与经营者一体化,企业的高层管理权都掌握在家族成员的手中,具有深厚的家族控制特色。

第二,在企业产权制度方面,大多数企业的产权过度集中,最重要的还是产区不明晰。单一的产权主要体现在民营中小企业中,家族持股比例很高,而且这样的企业往往不愿意接受外界的参股投资。这样的单一产权给社会资源进入企业增加了难度,企业要想借助于外力实现根本性的进步是很难的。家族式企业的产权不明晰最终会导致家族企业的效率低下。

第三,在企业的组织结构上,大多数的企业内部组织结构相对来说很简单,管理具有很强的人格化特征。很多企业往往没有太多的管理层次,管理权统一地集中于所有者手中。虽然这样的管理具有一定的优势,但是也存在很多弊端:内部管理职能没有专业的分工,组织结构的简单化,缺乏健全和规范的规章制度,管理人格化现象比较突出。企业管理者或者所有者的个人素质和魅力往往就成为维系企业管理稳定性的关键因素,这在很大程度上增加了企业的经营风险。

其次,从企业的外部因素来看,主要表现在:①

第一,市场准入的限制。例如外资企业很容易进入一个行业,而私营企业相对来说则很难。除此之外,外资企业经营某个项目只需要登记即可,而东亚的很多内资企业却要经过层层的审批才有可能通过。行政许可办理时间长,透明度不高,这就使得许多新企业望而却步,严重阻碍了非公有制经济的发展。

第二,竞争环境的不公平。在税收方面,外资企业可以得到很多的优惠,而一些国内企业却要面对高额的税收,很多企业往往因为负担过重而倒闭。此外,很多中小企业面临资金缺乏的问题,而且融资渠道不顺畅,这些

①　王如平:《制度创新与我国私营企业的可持续发展》,《全国商情(经济理论研究)》2005－10－10。

不平等的待遇使得很多国内企业的竞争力下降,阻碍了他们进入新的市场领域。

第三,政府职能转变的滞后。东亚一些国家的政府部门条块分割,各成体系,有关市场信息往往只在部门内部发布或者向公有制企业发布,因而使得非公有制企业失去了参与公平竞争的机会。一些限制非公有制企业发展的政策和规定未及时清除,一些限制非公有制经济发展的法律法规依然在执行,这使得地方政府制定的一些扶持非公经济发展的政策不能实施起来。

第四,社会中介服务的质量不高。近年来,社会中介组织越来越多。虽然中介服务在促进市场经济秩序的规范运行方面发挥着重要的作用,但是也应看到,这些中介组织成立时间短,受资金和经营范围所限,加之缺乏规范和有效的规划管理,规模普遍很小,而且这些中介组织的综合素质不高,服务资源缺乏,服务质量较低,远远不能满足非公有制企业的实际需求。

二、实现企业内部的运行改革

根据企业内部存在的问题,实现企业制度创新必须从以下四个方面考虑:①

第一,实现企业产权制度的创新。企业要想做大做强,就要改革封闭性的产权制度,吸纳非家族投资者的资本,促进企业由单一业主制向投资主体多元化转变,克服"小而散,小而弱"的弱点。产权多元化的具体形式就是有限责任公司、股份有限公司或者股份合作制,应该根据不同企业的具体情况,把他们改造成为现代化的企业组织形式。产权的多元化可以促进企业股权结构的合理化和规范化,从而为一些家族企业过渡到现代化企业创造有利的条件。

第二,实现企业决策机制的创新。决策机制是企业生产经营的核心,关系到企业的生存和发展。企业在决策上应建立科学、规范和有效的决策机制。企业在实现自身的扩张时,应把握企业生产经营环境的变化,使企业由

① 王如平:《制度创新与我国私营企业的可持续发展》,《全国商情(经济理论研究)》2005 - 10 - 10。

单一决策中心向多元决策中心转化,果断地面对市场,这样就可以保持企业的核心竞争力。

第三,实现人力资源管理的创新。首先是要树立以人为本的现代管理理念。以人为本的管理理念是与"以物为中心"的管理理念相对立的,它要求理解人,尊重人,充分发挥人的主动性和积极性。那些传统的、片面强调金钱刺激作用的理念,或者把人作为"经济人"的理念已经不能适应21世纪企业发展的需要。因此,变传统的人事管理为现代人力资源管理已经势在必行。另外就是要改革企业的用人机制,建立一个顺畅的人才选拔机制,让企业内所有有能力的管理者都能充实到企业的管理层中去,最大限度地发挥人才的效用。

第四,实现企业文化的管理创新。企业文化是企业全体员工在长期的生产经营活动中培育形成并共同遵循的最高目标、价值标准、基本信念以及行为规范,其核心是企业的价值观。正如科学技术是生产力一样,文化也是生产力,而且属于更深层次的生产力。加强企业内部的文化建设有利于提高企业的两种力量,即内部凝聚力和外部竞争力。在未来,企业文化将关系到企业的发展与企业的兴衰。所以,企业要想实现可持续发展,就必须有高尚的经营理念和文化作为支撑,努力形成行之有效的文化管理机制。

三、优化支撑企业制度的社会环境

企业制度能否起作用,还需要得到政府和社会力量的支持。为营造一个良好的社会环境,应从下四个方面优化社会环境:①

第一,营造良好的社会舆论氛围,提高企业制度创新的动力。要充分地调动舆论工具,广泛组织宣传力量,大力宣传企业地位的作用,特别是宣传私营企业的作用。政府要树立创新型的企业典范,要制定鼓励创新的政策和措施,对于那些具备代表性且做出卓越创新的企业家给予重奖和表彰,以便引导更多的企业走上创新之路。

---

① 张宗庆:《制度创新与企业可持续发展》,《南京金融高等专科学校学报》2000-06-30。

第二,进一步完善法制,创造一个健全的法制环境。应该借鉴西方国家的经验,加快"财产权"的立法,用立法的形式明确不同形式的企业在国民经济中的地位和作用,确立各种企业的权利和义务,规范企业的行为准则。国家立法机关应该将健全和完善企业的法律地位作为一项重要的工作来抓,以保护企业的合法权益。

第三,建立良好的市场环境,为企业的制度创新打下坚实的基础。企业的正常运行和健康发展离不开完整的市场体系和良好的市场环境。近年来,东亚很多国家的市场体系已经发生了很大的改变,但是与市场经济体制的目标要求还存在较大的差距,突出表现在市场发育的滞后性和市场体系的不完整性这两个方面,这在很大程度上制约了企业的发展。今后,必须进一步地健全金融市场,开放和完善劳动力市场和技术信息市场,规范和发展房地产市场。各国的政府部门应该注重健全和完善社会化服务体系,引导设立各种必要的中介结构,对企业进行必要的指导。

第四,是创造一个宽松的政策环境,给企业的发展提供更多的扶持。东亚各国应该实施不同所有制企业同一准入制,对企业进入某一行业要给予支持和鼓励,公平公正的对待每一个企业,营造一个公平竞争的环境。只有这样,每一个企业才能在能源供应、贷款支持、人才等方面享受到同样的待遇。

总之,企业的发展是一个系统的工程,要实现国民经济的可持续发展,企业的制度创新是不可缺少的重要环节。只有从企业内部和外部进行制度创新,才能提高企业的自我发展能力和市场竞争能力,真正地实现企业制度对经济发展的促进作用。

第五节 贸易制度与经济的可持续发展

经济发展对环境的污染和对生态环境的破坏是有目共睹的事实,这也是经济发展中亟待解决的问题。有些学者试图找到污染与经济增长之间的关系,即在把污染控制在最低限度的前提下,寻找一种经济持续发展的方法。全球的贸易制度应做出相应的调整,以适应全球重视环境保护的新形势。在这方面,东亚各国和地区的对外贸易制度也应该做出相应的改革。

一、关于可持续发展的几个原则

可持续发展最初是由环境学家和生态学家共同提出来的。从可持续发展提出的历史背景来看,可持续发展是在对以往人类为发展经济而以环境为代价的经济发展旧模式做出反思的基础上提出来的,是对过去单纯地追求产量和产值增长的发展观念的一种反思。可持续发展的原则主要有以下几个方面:

首先,可持续发展的公平性原则。可持续发展所追求的公平性原则主要包括三个方面的意义:第一,要求当代人的公平,也就是说同代人之间的横向公平性。可持续发展不但要满足全体人民的基本要求,而且要给全体人民机会以满足他们要求美好生活的愿望。当今世界的现实是一部分地区很富有,而另一部分仍然处于贫困的状态。这样贫困悬殊和两极分化的状况是不可能实现可持续发展的。所以,要给世界以公平的分配和公平的发展权,要把消除贫困作为可持续发展进程优先考虑的问题。第二,要求代际间的公平,换句话说就是当代人和后代人之间资源的纵向公平分配。由于世界上的所有资源都掌握在当代人的手中,当代人支配着以后几代人的资源。所以,当代人要有这样的意识:人类可利用的自认资源是有限的,绝对不能因为自己的发展与需求而损害人类世世代代满足需求的条件——自然资源与环境。当代人应该给世世代代以公平的权利去利用自然资源。第三,要求公平分配有限的资源。目前,占全球人口26%的西方发达国家正在消耗的资源却占全球资源的80%,发达国家这种不合理的占有资源的状况在很大的程度上限制了发展中国家利用地球资源实现经济增长的机会。因此,这样的情况应该予以改善。

其次,可持续发展的可持续性原则。这里的可持续性就是指生态系统受到某种干扰时能保持其生产率的能力。资源与环境是人类生存与发展的基础和条件,离开了资源与环境也就没有了人类的生存与发展。资源的合理利用和生态系统持续性的保持是人类持续发展的首要条件。可持续发展要求人们根据生物圈的承载能力,调整自己的生活方式,合理地开发利用自然资源,在生态系统能承受的范围之内,使得自然资源和环境能够持久地被人类享用。人类的经济和社会发展不能超越资源与环境的承载能力,这就是可持续性原则的核心。

第三,可持续发展的共同性原则。由于世界各国的历史、文化和发展水平有很大的不同和差异,可持续发展的具体目标、实施措施和政策也就不可能是唯一的,但是有一点是不能否认的,那就是人类只有一个地球,地球是一个整体。有很多时候地区性的问题往往转化为全球性的问题,这就要求每一个地方的决策行为,应该是往有利于实现全球整体发展的方向努力,因为可持续发展的战略就是为了促进人类及人类与自然之间的和谐。

为了适应全球经济的可持续发展,东亚各国的贸易制度也应该做出相应的调整。促进可持续发展的制度安排必须具备三个要素:一是通过捕捉信号,能够尽早、及时地进行预测和反馈;二是通过透明的协商方式,平衡各方利益;三是能有效实施。一些学者建议,促进可持续发展的制度安排,可以引入公共表现评级及信息公开、利益相关者圆桌对话等制度。例如,企业环保信息的公开,可以把工业企业的环境信誉、环境绩效、环境表现,通过若干的指标进行评级,并将结果向社会公开。实践证明,这种做法不仅不会造成矛盾,反而能促进企业进行相应的改进,这一方法也可以推广至国际贸易领域。

二、关于贸易制度

一个国家贸易制度的订立,受到很多因素的影响。其中该国的开放程度是其中一个重要的因素。在对开放程度进行考察时,很多经济学家都在努力尝试构建一个考察体系,因此,对贸易开放度的衡量经历了一个发展过程,主要有以下几个方面:

(一)贸易依存度①

所谓的贸易依存度就是一国进出口总额占该国国内生产总值的比重。贸易依存度主要反映的是一国参与国际贸易和国际分工的程度,同时也反映在一定时期内国民经济发展对进出口贸易的依赖程度。贸易依存度还可分别计算出口依存度和进口依存度。早期关于开放度的研究多是采用出口依存度指标,因为出口和 GDP 数据是现成的,计算也简单。

但是,贸易依存度指标也存在一些缺陷。这些缺陷主要有:

首先,外贸依存度受到一国经济规模、人口规模等其他因素的影响,不能准确地反映一国贸易的真实情况。在不考虑贸易障碍的情况下,一个国家或地区外贸依存度的高低,一般说来取决于两个主要因素:一是自身市场的大小;二是该国或地区自然资源拥有量的多少。若一国国内市场狭小、自然资源紧缺,则该国的外贸依存度相对就要大些;相反,其外贸依存度则要小些。经济学家库兹涅茨指出,"外贸比重与按国民收入衡量的国家大小之间存在着一种负相关的关系"。也就是说,在其他条件相同的情况下,国民收入规模越小,外贸依存度就越高。这就可能导致不同类别的国家不具有可比性。

其次,外贸依存度的高低可能是贸易政策的结果,但是有时也可能不是。例如,强出口刺激的政策偏向可能会导致很高的出口依存度。爱德华兹指出,一个国家即使贸易扭曲严重,但仍然可能有很高的外贸依存度,因此,外贸依存度不能真实地反映贸易政策。最后,以出口占 GDP 的比重来衡量的出口依存度还缺乏一种特定概念的特征,除了表示国民经济对出口的依赖程度之外,还有其他含义。经济学家克里什纳认为,在没有任何政策干预的条件下,出口占 GDP 的比重这个指标也可以被解释为相对于贸易条件变化的福利弹性,或称内在脆弱性指数。贸易条件恶化时,出口占 GDP 的比重越大,相对福利水平就越低。

---

① 黄静波:《广州大学学报(社会科学版)》2005 - 10 - 30。

由于贸易依存度的指标自身存在很多缺陷,所以众多的学者尝试对其进行改造或者另找出路,希望有一个对贸易开放程度更为准确的表述。

(二)关于对贸易依存度的直接修改①

对贸易依存度进行的修改是基于贸易依存度可以反映贸易开放程度的看法,同时也考虑到这一指标的便以计算的特点。为了追求准确性,学者们进行了两方面的改进:一方面就是对这一指标包含的贸易指标(出口、进口或进出口)进行调整,剔除那些影响指标质量的部分,比如在出口中剔除加工贸易值、在进口中剔除具有刚性的产品、或者只计算货物贸易值等等;另一方面就是调整 GDP 指标,如将非贸易行业剔除(同时也是为与货物贸易值相对应)、采用购买力评价方法计算 GDP 等。

经过调整后计算出的贸易依存度,其准确性比调整前要高一些,但是并没有完全克服前面所提到的那些贸易依存度指标本身在反映贸易开放程度方面的缺陷,这使得部分学者转而尝试其他方法。

新的方法通过构建新的指标来衡量贸易开放度,并且考虑的因素也有了较大的扩展,贸易政策、贸易体制、汇率政策和宏观经济运行方式等都成为衡量贸易开放程度的参考因素。

(三)利用间接指标反映贸易开放程度②

早在 20 世纪 70 年代后期,这种利用非贸易指标反映贸易开放程度的方法就已经出现,美国经济学家、IMF 前第一副总裁和世界银行前首席经济学家安妮·克鲁格(Anne Krueger)1978 年在其负责的美国国家经济研究局(NBER)项目中首次提出了测度贸易体制偏向的方法,用来估算贸易体制的偏向指数。该指数比较进口品国内价格相对于进口品国际价格的扭曲和出口品国内价格相对于出口品国际价格的扭曲,当该指数的数值为 1 时,就代表贸易体制为中性,当该指数数值大于 1 时,就代表该国为内向型体制;

---

① 黄静波:《广州大学学报(社会科学版)》2005 - 10 - 30。
② 黄静波:《广州大学学报(社会科学版)》2005 - 10 - 30。

相反,当该指数的数值小于1时就说明该国为外向型体制。经济学家巴格瓦蒂则采用有效汇率来衡量贸易体制偏向,即计算出口有效汇率和进口有效汇率(EERm)并加以比较。当出口有效汇率小于进口有效汇率时,为进口替代战略,是一种具有"反出口偏向"的体制;当出口有效汇率大于进口有效汇率时,是极端的出口促进战略;当出口有效汇率约等于进口有效汇率时,则是出口促进战略,是一种中性的贸易体制。

以上各种方法都从不同的侧面补充或者完善了贸易开放度的衡量方法,但是也应该看到,这些指标自身仍然存在缺陷和不足,并不能完全地反映贸易开放度的真实情况,因此很多学者仍然在对贸易开放度的衡量上面进行着不懈的研究和探讨。

三、东亚各国贸易制度的现状及其优化

与西方成熟的市场经济相比,东亚政府在经济中发挥的作用较强,虽然干预经济的程度不同。在不同的国家和地区,在不同的发展阶段,东亚国家及地区的政府综合利用各种宏观政策工具,维持稳定的宏观经济环境,促进物质资本和人力资本的积累,推动出口导向产业的发展,对经济高速的增长起到了积极的促进作用[①]。但是,东亚各国的对外贸易制度依然存在很多的不足和缺陷。总的来说,东亚各国的贸易状况主要有以下几个方面的特征:

(一)出口快速增长,贸易顺差继续扩大。在东亚的很多国家和地区,对外贸易都在不断扩大。例如2002年,中国外贸进出口总值首次突破6000亿美元的大关,全年进出口总额达6,207.68亿美元,同比增长21.8%,这就大大高于国民经济8%的增长速度。2002年,中国的贸易顺差继续扩大,全年累计实现贸易顺差303.62亿美元,比上年增加78.17亿美元,其中出口实现3,255.65亿美元,同比增长22.3%,比上年净增594.67亿美元;进口2952.03亿美元,同比增长21.2%,比上年净增516.50亿美元,

---

① 张蕴岭主编:《东亚经济社会发展的稳定与安全》,中国社会科学出版社2001年版,第59页。

2009 年中国已经成为世界第一出口大国(参见表 6 - 1)

表 6 - 1　中国进出口总值的世界排名

(单位:名)

	1997	1998	1999	2000	2001	2002	2003	2004	2005	2006	2007	2008	2009
出口	10	9	9	7	6	5	4	3	3	3	2	2	1
进口	12	11	10	8	6	6	3	3	3	3	3	3	2

数据来源:世界贸易组织。

(二)非国有企业出口持续高速增长,国有企业出口增长缓慢。在东亚的很多国家和地区,外商投资企业和集体民营企业出口增长很快,而国有企业的出口却面临很多困难。非国有企业出口的增加和国有企业出口的增长缓慢,引起了出口企业格局的变化,外商投资企业和民营集体企业出口占全部出口的比重一直在上升,而国有企业却在逐步下降。

(三)一般贸易和加工贸易并驾齐驱。在东亚的很多国家,一般贸易和加工贸易同步地快速增长,一般贸易进口增长稳定,加工贸易进口增长迅速。从加工贸易的实际运行情况来看,原材料加工和装配贸易增长缓慢,而进料加工贸易增长迅速。此外,加工贸易出口被很多学者看好,具有很大的增长潜力。

(四)出口商品结构继续优化。出口商品的优化主要表现在以下几个方面:首先就是机电产品的出口继续保持着快速增长的态势;其次就是高新技术产品出口继续保持快速增长的态势;再次就是工业制成品进出口增加较快;最后就是传统大宗商品出口增长则不是很理想。

(五)大宗商品进口增加较多,关税配额商品使用配额比例普遍不高。传统的大宗商品中,汽车以及底盘、肥料、钢材等商品的进口一直保持着持续的增加。在实行关税配额管理的商品中,化肥的使用配额比例是最高的,其次就是食糖、羊毛和毛巾等,而在粮食类中,使用最低的就是小麦。

(六)与主要贸易伙伴的贸易基本保持平稳。从主要贸易地区来看,对新兴市场和传统市场出口都实现了快速的增长,改变了以往对北美、欧盟和亚洲市场等传统市场出口增长缓慢的状况。在出口方面,从亚洲和拉丁美洲的进口在逐渐地增加。

在 2009 年全球金融危机爆发以前,东亚各国的对外贸易一直呈现出强劲的态势,即使在国际贸易环境曾经出现不利的时候,东亚各国的对外贸易规模及贸易上所获取的利益都出乎经济学家们的预料。过去东亚各国的对外贸易一直坚持以自我为中心的贸易方针,即以自我所拥有的贸易上的比较优势——廉价的劳动力成本,大力开展出口导向型贸易,以此来带动其他相关产业的兴起。同时以这些新兴产业为依托,更深层次地改良优势产业,增强产品的国际竞争能力①。迅速增长的出口是东亚经济高速增长的引擎,但是对出口的过度依赖,尤其是出口产品的集中是东亚经济很容易受到国际市场及某种产品生命周期的影响。

东亚国家多年来的贸易成果积累了充盈的资本,为产业进行结构升级和优化提供了资金上的支持。无论是在产品规模还是在产品质量上,都随着贸易成果的扩大而增强,延续了产品在国际市场上的成本优势,而且产品在国际市场上的信誉度也在迅速提高,为产品在国际市场上的市场扩充提供了保证。虽然东亚国家凭借劳动力成本优势,在开放贸易方面取得了不错的经济效益,但是从长远来看,东亚国家的贸易商品结构也出现了严重倾斜,并没有形成一个立体层次的贸易结构,即在高、中、低贸易层次中没有形成一个均衡的结构②。在信息和科技成为当今世界经济发展的主要的形势下,高、中层次的贸易商品往往会成为一个国家经济持续发展的支柱。随着全球经济一体化、金融和贸易自由化,以往有利于东亚经济高速增长的国际经济环境发生了巨大变化。面对新的国际经济环境和国内经济发展阶段,东亚各国必须相应调整经济发展的目标和政策,追求更加安全、稳定的经济

---

① 成荣春:《巧借金融发展优化贸易结构》,《现代商业》2010 - 03 - 05。
② 王志平:《金融发展和贸易结构优化》,《科技创业月刊》2007 - 01 - 10。

增长①。因此,稳妥而快速地推动东亚贸易结构的优化是关乎经济发展的重要议题。

我们可以把贸易结构的优化过程分为三个阶段②:

第一阶段,贸易动力主要由自然禀赋的比较优势来决定。在这个阶段,贸易结构主要是表现为具有比较优势行业的贸易发展。

第二阶段,推动贸易发展的动力主要是比较优势的动态阶段,即以规模经济效应实现贸易结构优化,通过技术外溢和"干中学"效应带来贸易部门的制度创新,使得比较优势建立在高级要素禀赋的基础上,从而上升到后天禀赋层次。

第三阶段,推动贸易结构优化的主要动力是竞争优势。这主要体现在三个层次上:技术优势、规模优势和创新优势。此阶段以吸收贸易发展带来的先进技术,逐渐发展成为规模和技术优势为特征。

在这三个阶段的进化过程中,生产技术的改进和生产要素的高级化是发展中国家在优化贸易结构上的两个关键所在。在当今经济发展的秉性中,这两个因素都与高投入的资本量息息相关。东亚国家的对外贸易要保持持续的发展,就需要结合当前金融发展的大前提,继续保持在自我特有贸易低层次上的优势,同时也要借助金融体制的力量来构建中高层次的贸易体系。

四、通过贸易制度的优化实现经济可持续发展的措施

在当今世界,一个国家要想实现经济的全面发展,就必须实行对外贸易,在优化贸易制度的基础上,实现经济的可持续发展。在这方面,可以采取的措施主要有:

第一,必须坚持以人为本。在东亚的很多国家,人口增长过快是基本国情,也是造成一些国家资源短缺和环境恶化的重要原因,更是实现经济可持

---

① 张蕴岭主编:《东亚经济社会发展的稳定与安全》,中国社会科学出版社 2001 年版,第 77 页。

② 王志平:《金融发展和贸易结构优化》,《科技创业月刊》2007 - 01 - 10。

续发展战略目标的主要约束条件。因此,这些国家必须严格地控制人口增长,保持低出生率。此外,在控制人口数量的同时,还应该提高人口的素质。人口素质的提高是经济发展的内在需求,人力资本的投资,特别是教育投资,已经成为经济增长过程中的决定性因素。因此,在实现可持续发展战略时,必须坚持以人为本,把增强人们的素质作为资源开发和环境保护的重要内容。

第二,牢固树立环境意识。环境保护是可持续发展中最基本的战略之一,环境保护是保证可持续发展的物质基础。环境保护主要包括控制污染和改善生态。东亚各国应该通过采取有效的措施来严格地贯彻执行环境保护的政策,需要全体人民的共同支持和积极响应。所以,政府应大力宣传,使更多的人能够了解到环境的重要性,自觉地改变以往破坏环境和自然资源的不合理行为,提高保护环境的意识。

第三,建立资源节约型的国民经济体系。在过去,东亚的一些国家片面追求经济的快速发展,付出了巨大的资源代价。日益突出的资源供求矛盾说明了这样的道理:如果不彻底地改变传统的增长模式,人类就将受到大自然的惩罚。因此,我们必须加强国家对资源的管理力度,建立起资源节约型的国民经济体系。

第四,建立可持续发展的综合决策机制和协调管理机制。近年来东亚国家实施可持续发展的正反两个方面的经验表明:东亚急需进一步地加强可持续发展立法工作,把可持续发展纳入法制轨道,不断地增强社会公众有关可持续发展的法制观念,加强对可持续发展法律法规的监督和检查。只有建立完善的法律体系和政策体系,同时加上强有力的执法监督,建立可持续发展的综合决策机制和协调管理机制,才能使可持续发展战略得到贯彻和落实。

第五,加强国际合作与交流。在世界经济相互联系和相互依赖程度不断提高的新形势下,全球性的环境问题已经把人类的命运紧紧地联系在一起。在这样的形势下,任何全球性的环境问题的解决都必须依靠国际合作来解决。这不但使东亚各国开展和加强国际间合作与交流变得必要,而且也为东亚各国广泛参与国际合作与交流提供了契机。东亚各国将在承担国际义务的同时,不断地汲取国际上的先进技术,提高科技水平。国际间的合作与交流将会给东亚经济的可持续发展形成新的推动力,成为实现经济快速发展的又一次机遇。

第七章 东亚经济圈主要经济体的地位及作用

第一节 中国在东亚经济圈中的地位及作用

一、中国在东亚经济圈中的地位

中国是儒家文化的发源地,在过去的几千年,儒家文化对中国的政治、经济等各个方面都产生了巨大的潜在影响,使中国成为一个具有强烈责任感的大国。在东亚崛起的过程中,中国在推进东亚合作方面,有着举足轻重的地位和作用。中国是一个历史悠久的文明古国,地域辽阔,背靠欧亚大陆腹地,面向太平洋,同时拥有广阔的领土和领空。从国家实力和潜力看,中国是东亚地区最大的发展中国家,人口占世界的20%,经济总实力在世界上也排在前列,是吸引外来投资最多的国家。从国际政治地位来看,中国是安理会五个常任理事国之一,是一个有一定影响力的大国。从军事角度看,中国拥有足够的核自卫能力和相当的陆海空实力。总之,中国是世界上为数不多的在经济、政治、军事等诸多领域都具有较强实力的大国。

尽管从人均方面看中国还远不能算一个经济强国,但它毕竟是一个人口大国,拥有着巨大的经济规模和高速的发展速度。改革开放以来,中国经济以年均9.4%的速度快速增长。2004年,中国国内生产总值达到近2万亿美元;农村贫困人口由2.5亿人减少到2600万人;中国经济在世界经济总量中的比重,由1978年的1%提高到2004年的4%左右①。中国经济的高速增长及贡献是有目共睹的,并且引来了国内外的很多赞誉。2005年6月19日,美国《华盛顿观察周刊》(Washington Observer)引用亚洲开发银行行长黑天东彦(Haruhiko Kuroda)的话,称赞"中国是亚洲经济发展中能量巨大的引擎,它正在和亚洲经济一道成长"②。2006年2月27日,美国的《时代周刊》也指出,"全球经济将由美国——中国双动力推动"。

但是在种种赞誉面前,我们更应该保持头脑的清醒,对基本国情必须认真思考和对待:

(一)在种种赞誉面前我们必须保持清醒的头脑,绝不可盲目乐观,更不可盲目陶醉。必须谨记,虽然我们的经济总规模比较强大,但是人均仍然处在100位以后。

(二)努力打造"负责任大国"的大国形象。1999年12月,中国外交部发言人在评价中国外交工作时称中国"发挥了一个和平、合作、负责任大国的作用"。作为一个负责任的大国,必须做到该说的话必须说,该做的事情必须做,该争得利益必须争,但是中国永远都不会称霸。作为一个成长中的东亚地区的大国,中国发挥应有的作用,在某些领域或者某个地区甚至起主导作用,这些都是无可厚非的,但这并不代表中国要称霸,这与争霸、称霸完全是两回事。"中国不能把世界事务和东亚事物的主导权完全让出去,中国要尽自己的能力和责任,要做国际事务中负责任的一员,要让国际社会听到中国的声音,在一些事务中,中国也要力争发挥自己的作用……"③。2005年12月14日,中国总理温家宝在首届东亚峰会上表示,中国反对搞封闭的、排他的和针对任何特定一方的东亚合作,中国绝不会在东亚地区谋求支配性地位。温家宝总理表示,中国主张在区域合作进程中坚持开放的思维,倡导开放的地区主义。中国继续支持东盟在东亚合作进程中发挥主导作

---

① 央视国际:温家宝在东亚峰会领袖对话会议上的演讲,http://www.cctv.com/news/china/20051212/100967.shtml2005年12月14日。

② [美]《华盛顿观察周刊》2005年6月19日。

③ 叶自成:《中国大战略:中国成为世界大国的主要问题及战略选择》,中国社会科学出版社2003年版,第129页。

用,同时也希望考虑和照顾区域外国家在东亚地区的合理利益。对于东亚地区外的与会国,温家宝总理表示,中方期待着与印度、澳大利亚和新西兰共同推进东亚的发展与合作大业;欢迎俄罗斯参加东亚峰会,也欢迎美国、欧盟等其他区域外国家和组织与东亚建立联系。同时还表示,支持东亚合作与上海合作组织、东盟地区论坛、亚太经合组织等机制保持协调关系,努力营造地区合作的新格局。①

二、中国在东亚经济圈中的作用

中国在东亚合作进程中发挥了重要的、积极的作用,是东亚合作的一个积极促进者。在世界经济迅猛发展的大背景下,区域经济一体化成为了东亚发展的大趋势,各类合作相继涌现、蓬勃发展,对本地区政治、经济和安全格局都有一定程度的影响。

(一)中国本着"与邻为善、以邻为伴"的原则,积极参与了各种类型的区域合作。例如,中国大力支持"10+3"合作组织在区域一体化进程中的重大作用,认为一方面,该区域拥有 20 亿人口,可以与北美和欧盟经济圈相媲美,另一方面,该区域合作机制比较完善、内容日益充实、发展潜力也比较大。同时,中国也认为东亚合作强化了东亚意识,促进了东亚的发展。国际分析人士曾经围绕"谁是东亚的领袖"争论过,他们认为中、日两国会为东亚合作的主导权而竞争,但是 2005 年 12 月在马来西亚举行的第 9 次东盟与中、日、韩领导人会议上,中国总理温家宝明确表示中国尊重东盟在东亚合作中的主导地位,坚持以现有的东盟合作为基础,同时既照顾到一些小国的利益,又竭尽全力调动中、日、韩等大国的积极性。在这次会议上,中国总理还表示将率先与东盟达成自由贸易区协定。

(二)中国为亚洲各国的发展提供了广阔的市场。众所周知,中国拥有丰富的劳动力资源,这使得中国在劳动成本方面具有比较优势。在 21 世纪初,中国就已经成为世界第四大贸易国,贸易总额居世界前列。丰富的劳动

---

① 央视国际:温家宝在东亚峰会领袖对话会议上的演讲,http://www.cctv.com/news/china/20051212/100967.shtml,2005 年 12 月 14 日。

力资源带来的不仅仅是比较优势,同时也使我国国内市场具有巨大的潜力。购买力尚低的中国人特别是9亿农民构成的巨大的市场潜力有待开发。随着工业化的推进以及新农村的建设,我国的人均 GDP 必将不断提升。虽然政治因素在区域合作中发挥着重要的作用,但是经济合作仍是最基本的动因。中国巨大的国内市场,已经成为东亚不少国家如东盟国家、日本等国重要的出口市场和贸易顺差的来源。东盟国家已经连续多年成为中国第五大贸易伙伴,而中国也是东盟国家的第六大贸易伙伴,东盟国家对中国的市场有着很强的依赖性。依靠劳动资源和市场资源的双重优势,中国在工业化进程中以及世界分工过程中必将发挥特殊的作用,让东亚乃至世界分享其优势。

(三)中国还是区域稳定与地区和平的主要维护者。对中国来讲,"崛起"是必然结果,而和平的环境则是其实现工业化所必需的国际条件,所以"和平发展"战略是中国的必然选择。对于东亚地区而言,中国作为一个地区大国,同样对维护地区稳定与和平负有重大的责任。在东亚地区,还存在不少的热点问题,如朝鲜半岛的无核化问题、印巴的边界问题、中国的西部边界问题等等。对此,中国采取了一个大国应有的负责任的态度与方式,如积极倡导朝核问题六方会谈,使朝核问题向着积极的方向发展;呼吁印巴采取克制态度,用和平的方式来解决争端;成立上海合作组织成功地解决中国与周边国家的边界问题,共同打击恐怖活动,积极开展经贸合作,有效地维护了本地区的稳定与和平。

现有的国际经济秩序是二战以后随着联合国以及世界银行、国际货币基金等相关的国际经济组织的建立而逐步形成的。随着时间的推移,国际政治格局发生了很大的变化,因此,国际经济秩序也需要作出相应的改革。区域经济一体化的发展就是对国际经济旧秩序的一个突破,特别是东亚地区的"10+3"合作更是如此。首先,"10+3"合作既不是联合国主导的,也不是发达国家主导的,而是由东亚一些发展中国家组成的东盟主导的。在"10+3"的框架下,东亚国家还成立了金融预警机制和货币互换机制。关于这个机制,许多世界知名人士都给予了很高的评价,他们一致认为亚洲资金获得了比购买美国国债更有效的使用,并且亚洲货币有资格成为一个新的全球机制的基础,这可以说是对现有国际经济秩序的一个很大的"突破"。中国将和东亚国家一起在合作过程中为建立国际经济新秩序探索新的机制,开拓新的道路,为改革国际经济秩序作出更多的贡献。

三、中国在发挥自身作用时受到的制约及对策

中国在推动东亚合作中的种种作用,可以说是已经发挥或者是即将发挥。对这些作用我们应该有一个客观的认识,中国在东亚合作中作用的发挥还会受到许多因素的制约。首先,中国现有的经济实力和水平还无法与日本相比,虽然中国经济的增长率远远地超过了日本,但是中日间的经济关系在现阶段只能说是"上升中的发展中国家和停滞中的发达国家之间的关系",因为即使从现在开始日本一直保持零增长率,而中国一直保持7%的经济增长速度,中国也得用接近20年的时间才能赶上日本。近年来,虽然日本的经济增长速度放慢,但是它的经济规模仍是任何一个亚洲国家所无法相比的。虽然中国正在崛起,并且很可能成为东亚的经济大国,但是它的作用还是有限度的。即使将来中国的经济赶超日本,也不可能取代日本。我们不应一味地追求独家的主导地位,追求所谓的"中国中心论"目标。其次,"中国威胁论"和"朝贡体系论"在日本以及其他一些东亚国家比较盛行。由于中日两国经济增长速度有着鲜明的差异,日本对中国多了一份戒心与猜疑,因此大肆渲染所谓的"中国威胁论",认为一个富强、民主、文明的中国将给亚洲投下阴影,给日本造成威胁。与此同时,还大肆的渲染"朝贡体系",为"中国威胁论"提供所谓的历史依据。

从地域的角度看,中国与东南亚、南亚、中亚、东北亚等地区的20多个陆海国家相邻,是世界上拥有陆海邻国最多、周围环境最为复杂的国家。长期以来,我国都十分重视周边环境的稳定,把发展与周边国家的睦邻友好及合作关系当作我国的基本外交战略。因此,我国选择了一条全新的和平发展的道路:"中国绝不走一战时的德国、二战时的德国和日本那样以暴力手段去掠夺资源和谋求世界霸权地位老路;也不走二战后那种冷战对峙、称霸

争霸的老路,这就超越了工业化道路所必然带来的争夺资源大拼杀的旧路,又超越了由于意识形态差异而拒绝和平、发展、合作的冷战思维。"①中国五千年文化的核心是儒家文化,它主张"和为贵"、"和衷共济"、"亲仁善邻"、"不战而屈人之兵"。以胡锦涛为核心的中国领导人在坚持社会主义道路的基础上,提出对内构建和谐社会,对外建设和谐世界的主张。在和平与发展的原则引导下,中国成功地解决了大部分的路上边界问题,与俄罗斯划清了边界,与印度签署了政治指导原则,用以解决边界问题,与越南划清了陆地边界和北部湾海上边界,与东盟签订了《南海各方行为宣言》,在南海的共同开发方面,中国与菲律宾、越南等国达成了共识。

中国是联合国安理会的常任理事国,积极参与联合国事务,并且加入了包括《联合国人权公约》、《京都议定书》等在内的重要的国际条约。与此同时,中国还积极参与了亚太经合组织(APEC)、东盟地区论坛(ARF)、东亚"10+3"和上海合作组织的合作活动,并且是这些组织的重要成员。在东亚共同体的构建问题上,中国也是积极的支持者和建设者。哈佛大学教授江忆恩(Johnston)曾经指出,中国在加入国际机制的数量方面已经与发达国家的水平持平,中国的发展实践说明,在国际社会上中国已经是一个负责任的成员,是一个能够很好地遵守国际各项规则的成员。美国著名的中国问题专家戴维.黑尔也指出,中国崛起的道路是开放式的,这条道路造就了中国的成功,同时也制约了中国的走向、规范了中国的行为。

本着和平发展的原则,中国在对待东亚合作的问题上一直持积极的态度。中国积极参与了关于构建东亚共同体的各项活动,妥善地处理中国与日本、东盟、韩国以及非东亚国家如美澳俄印等的关系。中国始终认为,东盟是东亚合作的轴心与主导,中国、日本、韩国是东亚合作的三大基本力量,而中日关系的发展则是未来东亚合作发展的关键因素。中国认为,从东亚合作的外部力量来看,美国、澳大利亚、俄罗斯以及印度是东亚合作的外部联合力量,在这四个国家中,具有最大影响力的非美国莫属,它在亚洲的广

---

① 郑必坚:《中国和平崛起新道路与中美关系》,《在纽约出席美国外交政策全国委员会午餐会上的演讲》2005 年 6 月 13 日。

泛存在是一个既定的事实。东亚地区几乎所有的国家都在竭尽全力地与美国保持良好的关系,中国也不例外。因此,处理好同美国的关系不仅与中国本身的利益息息相关,并且也关系到几乎所有的亚洲国家的利益。在东北亚三国中,日本和韩国都是美国的盟友,因此中美关系在东亚地区的影响日益凸显,甚至可以说能起到决定性作用。正因如此,东亚各国都十分关注中美关系的走向。从中美关系的角度看,它的影响力早已超过了双边关系的范畴,成为了决定东亚地区未来的最重要的国际关系之一。纵观历史,中美之间的分分合合,曾经多次改变了亚洲的政治版图,即使是在现在,中美关系稍微的风吹草动也都会给亚太的政治和经济格局造成影响。

在二战时期,中美两国首次的战略性合作就打败了当时不可一世的日本,从而从根本上改变了日本主导东亚事务的格局。二战后,由于中美两国意识形态的不同,中美两国再次分道扬镳,甚至到了互相仇视的地步。在此背景下,亚太格局再次发生了巨大的变化,在北起阿留申群岛、南至印度洋的广阔海域上,美国逐步建立起针对中国大陆的战略包围圈,这不仅使中国内地和中国台湾地区、朝鲜和韩国、北方四岛和日本分离,更是使亚洲和太平洋分离。20世纪70年代初,中美关系的改善和逐步的正常化,使得东亚地区大陆与海洋分离的格局开始瓦解。不管是在政治上还是经济上都标志着本地区融合程度的"亚太"概念开始广泛流行起来,以"四小龙"为代表的东亚新兴经济体也迅速发展起来,成为世界经济新的增长点。与此同时,为了共同抵御苏联的威胁,东亚各国在安全方面加强了合作。冷战结束后,苏联威胁消失了,东亚各国内部的矛盾却凸显出来。在冷战中形成的中国战略地位在冷战结束后出现下降,由于1989年"北京风波"的影响,中美两国之间无论是在意识形态、经贸往来方面还是在政治和军事领域的矛盾都逐渐凸显出来,两国关系再次进入了不稳定时期,这种状况一直持续到90年代后期。

90年代末期的东亚金融危机在很大程度上影响了后来的东亚合作。东亚各国经济上的壁垒政策在很大程度上造成了东亚金融危机的到来。但是,反过来看,金融危机也推进了东亚的区域合作,同时也进一步凸显了中美关系在东亚地区格局的重要影响。关于这点,可以从以下两个方面予以解释。一方面,金融危机对东亚的许多国家都形成了一定程度的冲击,从而使他们对地区合作的重要性有了新的认识,合作意识随之增强。在金融危机发生后,日本、新加坡、马来西亚等国都开始积极倡导东亚各国应该保持进一步的互助与协作。另一方面在金融危机的影响下,中、日、韩三国加强了彼此之间的合作,从而为东亚合作注入了活力。

综上所述,既然美国在亚洲的广泛存在已经是一个既定的事实,那么,在东亚的合作过程中,中国应该重视与美国的关系,以排斥美国为目标的东亚合作是不现实的。对东亚而言,让美国合理地对待东亚合作,至少使其不要阻碍东亚合作的进程,这应该是一个最低的奋斗目标。当然东亚各国也要努力地争取美国对东亚合作的支持,因为这也是符合美国在东亚的利益的。

第二节 日本在东亚经济圈中的地位及作用

一、日本在东亚经济圈中的地位

日本先天的地理优势使其免去蛮族的侵扰,儒家文化得到了比较完好的继承,使其对日本的社会和文化都产生了深刻的影响。日本学者田久孝翁谈在到日本能成为经济大国的原因时,认为其中一条主要原因是日本经济是贯彻和平经济学思想,和平经济学的出发点则应归之于经世济民的思想,而经世济民正是儒学思想的成分。实际上,早在明治维新时代,儒家精神与孔子思想就在日本盛行,后来与现代文化相结合,实践出了今天国强民富的日本。

自20世纪60年代以来,日本一直处于亚洲经济的领头羊地位,经济得到了迅猛的增长,并成为世界的第二大经济体。战后东亚经济呈现出传输扩散与联动互补的发展趋势,东亚的这种经济发展形式通常被称为"雁阵模型"。在这个模型中,日本为雁头,处于领导地位,而亚洲新兴国家和地区则为雁身,中国和大部分东南亚国家为雁尾。"雁行模型"推动了东亚各国经济的高速发展,同时也推动了东亚经济一体化的历史进程。但是自 20 世纪 90 年代以来,日本经济进入了一个停滞不前的阶段,人均 GDP 增长率从 3% 下降到了 1%,GDP 实际增长率也从 80 年代的 4% 下降到了 1%,这在发达国家中是最低的。冷战结束后,日本经济进入了寒冬,用"失去的 10 年"、"经济衰退"、"经济危机"等词来形容都不为过。总之,与二战以后的辉煌相比,日本经济确实遇到了前所未有的问题。虽然日本还保持着世界第二经济大国的地位,但是其在东亚地区的主导地位已经开始动摇。

这种局面的形成除了日本自身经济发展速度的降低之外,还有许多的其他原因:首先,日本同国外的技术交流比较保守,技术的更新也比较缓慢。随着东亚其他国家技术水平的迅速提高,日本对东亚国家的产业转移基本上处于停滞状态,在这种状态下,"雁阵模型"就很难运行。由于过分重视出口,造成对出口的过分依赖,进而使以出口加工为主的企业畸形发展,国内市场发展缓慢,内部的阶梯结构也受到了损害,市场的缓慢扩展又造成了竞争的加剧。例如,在机械机器类行业中,东亚各国和地区按照"雁阵模型"同时发展同一产业部门,发展的结果是,不仅先期发展起来的亚洲"四小龙"的产品返销日本,后发的东盟国家和中国的产品也大量地涌向日本。在这种情况下,中心(日本)——半边缘(韩国)——边缘(中国)的经济模式已经不能适应时代的发展需要。也正因如此,日本才没有能力继续为国际资本的增值和技术的发展提供良好的机遇与条件。

其次,日本的体制方面也存在着一定的问题。日本前首相中曾根曾经发表文章说,"日本正处在战后最严重的国家危机中,政治、经济和社会三种泡沫均已破灭,政治泡沫的破灭表现为接连出现短命内阁,经济泡沫的破灭表现为政府不再能够为大型企业护航,社会泡沫的破灭则体现为犯罪激增和教育状况的恶化"[①],而造成这些危机的总根源在于日本的体制。特别是在政治方面,过去是以自民党为中心、以社会党等在野党为牵制和制约力

---

① [日]《朝日新闻》2001 年 4 月 7 日。

量的政党体系,现在已经被保守和偏右翼的政党所取代。他们主张修改日本的和平宪法,对于日本过去的战争罪行,他们拒不承认并且坚持强硬的立场来迎合一些选民,并且为了扩大日本在国际上的影响力,他们甚至支持向海外派兵。在体制改革方面,自20世纪90年代以来,日本的历届政府都没有太大的作为,他们的成就往往都流于表面,未能解决根本问题,甚至使局势变得更糟糕、经济更衰退、失业更严重、治安更恶化。可见,日本还没有出现具有政治魄力和远见的政治领袖,也缺乏能够带领日本走向辉煌未来的大战略。

再次,东亚各国对日本还存在着戒心。日本对自己在二战期间的所作所为,一直都采取逃避、掩盖的态度,甚至不惜篡改历史,这令东亚各国十分不满,一直没有消除对日本的戒心。就连日本的盟友美国也认为,现在亚洲国力最强、最成功的日本,如果不对亚洲各国就20世纪的侵略劣迹有个清楚明白的交代,很难成为亚洲的一个样板。

最后,日本陷入该发展瓶颈的一个最主要原因是没有根据区域经济一体化的发展趋势来及时地调整自己的战略,使得东亚地区没有像欧洲、北美那样形成经济的一体化。目前。日本显然已经意识到了这个问题,正在努力加强与区域内国家的关系,一再强调要建立"东亚共同体"。但是,这是否意味着日本已经明确了其关于东亚地区主义的发展战略? 这还有待观察。

二、日本在东亚经济圈中的作用

两位澳大利亚学者在回顾了日本在冷战结构下的经济发展后认为:日本的经济发展是美国在亚太地区的地缘政治、战略存在下的产物,而这一产物在本质上是排斥"东亚共同体"的。在他们看来,美国因素是制约促进日本发展与东亚关系的最大障碍。在中日竞争与对抗的过程中,美国一直偏袒日本,因此,"美国因素"是影响中日关系的一个重要因素。

妥善地处理好中日美三国的关系对东亚以及太平洋地区的政治与安全秩序有着举足轻重的作用。其实对于日本问题,美国也是充满了矛盾:日本经济的衰退,可以使美国在全球范围内减少一个强有力的竞争对手,但是如果日本经济持续衰退而中国却迅速崛起,则很有可能会动摇美国的东亚政策的基础。日本也同样充满着矛盾:一方面,为了维持现在的地位,日本必须依靠日美联盟;而另一方面,日本也需要发展同其他地区的关系,特别是亚洲国家的关系,因为亚洲是其在与美国讨价还价中的重要筹码。日本在处理与中国和美国的关系时,无非有三种方式:第一种是继续亲近美国疏远中国;第二种是疏远美国亲近中国,第三种是构建一个包括日本和中国在内的东亚共同体,但并不排斥美国的存在。采取第二种方式的可能性是最小的,因为日本始终是走在中国前面的国家,而只有美国始终是领先日本的,并且中日历史的影响仍然是存在的,因此短时期内日本采取该方案的可能性是很小的。相对而言,第三种方式符合中日美三国的长远利益。日本应该也意识到了这点,所以在推动东亚共同体的同时,不忘拉拢美国,这就导致了其在东亚地区合作的问题上的两面性:一方面,它是东亚地区合作的促进力量,比如在亚洲货币基金(AMF)的建立上,日本态度积极。该建议就是由日本在 1997 年提出的,计划设立一个地区基金,由日本提供 500 亿美元,中国大陆、中国香港地区、中国台湾地区和新加坡等提供 500 亿美元。在日本的推动下,东亚各国和地区最终在东亚货币合作问题上达成了《清迈协议》。另一方面,日本又是东亚地区合作的消极力量。日本一方面要不断地寻求能够提升自己对付欧美的筹码,另一方面又要继续维持并保证自己在西方七国集团中的地位,因此在促进东亚地区合作的同时它又要充分地考虑美国因素,不敢过度地刺激美国,这也就决定了日本不能成为东亚地区的领导人。

以上的种种现实表明,昔日东亚的领头大雁——日本独自主导东亚合作的行为已经成为了历史。但是,这也并不是说,日本在东亚合作中的地位与作用可以忽略不计。恰恰相反,日本在东亚经济中的领导地位在短时期内还是无人能够取代的。无论是从经济规模、发展水平还是从技术水平来看,日本在东亚各国中都是首屈一指的。关键是中国的迅速崛起,打破了东亚地区的力量平衡,"唯日本独大"的局面已经不可再现,现在的日本必须与中国联手,共同来领导东亚地区的一体化,就如同德国和法国在欧共体中所发挥的作用一样。

关于东亚合作,目前在日本有着两种声音。一种是呼吁日本要有危机感,面对中国在东亚合作中的攻势奋起直追,争夺主导权。另一种声音是呼吁在日本积极争取主导权的同时顾及中国,给予中国一定的发挥作用的空间。四十多位日本专家学者曾提交过一个"东亚经济共同体构想及日本作用"的政策建议。该建议主张分四步走,步骤如下:[①]

第一步:到2005年,在日本、韩国、新加坡之间建成一个自由贸易区,在此基础上建立一个常设的中央机构"东亚机构";第二步:到2007年,东亚经济共同体条约开始生效,而中国则应该在某些领域发挥"部分主导作用";第三步:到2015年,建立一个包括东亚所有国家、涉及各个领域的自由贸易区;最后:到2025年,东亚各国使用同一货币,达成东亚东亚单一货币的目标。"为了实现这一目标,日本、韩国、新加坡、中国要发挥主导作用。"

同时,也有人认为中国是构建东亚经济区和平与繁荣的"可靠主导者之一"。[②]虽然人们对中国持有不同的态度,但是不难看出,日本已经认识到独家主导东亚合作已经不具有现实的可能性,必须正确地面对中国的崛起,采取相应的政策。

三、关于中日关系的建议

中日关系在东亚合作过程中有着重要的影响和作用,但是双方在很多方面还存在着一些问题,日本国内还存在着一些消极的因素,严重制约着双方经贸关系的发展。2000年以来,日本首相多次参拜靖国神社,这严重地伤害了中国人民的感情,而日本却还抱怨中国抓住历史问题不放手。在如何对待侵华历史以及如何看待台湾地位、钓鱼岛归属问题,如何解决东海油

---

① [日]《世界周报》2003年7月8日。转引自张锡镇:《东亚地区一体化中的中—日—东盟三角关系之互动》,《东南亚研究》2003年第5期。
② [日]小岛清:《中国是可靠的主导者之一》,《世界经济评论》2003年2月号第1期。

气资源开发问题等方面,日本政府不断制造事端,影响到两国的政治关系的发展,进而影响到双方的经贸关系的发展。日本从曾经的中国第一大贸易伙伴降到第三大贸易伙伴的地位。2000 年至 2005 年,中日双边贸易额年均增长 21%,这比中国对外贸易额的年均增长率低了五个百分点。此外,近些年来日本在国际上大肆宣扬"中国威胁论",在人民币升值问题上也制造种种不利于中国的舆论,在农产品、纺织品等领域想方设法地设置技术壁垒,这都影响了双边贸易的发展,进而影响了东亚合作的进程。在军事方面,日本也把中国看作是一个现实的威胁。中日双方都应该清楚地认识到,中日两国的合作是东亚一体化进程的关键因素。中日两国合则东亚兴,分则东亚不兴。①

　　正如上文所述,中日关系在东亚合作中有着关键的作用与地位。这里补充几点关于中日关系的建议:

(一)根据政治经济学的基本原理,经济是决定政治的根本要素

　　因此加大中日之间经济合作的力度是改善中日关系的关键因素之一。在东亚合作的进程中,中日双方都应在多边体系中寻求两国的共同利益,促进双边关系的新发展,同时应推动东亚合作的加速发展,最终实现东亚共同体的目标。欧洲一体化进程与德法关系为我们提供了一个范例,对发展中日关系来说这可以作为一个思路。无独有偶,法德两国的关系与中日两国的关系有着惊人的相似之处。法德两国之间在历史上也有着不共戴天的深仇大恨,这是两国关系发展所无法回避的问题。但是,战后随着欧洲一体化进程的加快,两国关系与区域合作融合在一起,法德矛盾也被逐步化解,使得法德两国能够在欧洲一体化的进程中发挥主导与核心作用。

(二)美国因素是一把双刃剑

　　一方面,它可能会阻碍东亚合作的进程。美日同盟共同的战略利益大

　　① 叶自成:《中国大战略:中国成为世界大国的主要问题及战略选择》,中国社会科学出版社 2003 年版,第 129 页。

于中美之间的利益,这个事实在相当长的一段时间内还不会改变。美日之间结成战略盟友关系,符合这一宏观战略框架。如果中日两国联手必然会对美国的利益造成损害,这肯定是美国所不愿看到的,所以美国会对中日关系的改善与发展制造障碍,不让中日关系向好的方向发展。但是另一方面,美国因素的存在又能够缓解中日关系,进而促进东亚合作。实际上,美国也并不希望中日关系一味地恶化下去,如果中日之间的关系真的恶化到不可收拾的地步,那么美国在亚洲的利益也必然会受到损害。从美国的角度讲,中日之间保持适度的紧张便是最优策略。要分析美国在中日关系中的作用首先得从美国在东亚地区的利益出发。美国在东亚所采取的任何战略无非有两个目的:一是防止产生一个有能力挑战世界秩序的大国;二是保持其在东亚的影响力与主导地位,对美国来说这两点是缺一不可的。了解到这点之后,我们就可以利用美国不想中日关系太紧张的因素来缓解中日之间的矛盾。

综上所述,中国应该重视发展中美关系,因为这不仅关系到中美之间的利益,而且还关系到中日关系,进而关系到中日甚至整个东亚的利益。"只要处理好中美关系,与美国在地区与全球事务上合作,增加互信,那么日本这个棋子的重要性就会大大地降低。如果中美关系发展到一定水平,很可能会出现第二次"越顶外交"①。美国在外交中会优先考虑自己的利益,它会越顶第一次就会越顶第二次。到时候我们再去处理中日关系就会好办很多。"②美国前国务卿康多莉扎·赖斯(Condoleezza Rice)曾经在悉尼发表讲话,说"我们和中国之间有着良好的关系,我们也鼓励中日之间发展良好的关系。尽管中日之间现在存在着一些困难,但是两国之间确实有着密切的经济关系和贸易关系,因此中日关系有待进一步的发展,我们估计中日关系会向好的方向发展。"这也不难看出,美国并不希望中日关系继续恶化下去。当然,我们不能把希望寄托在美国身上,因为它的作用毕竟有着很大的局限性。美日共同利益高于中美的共同利益,这种局面不改变,中日关系就

---

① 1972 年,尼克松访华没有事先通知日本,被日本成为"越顶外交"。
② "2006 中国外交前瞻"(上),《南方周末》2006 年 1 月 13 日。

难有实质性的突破。但是,如何利用好"美国因素",却是件考验智慧的难事。

(三)对中日关系我们应该采取静观其便的态度

造成中日关系陷入僵局的主要的责任在日本而非中国,要修复两国的关系当然需要日本主动地采取措施,并且中国也不急于修复中日关系,让双方都冷静一段时间也不错。但是如果日本表现出了改善和修复两国关系的意愿,中国当然也应给予积极的响应,绝不做任何有损于东亚合作的事情。中国应该正视日本,并将其当作一个难于相处但又必须和睦相处的普通的大国。

(四)中日双方应该加强交流

在许多问题上,日本和中国的看法都是不一样的。曾经有人对中国年轻人做过一项调查,有百分之六十的年轻人认为日本会重组军队,侵略中国。日本人对此感到很惊讶,因为大部分人不这么想。日本人则一直认为中国在军事方面是一个现实的威胁,而在中国人看来,这方面的担忧是完全没有必要的。纵观历史展望未来,中国自古便是一个爱好和平的民族,坚持主张"以和为贵"。我们的经济崛起,目的是要发展我们的国家,把人民的生活水平提高上去。我们坚持走和平发展道路,坚持"与邻为善,以邻为伴",本着"睦邻、安邻、富邻"的方针同我们的邻国发展友好合作关系。中国的发展不会威胁任何人,也没有损害到任何人的利益。① 可见,由于中日双方互不了解,往往会产生一些不必要的误会,所以两国应该加强联系和交流,促进两国的友好关系的进一步发展。

---

① 下载于 http://news.sina.com.cn/c/2005-12-13/19577698547s.shtml,外交部就中日关系东亚峰会等答问,2005 年 12 月 13 日。

第三节 韩国在东亚经济圈中的地位及作用

一、韩国在东亚经济圈中的地位

从 20 世纪 80 年代开始,作为亚洲四小龙之一的韩国的经济突飞猛进,成为了国际市场上强有力的竞争者。国际学术界对韩国经济的腾飞做了大量的研究,到目前为止虽然还没有完全达成共识,但是有一个观点是基本一致的,儒家文化是韩国经济崛起甚至是整个东亚经济崛起的精神支柱。作为东北亚地区内仅次于日本的一个经济强国,韩国一直被视为东亚合作的核心成员之一,韩国也一直视东北亚地区为其发挥国际作用的基点。国际人士普遍认为,东亚合作的形成与发展,将为韩国经济的发展注入新的生机,甚至有可能成为韩国经济第二次高速发展的助推器。当然在东亚合作的进程中,韩国的积极参与也给该区域的经济合作注入了活力。总之,在世界经济呈现出区域一体化的背景下,韩国通过参与东亚合作,不仅能够从合作过程中寻求到自己的经济利益,同时也能对区域内各国经济的协调发展产生推动作用。东亚的区域经济合作需要韩国的参与,而韩国也需要区域内各国的合作。在东北亚经济合作与开发中,韩国具有日益重要的地位,它所发挥的作用也极为独特。

第一,从区域内生产要素的转移方面看,韩国起到了中介和传接作用,促进了区域内各国经济的发展和产业结构的调整升级。东亚地区各国的经济具有明显的阶梯性和不平衡性的特点,而东亚合作是否成功的关键就在于区域内各国能否利用彼此间社会发展程度和经济发展水平的多层次性,有效地实现区域内资本、技术、劳动力等生产要素的转移。韩国的经济水平在本区域内处于中间层次,既有能力吸收、消化日本的资本和高新技术,又有能力向其他区域内国家提供资金和技术。韩国的这种对生产要素的传接作用,有利于东亚各国调整区域内的分工合作,促进产业结构的调整和升级。

第二,从区域内的市场开发和贸易发展看,韩国作为一个贸易大国,起到了一定的促进作用,加大了区域内贸易额度,促进了区域内的贸易发展。在开发市场方面,韩国可以充分利用自身在资金、技术方面的优势,协助经济发展水平较低的发展中国家扩大其市场规模。在扩大双边贸易方面,中韩、中俄、韩俄、以及韩蒙等之间的相互贸易额度在逐年的增长,区域内的贸易额占世界贸易总额的比重也有所提高。韩国在加大区域内贸易力度的同时也加快了本地区的市场开发进程,进而促进了本地区内部的贸易合作与发展。

第三,在区域内的直接投资方面,韩国起到了双重作用。一方面它吸收外资,另一方面它又有提供投资,从而活跃了区域内的直接投资,促进了东亚经济圈的形成。其实从20世纪80年代后期开始,韩国对东亚地区的投资就明显增加了,其中对中国的投资尤为明显。据统计,到2001年年底,韩国的对华投资就已经达到了54.5亿美元,从数量来看,中国占据了韩国第一投资对象国的地位。在世界经济区域区域化、集团化的背景下,东亚合作显示出其顽强的生命力,东亚经济圈正在逐渐形成,而这些都与韩国的积极努力是分不开的。

第四,在扩大区域内技术合作和交流方面,作为新兴工业化国家,韩国起到了桥梁作用,为经济水平较低的发展中国家提供中间技术,进而提高了本地区整体的经济实力。在东亚合作的进程中,日本属于提供技术的主要国家,但是由于日本属于发达的工业化国家,其技术水平相对于一些发展中国家的吸收水平来说比较高,很难消化和利用,此时韩国便可以发挥其纽带的作用,即通过以下渠道来传导技术:先进国家——新兴工业化国家——欠发达国家。但是,这并不是指所有的技术都需通过此种方式进行传导,这里主要是指部分中高层次技术的转移。

第五,在扩大区域内多边经济合作方面,作为一个主要经济利益都在本地区的国家,韩国可以带动区域内各国参与区域合作,特别是带动日本参与区域合作。中、俄、日三国虽然都是东北亚国家,但是这几个国家的主要经济利益都不在该地区。相比较而言,只有韩国的主要经济利益甚至是政治利益都处在东北亚地区之内,也正是因为这个原因,对东亚区域合作,韩国的态度一直是相当积极的。

综上所述,尽管东北亚地区各国在社会制度、价值取向、意识形态等方面都存在着诸多差异,发展水平也不平衡,并且朝鲜半岛的局势也不明朗,这些都成为东亚局势的不稳定因素,并且在一定程度上也影响了韩国在合作过程中潜力的发挥。但是,不可否认的是,韩国在东亚合作进程中具有巨大的拉动作用,韩国本身也在该东亚合作过程中寻找到了经济腾飞的加速器。在未来的东亚经济合作的进程中,韩国凭借着其雄厚的经济实力以及在资金、技术等方面的优势,必将有更大的发言权,产生更重要的影响。

二、韩国在东亚经济圈中的作用

从一定意义上讲,一个国家的自然地理环境往往会对该国家起决定性作用,往往一个国家特殊的地理位置会塑造该国在国际政治中特殊的战略地位,并且这也是一个国家应对国际环境发展和变化的前提与条件。从地位位置看,朝鲜半岛是大陆和海洋力量相互交汇的缓冲地带,因为这种特殊的地理位置,朝鲜半岛成为了东北亚的地理中心。"朝鲜半岛是北太平洋最有战略意义的地区,这是无可争辩的事实。"[1]也正是由于这种特殊的地理位置,使半岛问题的解决必须要依靠内部与外部的两种力量的共同努力。如果没有韩朝双方的共同努力,要解决半岛问题那只能是水中捞月、纸上谈兵。只有将这两种力量有效地结合起来,才能使朝鲜问题得到真正的解决。值得一提的是,在朝鲜问题的解决方面,韩国与中、日、俄等基本达成共识,至少在以下几点达成了实质性的共识:[2]

1. 各方都坚持通过朝鲜半岛无核化来维持地区的稳定,进而实现朝鲜半岛的持久和平;2. 各方都主张采取和平的方式来解决朝鲜的核问题,反对动用武力;3. 各方对有关方面所关切的问题应予以充分的考虑和重视;4. 各

---

① [美]迈克尔·玛扎里等主编:《韩国1991—通向和平之路》,西方观点出版社1990年版,第87页。

② 张蕴岭主编:《东北亚区域经济合作》,世界知识出版社2004年版,第164—165页。

方都呼吁,任何一方都不应该发表或采取使东北亚局势恶化的言论或行动。有关朝核问题的这些共识体现了各国在东北亚的共同利益,这将为今后该地区安全框架的建立奠定相应的基础。总之,要建立真正的东亚地区合作体制,就必须排除朝鲜半岛这一不稳定因素。

亚洲金融危机发生以后,韩国的经济受到了沉重的打击,这使其实现预定的目标的时间往后推移,但是,韩国还是具有巨大的发展潜力的,这一点是毋庸置疑的。金融危机之后,韩国人民在金大中和卢武铉总统的带领下,已经走出了危机的阴影,正在努力把自己建设成一流的国家。在整个东亚合作中,韩国同样有能力与中日并肩发挥重要的作用,但是能否起到某种主导与核心作用却也是值得怀疑的。无论是从经济规模、发展水平看,还是从政治与安全地位、现有体制中的作用以及东亚各国的认同等角度看,韩国均不能与中、日、东盟等相媲美,但是,考虑到韩国在东北亚的分量以及韩国努力推动东亚合作的强烈愿望,中、日等国应该给予其民族自尊情绪以充分的照顾,尽量使其发挥在东亚合作中的骨干作用。

三、韩国经济的发展

20 世纪 60 年代以前,韩国实行的战略是以进口替代为核心的内向型经济发展战略。从 1964 年开始,韩国所实施的发展战略转变为出口主导型的外向型经济发展战略。虽然根据形势的改变,韩国不时地做出相应的调整,但是以出口导向为基础的发展战略在几十年来一直没有改变。正是因为充分发挥了出口导向型经济发展战略的优势,韩国的经济才能够在几十年内都得到飞速的发展,迅速发展成为新兴的工业化国家,创造了举世瞩目的神话。但是,20 世纪 90 年代以来,韩国的经济发展也出现了让人担忧的情况,发展中存在的一些问题开始暴露出来。例如从 1987 年开始,韩国劳资纠纷频繁发生,使得工资水平大幅度上升;国内需求过热,使得物价大幅度上扬,出口商品的竞争力下降,国际收支再次转为逆差。所有的这些都使韩国的经济承受了相当大的压力,进而出现了下滑的趋势。1992 年,韩国经济增长率仅为 4.7%,远远低于预定的 7% 的目标,创造了 1981 年以来经济增长的最低点。1993 年,韩国的第十四任总统金泳三力图使韩国经济从困境中走出来,提出了"全面调整、突破现状,开创新局面"的口号,希望实现韩国经济的第二次飞跃。但是在韩国经济刚刚开始出现复苏的迹象时,1997 年的金融危机又席卷了韩国,使韩国经济再一次受到沉重的打击,直到最近几年,韩国才完全摆脱了东亚金融危机的影响。可见,韩国经济虽然取得了骄人的成绩,但其发展战略存在一些弱点,也是毋庸置疑的。

韩国实施的外向型发展战略决定了其对外界的经济必然具有很大的依赖性,特别是对美国和日本的依赖性。美国是韩国最大的出口国,日本是其最大的进口国,并且韩国的技术和外资的引进也主要来自美国和日本。据统计在 1962 到 1991 年间,韩国引进的技术多达 7,400 多项,其中引自美国的比重高达 77%。韩国引进的外资,大部分来自美国和日本。直到 80 年代中后期,日资的比重仍高达 50%。可见,美国和日本在韩国经济腾飞的过程中起到了至关重要的作用,这决定了韩国在经济发展过程中的不自主性。在韩国经济实现腾飞目标后,其与美国、日本的矛盾也逐渐显现出来,特别是在资金、技术、市场等方面。从 20 世纪 80 年代中后期开始,美国和日本与韩国的贸易摩擦愈演愈烈,美日两国不断地向韩国施压,提出开放韩国市场、韩元升值、降低税率等要求。与此同时,其他的西方发达国家也纷纷向韩国提出了类似的要求。对于以出口为主体的韩国经济来说,国际贸易环境的变化对它的影响是巨大的。要改变这种被动的局面,最重要的就是要改变过去那种依附性的经济结构,寻求更多的贸易伙伴,实现进出口贸易的多渠道化,最终掌握经济发展的自主权。为了实现这一目标,韩国积极地参与与亚太地区的区域经济合作,并且在经贸关系与技术交流等方面同东亚各国展开了不同程度的合作。

1989 年亚太经济合作组织成立,韩国作为创始国积极地参与了与亚太区域经济合作的各项活动。在东亚合作的过程中,韩国也起到了一些积极的作用。1997 年 12 月 15 日,中日韩三国领导人和东盟 9 个国家的领导人在马来西亚首都吉隆坡举行第一次非正式会议,确定了"10 + 3"合作的框架,并建立了领导人会议到部长级会议的多层次构架。对于这一合作,韩国不仅全力支持,而且提出了不少建设性的提议。例如,在 2000 年的第四次"10 + 3"领导人会议上,当时的韩国总统金大中就曾提出建议,"东亚地区正成为北美、欧盟那样的世界经济轴心之一,应建立一个把东北亚和东南亚连在一起的'东亚经济合作体'"①。在 2001 年的第五届"10 + 3"领导人会议上,韩国总统又提出了建立"东亚首脑会议"和"东亚论坛"以及建立真正的东亚自由贸易区的建议。韩国前任总统金大中提议成立由 13 个东亚国家的专家组成的"东亚展望小组",对东亚合作的远景进行研究,进而推动东亚合作的进程。2000 以来,韩国经济的增长状况恢复良好。2000 年,韩国经济的增长了达到了 8.5%,甚至超过了中国。在此以后虽然增长率有所波动,但是总的来说,韩国经济处于明显的复苏状态。之所以能够取得这样的成就,首要原因还是在金融危机之后的韩国进行了富有成效的经济改革,特别是大规模的企业改革使以三星为代表的一批韩国的大企业恢复了活力。

在东亚经济合作中,韩国抱有积极的态度并且采取了积极的措施,极大了促进了韩国与中国、日本及东盟贸易关系的发展(参见表 7 - 1)。据中国海关总署的统计,2002 年,中韩双边贸易的进出口总额达到了 440.7 亿美元,中国一跃成为韩国的第一大贸易伙伴,而在 1992 年,中韩的进出口贸易总额仅仅为 50.3 亿。在这十年间,两国的进出口总额以年均 24.2% 的速度迅猛增长。2005 年,韩国成为中国的第二大进口来源地,中韩双边贸易的规模达到了 1,190 亿美元,在中国外贸总额中占到了 7.9% 的份额,比2000 年提高了 0.6 个百分点。据来自日本关税厅的统计,在 2000 - 2005年这五年间,韩国对中国的出口占韩国总出口额的份额由 10.7% 升上升到21.8%。此外,亚洲金融危机爆发后,韩国经济受到很大影响,对外直接投资大幅度下降,但对中国的对外直接投资却是另外一番景象,投资项目和投资额从 1992 年 12 月的 271 项、2.6 亿美元发展到 2001 年底的 6054 项、54.5 亿美元,投资项目增加了 22 倍,投资金额也增加了 26 倍。据韩国产业资

---

① "韩国领导人主张建立东亚自由贸易区",英国《金融时报》2002 年 10 月 30 日。

源部公布的进出口统计资料显示,到 2003 年 9 月 20 日,韩国对中国的出口总额首次超过对美国的出口总额,所占比重分别为 17.7% 和 17.5%。与此同时,韩国与日本、韩国与东盟各国的贸易关系也保持了平稳的发展态势。

在亚太经济合作的过程中,保持中立是韩国的重要战略之一,在所有的成员国中,韩国所扮演的角色以及所处的地位都比较独特。虽然中国香港、中国台湾以及新加坡与韩国同属"四小龙"之列,但只有韩国能够做到保持中立国的立场,经常充当发达国家与发展中国家的矛盾调解人。按照韩国人的说法,就是"韩国处于发达国家和发展中国家之间,当发达国家和发展中国家产生意见对立时,韩国能够提出平衡性的妥协方案,相对于其他国家来说,只有韩国作为一个发达国家和发展中国家之间的中间国家,出色地起着调节作用"①。在寻求发达国家与发展中国家之间平衡的同时,韩国可以从中获得双重利益:对以美国为首的发达国家采取依靠的战略,而对发展中国家则采取支持、同情的战略,从而得到了双方的好评。这样韩国既可以利用发达国家的资金、尖端技术等,又可以利用发展中国家来缓解美国要求开放市场的压力,改变其对美、日过分依赖的局面。对于自己的处境,韩国也非常清楚,周旋于发达国家和发展中国家之间是其最佳的战略选择。

表 7-1 韩国与中国、日本以及东盟贸易关系的发展

（单位:亿美元,%）

国别 年份	中国		日本		韩国		所占比 重合计
	贸易额	所占比重	贸易额	所占比重	贸易额	所占比重	
1995	169.8	6.4	485.6	19.1	280.2	10.8	36.3
1996	199.9	7.1	454.7	16.9	322.3	11.5	35.5
1997	240.6	8.4	408.6	15.2	327.0	11.6	35.5
1998	212.7	8.2	274.0	12.9	242.3	10.7	31.8
1999	250.4	8.6	390.4	15.2	296.6	11.3	35.1

资料来源:中国对外经济贸易合作部国际贸易经济合作研究院编-《2001 年形势与热点》,第

---

① 韩国庆熙大学校教授朴佑成:《韩国对亚太经合组织的立场,《国际政治研究》1995 年第 2 期,第 25—32 页。

288 页。

　　注:①东盟指新加坡、马来西亚、印度尼西亚、泰国、菲律宾、文莱、越南 7 国。

　　②双方贸易按韩方贸易统计。

　　③"所占比重"指双方贸易额在韩国外贸总额中所占的比重。

　　目前,中韩全面合作伙伴关系的发展与中日关系之间的困局形成了鲜明的对比。中国和韩国都是《曼谷协定》的成员,在解决有关关税摩擦方面的潜力非常大。中韩在亚太经合组织和世界贸易组织等方面的合作中,关系都比较良好,中韩合作在中、日、韩三方合作机制中的作用也比较重要。中韩联合公报称,中韩双方都愿意加强在东北亚地区的交流与合作,进一步推动东北亚的区域合作进程,促进东亚合作,增加区域内部的贸易与投资。

　　另外,在参与东亚合作的过程中,韩国还存在着许多需要解决的问题。在亚洲,韩国是重要的新兴工业化国家,是世界贸易组织的成员国之一,是经济合作与发展组织(OECD)的第 29 个成员国。从理论上分析,韩国应该是一个比较开放的国家,但从实际情况来看,韩国却是一个少有的保护民族工业和国内市场的国家。换句话说,在经济上,韩国还是世界上少有的极端经济民族主义的封闭国家之一。基于这种状况,国际人士普遍认为,韩国要在东亚合作的过程中发挥更大的作用,必须扩大开放市场、加强经济协作、进一步履行自己的国际义务。

第四节 东盟在东亚经济圈中的地位及作用

一、东盟在东亚经济圈中的地位

　　东盟,是东南亚国家联盟的简称,是一个区域性的合作组织。1967 年 8 月,马来西亚、泰国、印度尼西亚、菲律宾和新加坡五国的代表在泰国的首都曼谷签署了《东南亚国家联盟成立宣言》(《曼谷宣言》),标志着东南亚国家联盟的正式成立。《曼谷宣言》规定东盟的宗旨:为了加强东南亚国家繁荣与和平的社会基础、本着平等和伙伴关系的精神,通过共同努力,加速本地区的经济发展、社会进步和文化发展"。

在东亚合作的过程中,我们除了关注中、日两个大国的力量之外,还应该给予东盟以特别的关注。首先从客观事实方面来看,东盟的总人口已经超过五亿,面积也达到了 450 万平方公里,国内生产总值和贸易总额方面也都达到议定的水平,其力量不可小视。从东盟在东亚地区事务中的作用来看,东盟一直发挥着中日两国都发挥不了的特殊的作用,也就是说,虽然东盟不具有像中日两国那样的大国地位,但是其在东亚中的地位绝不亚于核心国。从 2002 年开始,中国就一直倡导开展以东盟为核心的东亚合作,主张开放的思想、开放的地区主义。在东亚合作进程中,中国支持东盟的主导地位。

东盟的主导地位是由多种因素共同决定的:

第一,东盟的主导地位是由于历史因素决定的。东盟第一次创立了东亚一体化初期阶段的合作机制,即"10＋3"和"10＋1"首脑会议,从而使东亚各国的首脑们有机会为商讨东亚地区合作的问题而坐到一起。在东亚的自由贸易中,东盟起到了中枢与桥梁的作用,它是东亚各国的联系纽带,由于东盟的存在,东亚各国才能结成自由贸易的关系网。没有东盟,就没有今天我们所谈论的东亚合作,所以,从某种角度说,东盟可称得上是东亚一体化的倡导者或者开路先锋。

第二,由于种种客观与主观因素的存在,东亚地区两个大国之间很难达成共识,在这方面东盟的协调作用就尽显无遗。实践证明,单单凭借中日两国自身的力量来解决不信任与不合作的问题是十分困难的,必须要有一个第三者当中间人,而东盟便是最佳、最合适的人选。比如,中日两国之间的历史问题及"中国威胁论"等敏感问题等,在很大程度上东盟都是持一种"旁观者"的立场,并且东盟完全可以借助"10＋3"和"10＋1"的机制发挥调节人作用。还有一个问题,那就是美国因素的存在也决定了由东盟担当中间人角色再合适不过。从本国的利益出发,美国绝对不希望中国或者日本出头主导东亚合作,但是却支持东盟来主导东亚合作。东盟是一个比较成熟的区域合作组织,与中日两国均保持较好的关系,基本能保持中立地位,对中日两个大国构不成任何的威胁,同时又可以利用其中立的地位,居间调停中日矛盾,协调中日的立场。东盟一直坚持以"舒适度"原则推进东亚合作,这很适合东亚合作的多样性特征。① 在东亚合作的过程中,必须使东盟充分发挥其特殊的、穿针引线的润滑作用,才能使东亚合作达到预期的目的。

第三,在合作进程中,对于东盟的心态应给予特殊的照顾。东盟一方面促进东亚合作,但另一方面它又担心东亚合作会削弱它的主导权。东盟认为:与其让别的大国来主导自己,不如自己挺身而出主导自己,大国可以介入东亚合作,可以发挥其大国的作用,但是必须排在东盟的后面,关键问题必须由东盟做主,由东盟来指挥大国。对于东盟的这种特殊的心态与思维,在东亚一体化的进程中,中、日等国应该给予特殊的照顾。事实上,除了中国之外,日韩美等国家也都表示支持东盟在东亚合作中的主导地位。"对于东盟这样曾经以及正在在为东亚合作做出贡献的组织,应怀尊敬、礼让之心,这是气度,也是战略。"②

目前在主要大国信任度不够,在"东北亚自由贸易区"还遥遥无期的背景下,东盟是实现东亚经济融合唯一可靠的雏形和基础。换句话说,无论是东亚合作采取哪种模式,都必须保证东盟的核心地位。"由东盟主导东亚地区合作,虽然不一定是最好的选择,但是它至少是最不坏的选择。"③

在未来即中日两国真诚合作之后,东盟是否还能够保持其核心角色?这是将来我们所讨论的话题。新加坡学者杜平认为"从欧盟由比利时、荷兰和卢森堡三个小国结成的煤钢共同体逐渐变大趋强的演变经验来看,未来东亚地区的经济一体化进程,也应该由东盟这个相对紧密的小国联盟来发挥轴心作用。当这个轴心产生向心力的时候,整个东亚经济的大循环才能转动起来。由东盟继续扮演主导角色,绝不意味着轻视任何一个大国的作用,日本是世界上第二大经济体,中、印是世界上发展最迅速、潜力最为巨大

---

① 《东亚合作不断扩大的同心圆》,《瞭望新闻周刊》2005 年 12 月 14 日。
② 《东亚合作不断扩大的同心圆》,《瞭望新闻周刊》2005 年 12 月 14 日。
③ 《东亚合作不断扩大的同心圆》,《瞭望新闻周刊》2005 年 12 月 14 日。

的两个国家。作为单个的经济体,它们是区域经济整合所必不可少的关键因素。事实上,所谓东亚区域一体化的目标,恰恰是来自于中、印两国为本区域提供的巨大的发展机遇。"①

但是,从另一方面来考虑,东盟毕竟只是一个小国集团,其运行方式具有非强制性,其成员国之间也不时发生摩擦与冲突,内部差距也比较大,并且也不具备强有力的主导核心,这些因素都导致东盟在面对巨大挑战时往往会显得力不从心,其发挥的作用也往往是象征意义大于实际意义。可能正是由于东盟存在种种的缺陷,所以才不会对任何一方构成威胁,所以各国对其导航的地位都能接受,而不是强烈反对。实际上东盟的导航角色只是一个冠冕而矣,并没有多大的权利和意义。但是,不可否认,在吸引更多的国家参与势力平衡的棋局方面,东盟确实起到了一定的作用。所以,东盟如果想发挥更大的作用,首先要与中日韩美等大国搞好关系,其次也是重要的一点就是需要东盟内部的自强,"东盟必须为区域经济整合树立好的榜样,在领导上以身作则,巩固它在东亚峰会的中心地位。"②"处于核心位置的东盟,首先必须充实自己作为主导力量的内涵,必须强化内部凝聚力,必须对自己的未来有十分明确的方向感。与此同时,它更必须从整个区域的角度,为经济融合的愿景提出清晰而又可行的路线图。"③

二、东盟在东亚经济圈中的作用

东盟需要来自东北亚的中国、韩国和日本的大力支持,而中日韩各国的领导人对东盟的这种需要也给予了积极的回应,在以下方面给予东盟以大力的支持。打击恐怖主义以及其他形式的跨国犯罪;积极响应东盟经济一体化的各种倡议;建立亚洲债券市场,使之成为一种地区性的融资渠道以及预防传染性疾病。

---

① 杜平:《东亚峰会将给本地区带来什么?》,新加坡《联合早报》2005 年 12 月 9 日。
② 林义明:《亚细安须把握历史良机》,新加坡《联合日报》2005 年 12 月 10 日。
③ 杜平:《东亚峰会将给本地区带来什么?》,新加坡《联合早报》2005 年 12 月 9 日。

表7－2　中国东盟双边贸易(1991－2008)

单位:亿美元

年份	中国出口		中国进口		贸易总额	贸易差额
	金额	占中国总出口(%)	金额	占中国总进口(%)		
1991	44.6	6.2	39.4	6.2	84.0	5.2
1992	46.7	5.5	44.1	5.5	90.8	2.6
1993	53.4	5.8	63.0	6.1	116.4	-9.6
1994	71.6	5.9	71.7	6.2	143.3	-0.1
1995	104.7	7.0	99.0	7.5	203.7	5.7
1996	103.1	6.8	108.5	7.8	211.6	-5.4
1997	127.0	7.0	124.6	8.8	251.6	2.4
1998	110.3	6.0	120.7	9.0	231.0	-10.4
1999	121.7	6.2	148.7	9.0	270.4	-27.0
2000	173.4	7.0	221.8	10.0	395.2	-48.4
2001	183.9	6.9	232.3	9.5	416.2	-48.4
2002	235.7	7.2	312.0	10.6	547.7	-76.3
2003	309.3	7.1	473.3	11.5	782.5	-164.0
2004	429.0	7.2	629.8	11.2	1058.8	-200.8
2005	553.7	7.3	750.9	11.4	1303.7	-196.3
2006	713.1	7.4	895.3	11.3	1608.4	-182.2
2007	941.8	7.7	1083.7	11.3	2025.5	-141.9
2008	452.8	8.3	502.7	10.8	955.5	-49.9

资料来源:原始数据采自《中国对外经济贸易统计年鉴》及商务部网站。

注:2008 年为 1－5 月数据。

　　从自身的利益出发,东盟也希望能够与中国达成合作关系。为了促进东盟——中国的关系,东盟不断加强与中国各个方面的交流,以达到促进地区繁荣和稳定的目的。目前东盟与中国的合作领域已经涉及到政治、经济、社会、安全、地区事务以及国际事务,这充分地表明了东盟与中国的合作关系是全方位的。自20 世纪90 年代初开始,中国与东盟两国的高层交往越来越频繁,逐步达成了共识,相互的理解与信任在进一步扩大,而相互间的分歧在进一步缩小,东盟对中国的疑虑与戒备也在慢慢的下降,"中国威胁论"对东盟的影响也在急剧地减少。

在安全方面,2002 年,中国与东盟签署了《非传统安全问题领域合作的联合声明》。在经济方面,中国与东盟签署了《综合经济合作框架议定书》(The Protocol to Amend the Framework Agreement on Comprehensive Economic Cooperation)。在中国的十大贸易伙伴之中,东盟曾经也创造过"贸易增长的亮点",并且中国东盟双边贸易在我国进出口中所占的份额在不断地增加(参见表 7 - 2)。最近的这十五年,特别是金融危机之后,中国与东盟的关系可以说已经达到了相当密切的程度,相互之间的信任在不断地增进,合作领域在不断地扩大,并且也逐步开拓出了一条相互合作的新模式。

提升与巩固中国与东盟的关系是东亚合作战略的重要内容之一。无论是在双边关系、区域合作还是在地区及国际事务中,东盟都是中国重要的合作伙伴,东盟各国都是中国的友好近邻。1997 年,为了应对金融危机的影响,中国与东盟的领导人发表了《联合声明》,从此,中国和东盟的关系迈向了新的台阶,呈现出一种"政治上互相尊重、经济上相互促进、安全上相互信任"的良好态势。在 2003 年,中国正式加入了《东南亚友好合作条约》,中国与东盟签署并公开发表了《中国 - 东盟面向和平与繁荣的战略伙伴关系联合宣言》,标志着中国与东盟的关系走向了成熟,同时它也高度总结了双方关系的进展,是中国与东盟关系在新世纪全面、深入、稳定持久发展的重要指导路线。《联合宣言》指出,"我们对双方互利合作的深度和广度深感安慰,一致认为,中国与东盟的关系发生了重要积极的变化。双方在共同关心的各个领域进行了广泛、实质性的合作。双方强调,中国与东盟关系的发展对本地区的和平、发展与合作具有重要的战略意义,为世界的和平与发展也做出了积极的贡献。"①

从宏观层面分析,中国与东盟各国的关系在国际关系中也具有特殊的意义:

首先,从表面上看,中国与东盟各国都保持了良好的关系,但是出于自

---

① 参见中国外交部网:http://www.fmprc.gov.cn/chn/ziliao/wzzt/zgcydyhz/dqcdmeyzrhdld/t27721.htm。

身政治和利益考虑,东盟国家又认为中国的崛起对它们构成了威胁。经济上,它们认为中国抢走了他们一部分外资与市场。安全上,它们担心中国强大之后会以大欺小,实行霸权主义。再加上"中国威胁论"的广泛流传,东盟一些国家对中国存在种种戒心,甚至表现出一种敬而远之的态度。但随着中国加入《东南亚友好合作条约》、与东盟结为战略伙伴关系等,大大降低了"中国威胁论"对中国与东盟关系的影响,提升了双方相互信任的程度。中国此举为中国与东盟关系奠定了政治与法律等各方面的基础,标志着中国与东盟关系在实质上发生了变化,双方的关系变得正式化,法律化,使"中国威胁论"不攻自破。东盟大多数国家逐渐认识到中国发展为大家带来的机会远远多于威胁[1]。新加坡《联合早报》一篇社论指出:"中国与东盟之间的关系进展在最近几年步步深入,其层次已经远远超出了亚细安(东盟)与亚洲其他国家的联系。在经济合作方面,最具划时代意义的步骤,就是北京倡议的建立自由贸易区的计划;而在政治互信方面,则是签署了"关于南海行为准则以及东南亚友好合作条约",认为"这是中国继加入世界贸易组织之后,并在进一步融入国际社会的过程中,向世界作出的又一个政治承诺。"[2]

中国加入东南亚友好合作条约这一举措,对巩固周边的和平环境起到了积极的作用,同时,也对日本等国产生了一定的影响。日本意识到自己慢了半拍,开始积极地改善与东盟的关系。总之,中国加入《东南亚友好合作条约》这一举措不仅化解了东盟对中国的戒心,同时也促进了东亚和亚太地区的安全。

其次,在地理位置上,中国台湾地区与东南亚各国邻近,并且长期以来都与东南亚国家有着频繁的经贸联系,与东盟保持良好的关系有利于打击"台独"势力拓展东亚空间的图谋。菲律宾、印尼等东盟国家从前一直是"台独"拓展国际空间的重要对象,然而,随着中国与东盟关系的迅速发展以及战略伙伴关系的确立,中国与东南亚国家的经济联系越来越紧密,东南

---

① 陈峰君:《加强中国与东盟合作的战略意义》,《国际政治研究》2004-02-25。
② 新加坡《联合早报》社论:《亚细安和中国关系新发展》2003年10月2日。

亚国家越来越重视与中国大陆的经贸关系,而与中国台湾的关系则被摆在了次要或者说从属的地位,这对台独势力来说无疑是一个沉重的打击,从而也对促进两岸融合、促进两岸统一作出了巨大的贡献。

最后,中国与东盟保持良好的关系有利于推动东亚共同体的建设,推动整个亚洲搭上东亚经济高速发展的"快车"。众所周知,由于地区性差异较大、民族意识较强、历史积怨较深以及美国的牵制等原因,东亚合作的进程比欧洲和美洲都晚。在所有的东亚国家中,中日两国无疑是大国,理应发挥主导作用。但是在东亚一体化的进程中,中日两国并没有很好地发挥主导作用。而中国与东盟关系的迅速发展,已经将日本远远地甩在了后面,日本可谓是步步皆迟,这在无形中也给日本施加了一定的压力。日本面临的压力是双重的:一方面日本的主导地位可能会有所动摇,另一方面日本也担心东南亚国家向中国倾斜,这都促使日本采取积极的措施。日本《读卖新闻》(THE YOMIURI SHIMBUN)曾经这样评论道,"如果日本不采取行动,中国将成为东南亚国家的依靠。"①。

提升中国与东盟的关系不仅对促进东亚一体化有重要的意义,而是对整个亚洲地区的一体化都具有重要的意义,对促进中国西部地区(如广西、云南等)的发展有着更为直接的意义。在这里需要强调的是广西在整个经济圈中的作用,首先它是东部沿海、西部经济圈、中国—东盟经济圈的结合点,对我国来说是进入东盟最便捷的通道,与东南亚和南亚两大区域不仅在陆地上相接而且在海上相通。2010年1月1日起,中国—东盟自由贸易区已经正式建立。中国与东盟步入了零关税时代,这标志着中国已经向东亚共同体的建立迈出了成功的第一步。随着该贸易区的建立,广西与东盟的贸易交流将得到进一步的发展,广西的地理优势也将不断的凸显。近年来,云南省也非常重视与东盟的经贸合作。据云南省商务部门的统计数据显示,截止到2010年1至7月,云南省与东盟国家的贸易额为15.78亿美元,占全省对外贸易总额的42.5%。当前,云南的有色金属产品、机电产品、农

---

① [日]《读卖新闻》2003年6月5日。

产品、电力已进入东盟国家,而东盟国家的工艺品、木制品、大米、海产品、热带水果等也受到了云南消费者的青睐。[1]

在重视中国—东盟关系的同时,我们仍不能忽视东盟与日本关系的发展。在 20 世纪 70 年代,日本和东盟就已经是伙伴关系了。日本把东南亚当成是支持其继续高速发展的重要的"后院",与东盟的政治关系也得到进一步的发展。但冷战结束后,日本与东盟的关系有所弱化。后来,由于中国与东盟关系不断发展,日本才开始着急,效仿中国与东盟签署了《综合经济伙伴框架》,对于金融危机后的东盟来说,这正是它求之不得的。同时,东盟也积极鼓励日本加入《东南亚友好合作条约》,终于使其成为继中国和印度之后第三个加入《东南亚友好条约》的区域外国家。东盟与日本的关系对东盟来说是不容忽视的,从冷战后期这一关系便逐步发展起来,这比中国与东盟之间的经济关系整整要长出 20 多年,在这段时间日本一直都保持着东盟国家最大的贸易伙伴和投资伙伴的地位。

中国、日本与东盟国家之间建立起来的自由贸易协定和全面经济合作框架,是东亚一体化在实践中的重要进展,极大地促进了东亚一体化的进程。在"中国 – 东盟"与"日本 – 东盟"的合作中,我们不仅要看到中日两国竞争的一面,同时,我们也应该看到在东盟的联系下,中日两国互动的一面,这种互动对促进"东亚共同体"的形成具有非凡的意义。

第五节 印、澳在东亚经济圈中的地位及作用

一、印、澳的经济发展

2005 年 12 月 14 日,首届东亚峰会在马来西亚的吉隆坡举行。东盟 10 国、中国、日本、韩国、澳大利亚、印度和新西兰等 16 国的元首或政府首脑参与会议。加入东亚峰会,对印度来说是实现其长远目标的关键步骤。印度

---

① 《中国—东盟自由贸易区》,第 44 期"云南省与东盟经贸合作专刊",http://www.cafta.org. cn/,2009 年 11 月 5 日。

希望能够通过借助东亚的力量挺进"亚洲大陆",进而进军世界,同时东盟也非常看好印度的发展潜力,认为中国和印度两个人口大国是亚洲经济的"双引擎"(Twin Engine)。《澳门日报》的评论认为,东亚峰会成为全球焦点。从出席东亚峰会的16个国家来看,在世界政治或经济上都有举足轻重的地位,总人口达30亿,占世界人口的一半,其中的中、日、印及韩国,皆是经济大国或正在崛起的经济大国,重要性不亚于亚太经合组织峰会①。

"骑在马背上的国家"、"坐在矿车上的国家"——澳大利亚长期以来制造业都相对比较落后,主要依靠农产品与矿产品的出口来维持其经济命脉。二战之前,澳大利亚70%的出口品输往以英国为主的欧洲国家,但是到了20世纪60年代末70年代初,澳大利亚的出口环境恶化,"英联邦贸易特惠制"(The Commonwealth Trade Preferential System)被取消,英国加入欧共体,这使澳大利亚传统的经济模式面临重大危机。与此同时,以东亚为代表的亚洲经济飞速发展,对澳大利亚产生了强大的吸引力。在此背景下,从70年代开始,澳大利亚逐渐将自己的外交重点向亚太地区转移。在东亚合作进程中,澳大利亚也表现出了极大的积极性。虽然其一直被视为西方国家,而非亚洲国家,但东盟出于多方面利益的综合考虑,最终以签署《东南亚友好合作条约》为条件允许澳大利亚参与东亚峰会,充分表明了新兴的东亚地区主义具有一种开放、包容的参与性。同样由于澳大利亚特殊的地位,在面对东亚经济合作进程中出现的一些摩擦或纠纷,在很多情况下澳大利亚都能发挥积极的协调和桥梁作用。

2005年12月14日,中国国务院总理温家宝在马来西亚首都吉隆坡分别会见了印度总理曼莫汉·辛格(Manmohan Singh)和澳大利亚总理约翰·温斯顿·霍华德(John Winston Howard)。

温家宝总理在会见辛格时说,②中国和印度互为重要邻国,又都是发展

---

① 载央视国际专题:温家宝出访法斯捷葡马并出席东盟会议 http://www.cctv.com/news/world/20051214/100779.shtml,2005年12月14日1日。

② 载央视国际:温家宝分别会见印度印尼澳大利亚和缅甸领导人 http://www.cctv.com/news/china/20051214/102024.shtml,2005年12月14日。

中大国。中印之间共同利益大于分歧,共同点大于差异,合作大于竞争。中印加强合作,不仅造福于两国23亿人民,而且有利于促进亚洲乃至世界的和平、稳定与发展。当前,中印关系发展很好。双方宣布建立战略合作伙伴关系,向世界表明中印是合作伙伴,而不是竞争对手。温总理还指出,中印关系取得长足进展,是双方共同努力的结果,应倍加珍惜。我们要以长远和战略的眼光,看待和处理两国关系。现在应重点做好两件事:一是认真落实两国领导人达成的重要共识,全面拓展两国实质性合作,将贸易、双向投资和技术合作结合起来,推动两国经贸关系;二是办好2006年的"中印友好年"的各项庆祝活动,增进相互了解与友谊。印度总理辛格也表示,印中两国都是文明古国,曾共同为人类文明的发展作出过杰出贡献。双方有责任加强合作,继续推动本地区和世界的进步。扩大和深化与中国的关系是印度外交的重点之一。印度对经贸关系不断发展感到高兴,但目前的贸易额与两国的人口规模相比还不相称,双方应寻找办法不断深化合作,同时加强科技领域的合作,共同造福于两国与世界人民[1]。

温家宝在会见霍华德时说,[2]近年来,中澳关系保持健康发展势头,两国在政治、经贸、文化、教育、旅游、科技等领域的交流与合作不断取得新的成果,在联合国、亚太经合组织、太平洋岛国论坛等重要国际与地区组织中以及重大国际和地区问题上保持了良好的沟通与合作。中国政府从战略高度看待和发展中澳关系,视澳大利亚为我们的重要合作伙伴。我们希望在相互尊重、平等互利的基础上,与澳方继续保持高层交往势头,增进政治互信,扩大各领域交流与合作,努力把两国全面合作关系推向新的高度。霍华德也表示,澳方高度重视并一直致力于发展与中国的关系。澳中两国历史、文化、哲学思想都有很大差异,但这不应影响我们形成共识,因为我们有许多共同利益和目标。澳中关系发展顺利,在各领域合作富有成效。只要双

---

① 载央视国际:温家宝分别会见印度印尼澳大利亚和缅甸领导人 http://www.cctv.com/news/china/20051214/102024.shtml,2005年12月14日。

② 载央视国际:温家宝分别会见印度印尼澳大利亚和缅甸领导人 http://www.cctv.com/news/china/20051214/102024.shtml,2005年12月14日。

方坦诚相待,我们的关系就会更加密切。双方还重点就经贸合作交换了意见。温家宝总理表示双方应深化能源、矿产资源领域的战略合作,稳步推进自由贸易协定的谈判进程,大力加强双方在可持续发展领域的合作与交流。霍华德总理积极回应温家宝总理的建议。他说,双方的能源、矿产资源合作符合两国利益,两国政府有责任积极引导两国企业开展合作。澳方对推进自贸区谈判和加强在环保领域的合作持积极态度①。

二、印度在东亚经济圈中的地位及作用

从地理位置上看,印度位于东南亚的西北部,与东南亚许多国家相近,并且与缅甸在陆地上毗连。虽然印度是位于南亚次大陆的最大的国家,但长期以来印度把主要精力都放在南亚地区的事务上,而与东亚地区国家之间的交往并不怎么重视。自冷战结束后,印度一改往日的外交战略,在积极发展同美国、俄罗斯等大国关系的同时,也积极地采取"东进战略"②。通过对这一战略的推进,与以前相比,印度与东亚国家之间的关系得以改善,印度也因此成为了东亚一体化进程中一个日渐重要的区域外因素。所谓的"东进策略"(Look East Strategy),"东"是一个相对的概念,相对于欧洲等西方国家的概念,在地域上是指印度以东的亚洲国家,包括东北亚和东南亚国家,甚至可以延伸到更远的西太平洋地区。冷战结束后,印度开始实行全方位的、务实的外交政策,"东进战略"便是其中的一项重要战略。

早在1991年9月,印度的拉奥政府就制定过一项"外交政策决议",在该决议中就强调了新亚洲外交政策的重要性。该决议还指出,"一直以来,印度面向的主要是西方,重视加强与西方国家在政治、经济、商业和文化上的联系。但是现在应该转向重视东方,注重发展同东南亚、远东国家间的投资贸易、政治对话以及文化联系。"从此之后,"东进策略"就被作为一项长期的、具有重大战略意义的外交政策被历届印度政府所推崇③。例如,在

---

① 《人民日报》:记者吴绮敏、管克江于吉隆坡的报道,2005年12月15日。
② 引自 http://new.dic123.com/detail_cca14d98 - 6c05 - 4adb - b011 - 03e592907381.html
③ 王传剑:《从"东进战略"的实施看印度的东亚合作政策》,《南洋问题研究》2007 - 03 - 30。

1997 年,古吉拉尔(Gujarat)就任印度总理之后就曾经公开宣布要进一步完善"东进战略",并且明确表示印度与中国、韩国、日本及亚洲其他一些国家的关系将对印度的未来起到决定性的作用。并且人民党政府也明确表示应该给予东亚这些与印度有着天然密切联系的地区更多的重视,坚信"东向外交"政策就是开启印度外交新时代的钥匙。

在"东进战略"的实施过程中,印度首先将东盟作为突破口。大幅度地改善了与东盟的关系,同时在政治、经济、军事、科技和文化等各个领域都开展与东盟的合作。由此可见,印度的"东进战略"顺应了时代的要求,也顺应了东亚一体化的潮流,使印度成为东亚合作进程中重要的一员。1992 年 1 月,第四次东盟首脑会议做出了接受印度成为东盟"部分对话伙伴"(Sectoral Dialogue Partner)的决议。1996 年,印度成为了东盟的"正式对话伙伴"(Full Dialogue Partner).同年 8 月,印度外长第一次参加东盟地区论坛会议与东盟外长扩大会议①。从此之后,印度便开始积极主动地要求加入亚太经济合作组织和东盟地区论坛。1997 年,印度、孟加拉国、缅甸、泰国和斯里兰卡建立了五国经济合作组织,这被认为是印度深入东盟的关键一步。1998 年,印度与东盟举行了第一次"高级官员会议"。2000 年 7 月,印度又与东盟的泰国、缅甸、老挝、越南、柬埔寨等五个国家建立了"湄公河 - 恒河合作组织",并且参与了湄公河的开发,自此,印度在东盟多个成员国的土地上留下了自己的脚印。

印度充分利用自己本身的优势,积极发展与东盟的经济关系,合作方式灵活多变,合作领域涉及到信息、空间技术、原子能利用、武器装备等各个方面。现阶段,东盟已经成为印度的第三大贸易伙伴。2004 年,印度与新加坡、印度尼西亚和马来西亚的双边贸易额分别为 58 亿 4000 万美元、36 亿6000 万美元和 31 亿 5,000 万美元。同时新加坡也占据着印度第四大进口国的地位,而印度也扮演着新加坡第 14 大贸易伙伴的角色,并且是近年来新加坡发展最快的贸易伙伴。②

---

① 新华网,新加坡专电,下载于 http://www.sina.com.cn。
② 《印度加强与亚细安关系》,新加坡《联合早报》2007 年 4 月 26 日。

如上文所述,印度的"东进战略"取得了一定的成功,但是这并不代表它的实施将会一帆风顺。印度与东亚各国的进一步的合作还必须面对诸多的问题的考验:

首先,印度教是印度的国教,受印度教民族主义情绪的严重影响,印度国内局势一直不是很稳定。另外,印度与一些信奉伊斯兰教的邻国关系交恶,而东南亚地区许多国家都生活着数量庞大的穆斯林,由于有着相同的信仰,这些国家对印度国内的穆斯林相当地关注。印度如果想在其他地区投注更多的精力,恐怕首先必须处理好南亚和国内的事情。

其次,在东亚合作的进程中,印度的身份以及参与程度还要受到中、美、日、俄等大国因素的制约。从地缘政治方面看,印度在很大程度上仍局限于南亚,其对东亚包括对东南亚的影响都相当有限。但是,在亚太地区大国竞争的过程中,却很有可能通过东南亚对印度产生影响,这对印度来说是一个极大的挑战。

最后,印度在某些方面与中国有着相似之处,比如说都是人口大国,都有廉价的劳动力,这就难免会与中国形成一定的竞争,因此在印度的发展过程中必然会受到一些来自中国方面的制约。实际上,印度与中国周边国家的互动关系虽然不能说对中国没有影响,但是其影响不会太大,也不会对中国构成完全的威胁。中国的实力已经得到了东盟国家的认同,它们认为中国是保持地区稳定、实现繁荣富强必不可少的重要的力量,东亚各国在做任何决定的时候,无论是关系到地区安全还是经济合作,都必须充分考虑中国的立场。虽然印度宣称 21 世纪属于印度,但是实际上印度成为真正的世界大国尚需时日。印度高估了其在全球的角色,高估了自己的发展潜力。

三、澳大利亚在东亚经济圈中的地位及作用

自从 1770 年英国海军的船长詹姆斯·库克(Captain James·Cook,1728 - 1779)在澳洲大陆上升起了第一面国旗开始,不管是欧洲人还是澳大利亚人,都把澳洲当成了欧洲的海外部分。但是从客观环境上讲,澳大利亚的这种历史渊源与其所在的地理环境却存在着极大的反差。从地域上

讲,澳大利亚属于南半球,与欧洲可以说是南北相望、相隔万里。实际上由于澳大利亚与东亚地区有着先天性的联系,使其不可避免的与东亚许多国家发生各种各样的关系,澳大利亚必然会在东亚合作的问题上发表自己的政策意见。也正因如此,澳大利亚成为了东亚合作进程中一个不容忽视的影响因素。

从历史发展的背景方面考虑,"外交政策从来就不是澳大利亚政府的一个主要的先决问题"[1]。第二次世界大战是澳大利亚对外关系上的转折点,同时也是澳大利亚东亚政策演变进程中的一个分水岭。在二战中,英伦三岛已经自身难保,根本顾不上澳大利亚。澳大利亚正是借助这个时机于1940年9月摆脱了英国的外交控制,陆续向美国、日本和中国派出了外交代表,这是澳大利亚与亚洲关系史上重要的一章。随着太平洋战争的爆发,澳大利亚的外交政策发生了变化,开始将美国作为自己的结盟对象。在整个二战期间,澳大利亚都紧密地同中国等亚洲国家团结在一起,奋勇抗敌,成为了一支重要的力量。第二次世界大战大大地提高了澳大利亚在亚洲甚至是国际上的地位,一改其往日的西方国家的形象,为增进澳大利亚与亚洲之间的关系奠定了结实的基础。

澳大利亚作为一个亚太大国,有着自己明确的战略目标。与其地理位置邻近的东亚首当其冲地成为其政策中的重点。澳大利亚将亚太经济合作组织和东盟地区论坛作为了实施东亚政策的突破口,将东盟作为跳板。当然,澳大利亚也十分注意妥善处理与美、中、日等大国的关系。在经济层面上,澳大利亚将 APEC 作为其实施地区经济战略的核心。早在1989年,澳大利亚总理就首倡了 APEC,并于当年的11月份主持召开了 APEC 第一届部长级会议。在 APEC 建立初期,澳大利亚起到了主导作用。在1995年5月,澳大利亚政府又召开了第一次驻东亚使节会议,针对未来10年澳大利亚对东亚及亚洲的外交战略进行讨论与研究,并且提出了"伙伴和一体化"的新战略。在东亚经济合作的进程中,澳大利亚发挥了协调与桥梁作用。

---

① [澳]戈登·格林伍德:《澳大利亚政治社会史》,常务印书馆1960年版,472页。

实际上,在 20 世纪 80 年代东亚和美国的纠纷中,澳大利亚对东亚就抱有几分同情,它劝阻美国取消对马来西亚和印度尼西亚的制裁,在茅屋会议举行之前,它也对美国提出了不要将中国最惠国待遇与人权问题挂钩的要求。当然,澳大利亚这样做也是出于自身的国家利益考虑,才会在东亚合作中表现得如此积极,经济利益是其重视亚洲并且融入亚洲的直接动因。

实际上,在东亚经济合作的进程中,澳大利亚不仅改善了与东亚国家之间的关系,而且也取得了一笔相当可观的经济回报。单单就中国和澳大利亚的关系来看,在 1972 年到 1999 年这 28 年间,中澳双边的贸易总额就增长了 28 倍,由原来的 8,643 万美元增长到 63.11 亿美元。到 2003 年,中国在澳大利亚的贸易地位已经上升到了第三位,澳大利亚也占据了中国第九大贸易伙伴的地位。2002 年 5 月,在霍华德总理访华之后不久,中澳两国就签订了总价值高达 250 亿澳元的天然气协议,这对澳大利亚来说是一笔相当大的订单,该协议为两国的长期互利合作做出了重大的贡献。在安全问题上,澳大利亚也不甘落后,积极地参与了与 ARF 相关的进程。虽然日本和中国都是东亚地区中的大国,但是出于对地缘政治等方面的考虑,印度尼西亚被澳大利亚视为安全因素中最重要的国家。虽然两国的外交关系中也不是一帆风顺,但是 1995 年 12 月 18 日签署的《印澳维持安全协定》使澳大利亚得偿所愿,虽然该条约在 1999 年的东帝汶危机后被取消了,但这也是澳大利亚参与东亚经济合作的一个重要的成果。

凭借着澳大利亚自身丰富的自然资源、重要的地理位置以及国家的综合实力,澳大利亚成为东亚合作进程中的重要一员,但这仅仅停留在理论层面。在实际的操作过程中,对澳大利亚定位的影响因素甚多。从传统上的"澳大利亚是西方的一份子",到 20 世纪 80 年代以来"澳大利亚是亚洲的一份子",再到"澳大利亚是西方的一份子",在不长的时间段内,澳大利亚对自己的区域认同进行了一次反复轮回①。虽然现在澳大利亚又在尝试向亚洲转变,但这只是出于经济利益的驱使,其民族文化观念仍然是以西方的

---

① ［美］塞缪尔·亨廷顿:《文明的冲突与世界秩序的重建》,北京新华出版社 1999 年版,第425 页。

价值观念为主。与亚洲国家的异质性,是妨碍澳大利亚与东亚国家关系进一步加强的关键因素。同时,澳美联盟也制约着澳大利亚在东亚合作中发挥着更大的作用。如果澳大利亚有意深入亚洲,首先必须坚定东亚合作的念头,把自己当成亚太地区多样性中的一种而不是西方阵营中的一员;其次要平衡与美国的同盟关系,不要把自己置于美国代理人的地位,同时要注重本地区经济、安全和政治等各方面的利益。只有做好以上两点,澳大利亚才有可能在亚太地区发挥更多的积极作用。

第八章 东亚经济模式对中国经济发展的启示

第一节 政府在经济发展中的作用的界定

儒家文化崇尚权威,主张用等级制度约束人们的行为,在这种价值观的影响下,不管是中国还是东亚其他国家,其经济都呈现出政府主导的特点。东亚国家经济起飞比西方发达国家晚了二百多年,要在经济上赶上发达国家的步伐必须采取跨越式的发展模式,而政府主导正是跨越式发展模式的核心内容之一。政府在经济发展中所发挥的作用是巨大的,但政府的作用却不是万能的,不可能在经济生活的任何领域都发挥积极的作用,政府并不能完全替代市场来履行资源配置的职责。因此,在现实的经济生活中,对政府的职能进行清晰的界定是十分必要的。限于篇幅,下面仅就最重要两个方面进行说明:

一、政府对经济的控制

在东亚金融危机爆发前,东亚各国(地区)对政府的职能并没有作出清晰的界定。政府的职能更像是个全职管家,经济生活的所有领域几乎都存在政府的身影,政府对有些领域的干预甚至严重阻碍了经济本身的发展,主要表现在:不断扩大国有企业的垄断地位和垄断领域,过分干预企业的经营和管理等。这种政府干预经济的模式,在经济发展的最初阶段的确为经济发展作出了巨大的贡献,东亚各国(地区)借助政府的力量,在国内凝聚民心,在国外引进投资,推动经济发展,提高国际竞争力。

政府努力培育市场、完善市场、扩张市场,这是 20 世纪 60 年代以来东亚经济高速发展并创造所谓东亚奇迹的根本原因。但是,随着东亚金融危机的到来,这种经济模式的弊端也开始显露出来。由于政府主导市场甚至企业的经营管理,导致市场本身缺乏足够的灵活性和抗风险能力。因此,当金融危机蔓延到实体经济时,实体经济几乎没有任何抵抗力,最终使金融危机发展成一场严重的经济危机,导致东亚各国(地区)经济发生严重倒退。东亚金融危机后,东亚各国都在不同程度上进行了经济体制改革,改变了政府原来的"八面手"角色,开始在实体经济的各个方面减少政府的干预。主要表现在:建立现代企业管理制度,减少政府对微观经济的干预,逐渐废除政府僵硬的计划性经济管理方式等。东亚各国在这些方面的改革对于刺激经济复苏,推动经济发展等起到了积极的作用。

但是应当看到,东亚各国在核心经济领域的政府主导管理模式并没有改变,甚至还有加强的趋势。经济主导作为跨越式经济发展模式的核心,其在推动经济发展中的作用是不容忽视的。在宏观经济等领域,政府主导模式比自由经济发展模式有更大的优势,尤其是在面临经济危机时,政府主导的国有企业在稳定经济,推动经济发展等方面发挥了巨大的作用。时下的次级贷款金融危机席卷全球,对于奉行自由经济发展模式的西方各国的冲击是巨大的,而对于以政府主导为主的东亚各国冲击往往要小的多,金融危机对这些国家的冲击更多的是来自于出口的锐减而不是国内经济本身,政府主导模式的优势在这场危机下展露无遗。

从东亚各国政府主导的发展模式变化和发展轨迹我们可以看出,我国时下的国情决定了要实现经济跨越式发展,政府的干预是必不可少的。经济的跨越式发展本身就是一种非均衡的、超常规的发展方式,离开政府的统一规划是很难实现的。我国有进行计划经济的传统,因此对于建立政府主导型的宏观经济体制有先天的优势。我国有 30 多年的搞计划经济的经验,政府对于制订宏观经济发展计划,指导企业实现政府的战略意图,具有丰富的实践基础。虽然以前的计划体制与现在正在建立的政府主导型的市场经济体制存在着一些不同,但其基本方法和实践经验是可以互通的。从这方面看,我国的政府管理国民经济相对于其他国家来说是具有比较优势的。但政府的干预应该与市场本身的资源配置方面的优势相结合,既要利用政府主导模式在宏观调控方面的优势,又要善于发挥市场在调节资源配置方面的作用。

公共服务行业必须由政府控制,这些行业是关系民生的重要领域,政府的主导才能最大限度地保证人民的权益不受侵害。至于市场经济的其他领域,尤其是微观领域则应尽量减少政府的控制力度,让市场本身发挥其资源配置方面的作用,因为有竞争的市场才能给国家和个人带来最大的效用。非公共服务领域的国有企业垄断性经营,可能会严重影响到经济的正常运行,导致资源配置的低效率,阻碍国民经济的健康发展。以日本为例,二次大战使250多万日本人丧失了生命,1/4 的国民财富化为灰烬,72%的工业陷入了瘫痪,整个国家存在至少1300 万失业人员,通货膨胀高达800%,日本的整个国民经济倒退到了 19 世纪70、80 年代的水平,整个日本经济陷入到崩溃的边缘。战后日本政府采取鼓励私人企业的发展模式,在上世纪50、60 年代日本政府鼓励企业和员工创立公司,并相应地给予政策及税收优惠,在此情况下大量中小企业应运而生,使战后日本经济得以很快的恢复。以活跃的中小企业带动整个市场的繁荣,用竞争的方式代替垄断,不但促进了经济的恢复而且还大大地降低了失业率。日本的经验给我国以很好的启示,政府应当在非国家核心战略领域允许私人企业的发展甚至做大做强,充分发挥私人企业的灵活性。

私人企业的加入可以加速市场竞争,从而促进企业创新和技术进步。同时允许私人企业做大做强,这样才能产生规模经济效应,企业只有减少成本,才能有足够的资金增加技术类的创新投资,从而带动整个经济的创新。私人企业的发展有利于缓解就业压力,私人企业吸收失业人员的潜力是巨大的。以青岛的一个制造业企业为例,一个稍大一点的出口加工型制造企业可以容纳职工约千余人,而整个青岛的出口加工型中小企业数以千计,仅就青岛而言,解决的就业人数就不是一个小数目,从全国来看情况也基本如此。眼下我国还面临着不小的就业压力,鼓励中小企业的发展可以在很大程度上缓解这个压力。促进国内私人企业的发展也可以减轻国外企业对国内的冲击,自我国加入 WTO 以后,国外企业纷纷进驻我国,一方面给我国带来了先进的技术,另一方面也给国内企业以很大的压力,如果这时政府再给私人企业以太大的约束,必将使外国企业乘虚而入,给他们以控制国内某些经济领域的机会,给我国经济的健康发展埋下隐患。因此,我国应该在吸取东亚发展模式教训的基础上,不断完善我国特有的政府主导模式,适当放宽对私人企业的限制,发挥市场资源配置方面的优势,促进我国经济的平稳和较快发展。

二、政府对经济的引导

政府对经济的作用手段不仅有政府控制,还有政府的引导。政府引导对于促进经济的发展,完善市场经济也都能起到极大的促进作用。作为东亚地区的发达国家,日本政府的引导在推动经济发展方面所起的作用不容小视。日本政府对经济的引导是相当成功的,在二战后经济发展的每一个关键时期,政府都提出了富有远见的引导战略。例如,日本政府在二战后经济发展初期提出的"倾斜式生产方式"①,20 世纪 50 年代建立的技术引进战略,80 年代确立的高技术战略,都是政府宏观引导上的成功案例。日本从调节总供给入手,着眼于扶植纺织品、造船、钢铁、汽车、计算机等核心战略产业,并使之跻身于世界最先进的队列。这与美国的自由经济的那种"头痛医头、脚痛医脚"的定点式的稳定经济政策有着天壤之别。日本之所以能做到这一点,不仅是因为日本有一个富有远见、高效廉洁的官僚阶层,更重要的是因为日本政府正确的经济引导。实际上,政府每一次的引导都使得日本经济回到正确的发展轨道。这也为 20 世纪后期日本经济在世界经济中的异军突起打下了坚实的基础。

从以上日本的情况我们可以看出,在现实经济的某些领域,政府的干预

---

① 日本在战后恢复阶段,在资金和原料严重不足的情况下集中一切力量恢复和发展煤炭生产,用生产出来的煤炭重点供应钢铁业,再用增产的钢铁加强煤炭业。目的是努力造成煤和钢铁扩大再生产的能力,并以此为杠杆,带动整个经济的恢复和发展。

或许是多余的,而在经济的有些方面,却又离不开政府的引导。目前,我国的经济发展方式以粗放型和劳动密集型为主,这种经济发展方式也是发展中国家在经济发展初期所常用的模式。广大发展中国家,在经济发展初期并不具备足够的资本和人才进行高附加值产品的科研和生产,因此采用出卖廉价劳动力的方式积累资本和引进技术也是无奈之举。但当经济发展到一定水平,有了足够的资金后如何转变经济的发展方式,使之向高附加值和资本密集型发展模式转变便成了摆在各国面前的首要问题。这时如果没有正确的政府引导,仅凭市场本身的调节是很难成功实现经济转型的。日本各个时期的政府政策引导经济转型的经验可以作为我们的借鉴。我国现在正处在经济转型期,并且我国在以前并没有这方面的相关经验,所以借鉴别国在该领域的相关经验。可以使我们少走许多弯路。

东亚各国的经验和教训告诉我们,在决定一国经济今后走向的核心技术和创新领域方面,政府应当进行积极的引导,这些经济领域往往初期投入较大,而且要取得经济回报的周期较长,很少有企业有足够的实力和兴趣投资这些行业,这时政府如果能够适时地推出一些鼓励措施和税收优惠,或是政府带头投资相关领域,必将推动该领域的顺利发展,为以后本国经济的快速、健康发展打下坚实的基础。以教育领域为例,教育是决定一个国家今后经济发展和社会繁荣的关键,国家的人才需要通过教育来培养,国家的发展需要教育来支撑,社会的繁荣和稳定更需要通过教育来保障。教育领域是一个花钱的行业,单凭市场本身难以负担整个教育的投入,而且教育的回报周期较长,从一个孩子开始上学到他大学毕业开始工作通常需要十几年的时间,并且就算是他开始工作也不可能一下子拿回所有的教育投资。基于这些特点,教育行业只能由政府来引导和支持。同样,教育行业的发展方向也需要政府的引导,比如国内经济紧缺某一行业的人才,政府就可以通过减免学费和分配就业等政策和优惠措施来引导人才的流向,从而缓解人才缺口,保障经济的健康稳定发展。同时,政府还应保证义务教育的全面覆盖,确保国民基本的受教育的权利。在此基础上,政府还要加大对高等教育的投入,确保高素质人才的供应,提高高等院校的科研水平,加大对高等院校的教师培训力度,只有高等院校本身的软硬件水平上去了,才能培养出优秀的人才。对于教育行业来说,义务教育是基础,高等教育是重点。只有保证这两方面的有序发展,整个教育行业才能发挥其积极推动经济发展的作用。最后也应鼓励技术类私立大中专类院校的建设,为国家提供技术类工人,以解决我国长期存在的技术类工人短缺现象。以上仅以教育为例来说明政府引导的重要性,我们还应知道,除了教育方面以外,政府需要对经济进行引导的方面还很多。我国现在正处在建设创新性经济体系的关键时期,经济的其他方面的发展也同样也离不开政府的引导。

要建设创新性国家,我国政府应积极地在引进国外技术的基础上加大政府的引导,尤其是政府对相关行业的政策倾向。具体来说,首先应该鼓励技术类的国外企业到我国投资办厂,政府可以在相关方面给以政策类优惠,这是我国经济实现跨越式发展的重要一步。通过技术的引进来获得相关的技术,可以使我国在相关领域获得巨大的突破。拿现在我国所掌握的磁悬浮列车技术来说,就是通过与德国的合作建设磁悬浮列车而获得的,如果依靠我国自己来研究,则投入的财力和人力将大得多,而且花费的时间也将多得多。其次,对于敏感领域来说,其他国家不大可能给我国提供相关的技术,这时就需要我国自己来集中力量突破技术瓶颈。这些西方国家不愿意提供的技术,多是制约经济发展的关键性技术,我国一旦在相关领域取得突破将极大地带动相关行业的发展,因此政府在相关方面的适当经济支持和引导将会给我国经济带来极大的好处。

政府对经济的引导是多方面的,以上只是以教育和技术两个领域为例进行了相关的说明。政府引导的领域是多样的,同样政府引导的方式也有很多。总体来说主要有以下几种,这些也是政府常用的引导方式:

(一)舆论引导。这是各国政府比较常用的引导方式。舆论的作用是巨大的,它可以潜移默化地改变人们的行为,同样在经济领域,舆论的作用一样不可小视。其实经济生活中人们常说的惯性通货膨胀中就存在着舆论的作用,如果经济生活中的舆论认为通货膨胀正在发生,则通货膨胀真的会在经济生活中出现,无论原来经济中是否真的存在通货膨胀。既然舆论的作用如此之大,政府利用舆论来引导经济运行也就是理所当然的事情了。当然舆论引导还有其独特的优点,正所谓不战而屈人之兵,舆论引导可以在不动用经济手段的情况下达到政府的经济目的,既不需要政府直接干预经济,只需通过舆论的引导就可以影响经济的运行。舆论引导的方式也有很多,主要包括:政府公告,政府举行的记者招待会,政府通过新闻媒体发布的媒体言论等。

（二）政策引导。主要是指政府通过实施不同的经济政策来引导经济的运行。如上文提到的吸引国外投资,就可以通过颁布相关的优惠措施来吸引国外投资者。政府如果需要防止经济中的某些领域过热,可以通过对该领域征收额外税收或是收紧银行体系对该领域的信贷来实现。当政府感觉某些行业陷入低迷或需要特殊激励时,可以通过减免税收或给以额外补贴来实现。当然人们也可以通过观察政府的政策变化来推测政府下一阶段的关注重点,也就是说政府的政策不但可以通过政策本身来影响经济运行,也可以给人们以政策暗示来起到很好的舆论导向作用。政府政策也分很多种,简单可以分为两大类。第一类是货币性经济政策,包括税收政策,准备金变动,利率变动等;第二类是财政性经济政策,包括基础设施的投资,特殊政府补贴政策,特殊行业的政府直接投资等。

（三）通过政府控制的国有企业来引导经济的运行。政府控制的国有企业往往控制着影响经济运行的重要领域,通过对国有企业的产量或产品价格施加影响,可以引导经济达到预期的目的。如果政府认为经济过热,可以通过提高国有垄断企业产品的价格来使经济降温。拿汽车行业来说,政府可以通过抬高汽油的价格来抑制市场对汽车的需求。这种经济引导方式由于是由政府直接干预经济,因此往往见效较快,但由于是直接干预了经济,所以经常会打乱经济的正常运行,这也是它的一个缺点。

以上主要通过三个方面的分析来界定政府在经济运行中的作用,通过对东亚各国的政府主导型经济的分析来说明我国政府在经济活动中应该扮演的角色。但我们通过以上的分析,也应该明白虽然东亚各国的经验可以给我们以启示,但我国和东亚各国无论在社会制度、经济总量、人口总量,还是国土面积上都是存在着很大的区别,有些差别甚至是质的差别,因此我们不能照搬他国的发展经验。中国特色社会主义的发展道路归根到底还是要靠我们自己一步一步来实践和完善。马克思主义哲学中有这样一句话用在这里比较合适:"只有自己经历过的事情,才能真正理解它"。也就是说,我国经济的发展主要还是要依靠我国自己在建设社会主义方面的经验,其他国家的经验和教训只能起到辅助作用。

第二节 现行金融制度的调整与安排

一、东亚金融危机后的制度调整

东亚金融危机前,东亚各国和地区在金融体系和金融制度还没有健全且没有足够的相关经验的情况下,匆忙地照搬西方的金融制度,开放金融领域,给了国际投机者以可乘之机,导致东亚各国遭受到了惨痛的损失,各国经济受到了巨大的打击经济,或陷入衰退或陷入低迷。东亚金融危机过后,东亚各国和地区迅速在多个层面、众多领域全方位展开东亚的区域性金融货币合作,以改变金融危机前脆弱的金融制度。在东亚地区,无论是政府的金融机构,还是普通民众,都对东亚的区域性金融货币的合作和发展给予了不同程度的关注,这场危机使人们清晰地认识到东亚各国的金融制度和金融体系存在严重的缺陷。为此,相关的科研机构以及专家学者也都将注意力投向东亚的金融货币合作,希望通过金融货币合作来改善整个东亚脆弱的金融体系,并且从不同角度和观点出发对这一区域性的金融合作进行相关的研究和探讨,取得了不少共识和经验。主要有以下几个方面:

首先,研究和探讨的重点问题是流动性支持问题,这也是导致东亚金融危机爆发的直接原因。东亚金融危机的爆发使人们陷入反思,并且开始认识到:国际货币基金组织(IMF)作为最后贷款人的作用十分有限,在货币危机发生后无法提供及时和充足的国际流动性支持。因此,东亚国家不能完全依靠国际货币基金组织(IMF)这个所谓的"最后贷款人"①(Lender of Last Resort)。这种情况就迫使东亚各国在本地区建立一个互助救援应急机制来解决流动性支持的问题,以便及时避免因短期资金流动过剩所导致的国际收支失衡引发的金融危机。在这一共识的推动下,东亚各国开始重视开展区域金融合作,并取得了可喜的进展②。其中主要的合作有亚洲债券基金和货币互换机制两种形式。

亚洲债券基金(ABF)形成于2002年6月的东亚及太平洋地区中央银行行长级会议(EMEAP)。由于东亚金融货币合作在起步阶段所需要解决的首要问题是货币危机风险,因此直接用于防范货币危机的早期预警系统、货币互换和回购网络得到了优先发展,但对于这些措施实际防范风险的效力,各国学术界存在很大的质疑。就货币危机早期预警系统来说,尽管IMF从1996年4月便开始组建金融市场的预警系统,但众多因素削弱了货币危机早期预警系统的效力,这导致早期预警模型在实践中的危机预警记录不尽如人意。而货币互换和回购网络之类直接的外汇市场干预措施也只是一种被动防御性措施,本身就存在着很多局限性。因此该次会议倡议由会议的成员各自拿出一定比例的外汇储备来组建一个基金,用于投资各成员所发行的债券。

2003年6月3日再次举行的东亚及太平洋地区中央银行行长级会议正式启动第一期亚洲债券基金(ABF1),由各成员出资10亿美元,投资除日本、澳大利亚及新西兰以外的8个其他成员所发行的主权与准主权的美元债券,希望通过这一举措来提高储备资产的投资效率及储备资产的多样性,并改善本地债券市场流动性及融资结构等方面的问题。基于第一期亚洲债券基金的成功运作,为进一步发挥亚洲债券基金机制的积极作用,促进成员债券市场的发展与连通,东亚及太平洋地区中央银行行长级会议于2004年

---

① 又称最终贷款人,即在出现危机或者流动资金短缺的情况时,负责应付资金需求的机构(通常是中央银行)。该机构一般在公开市场向银行体系购买实质素理想的资产,或透过贴现窗口向有偿债能力但暂时周转不灵的银行提供贷款。该机构通常会向有关银行收取高于市场水平的利息,并会要求银行提供良好抵押品。

② 蔺捷:《东亚金融货币合作基本元素探析》,《河北法学》2008-06-05。

开始筹建第二期亚洲债券基金（ABF2）。与首期相比，第二期亚洲债券基金规模上也翻了一番。

东亚货币互换机制的最初形式是东盟互换安排，起步于1977年。当年，五个东盟国家在吉隆坡签订了建立东盟互换安排的最初协议，该协议主要是为了通过短期互换安排向有国际收支平衡需要的成员国提供短期流动性支持。按照协议，每个成员国出资2000万美元，共计1亿美元。1978年，东盟货币互换安排的出资额增加至2亿美元。货币互换安排曾使用过5次。由于规模过小，这些安排对于解决这些国家国际收支困难只是杯水车薪。在1997－1998年金融危机期间，东盟国家没有启用该货币互换安排[①]。2000年11月，互换安排已扩展到所有的东盟成员。除了东盟互换安排，东亚的货币互换机制还包括双边互换协议和清迈倡议。双边互换协议是以美元和参与国货币互换的形式提供短期的流动性援助的一种措施。清迈倡议的产生起步于1999年11月，东盟10＋3峰会在马尼拉通过了《东亚合作联合声明》，同意加强金融、货币和财政政策的对话、协调和合作。根据这一精神，2000年5月6日，在泰国清迈举行的东盟与中日韩三国财政部长会议通过了《建立双边货币互换机制》的倡议，简称"清迈倡议"，决定在东盟和中日韩三国间建立双边货币互换机制。根据倡议，必要时可以对暂时出现外汇不足的国家提供外汇支持，以防该国货币大幅贬值。该机制既有其在亚洲货币金融合作过程中的重要作用，也有其缺陷。无论如何，清迈倡议是亚洲货币金融合作历程中具有重大意义的一个里程碑[②]。这个倡议有助于东盟成员国和中日韩三国在紧急情况下迅速恢复地区金融秩序的稳定，避免进一步引发大范围的金融危机。

解决流动性可能出现的问题的另一措施就是建立外汇储备库。2009年5月3日，第12届东盟10国与中日韩（10＋3）财长会议在印度尼西亚巴

---

① ［美］C.兰德尔·亨宁：《东亚金融合作》，陈敏强译，中国金融出版社2005年版，第17—25页。

② 喻国平：《东亚区域货币金融合作的理论与机制探讨》，《特区经济》2005年第12期，第17，18页。

厘岛举行,会议就筹建中的规模为 1200 亿美元的亚洲区域外汇储备库相关问题达成一致,"10 + 3"财政部长会议同意建立共同的"亚洲区域外汇储备库"①,以防止东亚金融危机的再次发生。13 个国家一致同意将该地区 2.7 万亿美元外汇储备中的部分款项用于防止 1997 - 1998 年金融危机时货币挤兑风潮的再次出现。13 国的财长在会后的声明中表示,各国原则上一致同意,由单一契约协议约束的自我管理外汇储备库安排是适宜的多边合作形式。这一方案将升级目前东亚 13 国之间已有的总额达 800 亿美元的双边货币互换协议网络,标志着亚洲金融一体化又向前迈进了一步。亚洲区域外汇储备库已于 2009 年年底前成立并开始运作。建立亚洲区域外汇储备库对维护东亚地区经济金融稳定具有重大意义,并将对改革和完善国际金融体系产生积极影响。

其次,建立和完善区域监测监控机制。亚洲金融危机发生后,人们普遍认为危机发生的重要原因之一是金融体系缺乏必要的金融监督。金融监督和监控不仅可以及时发现金融体系中的问题并且加以解决,而且可以对未来可能发生的问题尤其是金融危机的发生发挥一定的预警作用。因此,建立区域内各国的经济监督机制,就成为区域金融货币合作的一个重要组成部分。区域监测与监控形式主要取决于该区域金融货币一体化所处的阶段。所在区域制度一体化的程度越高,则政策协调的性质就越广泛,并具有较强的约束力。与此同时,区域金融货币一体化的程度越高,则其推动区域监测与监控制度发展的能力就越强。目前,在东亚层面上已初具规模以及正在不断完善的监督机制主要有以下三种形式:东盟监督机制,东盟 + 3 监督机制,马尼拉框架组。

东盟监督机制成立于 1998 年 10 月,在那一年,东盟各国财长签订了

---

① 亚洲区域外汇储备库就是亚洲区域的货币合作机制。当时一些国家或地区提出了亚洲地区货币合作机制的设想,拟模仿国际货币基金组织成立一个"亚洲货币基金组织"。这个方案在 2000 年演化为中日韩与东盟 10 国之间的一个货币互换协议——"清迈倡议",由签署双边协议的国家之间互相提供短期资金支持,以化解流动性危机。2009 年 5 月 3 日,中国、日本、韩国三国财长在印度尼西亚巴厘岛就有关建立亚洲区域外汇储备库的关键细节达成共识,同日召开的东盟十国与中日韩三国财长特别会议(以下简称"10 + 3"财长会议)亦在会后声明中表示,计划于年底前建成该储备库,从而尽快向在经济下行期有需要的国家提供流动性以应对危机。

《理解条约》,确立了东盟监督进程(ASP)。东盟监督进程是一个由发展中国家组成的合作机制,成员国通过相互交换有关经济发展和经济政策的信息并对区域内出现的可能产生不利影响的因素作出评估,来对经济变动和冲击提出政策建议。基于同行评议的原则以及东盟成员国的共同利益,东盟监督进程的目标就是要提高东盟国家集团的政策制定能力。[①] 东盟监督进程在一定程度上弥补了金融危机前的监督缺陷,并且信息透明度开始得到改善,建立了比较完善的监督机制。

东亚金融危机后,东盟各国开始认识到东亚金融的相互依赖性,开始开展与中、日、韩的金融合作。为实施 1999 年 11 月在马尼拉峰会上通过的《东亚合作联合声明》,东盟与中日韩三国财政部长在 10 + 3 国财政和央行副手的协助下展开了定期磋商。从此"10 + 3"框架内的金融监督机制开始形成,这就是东盟 + 3 的最初形态。2000 年 5 月亚行年会期间,附带召开了第一次 10 + 3 经济评估与政策对话会议。

马尼拉框架组的成立。1997 年 11 月 18 - 19 日,来自亚太地区的 14 个经济体的财政和央行副手会议在菲律宾的马尼拉召开,会上通过了《提高亚洲地区合作,促进金融稳定新框架》,简称马尼拉框架。马尼拉框架协议呼吁建立一个区域性的监督机制,以便强化在各国金融体系和金融监管等领域的经济和技术合作,以及寻求提高国际货币基金组织(IMF)对金融危机反应能力的办法[②]。马尼拉框架的目标是建立一个区域性的监督机制,作为对 IMF 所实施的全球监控的补充。另外它还担负着向各国提供技术援助和加强各国金融体系抗风险能力的任务。然而,马尼拉框架组并没有从根本上弥补金融危机前东亚业已存在的金融监控缺陷。不仅没有把透明度作为一个重要的问题进行探讨,没有对监控的目的作出清晰的界定,而且没有成立任何金融监控体系。马尼拉框架组实际上仅是讨论区域和全球前景的

[①] 祝小兵:《东亚金融合作———可行性、路径与中国的战略研究》,上海财经大学出版社 2006 年版。

[②] [美]C. 兰德尔·亨宁:《东亚金融合作》,陈敏强译,中国金融出版社 2005 年版,第 17—25 页。

一个论坛,远不是一个正式的制定政策行动建议的机制。

最后,建立完整的区域协调机制。汇率协调是区域货币合作的高级形式,要保持汇率协调的长期稳定,就需要正式的协调机制。汇率协调的最直接目的是维持双边和多边汇率稳定,如稳定国际贸易和国际资本流动、抵御投机性货币攻击等。1997年亚洲金融危机后,东亚各国和地区对本国或地区的汇率制度进行了朝着灵活性方向的改革。目前,东亚地区的汇率稳定是松散合作下的产物,缺乏有效的制度保障,因而是不可持续的,东亚地区金融危机的潜在风险依旧存在。目前,东亚各经济体之间缺乏合作以及协调的汇率制度安排,已经明显地制约了该地区经济的长远发展①。东亚金融危机过去十年后,区域内汇率协调机制仍然远远滞后。东亚金融危机爆发以前,亚洲货币面临贬值的压力。时至今日,在严重的全球经济失衡的情况下,东亚经济体保持着较高的贸易顺差,普遍面临着货币升值的压力。在这种情况下,如何加强汇率政策协调,保持地区货币汇率的稳定,也是我们面临的重要问题②。

二、中国金融制度的建立和完善

中国是一个国土面积意义上的大国,几乎每一个省份的土地面积和人口都可以比得上一个中等大小的国家。虽然中国国内金融制度的建设并没有区域金融制度那么复杂,但是通过对东亚金融制度的建设的研究还是可以给我们以很好的借鉴作用,因为这些国家无论从国土面积还是国家人口上都与我国的一个省份的情况差不多。东亚和我国一样,都是实行跨越式的发展模式,各国无论从经济基础还是历史文化上都存在很大的相似性,并且东亚各国的金融体系开放的时间比我国早,1997年还遇到了东亚金融危机,这些方面的特点都决定了东亚各国在金融制度上的经验和教训会给我

---

① 刘晓鑫、项卫星:《论东亚汇率合作的制度协调》,《世界经济研究》2006年第8期,第51—52页。

② 秦亚青:《东亚金融合作:机遇、挑战和对策——在第三次东亚金融合作会议上的总结发言》,《外交评论》2007年第3期,第26页。

国金融制度的建立和完善起到很好的启示性作用。而且中国主权范围内还存在着四个独立的关税区,分别是中国大陆,香港,澳门,台湾。这种国内独立关税区的存在将会持续一段时间,引入和借鉴东亚区域经济和金融合作机制将有助于加强我国国内关税区相互间的融合。

从东亚金融危机中我们可以得到的一个教训是:必须重视外汇储备资金的建设。东亚金融危机爆发的直接原因是流动性支持问题,由于东亚各国的金融体系还不完善,过早地开放了金融市场,给了国外投机者可趁之机,再加上外汇储备不足和国际货币基金组织在货币危机发生后无法提供及时和充足的国际流动性支持,因此在遇到流动性问题时没有足够的外汇储备来应对冲击。我国当时由于并没有开放金融市场,因此受到的影响相对较小,唯一受到影响的地区可能就是香港地区,但由于香港地区特殊的金融制度和我国政府的公开支持,因此遭受的打击也不大。但是,随着我国经济的不断发展和顺利加入世贸组织,我国金融市场的开放也只是个时间问题。由于有东亚各国的前车之鉴,因此尽管我国已经建立了自己的外汇储备库,但对于我国的外汇储备数量和货币的搭配种类等问题,还需要我们不断摸索。我国现在的外汇储备已经突破 2 万亿美元,如果说用这 2 万亿都作为外汇储备资金则已经显得有些过多,把资金留在国库不能生息,本身就是一种浪费。东亚正在建设的亚洲债券基金,就给我国以很好的借鉴,我国可以通过参与或者建立类似于亚洲债券基金的组织形式来缓解国内储备资金过多造成的浪费,借用国外的流动性资金为我所用,并且可以作为国际货币基金组织(IMF)之外的一种有益的流动性补充。我们也可以借鉴东亚各国的货币互换机制,我国通过与周边国家建立类似的货币互换机制或者加入东亚货币互换机制,可以在很大程度上减少我国对外汇储备的依赖。通过这些措施的不断建立和完善,可以大大提高我国在调节国际收支和保障货币流动性的方面的能力,也可以减少我国为应对流动性问题而储备的外汇资金数量,使我国可以有更多的资金用来应对其他经济方面的问题。

从东亚金融危机和东亚这些年金融制度的发展中我们可以看出,对金融体系进行监测监控也是非常重要的。从东亚金融危机中我们认识到,尽管 IMF 从 1996 年 4 月便开始组建金融市场预警系统,但由于众多因素的存在,削弱了货币危机早期预警系统的效力,这导致早期预警模型在实践中没有发挥其应有的作用。因此,我国必须建立自己的金融监测监控体系,对我国的金融系统进行必要的监控和监测,同时也可以为我国金融系统提供早期的金融预警,可以起到与 IMF 早期预警系统相互补充的作用。在建立本国的金融监测监控体系的基础上,通过与周边国家的合作,也可以提高我国的金融监控和监测的能力。比如上文中提到的"10 + 3"框架内的金融监督机制,定期召开金融讨论会议,就是金融预警的一种很好的方式。随着全球化程度的加深,尤其是国际金融体系的不断发展和金融衍生品的不断出现,金融安全问题已经不是某一个国家单独的问题,同样依靠一个国家的力量也很难保证国家的金融安全,所以不断地深化我国同其他国家的金融合作,是保持我国经济健康发展和金融领域安全的必要选择。"10 + 3"框架内的金融监督机制就给我们打开了一条与其他国家展开金融合作和交流的通道。我国应该在完善本国金融监督体系的基础上,通过"10 + 3"框架内的机制,不断加深我国同其他国家的金融领域的合作和交流,提高我国金融体系的抗风险能力。在此基础上,我国一方面要与东亚和周边国家从理论和实际两方面提出完善和准确的设想和方法,共同探讨东亚金融合作的有效途径;另一方面要积极推动我国同周边地区的贸易合作,加快中国—东盟自由贸易区的建设进程,促进东亚各国的关于双边货币互换和信息交流等方面协议的有效贯彻落实,为我国同东亚和周边国家的金融合作向更深层次发展创造有利条件。

汇率制度的建设是一个国家金融制度的重要组成部分,我国目前实行的是盯紧美元的管理浮动型汇率制度,这种汇率制度虽然具有一定的稳定性,但随着我国贸易量的不断加大和对国际经济影响的进一步加深,盯紧美元的管理浮动受到的来自国际上的压力也在进一步增加,因此建立灵活的汇率制度将是我国下一步汇率建设的重点。东亚的汇率协调机制可以给我国汇率制度的建设起到一定的启示性作用。东亚的汇率协调机制有一定的灵活性,而且正在朝着进一步增加灵活性方面发展,而这正是我国汇率制度在下一阶段建设的重点。

随着我国出口额和进口额的大幅度攀升,关于人民币国际化的问题也开始出现在人们的探讨范围内。的确,我国经济在近年来融入国际经济的速度不断加快,尤其我国加入世贸组织以后这种趋势变得更是明显。由于我国经济总量和国际贸易总量非常庞大,一直以美元作为交易货币将给我国经济和贸易造成很多不便,而且加大了贸易投资活动的外汇风险。以东亚贸易为例,内部贸易的比率已经达到了 55% 的高水平,但是其贸易货币仍然是区域外货币——美元。而且各方对货币一体化的目标、手段和路线图在短期内难以达成共识,因此东亚金融合作难以适应贸易和投资一体化的客观需要。

目前东亚区域内贸易比率已达 50% 以上的高水平,正在接近欧盟的区域贸易水平,远远高于北美自贸区,而欧元已在欧盟启动,美元也早已成为北美自贸区的主导货币,但内部区域贸易投资比率很高的东亚贸易区却依然以区外货币作为交易手段,这既增加了贸易投资活动的外汇风险,也加重了贸易投资活动的交易成本。经过粗略的计算,可以看出,东亚区域内贸易若用区内货币代替美元进行结算,将节约大约 15% 的交易费用。我国的贸易投资活动近年来也非常频繁,由于多数贸易以美元或欧元结算,所以我国也正在碰到和东亚其他国家相似的问题。随着我国贸易量的不断增加,人民币国际化应该进入我国的议事日程。我国应积极参与和组织与周边国家的货币互换活动,并且在与其他国家开展大型国际贸易活动时尝试用人民币结算,为以后人民币的可自由兑换创造条件。而且我们应该对东亚的货币互换协议的实现路径和组织架构开展研究,这将对完善我国经济发展的国际环境,促进金融制度的快速发展以及提高我国在世界经济发展中的地位有非常积极的作用。人民币国际化的实现步骤应该是先区域化再国际化。而东亚经济贸易区由于同我国相邻,相对于西方国家来说,东亚各国的文化传统和经济结构与我国有一定的相似性,且贸易活动比较频繁,正可以为我国人民币的区域化提供试验的场所,通过实验,积累相关经验。

通过对东亚金融制度建设方面的成绩和问题进行分析,通过对我国金融制度的进一步完善问题进行阐释,我们可以看出,现阶段我国的金融制度还很不完善,我国金融制度的改革已经落在了经济发展的后面,因此我国应该在今后一段时间内不断努力完善金融制度。通过借鉴国外的相关经验,可以使我国在金融制度的建设方面少走不少弯路。这也正是上文对东亚金融制度进行相关阐述的原因。

第三节　提升贸易结构促进经济增长

一、东亚的贸易模式

二战后,东亚地区曾经是世界上政治与经济最落后的地区之一。当时,一方面东亚地区大部分国家的初级产品出口和进口替代战略的缺陷日益趋明显,需要寻求新的发展途径;这些国家已经有了一定的工业基础,也已拥有一批熟练工人和技术管理人员,政府管理经济的水平也在提高,使得它们的国际经济联系能力得以加强。另一方面,发达国家经济日益繁荣,加之民众生活水平的提高,使得发达国家扩大了对工业消费品的需求。然而,这些发达国家由于产业工人的工资成本提高,资本又大量过剩,开始收缩本国境内的劳动密集型产业,向境外实行国际产业转移。① 正是在这样的国际经济背景之下,部分东亚国家及地区政府于 20 世纪 60 年代以经济增长为首要目标,相继实行了出口导向型贸易发展战略,利用本国劳动力资源丰富的优势,大量引进外国资本和技术,努力发展面向出口的劳动密集型产业,将生产成本低、有竞争能力的轻纺工业产品打入国际市场,赚取外汇,从而有力地推动了经济的持续高速发展,成就了长期经济高速增长的奇迹。这些成功实施出口导向型战略的国家和地区,逐渐发展成为所谓的"新兴工业化经济体"(NIEs)。

我国在 20 世纪 80 年代也走上了有中国特色社会主义市场经济贸易自

---

① 简新华、李雪编著:《新编产业经济学》,高等教育出版社 2009 年版,第 226 页。

由化的道路,开始采取出口导向型贸易发展战略。值得注意的是,上述经济成功腾飞的"新兴工业化经济体"(NIEs)有一个共性,即都是东亚地区面积和人口较小的经济体,而实践证明单纯的出口导向型经济发展战略,特别不适于发展中的大国。本节将从分析东亚各国的出口导向型战略入手,分析我国应从东亚贸易结构的建立和发展过程中吸取哪些经验和教训,以提升我国的经济贸易结构,促进经济的健康发展。

首先,什么是出口导向型贸易发展模式? 所谓出口导向型贸易发展模式是指发展中国家的政府采取各种措施鼓励发展出口加工工业,通过加工业制成品的出口,以替代原来传统的初级产品出口,改善产业结构,增加外汇收入,从而推动国内经济发展的战略。20 世纪 60 年代中期,东亚的一些国家和地区,如韩国、新加坡、我国的香港和台湾(亚洲"四小龙")率先成功地从进口替代转向了出口导向,通过大力实施出口导向贸易战略,在较短时期实现了经济腾飞。有鉴于此,国际发展经济学界对出口导向型贸易发展模式给予了高度的评价,并以此作为发展中国家及其他落后地区首选的贸易模式,更多的学者称之为"东亚模式"。在世界银行 1993 年出版的《东亚奇迹:经济增长与公共政策》的报告书中,将实施出口导向贸易战略而取得极大成功的日本、亚洲"四小龙"近 30 年的发展称作为"东亚奇迹",并认为出口导向贸易战略为比其低一层次的发展中经济体树立了促进出口战略的样板,对其他发展中国家具有重要的借鉴意义。

东亚的出口导向型贸易发展模式曾经为东亚各国带来了 30 多年的经济持续增长。从 20 世纪中期起,日本开始采用出口导向型贸易发展模式,推动了日本经济在战后的迅速崛起。60 年代亚洲"四小龙"借鉴日本经验也开始转向出口导向型贸易发展模式,迅速发展为新兴工业化经济体。借鉴亚洲"四小龙"的经验,泰国、印度尼西亚、马来西亚、菲律宾等东南亚其他国家也纷纷从 20 世纪 70 年代开始实施出口导向型贸易发展模式,通过废除许多保护主义的经济政策,大力引进市场机制,以促进出口来带动本国

(地区)的发展,成为"四小龙"之后的亚洲"四小虎"。① 出口导向型贸易发展模式的成功极大地促进了以"四小龙"为中心的东南亚诸国或地区的经济发展。20 世纪 70 年代,韩国、中国台湾省、印度尼西亚、马来西亚的制造业成长率超过 10%,远远高于发达国家 2.4% 的同期水平。高速成长的结果,促使上述国家和地区工业化率迅速提高。20 世纪 80 年代初期,亚洲"四小龙"的工业化率为 28% – 38%,高于同期发达国家平均水平的 24%,除印度尼西亚以外,东盟国家的工业化率也达到了 18% – 24%,接近发达国家工业化的水平。

进入 20 世纪 80 年代以后,中国、越南等社会主义国家开始经济改革,也相继实施出口导向型贸易发展模式,使东亚各国和地区的贸易范围进一步扩大。在东亚金融危机爆发前,东亚各国一直坚持这种贸易发展模式。这种贸易发展模式能取得成功并被普遍地效仿,必然有其原因,下面我们就来分析一下东亚的出口导向型贸易发展模式取得成功的原因。

(一)适宜的国际环境

东亚的经济起飞与当时适宜的国际环境是分不开的。从国际经济环境来说,二战结束后,世界新形势对东亚各国(地区)的发展非常有利。由于战后形成的冷战格局把世界分裂为两个相对对立的阵营。日本、韩国、中国台湾、中国香港、新加坡及东盟四国被结合进以美国为首的资本主义阵营,东亚各国(地区)在美国的积极扶持下,及时抓住战后科学技术飞速发展带来的机遇,顺应战后资本主义的贸易自由化和贸易协调机制大发展的潮流,充分利用世界市场上原料和能源价格低廉、供给充足的条件,积极主动地发展本国经济,获得了极大的成功。

(二)正确的经济政策

外部因素对一个国家或者一个地区的经济发展只能起到一定的推动作

---

① 沈红芳:《东亚经济发展模式比较研究》,厦门大学出版社 2002 年版。

用,东亚出口导向型贸易发展模式之所以能取得成功,最根本的原因还在于东亚各国和地区根据有利的国际经济环境制定和实施了一系列正确的政策。主要包括:

第一,鼓励出口的经济政策。为了进一步扩大出口,东亚各国在补贴、汇率、信贷、税收等方面实施了一系列的改革措施。虽然各国采取的具体措施存在着差别,但总体的目标方向都是为了进一步推动出口贸易的发展,进而通过出口贸易额的增长来带动整个国民经济的增长。在最初的经济起飞阶段,东亚各国充分利用西方国家产业结构调整提供的机会,大力发展已在发达国家失去优势地位的劳动密集型产业,吸引国外夕阳行业的进驻,因此这一战略获得了极大的成功。

第二,正确的产业政策。产业政策发源于东亚,东亚不仅是最早运用产业政策的地区,而且产业政策运用得最为成功的地区也是东亚。东亚各国通过利用发达国家产业结构调整和转移所带来的有利的国际环境,充分发挥其比较优势,在接受发达国家移出技术的基础上进行了自己的开发创新,推动了产业结构和出口贸易结构的优化升级,以此不断获取新的出口竞争优势,为经济增长提供充足的动力,使其保持持续增长。

虽然东亚的出口导向型贸易发展模式推动了东亚长达 30 年的经济增长,但是,这种发展模式也有一些难以解决的问题:①发达国家贸易保护主义政策的阻击,外贸吸走了大量的利润,日益沉重的外债还本付息负担,出口产品严重依赖竞争激烈的国际市场,国际经济基础日渐脆弱,国家的经济发展大都取决于国际市场对出口制成品的需求,等等。这一切使得东亚国家和地区的国民经济发展的状况缺乏稳定性,20 世纪 90 年代"新兴工业化经济体"(NIEs)在东亚金融危机中经济的严重衰退,以及国民财富的大量缩水,很清楚地说明了这种经济发展模式的缺点。或者说,东亚金融危机爆发的原因之一就是东亚地区实行的这种出口导向型的发展模式。

---

① 简新华、李雪编著:《新编产业经济学》,高等教育出版社 2009 年版,第 226 页。

具体来讲,东亚国家和地区实施出口导向型贸易发展模式存在的问题有[①]:

(一)过分依赖国外市场

东亚各国在实行出口导向型贸易发展模式后,尝到了利用国外市场搞出口贸易的甜头,于是,出口贸易成为东亚各国经济发展的支柱性领域。这是由当时的国际经济大环境所造成的,由于当时国内贸易推动经济发展的水平有限,而且国际贸易形势一片大好,没有人愿意费力去开拓国内市场这种相对的出力多效益少的领域,这就导致东亚各国过分依赖国外市场。这种发展模式在上个世纪80、90年代由于西方国家经济繁荣,并没有显示出缺陷。但随着西方国家经济的转冷和贸易保护主义在这些国家的抬头,过分依赖国外市场的弊端开始显现。由于出口的减少,而国内市场又疏于管理,因此本国贸易缺乏足够的动力推动经济的持续增长。再加上90年代后发展中国家都在实行出口导向战略,而且由于技术进步的原因使每个出口国的出口品的供给能力都在明显增长,这就必然会产生出口产品过多,出口品价格不断下降,商品积压增加,造成出口增长乏力,贸易赤字严重,使得东亚各国(地区)的出口导向型贸易发展模式对经济增长的激励作用日益降低,不能再为经济提供长期的增长动力。

(二)经济发展失衡

由于过分依赖国外市场,出口导向型贸易发展模式依靠出口来提供经济增长的动力,因此无论是国家政策还是产业结构上的调整都是以增加出口为目的,忽略了其他产业的发展,并且出口贸易规模的不断增加也在很大程度上排挤了其他产业的发展空间。这样必然会导致经济发展失衡,阻碍经济的持续、健康发展。出口导向型贸易发展模式往往会导致农业和第三产业的发展严重滞后,而出口加工型企业的发展则会超越整个经济的总体

---

① 吴莹:《从东亚模式的成败分析看我国出口导向型贸易战略的调整方向》,《武汉职业技术学院学报》2004 – 03 – 28。

发展水平,从而造成经济发展的严重不平衡,经济难以持续高速的增长。以泰国为例,泰国把大量的资金投向房地产业和出口贸易业,而对基础设施、能源、交通和国内贸易业等重要产业的投资严重不足,经济发展缺乏后劲。这种投资结构的不合理往往会导致经济结构的失衡,经济难以保持持续增长。

(三)缺少适当的监管措施

东亚各国在实施出口导向型贸易发展模式的过程中,由于盲目追求利用外资的数量,从而忽略了对外资进行适当的监管,这是发展中国家在追求经济快速增长过程中容易犯的通病。这往往是由于过分追求经济增长的高速度而忽略经济增长的长期性和持续性所导致的。在实施出口导向型贸易发展模式时,为了促进产品的出口,必然需要大量的资金来投资出口加工和制造工业。在这种情形的推动下,东亚各国为了吸引更多的国外投资,往往采取提高利率和开放本国金融市场的做法,这种做法直接导致了外债比例过高的后果,为东亚金融危机埋下了隐患。以东亚金融危机前的泰国为例,1996年在泰国的资本流入总额中,半数以上属于短期资本,在900亿美元的外债中,短期外债甚至达到370多亿元,占其整个外债的41%。短期资本的特点是在经济形势良好的时候投资获利,而一有风吹草动,那些投资于证券市场的短期热钱(Hot Money)便会大量流出[1]。由于东亚各国普遍缺乏适当的监管措施,这种短期资本就会大量流入国内,一旦东亚各国经济出现问题时,这些热钱便大量流出,从而引发金融危机。

在东亚金融危机爆发以前,人们普遍认为东亚的金融系统是完善的,"东亚奇迹"的发生得益于东亚金融系统的稳定性,而且这种稳定性能够支持宏观经济环境的健康发展;同时,通过金融中介机构的参与与协调能够为企业和公司的投资活动注入足够的储蓄资本金。[2] 但是,金融危机的爆发

---

[1] 吴莹:《从东亚模式的成败分析看我国出口导向型贸易战略的调整方向》,《武汉职业技术学院学报》2004-03-28。
[2] 戴晓芙、郭定平主编:《东亚发展模式与区域合作》,复旦大学出版社2005年版,第69页。

却充分暴露出东亚金融系统缺乏有效的资产监管能力,也暴露出政府当局无法有效地对银行和其他金融组织实行有效的监督与管理。除此之外,东亚区域内腾飞的经济发展也使人们忽视了金融全球化的两面性:它在全球金融市场带来丰厚投机利润的同时,也增加了市场的不确定性和高风险性。

二、中国贸易结构调整

在 20 世纪 80 年代,我国进行了经济改革并且开始采用出口导向型贸易发展模式。我国采用出口导向型发展模式首先是由我国当时的具体国情所决定的。我国的经济起飞比西方发达国家晚了二百多年,要在经济上赶上发达国家的步伐,必须采取跨越式发展模式,而采用出口导向型贸易发展模式正是跨越式经济发展模式的基本要求。我国人口众多,据粗略的估计,2000 年我国第一产业实际使用劳动力约 3.56 亿人,而二、三产业平均使用劳动力劳动力仅为 0.67 亿人,因此,我国农村的富余劳动力约为 2.89 亿人,这使我国有足够的劳动力来进行劳动密集型产业的生产。而且,西方国家由于处于经济转型期,其劳动密集型产业必然要向外转移,这就为我国提供了利用比较优势促进经济增长的机会。其次,采用出口导向型发展模式是由当时适宜的国际大环境所决定的。20 世纪 70 年代以后,我国相继发生了几件大事:我国恢复联合国常任理事国席位,以美国为首的西方国家开始与我国建立外交关系。这都为我国经济的发展提供了良好的国际环境。后来,随着苏联的解体和冷战的结束,世界总体上进入和平年代,这也为我国的改革开放的成功创造了条件。这种出口导向型经济发展模式在我国经济发展初期为我国经济的持续增长做出了巨大的贡献,但是我们也应吸取东亚国家在经济发展过程中的经验教训,不断完善我国的经济制度,克服出口导向型贸易发展模式的不足,确保我国经济的持续健康发展。

我们应该在吸取东亚贸易发展模式教训的基础上,着手提升我国的对外贸易结构,保证经济的持续、健康、稳定发展。具体来说,应该从以下几个方面着手:

（一）开拓国内市场

上文中已经提到,东亚各国在实施出口导向型贸易发展模式后,并没有努力地去发展国内市场,而是把所有精力都投入到出口市场的开拓上,这必然导致经济过分依赖国外市场。当世界经济步入 20 世纪 90 年代以后,随着国际形势的变化,出口导向战略的缺陷也在日益显露,加之东亚各国在推进这一战略时由于过分依赖国外市场,直接导致金融危机的爆发。最近刚刚爆发的次级贷款危机使西方国家陷入到严重的经济衰退期,西方国家的进口数量和规模急剧减少,不少实行出口导向型战略的国家都因此受到了较大的影响,企业纷纷倒闭,大量工人失业,为社会和经济的发展埋下了隐患。这些都足以让我们清晰地认识到经济增长不能只依靠国外市场,国外市场虽然比国内市场成熟和广阔,但却存在着很大的不确定性,不能保证经济的长期持续增长。

而国内市场却不同,虽然国内市场相对国外市场要小得多,但却时刻处于我国政府的监督和控制下,不大可能出现很大的不确定性波动,因此能够作为我国经济长期增长的动力。我国正处在改革发展的关键时期,我们应该在实行出口导向型贸易发展模式的同时,加大对国内市场的投入,努力扩大内需,使国内市场在国际市场不景气的情况下能够承担起推动经济持续增长的重任。我国正在实施的"家电下乡计划"①,就是一种刺激国内市场需求的政策,当国际经济环境不景气时,这类刺激措施可以激发国内需求,暂时顶替国外市场推动经济的增长。但这种措施只能够在短时间内刺激国内需求,用鼓励消费者更换耐用品的政策并不能长期推动经济增长。真正要使国内市场成为推动经济增长的重要因素,还应制定长期的促进国内市场发展的措施,不应把全部精力都投入到开拓国际市场、促进出口上。而且

---

① "家电下乡"政策是深入贯彻落实科学发展观、积极扩大内需的重要举措,是财政和贸易政策的创新突破。主要内容是,顺应农民消费升级的新趋势,运用财政、贸易政策,引导和组织工商联手,开发、生产适合农村消费特点、性能可靠、质量保证、物美价廉的家电产品,并提供满足农民需求的流通和售后服务;对农民购买纳入补贴范围的家电产品给予一定比例的财政补贴,以激活农民购买能力,扩大农村消费,促进内需和外需协调发展。

相对于东亚国家来说,我国的国内市场还有其独特的优势:不但国土面积大、人口众多,而且这些年经济取得了迅猛的发展。所以我国的国内市场其实是有很大的潜力的,政府在今后的政策上应减少一些以前的那种只依靠出口拉动经济的措施,多增加一些鼓励开拓国内市场的措施。这种贸易结构的改变是必须的,虽然在实施之初可能出现"J 曲线效应"[①],但只要我们继续坚持下去,必然会取得积极的成果。

(二)改变出口产品低附加值的现状

东亚各国的发展经验告诉我们,要保持经济的持续增长必须不断地进行技术的创新和更新,实现由低附加值向高附加值的转变。近十余年来,我国执行出口导向型贸易战略,以鼓励企业出口创汇为目标,而我国又具有劳动力和自然资源方面的比较优势,导致我国目前出口的产品以资源密集型和劳动密集型产品为主。这种产品模式具有很大的缺点,即获得的经济利益很小,而且以消耗国内不可再生的自然资源为代价。举一个例子即可说明问题,我国出口 1 万双袜子所获得的经济利润通常只等于别的国家通过出口一辆轿车所获得的利润。

要改变我国出口产品低附加值的现状,首先需要转变经济发展方式,使经济发展从主要依靠增加物质资源消耗向主要依靠科技进步、产品创新方面发展,进入生产链上的高附加值环节。这需要我国有一定的人才积累,有足够的技术基础,有足够的资金。而这三个条件我国现在都已经基本具备。首先,我国从建国起就非常重视发展教育事业,虽然经过了"文化大革命"时期的耽搁,但自 1977 年起开始重新重视发展教育事业,改革开放 30 年为我国储备了多方面的人才。其次,从改革开放的开始阶段,我国就很重视在吸引外资的同时能够顺便引进技术,经过 30 年的引进外资,我国在经济的各个方面有了足够的技术积累。最后,由于我国实行的是出口导向型的贸易模式,因此我国在同国外公司交易时获得了大量的资金。目前我国提升

---

　　① 本国货币贬值后,最初发生的情况往往正好相反,经常项目收支状况反而会比原先恶化,进口增加而出口减少。这一变化被称为"J 曲线效应"。

产品附加值的各种条件都已经具备,只要政府在政策上进行适当的引导,则我国产品附加值的提升只是个时间问题。

(三)放松对进口的限制

由于东亚各国采取的是出口导向型贸易模式,因此在他们的思维方式中比较容易形成重商主义倾向。他们在对待进出口贸易时,倾向于扩大出口而缩减进口。我国在实施出口导向型战略时也或多或少地受到了这种重商主义思维方式的影响,而这却会阻碍我国经济的健康发展,因此我们必须改变这种重商主义的思维方式。我国现在已经成为世界上最大的新兴经济体,这种重商主义思维方式必然会使我国遭受到来自国外的很大压力。并且目前次级贷款危机席卷全球,我国国内贸易结构也迫切需要升级,过分强调出口的政策显然难以为继。这些因素的存在,使我们不得不改变那种重商主义倾向,采用双向贸易、倡导共赢的贸易方式。除了出于政治上的考虑外,扩大对国外产品的进口可以在一定程度上获得该产品的技术。比如我国引进磁悬浮列车的事情就是一个很好的例子。因此我国应以更加开放的态度对待进口,取消许多过时的限制和思维方式,促进国内技术的进步和贸易结构向更高层次发展。

从美国开始的次级贷款危机(Subprime Crisis)①席卷全球,我国原有对外贸易结构中存在的问题在这次危机中开始显现。这迫使我们必须进行一系列的对外贸易结构改革,这时有相似的别国经验作为参考将给改革提供许多借鉴,使我们在对外贸易结构升级的过程中少走许多弯路。

第四节 中小企业的可持续发展前景

中小企业是与所处行业的大企业相比人员规模、资产规模与经营规模

---

① 又称次级房贷危机,也译为次债危机。它是指一场发生在美国,因次级抵押贷款机构破产、投资基金被迫关闭、股市剧烈震荡引起的金融风暴。它致使全球主要金融市场出现流动性不足危机。美国"次贷危机"是从2006年春季开始逐步显现的。2007年8月开始席卷美国、欧盟和日本等世界主要金融市场。

都比较小的经济单位。不同国家、不同经济发展的阶段、不同行业对其界定的标准不尽相同,且随着经济的发展而动态变化。各国一般从质和量两个方面对中小企业进行定义,质的指标主要包括企业的组织形式、融资方式及所处行业地位等,量的指标则主要包括雇员人数、实收资本、资产总值等。与大企业相比较,中小企业个体规模虽然小,但却是数量最多、发展最快以及为社会所作经济贡献较大的一种企业组织类型。

现代科技在工业技术装备和产品发展方向上有着两方面的影响,一方面是向着大型化、集中化的方向发展;另一方面又向着小型化、分散化方向发展。产品的小型化、分散化生产为中小企业的发展提供了有利条件。凡是在新技术革命条件下,许多中小企业的创始人往往是大企业和研究所的科技人员、或者大学教授,他们经常集治理者、所有者和发明者于一身,对新的技术发明创造可以立即付诸于实践。正因为如此,20 世纪 70 年代以来,新技术型的中小企业像雨后春笋般出现,它们在微型电脑、信息系统、半导体部件、电子印刷和新材料等方面取得了极大的成功,有许多中小企业仅在短短几年或十几年里,迅速成长为闻名于世的大公司如惠普、微软、雅虎、索尼和施乐等。

中小企业以其经营方式灵活、组织成本低廉、转移进退便捷等优势更能适应当今瞬息万变的市场和消费者追求个性化、潮流化的要求,因而在包括发达国家在内的世界各国的经济发展中,中小企业都有着举足轻重的地位,发挥着不可替代的作用。中小企业是所有经济体中最活跃和最富有生机的力量,它们在推动产业结构升级、增加就业机会和完善市场机制等方面发挥着重要的作用。本节通过对东亚中小企业发展模式进行分析,指出他们在发展中小企业方面的成功和不足;并在总结其发展经验的基础上,对中国中小企业在入世后激烈的竞争环境中的发展提出一些建议,希望这些建议可以起到推动我国中小企业发展的作用。

一、日本的中小企业发展模式

二战以后,日本神奇般地从战争的废墟中迅速崛起,令世人瞩目。这一

重大成就的取得,显示出日本经济发展的超越性,而实现这种超越性的主
体,是日本既具有世界超一流规模水平的,具有国际竞争力的大企业,又同
时拥有为数众多的中小企业。中小企业是日本经济的重要组成部分。在日
本经济中,既存在少数规模巨大的现代化大企业,又存在着大量分散的、技
术和经营相对落后的中小企业,这种现象被称为"二重结构"①。首先,日本
中小企业在整个日本社会中起着不可替代的作用。主要表现在:吸收大量
劳动力,促进社会稳定;为大企业生产协作及零部件加工发挥辅助作用;能
够很快适应个人消费多样化和满足消费者衣、食、住的需要。其次,日本政
府提出了日本中小企业发展论。其基本理论观点为:日本是少数现代化大
企业与大量相对落后的中小企业并存的"二重经济结构"国家;大企业与中
小企业都是国家经济的主体,二者相互需要,相互依存。中小企业发展论思
想在日本的立法、政策和政府管理上都得到了充分体现。②

　　第二次世界大战结束以后,日本政府对企业采取了所谓"柔性管理"
(Flexibility Management)③的模式,这种模式以日本大型企业和中小型企业
之间的分包网络体系为核心,一是进行中小企业之间的横向联合,二是使中
小企业与大型企业之间建立起多层次的分工协作关系。是亚洲中小企业发
展模式的代表。在 20 世纪 50、60 年代,日本政府鼓励企业和员工创立公
司,并给予相应的政策及税收方面的优惠措施。在这种鼓励措施的推动下,
大量中小企业应势而生,分包网络体系得以在全国迅速扩展。这种模式的
最大特点是:母公司仅与有限的第一层分包商发生紧密联系,第一层分包商
与第二层分包商紧密相连,以此类推,进而形成由大型企业和中小企业组成

---

　　① 所谓二重结构,有相互联系的两个方面的含义:一是从量上讲的,指在产业结构中,一方面
存在着少数处于垄断地位的大型企业,一方面存在数量和比重很大的中小型企业;二是从质上讲
的,指在产业结构中,一方面是少数占垄断地位的现代化大型企业,一方面是带有前资本主义特征
或自然经济特征的中小型企业。

　　② 张晓华:《日本中小企业发展之借鉴》,《市场报》2001 年 02 月 14 日第八版。

　　③ 是相对于"刚性管理"提出来的。"刚性管理"以"规章制度为中心",用制度约束管理员工。
而"柔性管理"则"以人为中心",对员工进行人格化管理。"柔性管理"的最大特点,在于它主要不
是依靠外力,比如发号施令,而是依靠人性解放、权力平等、民主管理,从内心深处来激发每个员工
的内在潜力、主动性和创造精神,使他们能真正做到心情舒畅、不遗余力地为企业开拓优良业绩,成
为企业在全球激烈的市场竞争中取得竞争优势的力量源泉。

的多层次复合网络结构①。下面我们以日本建筑企业为例来说明这个体系的运行过程。在日本的建筑业中,中小建筑企业运行机制体现了典型的日本柔性模式。2000年日本有建筑业企业约51万个,从业人员541万人,企业平均规模为11人。建筑企业划分为特大型、大型、中型、小型四个层次,企业资质管理类别共有28类,其中特大型企业只占行业总数的1‰,大型企业占0.7%左右,中型企业占1.3%,小型企业占90%以上。在大型工程中,大型承包商通常只是作为项目组织者、管理者和资金提供者,分包商则负责项目内的各个分部工程。大型分包商一般也具有自己的分包网络体系,这些广泛存在于分包网络体系内的公司相互联系、紧密合作②。这就是我们常说的分包网络体系的典型形式,也是日本政府促进中小企业发展的模式。

这种模式利用有实力的大企业带动相关中小企业,再以相关的中小企业带动其他中小企业,从而形成整个经济体系的联动。只要一个大型企业能够得到较快的发展,就可以带动一批中小企业的发展。这种模式既能保证发挥中小企业的活跃性又能保证中小企业一直在政府的控制范围之内。政府只要控制了大型企业,则就等于控制了与其相关的中小企业。但是,这种促进中小企业的发展模式也有其缺点:当一个大型企业面临经济上的经营困难时,就会影响到众多相关领域中小企业的正常运作,当整个经济中有几个大型企业同时出现经营困难就可能影响到整个经济体系的正常运作。这种体系的弊病就在于大型企业在影响整个经济运行中的作用被无限放大,整个经济的运行完全依靠大型企业的正常运转。这也是日本中小企业体系分包网络的最大缺陷。

东亚金融危机后,随着日本"泡沫"经济的破灭,中小企业也陷入持续低迷的状态,尤其是大型企业在泡沫破灭后普遍遭受重创,因此中小企业面临着市场需求停滞、分包收入下降的困境,这种分包网络体系的弊端开始显现。随着分包网络作用的降低,中小企业开始探索新的发展方式。一是中

① 闫世刚:《从东亚模式探讨中国中小建筑企业发展之路》,《建筑经济》2006-06-05。
② 闫世刚:《从东亚模式探讨中国中小建筑企业发展之路》,《建筑经济》2006-06-05。

小企业开始走向独立和注重创新的道路,越来越多的中小企业开始注重新技术和新技能的使用,积极提高企业自身的研发和设计能力,扩展新的市场空间,减少对原有分包网络的依赖。二是中小企业开始重视对结构进行调整,通过使组织结构进一步合理化,优化工作流程,提高信息化程度,更有效地利用自身优势,增强企业的核心竞争力。

二、中国台湾中小企业的发展模式

上个世纪60年代以来,中国台湾中小企业在台湾经济腾飞中扮演着极为重要的角色。可以这样说,台湾中小企业是台湾经济发展与腾飞的基石。台湾中小企业的健康发展得益于官方构建的辅导与扶持机制。从20世纪60年代起,台湾中小企业进入了出口导向战略时期。从80年代中期起,台湾初步完成了中小企业发展的自由化、国际化和制度化。当局为了促进中小企业的稳健发展,早在1967年就制定并逐步完善了有关中小企业的相关法律。以此为准则,从建立中小企业行政指导机构入手,健全了包括财务融通、互助合作、经营管理、生产技术、研究开发、资讯管理、工业安全、污染防治、市场营销和品质提升等十大辅导体系,同时,还积极发挥社会和民间组织的作用,建立了若干中小企业创新育成中心、风险投资基金和中小企业银行①。台湾的中小企业被形象地誉为"蚂蚁雄兵"。

我国台湾地区实行的是另一种中小企业的发展模式。台湾中小企业的发展代表了中小企业的另一种发展模式——"共生网络体系"。台湾中小企业最初的发展得益于作为设备制造商为日本贸易公司或者美国电子跨国公司提供简单的商品,这为台湾中小企业积累了最初的技术和经济基础。台湾中小企业在脱离制造业开始转型的过程中,这些技术和资金起到了关键性的作用。台湾中小企业的成功,不仅是建立了上下游厂商的集成即行业的纵向联系,而且是建立了包括制造分包商、分销商、设计部门以及设备、材料供应商等在内的本地生产网络即行业的横向联系。这种既建立横向联

---

① 凌耀初、欧俊松、张祥建:《台湾中小企业发展的历程及其成功经验》,转载自上海市社会科学院网站:http://www.cass.net.cn/file/2004120927728.html。

系又进行纵向联系的中小企业的发展方式正是台湾中小企业发展方式上的特点,学术界通常称这种跨行业的中小企业发展方式为"共生网络体系"①。这种发展方式相对于日本的分包网络具有其优势,使台湾的中小企业具有了更强的生存能力,能在面对经济不景气时发挥行业间的协调互动,从而保证企业的正常运行。

21 世纪是从传统工业经济向知识和科技经济发展的时代。越来越多的台湾中小企业开始重视技术和技能的引进和使用,积极提高自身的研发和设计能力,扩展新的市场空间,为自身发展开拓新的发展道路。在向知识和科技经济型经济转变的过程中,台湾的中小企业主要从下面几个方面进行经济结构的调整:②

(1)提高专业性。越来越多的台湾企业开始认识到专业技术的重要性,努力培养企业向着更加专业化的方向发展,以专业化的技术提高产品的质量。

(2)提高企业的技术水平,包括提升企业的技术含量和注重创新。通过推动企业在技术方面的投资,来不断获得新的技术更新产品,以便在市场竞争中取得优势。

(3)采用集成化手段。采用集成化手段可以缩减工作流程,提高工作效率。平常生活中我们经常使用或见到的"山寨"手机就是台湾公司通过集成化技术发明的。

(4)走向国际市场。台湾中小企业通过为欧美和亚洲市场作"代工厂",积累了最初的技术和经济基础,开始向高附加值产业进军,产品也开始走向国际市场。

(5)形成合力,共同发展。由于台湾中小企业采用的是"共生网络体系"的发展模式,因此容易形成合力,促进整个台湾经济的发展。台湾企业现在逐渐地认识到这一点并开始采取产业联合和合作的发展方式,极大的带动了台湾中小企业的发展和完善。

---

① 寇新明:《安泰建筑公司发展战略探析》,《电子科技大学硕士论文》2007－10－01。
② 闫世刚:《从东亚模式探讨中国中小建筑企业发展之路》,《建筑经济》2006－06－05。

（6）重视信息技术的发展。信息技术特别是电子商务技术在中小企业向知识和科技型产业转变的过程中将发挥越来越重要的作用。信息技术有提高生产效率，更好地控制资金、物料和人力资源等优点，从而能够使企业适应快速改变的商业环境，提高企业的竞争力。

三、中国中小企业的发展

自改革开放特别是党的"十五大"以来，我国的中小企业发展迅速，在国民经济和社会发展中的地位和作用日益增强。经过30多年的改革开放，我国的中小企业飞速发展，为整个国民经济做出了重要的贡献。进入21世纪，随着我国产业结构的调整、行业改革的深化和科技创新的振兴，集体与民营企业将成为我国中小企业的主体。在国际范围内，随着我国作为新兴经济体的崛起和市场的逐渐放开，中小企业必然会与国际上的其他企业展开竞争和合作。我国中小企业必将会在推动我国经济走向国际化的道路上发挥更加重要的作用。

与国有企业相比，虽然我国的中小企业取得了较大的成就，它们在解决劳动力就业和保持市场活力等方面发挥了重要作用，但是，在资金、人才和竞争力等方面则存在不足，也面临着经营管理模式陈旧、很少采用高新技术、缺乏专业技术人员、规模普遍不大及规模效应差和国内市场有待开拓等问题。因此，对那些在竞争激烈的市场和商业环境中陷入经营困境甚至倒闭的中小企业，在借鉴东亚有关国家和地区发展中小企业成功经验的基础上，提出以下建议：

（一）增强企业之间的联系

不管是日本的分包网络体系，还是我国台湾地区的共生网络体系，都非常重视企业之间的业务联系。我国中小企业体系庞大，如果能充分利用好企业之间的联系，必然会提高中小企业的规模经济效应和范围经济效应，推动中小企业的发展。我国在推动中小企业发展的过程中，首先应着重推进大型企业和中小企业建立业务联系，利用大型企业在资金和实力方面的优势将众多中小企业捆绑在一起,避免中小企业一盘散沙,以大型企业的发展来带动中小企业的发展。其次,应重视中小企业之间的业务联系,尤其是上下游中小企业之间的联系。通过上下游企业之间的业务联系,建立分包式网络体系,从而减少企业的业务范围,使企业可以更加注重专业化的生产,增强企业产品的市场竞争力。

具体来说,应主要从以下几个方面着手:①

(1)依托大型企业,建立中小企业群体。在技术、资金等方面有一定基础的中小企业应主动加强与大型企业的业务上的联系,发展专业化生产,在与大企业的联合协作中谋求自己的发展壮大。

(2)建立互相联结合作的中小企业群体。中小企业的专业化发展,不仅要注意与大企业之间的互补和协调,还要注意横向联系,与其他中小企业建立业务上的分工协作关系,通过中小企业之间的联合来进一步强化各自的优势,扩大企业的规模,提高规模经济效应。而且,还要实行地区的社会化分工和专业化生产,从而降低中小企业的经营和生产成本,提高市场竞争力。

(二)提高企业的核心竞争力

通过技术创新,可以提高中小企业的核心竞争力。核心竞争力是建立在企业核心资源基础上企业独有的经济实力,是企业的智力、技术、产品、管理、文化的综合优势在市场上的反映。核心竞争力主要包括核心技术能力、组织协调能力、对外影响能力和应变能力,它是企业所有能力中最重要、关键和最根本的能力。核心竞争力的强弱,决定了一个企业在市场竞争中的地位和命运。②

我国中小企业通过这些年在经济上的飞速发展逐渐积累起了一定的技术和经济基础,并且随着我国加入 WTO 以后我国市场逐渐与国外市场接轨,我国中小企业面对的再也不只是国内企业,国外企业的加入使整个市场

① 闫世刚:《从东亚模式探讨中国中小建筑企业发展之路》,《建筑经济》2006 - 06 - 05。
② 闫世刚:《从东亚模式探讨中国中小建筑企业发展之路》,《建筑经济》2006 - 06 - 05。

的竞争不断加剧。这就使我国的中小企业不得不通过提高企业的技术水平来提高企业的核心竞争力,以增加产品的市场竞争优势。我国的中小企业可以通过在技术方面的投资不断研制新技术并应用到产品中,以便在市场竞争中取得优势,还可以通过新技术的创新帮助我国产品打入国外市场、增加产品的附加值,以此提高企业的经济效益。

(三)增加政府的支持

中小企业的特点之一就是具有高度竞争性,这也是它的一大优点。为了推动中小企业的发展,政府可以通过发挥宏观调控的职能,在经济政策、市场秩序、经济环境等方面着重增加对中小企业的支持,在不破坏其竞争特性的基础上推动中小企业的发展。为促进中小企业的发展,政府可以在以下几个方面采取适当的引导性措施:

(1)将对中小企业发展的扶持纳入法治轨道,即通过立法的形式保证中小企业合法的经济地位,保障中小企业的健康发展;

(2)整顿市场秩序,约束政府的失当经济干预行为。由于中小企业具有高度竞争性的特点,因此一个健康的市场秩序更适合中小企业的发展,而政府的一些不适宜的市场干预行为则可能在一定程度上会阻碍中小企业的发展;

(3)建立面向中小企业的服务体系。建立健全中小企业的服务体系将是我国政府下一阶段努力的重点;

(4)协助中小企业建立自治组织和协会。我国中小企业数量众多,并且单个企业经济实力较小,当利益受到侵害时往往没有足够的实力维护自己的合法权益。因此有必要鼓励各行业的中小企业建立自己的自治组织和协会,以便通过相互的帮助,来增加维护自身权益的能力。

(四)开拓网上市场

随着现代信息技术特别是网络技术的迅猛发展,电子商务在近年来逐渐红火起来,并以其特有的优势在世界许多国家快速普及应用。阿里巴巴

（Alibaba. com Corporation；港交所：1688）是中国最大的网络公司和世界第二大网络公司，是由马云在 1999 年一手创立"企业对企业"的网上贸易市场平台，马云通过建立阿里巴巴成为中国乃至世界家喻户晓的经济人物。马云的成功在于建立了阿里巴巴这个 B2B 平台，而这恰恰说明了我国网络中小企业市场发展空间巨大。如果说是马云为 B2B 开了一个好头，则中小企业的介入将使中小企业的网络市场真正走向繁荣。中小企业应用电子商务具有很多优点：

（1）提高工作效率，降低交易成本。通过网络，各个企业可以对自己需要的产品和生产厂家的信息一目了然，不用再像以前那样原材料和产品的销售只局限在一个很小的圈子里，既降低了业务量又增加了企业的经营成本。

（2）减少库存，降低对流动资金的占用。通过网络市场可以做到现订货现成交，使企业不必再为生产和购买过多的产品或原料占用库存和资金而发愁。

（3）可以减轻对物资和人员的依赖。通过网络建立和联系业务关系，可以大大降低企业业务人员的数量，降低企业的业务成本。在网络市场上，企业和资源众多，可以减少企业因找不到合适的生产原料而对企业的正常发展产生阻碍。电子商务的出现，是对传统经营和销售方式的一次革命性的变革。对中小企业而言，这种变革将有利于弥补其在传统经营方式下自身所具有的许多不足，是促进广大中小企业发展的一次新的绝好时机。中小企业应积极主动地进军电子商务，在网络市场中摸索新的运用方式，力争以新的沟通和交流方式建立中小企业自身的先进网络，提高中小企业的自身的竞争力。

（五）尝试进军国际市场

中国加入 WTO 以后，越来越多的国外厂商开始进军我国市场，我国中小企业因此有了更多的与国外同类厂商打交道的机会，开始对国外市场有了一定的了解。30 年的改革开放也使中国的中小企业积攒了足够的技术和资金方面的实力,可以进行独立的产品研发和生产。因此,中国企业在企业实力和经验方面已经具有了跨出国门进军国际市场的条件。国际市场比国内市场拥有更加广阔的空间和潜力,可以给予国内中小企业更大的发展空间,接触到更多关于本行业的发展动态。进军国外市场还可以让我国的中小企业了解更多的国外同行业的信息,便于知己知彼,在与国际同行业竞争时不致在经验上落下风。中小企业在进军国际市场是有应该注意的事项的,具体有以下几个方面:

(1)要对国外的相关法律制度有一个详细的了解。我国许多企业在进军国外市场的时候,由于对别国市场的法律环境和法律制度缺乏足够的了解,因此在与当地企业进行贸易的时候吃了不少苦头。

(2)要对国外市场的现状有一个充分的了解。要了解该国市场对企业产品的需求情况,还要了解当地同行业的发展及现状,以便进一步决定是否有进军该国市场的必要。

(3)选择进入市场的形式。当经过考察决定进军该国市场时,还应考虑进军的具体形式,到底是采取将产品出口到该国经销商的手中,利用他们的网络销售商品,还是通过兼并当地企业利用他们的销售渠道。

以上主要通过对日本和我国台湾地区的中小企业制的分析,来探索我国的中小企业如何进一步完善和发展之路。我国的中小企业制度还很不完善,借鉴其他国家和地区的经验将对进一步促进我国中小企业的发展起到积极的推动作用。

第五节 产业政策的合理制定与实施

一、产业政策

合理的产业政策在稳定本国经济、推动经济发展方面发挥着重要的作用,我国现阶段正处在经济发展的关键时期,制定合理适宜的产业政策尤为重要。本节通过分析东亚各国和地区为促进经济的发展所制定的一系列产业政策,深入剖析制定这些产业政策的原因及作用,进而指出我国政府在制定产业政策方面今后调整的基本方向,希望可以对我国产业政策的制定起到一定的指引作用。

表8-1 美英日国内生产总值的三次产业构成(1985-2005)

(%)

		1985	1990	1995	2000	2005
美 国	第一产业	2.5	2.0	1.6	1.2	1.3
	第二产业	33.4	28.1	26.9	24.2	22.0
	第三产业	64.1	69.9	71.5	74.6	76.7
英 国	第一产业	2.2	1.9	1.9	1.0	1.0
	第二产业	42.6	35.0	31.7	28.2	26.2
	第三产业	55.2	63.1	66.4	70.7	72.8
日 本	第一产业	3.7	2.5	1.9	1.8	1.7
	第二产业	41.9	41.2	38.2	32.4	30.2
	第三产业	54.4	56.3	59.9	65.8	68.1

资料来源:《国际统计年鉴》1999年,2008年,2009年。

产业政策(Industrial Policy)是政府为了实现一定的经济和社会目标对产业经济活动进行干预而制定的各种政策的总和。产业政策的实质是政府为了促进经济发展,针对产业活动中出现的资源配置的市场失灵情况而实行的政策性干预,通过干预资源在不同产业间的分配,或通过干预产业内部企业组织的某些活动,以实现国民经济结构的合理化。产业政策是政策制定者为实现相关产业的发展,根据产业现状而设定的促进产业发展的相关政策组合。合理的产业政策的制定和产业结构的调整,都是对企业进行宏观调控的重要依据。

产业政策能够得以实施并发挥预期作用的前提条件是政府能够对资源配置产生重大的影响。后发工业化国家的政府为了实现赶超型战略,往往借助于产业政策工具,通过对发达国家工业化历程的观察和模仿,人为推动工业化过程中的产业结构变迁。在快速工业化阶段中,从主导产业的选择到重点企业的识别不是通过市场竞争实现的自然选择过程,而是政府根据其认知水平作出的人为选择,政府通过对资源配置进行直接干预的方式来实现产业政策的目标。[①]

首先,我们来分析一下东亚各国(地区)的产业政策的发展和变化的几个特点:[②]

第一,自 1970 年以来东亚各国和地区的产业政策开始从农业方面向其他方面转移,农业在东亚各经济体中占 GDP 的比重逐年下降。其中,东盟国家农业下降幅度比较大,印度尼西亚由 1970 年的 46% 下降到 2003 年的 16.6%,马来西亚由 32% 下降到 9.7%,新加坡的农业所占比重更少,为 0.1%。产业政策的转变反映了政府对农业的支持度呈下降趋势,尽管农业仍然是基础性产业,但它对经济的推动作用较小,因此这些年越来越没有受到政府的重视。

第二,自 1970 年以来东亚各国和地区的产业政策开始向工业方面倾斜。主要表现在:工业在东亚各经济体所占比重逐年上升,成为东亚地区推动经济增长的重要力量,工业产值占 GDP 的比重基本上都保持在 40% 左右的高水平上。

第三,纵观世界各国的产业政策都有向第三产业倾斜的倾向,特别是比较发达的经济体(参见表 8-1),东亚各国也不例外,尤其是韩国、中国香港和新加坡等比较发达的经济体,其第三产业发挥着越来越重要的作用。这几个经济体的服务业产值所占比重普遍高于 60%,其余经济体的服务业产值所占比重通常低于 50%。尤其到了 20 世纪 90 年代中期以后,中国香港的制造业只占到 GDP 的 6% 甚至更低,经济结构已经开始向区域服务中心转变,开始逐渐成长为东亚地区的贸易、金融、信息等地区性服务业中心。新加坡和中国台湾也不甘落后,都在努力向着区域营运、服务中心方面发

[①] 冯晓琦、万军:《从产业政策到竞争政策:东亚地区政府干预方式的转型及对中国的启示》,《南开经济研究》2005 年第 5 期。

[②] 刘志雄、张广根:《东亚贸易演变与产业结构调整》,《东南亚纵横》2008 – 02 – 29。

展。[①]

与世界平均水平相比,以 2000 年的平均水平作为参照,东亚地区农业、工业和服务业在整个经济中所占比重分别为:3.9%、29.5% 和 66.7%[②]。根据东盟 9 个国家的相关数据可以看出,在过去的 20 年中,东盟出口产品中的制造品的比例上升迅速,目前已经达到了 80% 以上的高水平。根据东亚 13 国 1995 – 1997 年的出口产品类型可以看出,其中制造品的比例为 70.4%,仅比 1989 年的同类比例 79.7% 稍少,除去缅甸、文莱和越南之后,这一比例甚至可以高达 84.6%[③]。以上数据可以看出,东亚地区许多国家的农业、工业和服务业在整个经济中所占比重并未达到世界平均水平,工业产值在整个经济中所占比重仍然最高,这表明东亚各国仍然在走依靠工业发展推动地区经济发展的道路。

二、东亚国家(地区)的产业政策

东亚是产业政策的发源地,也是产业政策应用得比较成功的地区。自从日本与韩国在上个世纪 50 ~ 70 年代建立起比较完备的产业体系、实施产业政策以来,以日本和韩国为代表的东亚国家和地区曾经通过产业政策有效地推动了产业结构升级和国民经济持续高速增长,这种以积极干预经济为特征的"发展型政府"及其推行的产业政策一度成为许多发展中国家争相效仿的典范。

东亚各国(地区)也普遍实行这种以政府行为干预产业发展的做法,并取得了良好的经济效果,成为东亚政府主导型经济发展模式的重要组成部分。虽然这一模式的产业政策为东亚各国经济的发展做出了卓著的贡献,

---

① 刘志雄、张广根:《东亚贸易演变与产业结构调整》,《东南亚纵横》2008 – 02 – 29。

② Baek,Seung – Gwan and Song,Chi – Yong. "Is Currency Union a Feasible Option in East Asia"; Han Gwang Choo and Yunjong Wangeds,Currency Union in East Asia,Korea Institute for International Economic Policy,2002,pp. 107 ~ 145.

③ Baek, Seung – Gwan and Song,Chi – Yong. "Is Currency Union a Feasible Option in East Asia"; Han Gwang Choo and Yunjong Wangeds, Currency Union in East Asia,Korea Institute for International Economic Policy,2002,pp. 107 ~ 145.

但产业政策本身也存在着"政府失灵"(①(Government Failure)的风险。产业政策是否成功有效,关键在于政府是否有动力和有能力来制定、实施正确的产业政策。而这一切需要产业政策的制定者和执行者清楚地了解产业演进的规律和趋势,全面、充分、及时地掌握与产业发展和优化的信息,从产业发展的总体利益出发,来制定和执行产业政策。

由于政策制定者和执行者存在的信息局限性和利益局限性,东亚各国在制定和实施产业政策时存在着以下几方面主要问题:②

(一)政府要制定出合理的产业规划比较困难。东亚地区的产业政策属于总供给管理政策,政府会根据先进国家的经验和对未来的预测,来选择和扶持新兴产业以及对国民经济起重大推动作用的产业,进而推动产业结构的优化升级。

(二)政府的产业政策直接干预经济运行,可能破坏市场的正常秩序。如此的产业政策使政府这只"有形之手"深入到微观经济领域,对市场正常运行机制会产生较大的干扰。

(三)政府在产业领域的迟缓撤出机制会使产业缺乏竞争力。政府的产业政策通过运用贸易、财政和金融等手段扶持新兴产业,但当新兴产业成熟到一定阶段,竞争机制已经能够发挥其作用时,政府却往往不能及时地从该领域撤出,这就会束缚企业的手脚,使企业缺乏足够的竞争力。此外,在政府保护下逐渐形成的既得利益集团也会运用各种手段影响政府决策,延缓政府的撤出进程,使这些产业变得效率低下,缺乏竞争,进而影响经济长期稳定的发展。

(四)产业政策中的财政政策的实施往往会加重政府财政方面的负担。产业政策的常用措施包括财政补贴、税收优惠贷款和政府直接投资等。这些政策都会或增加财政支出或减少财政收入,使得政府在其他经济领域的财政预算减少。政府的一些重大的产业计划的实施可能要以巨额财政赤字

---

① 政府由于对非公共物品市场的不当干预而最终导致市场价格扭曲、市场秩序紊乱,或由于对公共物品配置的非公开、非公平和非公正行为,而最终导致政府形象与信誉丧失的现象。

② 张茵:《从金融危机看东亚的产业政策》,《经济体制改革》1998 - 07 - 25。

为代价,而产业政策领域财政负担的加重,首先会排挤其他领域的政府预算,影响其他领域的发展和政府对其他领域的调控能力。其次,产业政策大量消耗财政预算,会削弱政府对宏观经济领域的调节能力,影响宏观经济的稳定。

(五)产业政策极容易应用不当,并产生许多严重的不良后果。造成产业政策实施不当的主要原因有:首先,单纯效仿日本模式而忽视国际经济环境的变化,忽视了本国与日本经济结构的差别,导致了本国产业政策实施失当。其次,不注重对本国的实际情况进行分析。由于对本国经济所处的发展阶段和需要重点发展的产业缺乏足够深入的了解,往往容易在本国农业尚未稳固的情况下,产业政策就开始向工业体系倾斜,导致本国产业体系的发展严重失衡。再次,产业政策合理化容易产生失误。推进产业政策合理化的初衷是希望通过产业组织的调整,起到既保护竞争又抑制过度竞争的作用。然而,由于过度相信所谓的规模经济和范围经济效应,政府在进行产业合理化过程中只重视对大企业(集团)的扶持,而这些大公司往往通过勾结政府官员,垄断大量资源,规模迅速膨胀。这种快速而缺乏竞争的企业增长模式,必然会导致这些企业缺乏对国际市场的适应能力和对国际市场的开拓精神。①

在绝大部分东亚国家和地区,以积极干预经济为特征的"发展型政府"及其推行的产业政策与经济发展之间有着很强的相关性。上个世纪90年代末的亚洲金融危机使得产业政策的后遗症充分暴露了出来,人们越来越深刻的认识到:对于后发工业化国家来说,尽管以政府干预为特征的产业政策在特定时期和特定条件下能够推动"蛙跳"式的经济增长,但随着市场发育的不断完善,市场机制在资源配置中的基础性作用得到越来越充分的发挥,政府以推动产业成长、增强产业国际竞争力为目的的产业政策应当进行适应性的调整。产业政策应当逐渐淡出历史的舞台,取而代之的是以促进

---

① 张茵:《从金融危机看东亚的产业政策》,《经济体制改革》1998 – 07 – 25。

和维护市场竞争为目的竞争政策。①

三、中国制定产业政策的建议

在 20 世纪 70 年代末,改革开放使我国的国民经济得到了飞速发展。为了追赶西方发达国家的步伐,在经济发展的过程中,我国采用了东亚各国(地区)普遍实行的跨越式经济发展模式,这种发展模式的特点之一就是提倡积极地运用产业政策指导经济。基于东亚各国(地区)的经验和教训,我国产业政策的制定应该从以下几个方面着手:

(一)继续实行以工业为基础的产业政策

我国经济的发展比西方发达国家晚了将近两个世纪,当西方发达国家早已完成工业化并开始向信息化迈进的时候,我国却正处在工业化的起步阶段。但是我们不应该急躁,不应盲目地跟随发达国家的步伐把重点放在发展信息化的建设上。我们应该认清国情,应该清晰地认识到我国改革开放仅有 30 年的时间,工业基础还不够稳固,还没有具备建设信息化国家的条件,无法与西方发达国家发展了二百多年的雄厚的工业基础相比。因此,我国下一阶段的经济发展还应该以工业为主,产业政策的重点还是应该放在工业上,以此来保证工业的健康持续发展,进而促进和巩固工业作为我国经济发展的基础性产业的地位。

(二)重视农业的发展

我国改革开放之初实行的是农业为工业让路的经济发展模式,政府通过减少对农业的支持,把大量的精力投入到我国的工业化进程中。现在通过三十年的建设,我国工业取得了飞速的发展,有必要开始将产业政策向农业方面倾斜。我国现在实行的工业反哺农业的政策就是一个良好的开端。我国是一个人口大国,对粮食的需求很大,随着我国工业化进程的加快,越

---

① 冯晓琦、万军:《从产业政策到竞争政策:东亚地区政府干预方式的转型及对中国的启示》,《南开经济研究》2005 年第 5 期。

来越多的农民开始放弃土地进城务工,这必然会导致我国的粮食产量下降,粮食供给紧张。农业是保障一个国家其他一切活动得以正常进行的基础,保障粮食的充足供给是保障其他经济活动能够顺利进行的重要条件。因此为了防止农业方面的劳动力继续大量流入城市,我国必须增加对农业的支持力度,增加农民的收入,实行必要的产业政策调整是政府保障农业发展的重要手段。

(三)重视服务业的发展

作为第三产业的服务业,相对于第一和第二产业来说,本身有很多的优点。首先,服务业基本上不消耗自然资源。第一和第二产业在正常运行过程中不可避免地要消耗掉一定的自然资源,而无论对哪一个国家来说,自然资源都是有限的,自然资源会随着正常的消耗而减少,自然资源的缺乏可能严重影响某些行业的正常运行。服务业不消耗自然资源,但照样可以起到推动经济发展的作用,因此重视服务业的发展正是实施可持续发展战略的重要一步。其次,服务业也被称为绿色产业,这主要是指服务业在发展的过程中不会产生环境污染,这符合我国建立和谐社会的基本精神,有利于推动人与自然的和谐相处。最后,服务也还有增加就业的作用。美国的次级贷款危机危及全球,我国也受到了金融危机的影响,依靠出口的企业纷纷出现停产或倒闭的现象,因此出现大量的失业人口。服务业属于劳动密集型产业,推动服务业的发展可以减少失业人口。基于以上三个方面的优点,我国政府应在制定产业政策时注意增加对服务业的扶持和鼓励,以便保证我国经济的持续健康发展。

(四)拒绝单纯效仿他国的产业政策,坚持以本国实际经济情况为出发点

我国由于经济起步较晚,在经济发展的过程中难免需要借鉴其他国家的相关政策经验,产业政策也是如此。我国在制定产业政策时,也需要借鉴其他国家产业政策,研究其他国家产业政策的实施经验,以便完善我国的产业政策。但是一个真正合理的产业政策都是在分析当时的国内和国际环境

的情况下制定的,因此我国在借鉴其他国家产业政策方面的经验时,应注意其他国家在制定相关产业政策时的国际环境和国内的实际情况,然后跟本国的实际情况进行对照,以便因时制宜地制定相关的产业政策,避免由于单纯模仿而使产业政策在制定过程中产生失误。

(五)注意合理地利用财政预算

政府每年的财政预算都是有规模限制的,如果为了实施某项产业政策而大量消耗财政预算,势必会排挤其他领域的政府预算,影响其他领域的发展和政府对其他领域的调控能力。与此同时,在遇到经济危机时,如果某项产业政策占用大量的财政预算,将会削弱政府对宏观经济领域的调节能力,影响政府应对危机的能力。再者,对于某项产业政策本身已经占用的财政预算,应使其应用在最需要的领域,一个领域如果占用财政预算过多,会影响其他领域产业政策的正常实施,进而影响整个国家产业政策的实施效果。

政府的产业政策在很多时候能够有效地促进产业的发展和升级。关于亚洲"四小龙"各种产业政策的案例研究有很多,政府在其中所起到的正面促进作用无人质疑。但是作为发展中国家,中国的很多公共品的供给,如道路、桥梁、通讯、水电、医疗、教育等在很多地方存在着不足,而银行和土地等也都是国有,司法与行政独立性还有待进一步提高,这些使得中国产业政策的制定与政府有着密切的联系,这就与很多发达国家的情况不同。[1] 我国现在的经济制度相对于西方发达国家来说还很不完善,要实现真正意义上的跨越式发展还需要产业政策的促进和引导。我们应该在吸取其他国家经验的基础上,不断完善我国的产业政策,以便更好地推动经济的发展。

---

[1] 王勇:《中国产业政策30年成功的经验》,《瞭望东方周刊》2010－11－24。

参考文献

1. 张蕴岭主编:《中国与周边国家:构建新型伙伴关系》,社会科学文献出版社2008年版。

2. 肖晓东、尤玉平:《历史视角的东亚经济圈形成与发展——中村哲国际学术报告会综述》,《惠州学院学报(社会科学版)》第28卷第1期,2008年2月。

3. 林华生:《建造"东亚经济圈"的构想》,《开放导报》2005年2月第1期总第118期。

4. 山崎恭平:《东亚经济圈的形成与扩大》,日本《贸易振兴会信息》1996年11月号。

5. 张洪潮、吴海青:《略论推进东亚经济圈建设的客观必然性和现实性》,《山西高等学校社会科学学报》1994年第4期。

6. 许跃辉、陈春:《构建东亚经济圈的可行性与前景分析》,《上海商业职业技术学院学报》2002年9月第3卷第3期。

7. 奚方:《对"东亚经济圈"的几点看法》,上海社会科学院,世界经济研究所。

8. 陈特安:《东亚在世界经济中的地位和作用》,《世界经济》1996年,第16—20页。

9. 李文:《东亚的崛起与全球化即"西化"时代的终结》,《当代亚太》2003年第1期。

10. 田学良:《全球化进程中的经济民族主义》,《科教文汇》2008.10(中旬刊）。

11. 张立:《印度经济民族主义的缘起、影响及中国的对策》,《南亚研究季刊》2007 年第 3 期,总第 130 期。

12. 陈峰君:《论东亚经济民族主义》,《国际政治研究》1996 年第 2 期。

13. 邓聿文:《如何看待全球化下的经济民族主义》,中国社会导刊。

14. 张宗华:《植根于传统文化之上的现代东亚民族精神》,《西北民族学院学报(哲学社会科学版)》2002 年第 4 期。

15. 吴春宝:《试论科学民族主义价值观的构建与欠发达国家和地区的经济发展》,《经济理论研究》。

16. 冯璐璐:《中东经济民族主义的缘起与表现》,《世界民族》2005 第 1 期。

17. 李甦平:《以韩国三国时代儒学诠释东亚文化圈》。

18. 高明士:《东亚文化圈的形成与发展:儒家思想篇》,华东师范大学出版社。

19. 于福建:《儒家文化教育传统对"儒家文化圈"的影响》,《教育研究》2005 年第 4 期,总第 303 期。

20. 支建强:《儒家思想与东亚经济发展》,《甘肃理论学刊》96/2。

21.《两千年孔子影响外围世界 透视亚洲儒家文化圈》,《人民日报》海外版,2005 - 04 - 14。

22. 王玲玲:《试论东北亚儒家文化圈中企业伦理的特点》,《武汉大学学报》2005 年 3 月第 58 卷第 2 期。

23. http://www.xslx.com/htm/gjzl/zlps/2002 - 11 - 22 - 11361.htm.

24. 陆建人:《东亚经济充满活力》,《今日世界》

25. 马行空:《东亚的崛起与中国的腾飞》,特别报道。

26. 侯若石:《东亚经济高速增长的特点和原因》,《亚太形势专题报告》。

27. 杨伯江:《亚太地区安全形势新动向》,《亚太形势专题报告》。

28. [韩]赵永植:《东亚地区的发展问题略谈》,《齐鲁学刊》1994 年第 6 期。

29. 吴建民:《全球增长背景下的东亚经济合作》,《瞭望新闻周刊》2005 年 5 月 30 日第 22 期。

30. 韩琦:《对拉美、东亚经济发展特点的比较》,《山东经济》。

31. 李晓敏:《试析东亚模式的特点与缺陷》,《岭南学刊》1999 年第 2 期。

32. 汪文革:《论东亚模式及其调整》,《世界瞭望》。

33. 《东亚地区将成为全球第三大经济体》,《中国国情国力》。

34. 《东亚经济发展模式分析与探讨》,网络资料

35. 顾秀莲:《中国成为东亚经济发展的引擎》,《上海证券报》。

36. 沈红芳:《东亚经济发展模式多样性研究》,《世界经济导刊》。

37. 宋群:《东亚经济合作的新发展及我国的对策》,《宏观经济研究》2002 年第 7 期。

38. 郭磊:《东亚经济合作:现状、制约因素及对策分析》,《经济与管理》2003 年 1 月

39. 吴建民:《全球增长背景下的东亚经济合作》,《瞭望新闻周刊》2005 年 5 月第 22 期。

40. 王玉珍:《试论东亚经济合作的基础进程及趋势》,《南京社会科学》1991 年 6 月总第 46 期。

41. 曹小衡:《变动中的东亚经济格局与两岸经济关系前景》

42. 杨卫平、杨胜刚:《美、英、日、智利社会保障制度改革比较研究》,《财经理论与实践(双月刊)》2005 年第 3 期(总第 135 期)。

43. 柏林森:《韩国的社会保障制度及启示》,《重庆工学院学报》2001 年 6 月第 15 卷第 3 期。

44. 李迎生:《中国社会保障制度模式的合理选择》,《发展论坛》2003 年第 9 期。

45. 林义:《东亚社会保障模式初探》,《财经科学》2000 年第 1 期。

46. 李文:《东亚家族企业的社会功能与发展趋向》,《当代亚太》2002 年底 1 期。

47. 王秋兰:《东亚家族企业所有权制度安排形成的制度分析》,《学习与探索》2007 年第 3 期总第 170 期。

48. 王秋兰:《东亚家族企业制度的"内忧外患"》,《学术交流》2004 年 5 月

第 5 期总第 122 期。

49. 刘洪钟、曲文轶:《公司治理、代理问题与东亚家族企业:以韩国采伐为例》,《世界经济》2003 年第 2 期。

50. 汪旭晖:《家族公司资源配置效率与治理机制优化》,《管理科学》2003 年 10 月第 16 卷第 5 期。

51. 屠启宇:《区域一体化与 20 世纪世界经济》,《世界经济研究》1995 年第 2 期。

52. 陈奇超、郑雪平:《经济一体化产生和发展的动力分析》,《沈阳电力高等专科学校学报》2004 年 10 月。

53. 余明勤:《关于东亚区域经济一体化的分析》。

54. 曹科伟:《东亚区域经济一体化现状分析》,《中国商界》。

55. 何登:《东亚区域经济一体化的思考》,《市场论坛》2006 年第 4 期总第 25 期。

56. 高兴军:《东亚区域经济一体化的进程及特点》,《郑州航空工业管理学院学报》2008 年 10 月第 26 卷第 5 期。

57. 秋风:《中国经济快速发展》,http://www.21cbh.com/HTML/2006 - 4 - 24/30129.html.

58. 梁小婵:《中国经济表现令人欣慰》,http://www.sina.com.cn,2009 年 3 月全羊网 - 新快报。

59. 卢晓平:《中国成为东亚经济发展的引擎》,《上海证券报》2005 年 7 月。

60. 高尚全:《中国的经济增长对东亚经济影响》,《搜狐财经》2004 年 9 月。

61.《金融危机后东亚经济对中国经济的影响》,国家信息中心。

62. 邹群:《大众化经济圈 中国破题东亚经济一体化》,《国际金融报》。

63. 李艳、吴佩:《浅析中美均势对中国和平崛起的影响》,2010 年 2 月网络。

64. 张敬伟:《世界经济格局进入重整拐点》,《联合早报》。

65.《中东投资正由欧洲想亚洲战略转移》,亚太博宇。

66.《美害怕中国东亚崛起,或弃韩国维持亚太支点》。

67.《当代世界经济格局有哪些新的特点》。

68.《年终特稿:后金融危机时代世界经济格局的变化》,人民网

69.《新丝绸之路崛起,东亚中东经贸热潮影响世界格局》,2008,5

70. 杨鹏:《东亚新文化的兴起》,云南教育出版社2000年版。

71. 王锦文:《从东亚经济奇迹看儒家文化的复苏》,《内蒙古电大学刊》2007年。

72. 陈志武:《儒家文化与金融制度》,《中国企业家》2007年。

73. 王秋兰:《东亚家族企业制度的"内忧外患"》,《中国学术期刊》2003年。

74. 李雄诒、蔡德东:《基于儒家文化的中国家族企业基本特征分析》,《中国工学院学报》2005年。

75. 武彩鸿:《中国传统文化视角下的家族企业制度变迁》,《经济经纬》2005年。

76. 程文:《儒家文化与现代中国家族企业的兴衰成败》,《遵义师范学院学报》2007年。

77. 陈俭:《东亚经济发展模式的弊端及其出路》,《亚太经济·亚太纵横》1998年。

78. 赵春明:《东亚经济发展模式的历史命运与发展前景》,《世界经济与政治》2000年。

79. 章玲:《国际贸易的文化因素分析》,《考试周刊》2008年。

80. 任净:《文化差异对国际贸易的影响》,《中国流通经济》2004年。

81. 杨吉华:《简述中国文化产业政策存在的问题和不足》,《武汉职业技术学院学报》2007年。

82. 罗能生:《儒家文化与东亚经济》,《零陵师专学报》1996年4月

83. 张进:《儒家文化产业化问题研究》,《中共济南市委党校学报》2008年2月。

84. 张宗斌:《东亚经济发展模式的演变与重组》,《东北亚论坛》2006年4月。

85. 于伟:《论我国家族企业的可持续发展与制度选择》,《企业管理》2005年6月。

86. 江小涓:《产业政策与经济增长方式的转变》,《改革与理论》。

87. 何永芳:《论产业政策与经济增长方式的转变》,《改革与理论》1998 年 3 月。

88. 江其务:《简论金融制度与经济增长方式》,《福建金融管理干部学院学报》1999 年。

89. 赵向琴:《信息摩擦中的金融制度与经济增长》,《农村金融研究》2003 年。

90. 赵永宁:《现代企业制度与经济增长方式的转换》,《淮阴师专学报》1996 年。

91. 沈红芳:《东亚经济发展模式多样性研究》,《当代亚太经济》2003 年。

92. 和春雨:《重新审视东亚经济发展模式》,《云南社会科学》2003 年 2 月。

93. 程愚、胡翼亮:《产业开放格局与经济增长后劲》,《当代经济科学》2003 年 3 月。

94. 赵向琴、陈国进:《从金融交易的信息摩擦看金融制度、金融监管与经济增长的关系》,《南开经济研究》2003 年 4 月。

95. 鞠伟民:《论东亚经济增长模式的特征》,《南洋问题研究》2002 年 2 月。

96. 刘伦武:《东亚经济发展模式转变及启示》,《经济师》2002 年 4 月。

97. 张宗斌:《东亚经济发展模式的演变与演变》,《东北亚论坛》2006 年 4 月。

98. 赵春明:《东亚经济发展模式的历史命运与发展前景》,《世界经济与政治》2000 年 12 月。

99. 陈俭:《东亚经济发展模式的弊端及其出路》,《亚太经济·亚太纵横》1998 年 6 月。

100. 林毅夫、李永军:《对外贸易与经济增长关系的再考察》,北京大学中国经济研究中心。

101. 刘紫玉:《实现经济可持续发展的思考》,《湖南行政学院学报》2009 年。

102. 蔡秀云:《产业政策与可持续发展》,中国云南省委党校。

103. 陈悦、赵志强、杨伟民:《可持续发展与产业技术政策的导向》,《高科技与产业化》1999 年。

104. 王秀红:《可持续发展与中国金融法律制度的创新》,《科技和产业》2005 年。

105. 杨艳琳、娄飞鹏:《全球金融经济危机与保持中国经济可持续发展的对策分析》,《求学刊》2009 年。

106. 张宗庆:《制度创新与企业可持续发展》,《南京金融高等专科学校学报》2000 年。

107. 王如平:《制度创新与我国私营企业的可持续发展》,《经济理论研究》。

108. 艾国强、赵泽民、陆辛、张安生、杜祥瑛:《对促进我国可持续发展的产业政策与管理的思考》,《中国软科学》2002 年 2 月。

109. 宋鸣:《对我国经济可持续发展问题的思考》,《特区经济》2008 年 1 月。

110. 杜祥瑛、赵泽民、顾向阳、于泸生:《关于促进可持续发展的产业政策实施手段的探讨与建议》,《中国科技论坛》2002 年 3 月。

111. 彭晓春:《论产业政策与可持续发展》,《产业与科技论坛》2006 年 7 月。

112. 李挚萍:《论可持续发展战略与金融法律制度的融合》,《东南学术》2004 年 2 月。

113. 黄明元:《民营企业制度创新与可持续发展的相关性》,《经济与管理》2006 年 4 月。

114. 陈晓一:《浅析产业政策与社会经济的可持续发展》,《产业经济》2008 年 5 月。

115. 赵大龙:《实施经济可持续发展的几个问题》,《财经与管理》2009 年。

116. 王冰:《现代市场经济可持续发展的条件和政府的促进作用》,《学习论坛》2009 年 2 月。

117. 杨虹:《新地区主义:中国与东亚共同发展》,中国社科出版社 2011 年版。

118. 曹云华等:《新中国－东盟关系论》,世界知识出版社 2005 年版。

119. 韦红:《地区主义视野下的中国:东盟合作研究》,世界知识出版社 2006 年版。

120. 尤安山等:《中国—东盟自由贸易区建设:理论·实践·前景》,上海社会科学院出版社 2008 年版。

121. 马勇等:《走向 21 世纪的东南亚与中国》,云南大学出版社 1998 年版。

122. 陈明华:《当代菲律宾经济》,云南大学出版社 2000 年版。

123. 方芸等:《列国志－老挝》,社会科学文献出版社 2005 年版。。

124. 尤安山等:《中国—东盟自由贸易区建设:理论·实践·前景》,上海社会科学院出版社 2008 年版。

125. 霍伟东:《中国—东盟自由贸易区研究》,西南财经大学出版社 2005 年版。

126. 张恒俊:《中国—东盟经贸易关系研究》,江西人民出版社 2009 年版。

127. 唐文琳等:《中国—东盟自由贸易区成员国经济政策协调研究》,广西人民出版社 2006 年版。

128. 张蕴岭,孙士海主编:《亚太地区发展报告》(2001—2008 年历年),社会科学文献出版社 2002 年版。

129. 李一平,庄国土主编:《冷战以来的东南亚国际关系》,厦门大学出版社 2005 年版。

130. 汪新生主编:《中国—东南亚区域合作与公共治理》,中国社会科学出版社 2005 年版。